U0017072

結社的藝術

16-18世紀東亞世界的文人社集

主編————張藝曦

結社的藝術：16-18世紀東亞世界的文人社集

2020年12月初版　　　　　　　　　　　　　　　定價：新臺幣650元
2022年6月初版第二刷
有著作權‧翻印必究
Printed in Taiwan.

主　　編	張 藝 曦
編　　者	王 昌 偉
	何 淑 宜
	許 齊 雄
叢書主編	沙 淑 芬
校　　對	陳 佩 伶
封面設計	沈 佳 德

出　版　者	聯經出版事業股份有限公司	副總編輯 陳 逸 華
地　　　址	新北市汐止區大同路一段369號1樓	總 編 輯 涂 豐 恩
叢書主編電話	(02)86925588轉5310	總 經 理 陳 芝 宇
台北聯經書房	台北市新生南路三段94號	社　　長 羅 國 俊
電　　　話	(02)23620308	發 行 人 林 載 爵
台中辦事處電	(04)22312023	
台中電子信箱	e-mail:linking2@ms42.hinet.net	
郵政劃撥帳戶第0100559-3號		
郵 撥 電 話	(02)23620308	
印　刷　者	世和印製企業有限公司	
總　經　銷	聯合發行股份有限公司	
發　行　所	新北市新店區寶橋路235巷6弄6號2樓	
電　　　話	(02)29178022	

行政院新聞局出版事業登記證局版臺業字第0130號

本書如有缺頁，破損，倒裝請寄回台北聯經書房更換。　　ISBN 978-957-08-5656-9 (平裝)
聯經網址：www.linkingbooks.com.tw
電子信箱：linking@udngroup.com

國家圖書館出版品預行編目資料

結社的藝術：16-18世紀東亞世界的文人社集/張藝曦主編.
王昌偉、何淑宜、許齊雄編. 初版. 新北市. 聯經. 2020年12月.
576面. 14.8×21公分
ISBN 978-957-08-5656-9（平裝）
[2022年6月初版第二刷]

1.文化史　2.文學　3.社團　4.亞洲

730.3　　　　　　　　　　　　　　　　　　　109018699

序

王汎森

中央研究院歷史語言研究所特聘研究員

中央研究院院士

　　幾年前，藝曦來研究室找我，請教我關於編論文集的事，他當時計劃與新加坡國立大學的王昌偉、許齊雄教授，以及台北大學的何淑宜教授合作，以文人社集為題，集合眾人之力來編論文集。他當時問我，此時此刻是否仍適合編論文集，以及這類論文集對學界是否能有貢獻，而這是他最關心的部分。我當時建議藝曦，必須堅持幾點：論文集的主題必須明確，每篇論文都必須圍繞這個主題提出各自的創見。

　　在過去幾年間，為了讓各篇文章作者能夠聚集一起開會討論，他們先後申請蔣基會與科技部的經費補助，兩次會議的舉行也得到中央研究院近代史研究所及呂妙芬所長的協助。為了能夠有更充裕的時間寫作論文，他們把時程拉長到三年，且在著手進行之初，分散各地的成員也不辭路遠，來台共同討論，直到今日，終於有論文集的問世。

　　這本論文集以16到18世紀的文人社集為題，時段集中在明中晚期及清初。明中晚期的社集活動十分精采而多樣，而經歷明清變局以後的清初社集的性質與活動也很值得探究。當時社集活動盛行的程度是很難想像的，清初順治皇帝還曾特別關注近來名流社會，並說慎交社「可謂極盛」，提到孫承澤是「慎交社」中

的人物（《清稗類鈔》、《雲自在龕隨筆》等書）。在進入清朝之後，仍有黨社中人，希望透過新朝的力量打擊對方。

這本論文集引人注意的部分，是不少文章都能夠不受限於社集這個主題，把社集放到整個時代大脈絡下，從政治、家族、地域性、城市生活、文化轉型等面相切入，讓原本看似平凡無奇的社集顯出獨特的意義。

這些文章，有的談社集跟地方官員的到任去職的消長關係，顯示某些看似宴遊的詩社，也可能有實質的政治意涵與目的。有的討論社集與地方家族的聯繫，有的利用大量族譜資料說明不同性質的社集與地方人際網絡、家族生態的關係。也有的注意到社集與城市空間，以及明末文人藉由社集展演的取向。另有幾篇是談社集與詩派、與八股文、與經學風潮的關係，這些看似傳統的題目，但都能夠得到讓人耳目一新的結論。另有一篇談明末及清初的士風之別，在此變局中的文化轉型是很值得深入的課題。另有兩篇文章，則是將眼光擴大到與士階層密切相關的其他階層或領域，包括醫者及書畫鑑賞。過去我們雖可多少看到一些醫者結社的資料，但藉由這篇文章，才讓我們了解到醫者與文人社集之間有那麼密切的關係。

這些文章各有主題，也跨越不同地域，除了南北兩京、揚州，以及浙江等地以外，還有江南以外的江西、福建、廣東等區，展現這個團隊廣泛討論各地社集的企圖。另有兩篇關於日本與越南的社集的文章，亦顯示這本論文集對東亞周邊各國的關心，而且從更多元也更整體的眼光，以中國為中心看整個東亞世界的社集發展。

我在多年前寫作過幾篇明代思想生活史方面的文章，其中有幾篇文章跟明末蕺山學派及清初講經會有關，當時我注意到明末

出現不少以經、史或讀書為名的社集，這類名稱的社團在此之前很少見，但在明末卻大量湧現，而且不少都很有影響力，像江南的復社、浙江的讀書社都是很好的例子。對於這類社集的出現，我認為這與經史之學，尤其經學的復興相關。不過，近幾年我有更進一步的觀察，除了心學以外，至少還有文學復古運動等各種思潮條件共同促成。尤其是文學復古運動，由於主張必須臨摹古代的詩、文，進而蒐羅古代典籍，所以對古籍的刊刻流行起了推波助瀾的作用。另一方面，這個運動雖然倡導復古，但所復的不限於儒家經典，所以相對於之前的學風帶來了解放。復興經學則是到了明末才正式提出的，所以我們必須認真看待明末經學的復興，它有其時代的特殊意義，而且帶來的影響極大。

以此為例，我們在討論明代中晚期及清初的歷史，必須用更宏大的眼光談。我很喜歡「察勢觀風」這個詞，當某個風潮起來的時候，就像是一陣風吹拂而過，一個時代的各方各面、或多或少都會受這股風潮的影響，而且往往是多層次也多方面的交互激盪，來回往復。若是遇到像明清之際的大變局時，這類變動會更加複雜。研究者有必要察其勢而觀其風，除了所研究的對象以外，還必須把研究對象所處的風潮及各種動盪變化都一齊納進來討論。此外，歷史的發展往往會有不同力量同時在競合著，所以社集不會只是社集，而會跟這個時代的其他因素結合發酵，也可能彼此排斥，但即使是排斥也是很值得注意的現象。

這本論文集所做的可說是一種「察勢觀風」，而且把社集放在時代脈絡中查考，作者們能夠以更全面的眼光掌握所研究的課題。如今論文集分別在兩岸出版社出版，讓人為這本論文集對明清之際社集研究有所貢獻而感到欣喜。

目次

導論

張藝曦

　　16、17世紀，即中國的明代中晚期及明清之際，各地以士人為主，成立許多大大小小的社集，在此之前雖然也有一些社集的記載，但在數量上都沒有這段時期多，於是吸引不少研究者的關注。過去的研究較偏重在江南一帶的社集，復社的活動尤其受到注意。江南的文獻極豐富，社集的相關資料亦多，加上復社有確定的成立時間、目標與宗旨、成員，以及社集的活動，所以復社及其周邊社集，諸如幾社、讀書社、南應社及中江社皆為人所熟知，而其詩文活動或政治運動，始終是學界的研究重點所在。相較之下，其他地方的社集往往只有很零碎或極片段的資料留下，造成研究上的極大困難，即使近幾十年仍有一些精彩的研究論著問世，但資料的稀少與零碎，仍是研究者所須面對的困境與難題。

　　社集是一群人的集合，像郭紹虞便把社集定義為文人集團。社集跟個別士人或文人不同，個人可以有很多面相，但當一群理念相近的人共同結為社集，便在某方面有所交集，而被凸顯的這個面相便會成為該社集的特色，當同一類的社集在一段時期大量出現，便可能跟某種思想文化風潮有關。也因此社集不只是社集，還必須跟社集所處的時代脈絡及其思想文化風潮放在一起考慮。

　　明中晚期思想文化史領域的三股風潮，分別是以前後七子為首的文學復古運動、陽明心學運動，以及以江南復社與江西豫章社為首的制藝風潮，因應這三股風潮，則有詩文社集（主要是詩

社）、心學講會，以及制藝文社的流行。[1]明中期是文學復古運動
與陽明心學運動的興盛期，於是詩文社集與陽明學講會臻於極
盛，直到萬曆末年左右，聲勢才被新興的制藝風潮與制藝文社所
凌駕而過，迄於明亡而止。

　　文學復古與心學運動在詩文及心性學說上各有主張及創獲，
而兩波運動的共通點，即帶來參與階層的擴大。心學普遍流行於
一般士人之間，而因心學有向下層走的傾向，所以即連布衣、處
士、農工商賈也有不少參與講學的例子，這方面以泰州學派走得
最遠，但不僅限於泰州學派有此傾向而已。文學復古運動也有擴
大參與的趨勢，復古派提出文必秦漢，詩必盛唐的原則，由於講
究摹擬，讓人們更容易入手寫作詩文，於是過去被視為雅的詩
文，如今吸引更多士人，甚至布衣、處士、宗室、僧道，共同參
與在這類詩文社集中。

　　參與階層或範圍的擴大，使得這兩波運動並不只是停留在心
學學說或詩文寫作，而有其外在效應。近來的許多研究指出，在
心學流行高峰的一世紀間，心學對許多規範的鬆解，給予多元的
價值發展空間，脫離過去來自官方或程朱學的約束規範。還有許
多人利用講學講會以及各種策略手段，進行社會教化或社會福利
事業，而讓儒學的聖人形象具體深植人心。另一方面，如錢基博
所言，文學復古運動頗類似歐洲的文藝復興運動，[2]因對古代文化

1　關於這三股風潮與社集的關係，另請參考張藝曦，〈明中晚期的思想文化風潮
　　與士人活動〉，《中華文物學會二〇一九年刊》（台北，2019），頁128-136；
　　張藝曦，〈明中晚期士人社集與思潮發展〉，收入林宛儒主編，《以文會友：
　　雅集圖特展》（台北：國立故宮博物院，2019），頁250-261。

2　錢基博，《中國文學史》（上海：上海古籍出版社，2011），下冊，第6編近代
　　文學，〈自序〉，頁775。

的嚮往而蒐獵古代典籍，加上明中期以來出版業的興盛，使得許多已知或未知的古籍得到刊刻出版的機會，過去珍貴而罕見的古籍，變得唾手可得，人們所閱讀的書籍大量增加，知識範圍也大幅擴大。許多古籍的重刻流行，加上心學訴諸本心而不受先儒註解的約束，使得人們對儒學經典的解釋多元化，而儒經以外的其他典籍的流行，甚至弱化了儒經對人們的規範能力。諸子學的復興就是此時很值得注意的現象。當時流行的諸子學書籍，除了《老子》、《莊子》以外，還有先秦以來的其他子書，不少人會以這些子書來重新解釋儒學經典，隱然把諸子學與儒學並列，甚至有凌駕儒學之上的傾向。也因此，在心學與復古運動流行的高潮，也是一些人對這兩波運動批評最激烈的時候。理學陣營既有周汝登與許孚遠的九諦、九解之辯，也有以顧憲成（1550-1612）、高攀龍（1562-1626）為首的東林書院講學，主張回到官方認可的程朱學。文學陣營有公安、竟陵先後起而批評復古派。

　　不過，儘管許多士人都捲入到這兩股風潮中，但畢竟大多數人都不是嚴肅的心學家或詩文作者，所以即使精英士人倡導回歸程朱學或主張性靈文學，也未必能夠徹底解決儒學經典解釋的多元化及規範弱化的問題，這給了制藝（即八股文）發展的空間。在心學與復古派流行的高峰期，制藝只被視為是一種寫作的技巧，並未被賦予多少文學性，所以無論是心學或復古派的士人，都把心學、詩文跟制藝區別開來，甚至頗有醜詆制藝的言論。但大約到萬曆中期以後，開始有一股新的呼聲，試圖把制藝作為新文體，以這個新文體重新整頓風氣。

　　制藝即經義之學，亦即對儒學經典的義理詮釋之學，明末士人沒有直接走入清代的考證學，而是以制藝來解經。由於先儒如朱熹對儒經的註解，雖然簡要精當，但未必能夠傳達儒經的全部

意涵，所以必須以各種旁敲側擊的方式，一邊回到儒經當時的時空背景，一邊放到今日所處的時空下來思考與理解其內容。如果說朱熹的註解是骨幹，則當時士人透過制藝寫作所想做的，便是賦予這些骨幹豐富的血肉。也因此，明末士人所從事的制藝寫作，既是因應心學與文學復古運動衍生的挑戰而起，但從經典解釋的角度看，又是承自心學與文學復古運動而來。所以當時一些人甚至要求制藝必須融合理學與文學的成果，一如江西新城涂伯昌指出，今之士人與昔之士人的差異，在於理學已明與理學未明，而在理學已明之世，士人除了明理以外，尚須具備文學修辭方能完美闡述經義。[3] 因此，制藝雖以闡釋經義為主，但同時也是經學、理學與文學的三合一。

　　詩古文辭、心學語錄與八股文，本屬於不同文體，與此相關的士人及社集活動，過去會放在各自的文學史、心學史及八股文史的脈絡下進行討論，[4] 但在心學、文學復古與制藝寫作這三股風潮中，不同性質的社集間常有競爭關係。對個別士人而言，心學、復古派文學與制藝三者間不必是競爭關係，所以某些士人可

3　涂伯昌，《涂子一杯水》（收入《四庫全書存目叢書》，台南：莊嚴文化事業有限公司，1997，據中國社會科學院文學研究所藏清康熙四十五年涂見春刻本影印），卷3，〈姪仲嘉嘯園續草序〉，頁71，新編頁441。

4　這段時期的詩古文辭的社集研究，較多放在文學史的脈絡下討論，郭紹虞的《明代的文人集團》是這個領域的名作，郭紹虞主要關注的是詩社，將其依年代羅列而出，從這個年表中可以很快看出，大約到了明中期以後，詩社倍增，這應跟前後七子所倡導的文學復古運動有關。郭紹虞認為萬曆朝以後的社集漸多涉入政治活動，這點跟謝國楨的《明清之際黨社運動考》正相呼應。近年陳寶良《中國的社與會》對眾多社集作出分類，而何宗美的《文人結社與明代文學的演進》，則是大規模蒐羅詩文社集與制藝文社的資料，以討論文學流派與文學思潮的轉變。

以同時跨在不同陣營，既接觸心學，也同時寫作詩文與制藝。但若是組成社集，社集會凸顯群體共同的認同與作為，就必須放在三股風潮的競合中來考慮詩社、心學講會及制藝文社。一如18世紀的法國，既有貴族女性主持的沙龍（salon）聚會，也有Baron d'Holbach組織的以男性為主的聚會，儘管成員有重疊，但兩種聚會間卻有競爭關係一樣。

也因此，身處其中的士人，常會有人思考三種文體間的關係，而作不同的判斷與評價。如復古派的代表人物之一李維楨把制藝舉業與詩作對比分立，而有「科舉之業與古文辭分道而馳」[5]的斷語，江右四大家之一的艾南英（1583-1646）則高抬制藝舉業，而有「舉業一塗，遂與詩、古文辭並稱文章」[6]之語。理學在此三角關係中沒有缺席，如徐奮鵬（約1560-1642）便重新定義理學與制藝的關係，認為制藝文多不在理學之外，於是有「以理學為舉業」的見解[7]。

三種文體及三種社集，在彼此交織與競合的風潮或運動下，詩社不僅是詩社，心學講會或制藝文社也都不只是單純的講會與文社，而是處在與另外兩種社集的競爭或合作關係中，這也使得這段時期的社集有其特殊性。

所以在這本論文集中，我們沒有執著在單一性質的社集，而是把社集作為一個總稱。各篇文章分別聚焦在不同性質的社集，

5　李維楨，〈陸無從先生集序〉，在陸弼，《正始堂集》（台北國家圖書館藏明萬曆間刻本），卷首，頁3。

6　艾南英，《天傭子集》（新北：藝文印書館，1980），卷1，〈辛未房稿選序〉，頁15，新編頁115。

7　戴振光，〈理學明辨錄序〉，收入徐奮鵬，《徐筆峒先生十二部文集》（中國國家圖書館藏明刻本），卷首，頁1-2。此處是戴振光敘述徐奮鵬的見解。

討論不同類型的詩社與制藝文社（包括經學社），以及觀察從心學講會到制藝文社的發展變化。

　　另一方面，除了從思想文化風潮來考慮三種類型的社集，也必須考慮社集與社會文化各領域的交涉交流與關係。過去幾十年來，學界在城市生活史、思想文化史、地方史、家族史、醫學史領域皆有不少創獲發現與長足的進展，若能把社集與這些領域結合一起研究，將讓社集研究在文學史或學術史的脈絡以外，亦饒富文化史與社會史的意義，這種多元的眼光與關照，正是這本論文集想做的。所以這本論文集的團隊成員既有來自文學的背景，也有出身史學的訓練，所作的研究既有文學史、經學史的，也有歷史學的取徑，而全部研究可約略分作幾個子題，各討論社集的不同面相與角色，分別是：(1)、社集與城市空間；(2)、社集與地方家族；(3)、社集與身分／階層；(4)、社集與方伎；(5)、社集、經學與科舉考試。以下簡單說明這幾個子題，以及所收錄文章的主旨方向。

一、社集與城市空間

　　城市作為文化與消費中心，本就較能夠吸引士人聚集，也較容易舉行社集。但過去的研究較少談社集與城市的關係，所以這個子題的幾篇文章，除了有一篇談南京社集的興起到極盛，同時也從另外的角度切入，分別看城市之間的等級與網絡關係，以及社集如何影響城市中士人的政治傾向與權力關係。

　　王鴻泰談的是南京這個全國文化中心的社集，南京作為明代兩京制下的首都，約自成化、弘治年間文藝活動始興，嘉靖年間復古派的代表人物顧璘主持社集，則讓南京的文藝活動達到高

峰，並且讓南京與當時文學復古運動接軌，甚至也跟心學有關
——顧璘與王守仁的問答書信，被收錄在《傳習錄》中，成為許
許多多學習心學的士人的必讀篇章。

王鴻泰在此反思，除了嚴肅規範與定義的社集以外，士人的
日常生活中更常參與的是各類詩酒的雅集，這類雅集往往是一時
起意而作，持續時間未必長久，而且往往此起彼伏，此方雅集才
告終，他方雅集又興，士人在各種雅集中穿梭來去。也因此，到
了萬曆年間，才有許許多多的大型詩社，儘管參與者在嚴格意義
上不必是社集成員，但都共同帶起整個大社的潮流。

許齊雄與何淑宜二文分別討論福建漳州地區的霞中社與浙江
衢州府的制藝文社，兩地跟南京這個全國文化中心最大的不同，
在於南京吸引各地士人前來，而漳州霞中社與衢州府制藝文社的
成員往往來自同一個行政或地理空間，而且兩地的社集成員也都
有以血緣、姻親為主要聯結方式的特色。以地緣、血緣為主要的
集結與聯繫紐帶是很多地方性社集的共通點，但許、何二人所討
論的則是共通點以外的其他方面。

許齊雄討論的是霞中社這個地方性詩社與政局及地方政治生
態的關係。福建從明初以來有其詩社的傳統，明末曹學佺更是全
國詩壇的領袖人物，曾經主持在南京的大社，而曹學佺便曾參與
在霞中社中。也因此，儘管福建遠離江南而僻在一隅，但在明末
詩壇占有一席之地。但我們若是單純從詩社的角度看，霞中社其
實並無凸出之處，反而是該社與朝廷黨爭的關係值得注意。霞中
社的興起跟太監高寀搜刮礦稅有關。當高寀被派往福建，霞中社
成立，而高寀離開福建後，霞中社便很快進入活動銳減的衰弱
期。也因此，儘管霞中社的成立與發展並不是受到高寀的暴政左
右，但結合當時的黨爭，尤其是地方上的政治形勢與需要，才能

夠全面理解霞中社成員所作的詩文及其人際網絡。

　　何淑宜一文所處理的是萬曆以後的制藝文社，從方應祥所參加的社集入手，看不同城市的社集間的層級關係。一般人或許不熟悉方應祥這個名字，其實他在浙江當地頗為知名，在制藝領域被同時代的學者視為西安派的代表。文中的制藝文社顯然比王鴻泰所談的詩社更為嚴肅、更為正式，聯繫也更為緊密，不僅有社稿，也有選本，而不同社集之間，即使在不同城市，也常會建立聯繫。方應祥往來於幾個城市的文社間，而在何淑宜的細心梳理下，我們看到不同城市間的聯繫與層級關係，這應是萬曆以後的重要的制藝文社頗為普遍的特色。

　　張侃的文章則是討論溫州社集成員的變化，以及山人之風的流行。山人文化是明中晚期的特殊現象，以江南吳中地區最盛，而溫州的山人文化的流行，一方面可說是因江南的山人文化向外輻射的結果，但另一方面則跟大禮議以後當地士人遭受政治挫折有關，由於長期遭到政治壓制，遂驅使當地士人——尤其是世家子弟將其自我認同轉向山人文化，而這更進一步改造成兩宋以來溫州重視事功的風氣。在此脈絡下，我們才能了解何以清初溫州有「市井七才子」組成詩社，成員竟多來自市井間，所行事的行業包括菜販、魚販、鍛鐵、銀匠、修容、營卒與茶館役使等，讓雅集的「至俗」達到高峰。

　　值得注意的是，王、何二人的文章都共同指向萬曆年間，無論是詩社或制藝文社，都越來越常見所謂的大社，這有助於我們更進一步思考詩社與制藝文社的關係。由於社集活動日益頻繁，讓詩社與制藝文社之間，很可能形成一種既互補但又競爭的關係。如浙江的讀書社，既是詩社，也是著名的制藝文社，兩者並不衝突，但江西豫章社則是純粹的制藝文社，而與同時期的詩社

形成競爭關係。明末雖有大型詩社，但在數量上與所能聚集的人數皆不如同時期的制藝文社來得多，這似也顯示在明末詩社與制藝文社的競爭中，制藝文社有凌駕其上之勢。

二、社集與地方家族

社集與地方家族是兩個大主題，相關的研究成果都不少，但很少把兩者聯繫在一起談。對家族史的研究過去較多從社會史切入，討論家族與地方社會、中央朝廷之間的權力關係，而此處則是從文學史與思想文化史的角度談社集與地方家族的關係。

商海鋒所處理的桐城，明代屬於南直隸，被視為江南的一部分，他把眼光放在明末澤社、永社與雲龍社這三個社集的相替相承，澤社的性質是制藝文社，永社、雲龍社是詩社，從制藝文社轉為詩社，跟同時代較常見從詩社轉為制藝文社的趨勢恰好相反，頗有逆流而動的特色。三社傾向於一種家族的組織方式，有很強的地域性，成為後來桐城詩派的先聲，方以智則是這三個社集的中心人物。除了方以智這個大名字以外，還有陳子龍與李雯這兩位江南士人領袖，雲龍社便是他們二人與方以智合組的詩社，這則凸顯出江南這個文采風流之地的特色，由於人才高度集中，加上世家大族甚多，所以即使是個別的人物或社集，也往往有其錯綜複雜的關係網絡，構成饒富興味的圖像。

黃聖修所談的是廣東的詩社與地方家族。廣東沒有方以智、陳子龍這些大名字大人物帶領整個詩派的發展，但明中晚期廣東的社集活動則有過一波高峰，無論是詩人或社集數量都遠高於過往，加上廣東的家族勢力極強，所以參與詩社的成員絕大多數出自地方大族，這些人在明亡後，甚至組織義師，或投入抗清活動，

或成為遺民。這也讓明末廣東詩社與地方家族的關係頗值得探究。

　　該文指出明末廣東的詩社，除了成員大量重複，而且地理位置多集中番禺地區，以板橋番禺黎氏為例，這個家族在明中期以後發展達到高峰，而家族為了確立對珠江三角洲的掌控權與合法性，除了宗法制度、科舉功名以外，在「嶺之南，人人言詩」的這個地區，黎氏族人遂積極參與詩社等文化活動以建構自我的文化象徵。此亦可見社集發展與當地家族之間密不可分的關係。

　　張藝曦討論的是江西撫州府金溪縣的社集發展。金溪因有陸九淵的理學淵源，所以明中期受心學運動的影響而有講會，在明末制藝風潮中則轉向為制藝文社。與廣東很相似的是，當地並沒有全國性的知名人物，無論是講會或制藝文社，都是在地方家族的支持下而進行，並隨著風潮而變。此外，該文特別考慮的是在文獻材料上的突破，在金溪這個沒有大人物的地方，士人留下的文集少，地方志的敘述又過於簡單，當社集研究常用可用的資料不足時，便有必要考慮擴充資料的來源。過去思想史的研究很少利用地方家族的族譜，儘管這類資料在社會史已算是基本文獻，所以本文嘗試利用大量的族譜資料，建構地方的社集發展史，也可以說，這是從地方家族的角度切入，試圖在思想史與社會史的交涉中找到另一種可能性。

三、社集與身分／階層

　　除了地域的區別以外，另一個十分關鍵的因素即階層與身分，也是跟社集密切相關的因素。士階層始終是儒家文化的中堅，但在不同時期不斷想要往下影響到下層，陽明心學是儒家走得最遠的一次，一度觸及許多的布衣、處士，以及一部分庶民階

層，而且更透過鄉約的舉行、田土的丈量，以及許許多多在地的、鄉里的社會福利事業，不僅讓心學草根化，同時也讓心學間接影響地方社會與中下層的庶民百姓。同時期的文學復古運動亦有擴大參與的趨勢，所以我們在詩社成員中經常看到僧道、武將、山人、布衣的參與，不過作詩一事對庶民百姓有其難度，同時也與其生活隔了一層，所以讓其擴大參與的範圍大約僅到中下層士人，以及一部分布衣、處士。

王昌偉對揚州詩社的研究，注意到詩社與士階層的關係，而且更細緻描寫出寓居揚州的陝西士人帶來的風氣，與當時流行的江南風氣之別，全文不長，但卻是精彩之作。在王昌偉的勾勒下，我們看到一個不同面相的揚州，一個有不少陝西士人寓居於此，並在此組成詩社的揚州，從明末雷士俊、王巖等人成立的直社，到清初李楷、孫枝蔚等人主導的社集，都把重點放在整頓士風，重振他們心目中正統的士大夫文化——也就是源自陝西的秦聲，並與當時浮華萎靡的江南士風相區別。由於訴求的主軸是士大夫文化，所以社集成員也限定在士階層。

明清時代的中國以士階層為中堅，而士階層會因科舉考試而流動，所以對身分的界限及藩籬的感覺不強。那麼，不以科舉考試選拔人才的日本以及模仿中國實行科考試的越南，兩地的社集與身分又各自呈現什麼樣的樣貌？田世民、馮超的兩篇文章便很值得細讀。

田世民以18世紀日本朱子學者柴野栗山為研究對象，該文指出，近世日本沒有如中國的科舉制度，所以日本學者並無明確的仕宦管道，而遊學除了追求先進學問知識以外，更是突破身分限制的一大途徑，即使非武士身分、出身低微的知識人，亦可因其學識能力獲得上位肯定而破格錄用。柴野栗山即是一例，他因其

學識而出任幕府的儒官，他在進入幕府以後所參與的三白社，以及以他為中心的雙玉樓詩會，則是他在幕府中與四方名儒雅士保持交流及建立人際關係的重要手段。雙玉樓更一度是江戶的人文沙龍中心。不難想見，這些社及會，都有其明確的階級性。

　　馮超的文章所討論的是15世紀末黎朝越南的騷壇會與18世紀南河越南的騷壇招英閣，兩者都是詩社，也是越南歷史上兩次規模較大的文人社集。騷壇會是越南的第一個文人社集，由黎朝宮廷發起，黎聖宗自封騷壇大元帥，與28位文臣武將吟詩唱酬，不僅帶有很強烈的宮廷色彩與政治色涵，同時也有明顯的階級與身分的限制。騷壇招英閣則是近3世紀以後成立，仿騷壇會的形式，而規模更大，參與者至少有60人以上。由鄭天賜任騷壇大元帥，其他成員除了官吏近臣以外，也包括一些出身平民的知識人，有越南人，也有外國人。無論是騷壇會或騷壇招英閣，都是以政治領袖為中心組成，也都有強烈的政治色彩，而騷壇招英閣對階級與身分的限制雖然相對較寬，但仍然是精英為主的群體。

　　對東亞的社集與身分／階層關係的討論，歐洲史的研究可以提供很好的參照。17世紀法國的沙龍（salon）與東亞的社集頗有相似之處，沙龍起於17世紀，由貴族所設立，作為與其他階級（尤其是中產階級）往來的聚會，在聚會中讓這些階級的人可以學習與了解貴族的禮儀。所以沙龍鼓勵異性間，以及貴族和布爾喬亞間的社交往來。[8] Civility則是當時普遍流行的社交禮儀與價值。

8　Steven Kale, *French Salons: High Society and Political Sociability from the Old Regime to the Revolution of 1848*（Baltimore: Johns Hopkins University Press, 2006）, pp. 2, 24-25. Dena Goodman與Steven Kale二人對沙龍的性質的見解有別，Dena Goodman採取Habermas論點，主張salon構成公共領域的一部分，結束於法國大革命爆發時；Steven Kale則認為私人或公共領域的概念都與沙

池上英子參考歐洲史對 civility 的討論，而提出德川時代日本有所謂「審美的網絡」的看法，亦即在日本這個重視階級、身分的社會，審美的網絡則是可以跨階級、跨地域的。[9]相較之下，明清中國的身分色彩不如日本濃厚，但揚州的直社卻用「古」、「俗」這種以禮儀與文學藝術為基礎的概念來區別士階層與其他階層，也可以說，中、日兩國正好有相反的發展方向，這也讓我們好奇，越南在審美上，是否有類似審美網絡或雅俗之別，而這又將會跨階級，或者是區別階級呢？

四、社集與方伎（書畫、醫學）

除了從空間—地域，與身分—階級這兩個角度切入以外，以士階級為主的社集活動如何影響其他領域的人，則是這個子題想討論的重點。藝術與醫學是士人所常涉及的兩個領域，士人涉獵書畫，以及宋代以降的儒醫傳統，都讓人好奇相關的社集活動將呈現什麼樣的面貌。

楊正顯所談的是清初一群在北京的士人逃遁於書畫鑑賞的雅會。清初對結社有許多限制，所以官員往往諱言社，而多以文酒

龍有重疊，而且他主張在法國大革命以後，沙龍仍然持續存在，而且日益政治化，讓世襲的舊貴族仍可藉由沙龍維繫其階級，只是過去是藉由世襲而得到階級身分，而大革命以後，則是開放給精英加入這類團體。請分見 Dena Goodman, *The Republic of Letters: A Cultural History of the French Enlightenment* (Ithaca: Cornell University Press, 1994), p. 280; Steven Kale, *French Salons: High Society and Political Sociability from the Old Regime to the Revolution of 1848*, p.8.

9　Ikegami Eiko, *Bonds of Civility: Aesthetic Networks and the Political Origins of Japanese Culture* (Cambridge: Cambridge University Press, 2005).

會稱之，康熙年間劉體仁等人在北京的聚會便屬於這類文酒會性質的雅會。比較特別的是，此會成員雖多半是朝廷官員，但不僅沒有標榜經世的理想，反而普遍懷有一種遯逃於世的心態。他們在雅會中除了訴求「好古賞鑑」、「商榷古今，考辨真贗」，也以「高隱之節」為鑑賞標準，此皆凸顯他們將「雅會」視為可供遯逃的世界。於是作者在文末對此雅會作出判語——有心經世而時代不允，只好無心而娛。

除了遯逃於書畫器物的世界，其實明末另有一批士人與畫家結詩畫社或參與畫社，可惜今日我們對這類詩畫社的了解很有限，因此未能確知這類社集如何影響畫家群體。不過，馮玉榮所談的醫者結社，則明顯可見士人社集確實影響醫者的結社。

藉由馮文，我們看到一些知名醫者與杭州當地詩文社集之間的密切關係，包括盧復、盧之頤、張遂辰等人，都在讀書社這個社集中，並與社集成員有很頻繁的往來。這些醫者不僅參與士人的詩文社集，也仿照文社大會同盟，形成雅集，講經研學，而且彼此間以「同社」稱之。醫者參與文社，而文士作客醫者講堂，成為當時頗常見的現象。入清以後，士人的社事受到打擊，加上大量士人隱於醫的結果，讓醫者雅集更加興盛，清初侶山堂則是雅集的中心。綜言之，醫者講學移用了文社的組織形式而發展，而清初侶山堂更在相當程度上發揮類似於現代醫學社團的作用。

五、社集、經學與科舉考試

最後一部分則是關於明末制藝風潮下經學課題。制藝（或八股文）是明代科舉考試所用的文體，過去我們受到顧炎武（1613-1682）、黃宗羲（1610-1695）等人的言論影響，所以很容易對制

藝有先入為主的負面印象，如顧炎武有「八股之害等於焚書」的激烈之論，黃宗羲則把明文之不競歸罪於士人專注於科舉業，這也導致長期以來，人們沒有正面看待明末的制藝風潮。但其實這是繼文學復古運動與心學運動以後更大的一股風潮，把全體的士人都捲入其中。許多士人不僅勤於練習制藝，把個人的制藝文稿刊刻出版，同時各地士人結成大大小小的制藝文社，並刊行社稿，加上一些名家對八股文進行挑選並作批註，這類選本也有很大的影響力。所以我們若是翻看明末士人的文集，往往會看到大量為八股文文稿、社稿或選本所作的序跋，另外也會有一些對八股文文體的嚴肅討論。

在此風潮中，八股文除了作為應試求取功名的手段以外，還跟文風、士風與國運相聯繫。首先，儒經是士人對這個世界認知的基礎，而八股文則是對儒經義理的詮釋及發揮，而比起一般的詩文，八股文是更為正式而嚴肅的文體。其次，八股文是明代獨創的新文體，所以發展這個新文體，可以讓明朝與前代比肩，而不必再屈居於秦漢文或盛唐詩之下。第三，也是更重要的是，由於士人人人皆須習八股文，所以端正八股文的文風，除了可以正確詮釋儒經、發展新文體以外，還可以糾正士風，而士風會進一步影響國運。所以便有士人是從倡導八股文這個新文體，以及重新詮釋儒經的角度，來推動這股新風潮。

也因此，對八股文的討論，對部分的士人——例如復社、豫章社的領袖人物而言，除了準備科考以外，還有更高遠的目標。由於考試時，四書場是關鍵，五經場僅須選考一經即可，所以在陽明心學最盛的明中期，心學家所談的、所讀的，多數聚焦在《四書》而較少及於《五經》，即使有，也往往只是摘出幾句略微談及而已。但這種重《四書》而輕《五經》的現象到明末有變，

經學日益受到重視，如復社與豫章社標榜「通經學古」及倡導經學，雖仍有準備科考的目的，但已不純粹是為科舉考試而已。

陳時龍的研究指出，明中期以來已有不少經學社集，由於五經場只須準備一經，所以各地還發展出「地域專經」的現象，如江西安福、湖北麻原、浙江會稽便皆以春秋經學著稱於世。這是過去人們較少注意到的現象。陳時龍更進一步指出，若說明中期的地域專經較有科舉的功利目的，則明末標榜研習五經，以及要求「釐正經學」，便不純然出自科考的需要。該文讓人們注意到明代經學風氣之盛，而從地域專經到釐正經學，都與社集有關，充份體現經學與社集之間的密切關係。

朱冶同樣著眼在明末經學，尤其以文社為單位的經典改纂熱潮，這是明末思想史的特殊現象。她把焦點放在顧夢麟的《四書說約》，《四書說約》的編者、校閱者及眾多序跋作者，都來自同社成員，體現了社集在明末經學研習中的重要作用，而且與獨立撰作的經典改纂著作不同。她進一步指出，包括顧夢麟在內的復社成員，他們都是將科舉制藝與經學深造兩者合為一途，所以一方面是以文治文，復興文脈，一方面是改纂經典，恢復正學。

這個論文集計畫，最初緣起於2013-2016年間蔣經國基金會所支持的「明末清初學術思想史再探」國際合作計畫，藉由這個計畫案每年所召開的會議，參與成員彼此間建立較為密切的關係與聯繫。第二年在武夷山舉行工作會議中，其中幾人便希望在計畫案結束以後，以台灣與新加坡兩地的部分成員為核心另組團隊，以文社為主題，進行論文集的編寫。

我們當時採取e-mail聯繫的方式，邀請熟識或尚未熟識的相關領域學者加入團隊，很幸運的普遍獲得正面的回應，於是我們

先在2016年6月舉行閉門工作坊，確定團隊成員各自的撰寫題目及方向，約定兩年後完成初稿。因為期待每個人對各自題目有比較充裕的時間作思考與研究，所以我們刻意給予比較長的時間。接著在2018年6月獲得蔣經國基金會與科技部的補助，舉行成果會議發表，並在次年收齊完稿，論文集的面貌方始浮現。

在此必須感謝蔣經國基金會與科技部的持續支持，以及呂妙芬所長及中央研究院近代史研究所人員兩次協辦工作坊會議，讓這個計畫能夠從發想到落實，到最終編纂成書出版。也感謝團隊的每位成員，即使其中幾位有升等或評鑑的壓力，但仍然支持我們把步調放慢的理想，把文章留給這本論文集，而且一年年參加工作坊會議，並一再修改琢磨文章，最後以最好的面貌呈現在讀者眼前。李旻恆學弟在碩論口試前夕仍花費許多心力與時間為各篇文章統一格式，楊妍博士與王廷君、尤詩婷兩位學妹將全部文稿校對一遍，則是這本論文集的幕後功臣。

社集與城市空間

城市舞台
明後期南京的城市游樂與文藝社群

王鴻泰 ————————————————

臺灣人，國立臺灣大學歷史系博士，中央研究院歷史語言研究所研究員。研究領域為明清社會文化史、明清城市史。代表作：〈迷路的詩──明代士人的習詩情緣與人生選擇〉（2005）、〈雅俗的辯證──明代賞玩文化的流行與士商關係的錯雜〉（2006）、〈美人相伴──明清文人的美色品賞與情藝生活的經營〉（2013）、〈武功、武學、武藝、武俠：明代士人的習武風尚與異類交游〉（2017）等。

一、前言

　　《儒林外史》第三十二回〈杜少卿平居豪舉　婁煥文臨去遺言〉中，志氣高尚，不同流俗，又有些不通世故的杜少卿，疏財仗義，揮金如土，家產將盡時，家中老僕臨終前苦心相勸：「你的品行、文章，是當今第一人。……但是你不會當家，不會相與朋友，這家業是斷然保不住的了！……你眼裡又沒有官長，又沒有本家，這本地方也難住。南京是個大邦，你的才情到那裡去，或者還遇著個知己，做出事業來。」[1]此回結束時，作者且提示道：「京師池館，又看俊傑來游；江北家鄉，不見英賢豪舉。」儼然南京城具有特別的人文環境，是可以廣納各方俊傑的特別場所。果然，杜少卿到南京後，在秦淮河畔租了河房居住，從此和各方文士頻繁交游，開啟另一番人生盛景，甚而可說杜少卿乃因此找到人生的「歸宿」。《儒林外史》對諸多文人之刻畫往往語帶諷刺，多著墨其不堪處，唯杜少卿屬難能可貴之正面人物，此一角色乃有吳敬梓個人身影之投射，可說是某種理想性人物的表徵，而其進入南京，則可謂乃得其所哉，理想的文人進入理想的人文環境。吳敬梓藉《儒林外史》刻畫明清科舉制度下士人的各種面貌與心態，同時有意塑造理想文人形象，在其所繪人文圖像中，南京城市乃成可以寄寓士人理想的文化場域。誠然，明中期以降，南京逐漸成為人文薈萃的文化都城，各方士人往往樂於匯聚其中，縱樂交游。

　　《儒林外史》之特意以南京為場景描述文人活動殊非偶然，《桃花扇》更是全然以南京為歷史舞台，藉以重現晚明名士的慷

1　吳敬梓，《儒林外史》（台北：桂冠圖書公司，1994），第32回，頁307。

慨激昂與風流韻致，而演成才子佳人的典範劇本。《桃花扇》所演人事，往往有事實根據，其將復社名流置於南京城的繁華中，一則可說是晚明實況的反映，一則也可視為某種歷史文化的表徵。《桃花扇》男主角侯方域（1618-1655）確實在22歲時，即離開其所成長的開封來到南京，對此他自言道：「及僕稍長，知讀書，求友金陵。」[2]將南京之行定義為知識成長後，進以社交結友人生之旅，而他的南京之行也確實翻開人生新頁，展開極為熱鬧的交游活動，尤其與復社諸名流過從甚密，而與陳貞慧（1604-1656）、方以智（1611-1671）、冒襄（1611-1693）並稱為「復社四公子」。[3]另一方面，侯方域進入南京時，也因復社領袖張溥（1602-1641）之推薦，而知有名妓李香君，因此刻意造訪結識，從此展開才子佳人相知相惜、可歌可泣的故事。《桃花扇》所述乃有所本，而其中場景與活動，誠屬為晚明士人交游文化之反映，劇中種種繁華盛景，的的確確曾經顯現於明代南京之城市生活中。

事實上，《桃花扇》所述確實極能掌握晚明之時代精神，尤能精確刻畫當時士風之特色，此劇中最為根本的衝突乃是復社諸子與阮大鋮的衝突，而此君子／小人之爭，淵源於天啟朝的閹黨與東林之爭，只是攻守異勢且鬥爭方式也大為不同：天啟朝的黨爭可謂乃政治場域內的權力角逐，而阮大鋮（1587-1646）與復社的矛盾，則演變成城市社交上的競逐——阮氏有意藉其戲劇專長，結納各方名流，以重造聲勢，而復社諸子，則恐其惡勢力因

2　侯方域，《侯方域全集校箋》（鄭州：中州古籍出版社，1992），卷3，〈癸未去金陵日與阮光祿書〉，頁115。

3　參謝桂榮、吳玲編纂，《侯方域年譜》，收入《侯方域全集校箋》，頁585-586。

此復熾，因此刻意抵制，乃有「留都防亂公揭」之刊布，打擊阮
之聲勢。如此，天啟朝政治權力的鬥爭轉成社交輿論的較量，而
留都南京乃成此社交競賽的大舞台。孔尚任（1648-1718）撰寫
《桃花扇》意在捕捉晚明士風精神與文化風貌，其選擇復社諸子
與阮大鋮之爭為大背景，而於其間交織家國大事與兒女私情，而
以南京城之社交活動為展演舞台，固可謂慧眼獨具，卻也有歷史
事實為其張目。

　　明代後期的南京城確實是一個別具歷史意義的社交舞台，士
人在其中熱烈展開各種社交活動：文酒之會頻頻舉行，士人間的
集會結社活動也如火如荼地進行，熱烈的交游活動，激發士人參
與公共事務的熱情。晚明動盪時局中，紛紛擾擾的各種政治軍
事，往往成為社交的爭議話題，乃至進而集結特定的政治陣營。
如此，朝廷的政爭延伸至城市生活，居於經濟與文化重心的南京
城，原是有名無實的首都，值此板蕩之際，反倒成為熱血士人輿
論交鋒的重要基地，也是個人生命昂揚的大舞台。

　　然則，南京作為士人社交的重要場域，並非由復社諸子之振
臂高呼而始趨熱絡，南京士人之樂於集會結社由來已久，其社交
文化之積澱可謂既深且厚，已然成為重要的文化底蘊。晚明復社
之聚集於此大會社友，高歌壯舉，殆可視為南京社集歷史長河之
激盪波瀾，實乃厚積而薄發，並非突如其來也。事實上，南京士
人的社集活動也在不同的歷史情境下，經歷了不同的變化，其活
動形式與屬性內涵也因時而異。本文即嘗試對此略作考察，由此
探測士人生活、城市社交與文化活動究竟如何相互激發，也由此
思考明後期社會文化發展的動力與邏輯。

二、宦於此者，得遂觴詠之樂

　　一般論及南京文藝活動的展開，往往引用錢謙益（1582-
1664）的論斷，認為金陵之社集活動初盛弘治、正德年間，錢氏
之說相當概括地點出南京文藝之盛況，然則其說亦不免過於化
約，事實上，南京之社集活動早在弘、正之前已不乏事例。特意
記錄南京歷史人物的《帝里明代人文略》引司馬泰（約1492-
1563）〈三餘雅會錄後序〉稱：

> 吾鄉雖稱都下，去輦轂遠，宦於此者，率事簡多暇，得遂
> 觴詠之樂。天順中，翰林學士吉水石溪周公敍始結詩社，擇
> 吾鄉能詩士人，若賀公確、王公麟與邵以誠，凡十人與遊，
> 題曰「南都吟社」。成化間，翰林學士西蜀簀齋周公宏謨繼
> 之，復與士人沈公庠、任公彥常、金公冕十二人遊，題曰
> 「清恬雅會」。正德初，戶部侍郎海陵柴墟儲公巏復繼之，乃
> 與揮使劉公默、士人施公懋、謝公承舉凡十人遊，題曰「秣
> 陵吟社」。夫三公皆海內文宗，其人品詩格俱高，乃能下交
> 諸士人。諸士人亦不少屈詔，觴詠適情，密若昆季。每一會
> 時，都人輒拭目傾耳，稱為勝事。[4]

此說指點出，南京城市的特性及其文藝條件：這個城市雖號稱都
城，事實上，卻是遠離權力核心，在權力的操持上實屬邊緣，此
地聚集為數不少的「京官」，官員之品級頭銜頗為高尚，卻多近

4　路鴻休，《帝里明代人文略》（收入《江蘇人物傳記叢刊》，第5冊，揚州：廣
　　陵書社，2011，據道光三十年甘煦津逮樓木活字本影印），卷16，頁553-554。

乎閒差，難有作為，事簡多暇。也正是在這種情況下，這些無所作為，閒暇甚多之清高官員，乃多以寫作詩文作為娛樂。這正是南京文藝發展的特殊之處，這些位高權輕的清貴官員，往往成為文藝社集的發動者。因南京之文社活動發端甚早，在天順年間已然登場。值得注意的是，此處倡導社集活動者，都非泛泛之輩，天順時組成南都吟社的周敘，與成化間組成清恬雅會之周宏謨，都是翰林出身，正德時秣陵吟社之首腦儲巏，則是鄉試與會試都是第一名。[5]他們可說都是科舉勝利者，且表現最優，是科舉制度下，被認定最為能文之士。他們本來應該在宮廷之中，占據最佳寫作地位，文為天下表率之人，翰林本職固當如此，只是他們屈處南都，未能在堂廟之上，寫作昭示天下的堂皇之文，領袖天下文風──即所謂的「海內文宗」。他們「懷才不遇」下，唯有另尋管道發落其才氣，以「下交諸士人」的方式，實踐「文宗」之志向。

　　南京社集活動的開始，出於翰林提倡，事或有偶然之處，卻也有必然之理。事實上，南都的六部官員，往往官品高而權輕事少，這些清高多閒的官員，往往也就成為文藝活動的主要成員，積極藉諸文藝活動以自顯，實屬常態。也就是說，南京的社集活動中，那些來來去去的六部官員，是其中相當重要的成員。他們對南京的知識交流與文藝社交的發展，都有相當重要的作用。除

5　張廷玉等撰，《明史》（台北：鼎文書局，1980，據清武英殿本點校），卷286，〈文苑二〉，頁7345：「儲巏，字靜夫，泰州人。九歲能屬文。母疾，刲股療之，卒不起。家貧，力營墓域。旦哭冢，夜讀書不輟。成化十九年（1483）鄉試，明年會試，皆第一。授南京考功主事。……正德二年（1507）改左僉都御史，總督南京糧儲。召為戶部右侍郎，尋轉左，督倉場，所至宿弊盡釐。」

了在天順、成化間首開風氣外，在日後的社集活動中，他們也往往多所參與，乃至成為其中要角。《四友齋叢說》中嘗記：「孫季泉轉南宗伯，趙大周先生曰：『季泉留心於詩，此來當必與君結社矣。』後季泉至，果時相酬唱，又以孫王唱和集命某作序，極為相知。」[6] 可見這些任職南京之官員，多有文藝之好，而有此好者，入南都則有社集，已成必然之理。實則活躍於南京之文人，亦多有此類官員，例如：所謂「金陵四家」中的第四人就是弘治年間，來南京任戶部主事的朱應登（1477-1526），他就職後積極參與當地文藝活動，因此與顧璘（1476-1545）等人齊名並列。嘉靖時期知名文人蔡羽（？-1541）、何良俊（1506-1573）都任職翰林孔目，而活躍於南京文藝圈。文壇領袖王世貞（1526-1590）、邊貢（1476-1532）、王慎中（1509-1559）、鍾惺（1574-1624）則為南京六部官員，而在此交會各方文人。萬曆時期南京文壇領袖曹學佺（1574-1646），也因任職南京而積極推動文藝社集，將南京文藝推至極盛。凡此略可概見，南京文藝社集的發展，乃與其特殊的政治地位有關，位高權輕的「京官」乃屬其中要角。因此，南京社集活動之開始，出於南都翰林殊非偶然。而這批南都「京官」在往後的歷史中，依然是南京士人社集活動的重要成員。

　　天順年間的南都吟社與成化時的清恬雅會，固可說是南都社集的濫觴，然此社集活動之發起，個人因素仍居主因。兩位翰林的愛好文藝，樂於交游，使之得以開風氣之先。實則在此時期，全國之文藝風氣猶然未興，而城市社交生活也還不發達，甚且，這段時間南京城都還在遷都後的大蕭條時期，所以天順至成化間

6　何良俊，《四友齋叢說》（北京：中華書局，1997，據萬曆刻本點校），卷15，〈史十一〉，頁132。

的社集活動，與其將之視為南京文藝風尚已趨勃興，毋寧說是個人興趣點燃的星星火光。或許正由於此，錢謙益在敘述金陵社集發展時，並未將此期活動列入其中，這恐怕不是受限所知，而是刻意略過，蓋此舉不足以作為南京社集之源流或文學傳統之肇興。事實上，有關南都吟社與清恬雅會的活動，也殊少見諸相關記載，可以說有關南京的文學敘事中，這只是一段有些偶然的史前史。

三、陳大聲、徐子仁，以詞曲擅場

南京社集活動的勃興誠如錢謙益所言，要到弘治、正德年間，顧璘等人積極推動，才蔚然成風，出現繁榮景象。錢氏所謂：「弘正之間，顧華玉、王欽佩，以文章立壇；陳大聲、徐子仁，以詞曲擅場。江山妍淑，士女清華，才俊翕集，風流弘長。」[7]弘治、正德年間，可說是明代文學的轉折期。此際古文風氣漸起，李夢陽（1472-1529）等人，開始批評臺閣體文風，以翰林為首的文學權威，受到挑戰。異議者的熱情參與和高調論爭，讓文學活動與活力擴及於堂廟之外的廣大社會，翰林院之外的文學活動漸趨活絡。相應於此，商品經濟的發展也帶動城市生活的繁榮，士人在城市中的社交活動越來越熱鬧。顧璘即是在此種時代潮流下，刻意有為地推動南京的文藝活動，而其具體作為則是不斷地舉辦各種社集活動。他因而成為南京社集的中心人物，主導當地文人社群的活動與發展。

《明史》稱：「南都自洪、永初，風雅未暢。徐霖、陳鐸、金

7　錢謙益，《列朝詩集小傳》（台北：世界書局，1985），〈丁集上〉，頁462。

琮、謝璿輩談藝正德時，稍稍振起。自璘主詞壇，士大夫希風附
塵，厥道大彰。許穀，陳鳳，璿子少南，金大車、大輿，金鑾，
盛時泰，陳芹之屬，並從之游。穀等皆里人，鑾僑居客也。儀真
蔣山卿、江都趙鶴亦與璘遙相應和。沿及末造，風流未歇云。」[8]
所謂正德時，南京文風才稍稍振起，大概可說是比較保守的歷史
論斷，事實上，正如錢謙益所言，弘治年間，南京的文藝風尚已
有漸起之勢，文人的活動已趨活絡，而且這當中南京當地的文人
已然成為要角，積極主動地展開文藝活動。這可由徐霖（1462-
1538）與陳鐸（約1488-1561）的活動略見端倪。熟悉南京典故的
顧起元（1565-1628）在《客座贅語》有〈髯仙秋碧聯句〉之記載：

　　黃琳美之元宵宴集富文堂，大呼角伎，集樂人賞之，徐子
　仁、陳大聲二公稱上客。美之曰：「今日佳會，舊詞非所用
　也，請二公聯句，即命工度諸弦索，何如？」於是子仁與大
　聲揮翰聯句，甫畢一調，即令工肄習，既成合而奏之，至今
　傳為勝事。

　　子仁七十時于快園麗藻堂開宴，妓女百人，稱觴上壽，纏
　頭皆美之詒者。大聲為武弁，嘗以運事至都門，客召宴，命
　教坊子弟度曲侑之，大聲隨處雌黃，其人距不服，蓋初未知
　大聲之精於音律也。大聲乃手攬其琵琶，從座上快彈唱一
　曲，諸子弟不覺駭伏，跪地叩頭曰：「吾儕未嘗聞且見也。」
　稱之曰「樂王」。自後教坊子弟，無人不願請見者，歸來問
　餽不絕于歲時。[9]

8　張廷玉等撰，《明史》，卷286，〈文苑二〉，頁7356。
9　顧起元，《客座贅語》（北京：中華書局，1997），卷6，〈髯仙秋碧聯句〉，

　　這樣的聚會結合了奢華與才情，且充滿聲色情趣，可以說是刻意的安排，讓文人才華得以盡情演出或者這也可說是個舞台效果十足的演出，讓文藝融合於聲樂美色中，高度的美感與華麗，震撼人心，以致成為南京地區傳頌不已的文藝傳奇。如此奢華聚會的出現，固然有特殊的因緣，尤其是黃琳（生卒年不詳）在其中扮演關鍵性角色，不過，這一切也並非偶然，如此集會，某種程度上可說，正反映出南京的文藝活動的發展已然立足於不同的社會基礎上，有特別的風采情趣，聲色之娛乃為其中要素。南京的文藝社集，已然有別之前外來清高官員之清純雅集。

　　黃琳富文堂的文藝盛宴舉辦的時間，還不是很能確定，不過，徐霖約生於天順六年（1462），至弘治初年已成知名文人，顧璘說他「自少濯礪文行，志行當世之務，年未三十名滿人耳，又好工諸家書，超古蹊徑，海內好事者操金幣及門，幾絕其限，駸駸乎嚮于動矣」。[10] 錢謙益亦有言：「子仁，少時雅從沈啟南遊，江夏吳偉寫〈沈徐二高士行樂圖〉，楊君謙（循吉）、祝希哲（允明）為贊。」[11] 大體而言，徐霖在弘治初年已經和江南文化中心的重要人物有密切的交往，切磋文藝，也因而在文藝卓有成就，成為江南地區聲名顯著的重要文人。當他成為重要文人時，乃更積極於經營其文人天地，於弘治十三年（1500）左右在南京城內建成園林，「性好游觀聲伎之樂。築快園于城東，廣數十

頁179-180。

10　顧璘，《顧華玉集・息園存稿》（收於《景印文淵閣四庫全書》，第1263冊，新北：臺灣商務印書館，1983，據國立故宮博物院藏本影印），卷4，〈晚靜閣記〉，頁507。

11　錢謙益，《列朝詩集小傳》，丙集，〈徐髯仙霖〉，頁350。

畝，其中臺池館閣之盛，委曲有幽況，卉木四時不絕。」[12] 然則，這座園林不只是在城市中營造山林情趣而已，它更是文藝趣味的展現，《帝里明代人文略》載：「九峰徐子仁豪爽迭宕，開快園武定橋東，中有翠葆清漣、芳休幽勁。台曰振衣，刻名公題詠下，有麗藻堂喬伯岩書，晚靜閣文衡山書。風流曠達，一時豪貴悉禮下之。」[13] 徐霖大致也以快園為據點，積極展開各種文藝活動，顧璘說他「善製小令，得周美成、秦少游之訣，又能自度曲，棋酒之次，命伶童侍女傳其新聲，蓋無日不暢如也。」[14] 徐霖性格豪爽，樂於交游，積極參與各種文藝聚會，快園之築也有藉園交游之意，[15] 當時應該就已成為重要的文藝聚會場所，故快園可說在弘治時期就已經成為南京的文藝地標。周暉（1546-1627）《金陵瑣事》即言：「《弇州山人四部稿》載金陵名園十餘處，殊無豔羨語。當司寇宦遊時，諸園半已荒蕪，其無豔羨語者，宜也。乃徐子仁之快園，未曾言及，何也？子仁詩才筆陣，丹青樂府，足稱能品。如此園主，已自難得。況武宗幸其家，釣魚於園池，得一金魚，宦官高價爭買之。武宗取笑而已，又失足落池中，衣服盡濕。此事古今罕聞，豈諸園之可同乎？園有宸幸堂、浴龍池，紀其實也。」[16] 可以說快園在弘治時期已成南京之文藝地景，因此性

---

12 顧璘，〈隱君徐子仁霖墓志銘〉，收入焦竑，《國朝獻徵錄》（收入《明代傳記叢刊》，第114冊，台北：明文書局，1991），卷115，頁786。

13 路鴻休，《帝里明代人文略》（收入《江蘇人物傳記叢刊》，第5冊），卷15，頁12。

14 顧璘，〈隱君徐子仁霖墓志銘〉，收入《國朝獻徵錄》（收入《明代傳記叢刊》，第114冊），卷115，頁786。

15 《帝里明代人文略》引陳鳳〈訴慕篇〉稱：「徐九峰霖倜儻不羈，開快園結賓客，伎樂滿前，無日不暢如也。」卷15，〈黃炎杲〉，頁21a-21b。

16 周暉，《金陵瑣事》（收於《南京稀見文獻叢刊》，第7冊，南京：南京出版

好玩樂的武宗南巡時也慕名而至，更樂在其中，以致演出落水劇情，更增快園之傳奇性。周暉意在書寫南京文化史，對一代文壇領袖王世貞之忽略快園的地標意義，深感不解，或亦不甚以為然。相對於此，後生於徐霖三十幾歲，活躍於正德年間之南京文壇的金鑾（約1494-1587），則在其散曲中云道：「我則見鍾陵山千重翠靄，石頭城萬點蒼煙，更和那清溪一帶明如練，……比著那息園快園，幾十年文物人爭羨。發揚深，品題徧，得箇王維畫輞川，意趣天然。」[17]此曲旨在頌揚南京之景物與人文相互照映，而將息園與快園並舉為南京之代表。是可見二者在南京文人心中地位甚高，可以說乃是南京文藝發展史上極具代表性的地標。然則，徐霖之建築快園，且從中展開文藝活動，更早於息園，可視為南京文藝初興的標誌。

　　固然，快園可視為南京文藝初興之地標，然則，我們也不必過於強調其獨特性。事實上，富文堂也是個重要的標誌，而且早在弘治時期，就以富於收藏而在文人間享有盛名，以致也成為文人聚會品藝之所。金陵三俊之一的陳沂（1473-1532）即曾言，成化年間偶然被發現的王維〈溪山積雪圖〉與蘇漢臣〈高宗瑞應圖〉，「並藏於黃琳之富文堂，弘治壬戌（弘治十五年，1502），予往觀焉。」[18]《金陵瑣事》更載道：

社，2007，據萬曆刊本點校），卷4，〈武宗釣魚快園〉，頁132。

17 金鑾，《蕭爽齋樂府》（收入《續修四庫全書》，第1738冊，上海：上海古籍出版社，1995，據民國二十三年飲虹簃刻本影印），卷上，〈北南呂一枝花：姚秋潤市隱園〉，頁553。

18 陳沂，〈書所觀蘇漢臣瑞應圖〉（收入黃宗羲編，《明文海》，北京：中華書局，1987，據北京圖書館藏涵芬樓鈔本影印），頁3244-3245。

　　蘊真黃琳，字美之，家有富文堂，收藏書畫古玩，冠於東南。吳中都玄敬，自負賞鑑，且眼界甚富。一日，同顧華玉先生聯騎過美之看畫，玄敬謂美之曰：「姑置宋元，其亦有唐人筆乎？」美之出王維著色山水一卷，王維〈伏生授書圖〉一卷，又出數軸，皆唐畫也。玄敬看畢，吐舌曰：「生平未見，生平未見。」[19]

可見富文堂之收藏在江南文人心中已有極為崇高的地位，而黃琳亦樂於藉此與知名文人多所交流，也因此更增添其傳奇之流傳。當然，這也與黃琳獨特的家世有關，琳乃太監黃賜（生卒年不詳）之侄，而黃賜在憲宗朝即倍受寵信，足以和汪直（？-約1487）相抗衡，以致在孝宗（1470-1505）年幼時，得以居間調護，[20]汪直勢衰，孝宗繼位後，黃賜所受寵信始終不衰且更勝以往。黃琳受蔭於此，在成化時即升任南京錦衣衛指揮同知，[21]而其收藏可能也多所承襲。至少在弘治期間，富文堂已是聲名赫赫，

---

19 周暉，《金陵瑣事》（收入《南京稀見文獻叢刊》，第7冊），卷3，〈收藏〉，頁95。

20 《金陵瑣事》卷4〈豪舉〉中有言：「美之（黃琳）乃黃太監任，太監保養孝宗最有功，及登極，賜賚甚厚。故美之得以遂其豪俠之舉。今世搬演陳琳妝盒戲文，乃影黃太監事耳。」（頁132）。此事涉及宮闈，多有曖昧不明處，唯黃太監受寵信而居間調濟應屬事實，關於此可參《萬曆野獲編》（北京：中華書局，1979），卷3，〈孝宗生母〉，頁82-84。

21 《明憲宗實錄》（台北：中央研究院歷史語言研究所，1966），卷271，〈成化二十一年10月25日〉，頁4581：「壬寅，陞南京錦衣衛指揮僉事黃琳為指揮同知，與世襲百戶黃灝副千戶所鎮撫黃淶校尉，黃潤百戶黃澤、黃淇所鎮撫，黃澧、黃溶冠帶，總旗黃瑛襲為百戶，俱管事黃玉等六人充御馬監勇士，琳等以故太監黃賜家屬乞恩也。」

為江南文人所豔羨，以致多所往來。黃琳亦樂於與各方文人相往來，扮演藝壇主人角色。陳鐸有曲頌揚之：

> 萬卷圖書錦亭臺，鬧花深處值清朝，事簡公餘寵光深，人物勝德星相聚，……談咲有鴻儒，盡是文章儔侶，綸巾布氅，交參紫綬華裾，飛觥走斝，看笙歌羅列，尊罍具，樂陶陶。[22]

如此歌頌之詞當然不無溢美之處，但應也不致全然無中生有，黃琳應該相當慷慨好客，樂於與文人交往，富文堂也因此成為文人集會之所。前述元宵宴集，有可能在弘治時期即已出現，而且這應該也不只是一時興起的偶然之舉，容或平時未有如此大規模的豪宴，也可能在富文堂舉行或大或小的文藝性聚會。黃琳家世富裕而雅好文藝，也賦性慷慨豪俠，不惜揮霍金錢成就風雅事。《金陵瑣事》中特記其兩則豪舉：

> 錦衣黃美之冬日請十三道御史賞雪。飲至更深，一道長借狐裘禦寒。美之遂取狐裘十三領，人各服之。
>
> 徐子仁快園落成，美之攜酒飲於園中。一友人曰：「此園正與長干浮圖相對，惜為城隔，若起一樓對之，夜觀塔燈，最是佳境。」美之曰：「是不難。」詰旦，送銀二百兩與子仁造樓。[23]

---

22 陳鐸，〈粉蝶兒〉，收入郭勛，《雍熙樂府》（收入《四部叢刊續編》，集部72種第6冊，上海：商務印書館，1934，據北平圖書館藏明嘉靖刊本影印），卷6，頁94b-95a。

23 周暉，《金陵瑣事》（收入《南京稀見文獻叢刊》，第7冊），卷4，〈豪舉〉，

黃琳可以說是南京的社交名人，在弘治時期就挾其雄厚的資本，
不時舉辦各種玩賞性質的宴會，且其宴會往往相當豪華，以致常
為人豔稱傳頌，可說富文堂在當時就已成為南京的藝文傳奇，在
文人社群中擁有崇高的地位。這種豪華的文藝聲名大概也是黃琳
刻意經營出來的，他意圖藉此和各方文藝之士建立良好關係，故
而他與當時知名文人徐霖確實有極為親密的關係，而兩人的密切
交往，更激發了南京文藝圈的熱絡氣氛與豪華感覺，可以說在黃
琳與徐霖兩人的相互往來與刻意經營下，富文堂與快園已經是弘
治時南京繁華文藝氣息的表徵。或者相對而言，兩者的出現也正
反映著弘治時，南京已經顯現出華麗的文藝氛圍。

　　徐霖的快園與黃琳的富文堂可說是弘治時期特別凸顯的兩個
藝文地標，然則，這兩者並不是絕無僅有的特例，事實上，弘治
時期南京地區已經有一批類似的富而好文者，前述富文堂盛宴中
的陳鐸，以擅長詞曲與徐霖齊名，而其家世則略似黃琳，萬斯同
（1638-1702）《明史》將之列入文苑傳中，記道：「陳鐸字大聲，
睢寧伯文之曾孫，都督政之孫也，本下邳人，以世官家南京，鐸
嗣為指揮，家世尚武，而鐸獨好讀書，經傳子史百家眾說莫不淹
貫。為人風流倜儻，善詩，尤工詞曲，居第南有秋碧軒、七一
居，精潔絕塵，通人勝流時過談讌，山水倣沈周，題詩其上，人
爭愛之，有《香月亭集》。」[24] 可見他也是家勢富厚，而熱衷於文
藝交游者。張廷玉（1672-1755）所編定的《明史》文苑傳中也提
及陳鐸，只是篇幅縮短甚多：「南都自洪、永初，風雅未暢。徐

　　頁132。

24 萬斯同，《明史》（收入《續修四庫全書》，第331冊，上海：上海古籍出版
　　社，1995，據北京圖書館藏清抄本影印），卷387，〈文苑二〉，頁153-154。

霖、陳鐸、金琮、謝璿輩談藝正德時，稍稍振起。自璘主詞壇，士大夫希風附塵，厥道大彰。」[25] 這個書寫不只壓縮了陳鐸的敘述，也造成時間上的混亂。沈德符（1578-1642）《萬曆野獲編》中稱：「今南曲如四時歡、窺青眼、人別後諸套最古，或以為元人筆亦未必然。即沈青門、陳大聲輩南詞宗匠，皆本朝成弘間人。」[26] 這應該是比較精確的說法。除此，史癡（1438-？）亦屬約略同時之知名文人，而其為人行事亦具傳奇性，周暉記載南京掌故時，特有〈史癡逸事〉：

> 　　史癡，名忠，字端本，一字廷直，復姓為徐生。……性卓犖不羈，好披白布袍，戴方斗笠，鬢邊插花，坐牛背，鼓掌謳吟。往來市井，旁若無人。詩寫自己胸次，不以煆煉為工。盛仲交合金元玉之詩，編為江南二隱稿。喜畫山水、人物、花木、竹石，有雲行水湧之趣，不可以筆墨畦徑求之。……才情長於樂府新聲。每搦筆乘興書之，略不構思，或五六十曲，或百曲，方閣筆。同時陳大聲、徐子仁，皆以詞曲名家，亦服其敏速。……雪江湯寶，邳州衛指揮，雄武有文藝，愛與騷人墨客遊。嘗以事來金陵，聞癡翁之名，夜造其門。時盛暑，癡翁散髮披襟，捉蒲葵扇而出，握手歡甚，不告家人，即登舟遊邳去。……家世饒於資，不問生產，又復好施，晚年家用困乏。……所居在冶城，去下忠烈廟百餘步，有臥癡樓。樓中几案、筆研、圖書、彝鼎、香

25 張廷玉等撰，《明史》，卷286，〈文苑二〉，頁7356。

26 沈德符，《萬曆野獲編》（北京：中華書局，1997，據道光七年姚氏扶荔山房刻本點校），卷25，〈南北散套〉，頁640。

茗、飲食，一一精良雅潔。吳中楊吏部循吉與之作〈臥癡樓記〉。吳小仙畫癡翁一小像，沈石田贊之……日有詩人文士往來，以詩酒為談笑，以風月為戲謔。[27]

史癡在弘治時期就已是南京地區之知名文人，雖行徑不盡合乎人情，卻也樂於和各方文人交往，他和蘇州知名文人沈周（1427-1509）有密切來往，而其名聲亦吸引聞名者來訪，其臥癡樓也成了各方文人不時來訪、詩酒談笑之所。可說也是個重要的文藝聚會場所。

徐霖、黃琳、陳鐸、史癡這些人可以說在弘治時期就已經是相當活躍的文化明星，他們也都刻意在南京城內建築適合的宅第或園林，且將之布置成深具文藝氣息之場所，從而積極展開藝文社交活動。其得以如此，也多少和他們家世之富厚有密切關係，路鴻休（生卒年不詳）就頗有感慨地說：

余嘗考吾鄉高韻之士，若史癡翁、若徐髯仙、若顧寶幢，蓋莫非江南巨富，富之甚故能歡洽交遊，成其為豪曠人，固不可不富哉。雖然，江南富室每屯猶蜂蟻，其能豪達乎風雅以自化為麟鳳者幾人？則卓乎諸賢之可以朋友傳也。[28]

其實，前述黃琳、徐霖、史癡、陳鐸等在弘治時期就已熱衷且推動文藝活動者，確實都是家世特別富厚者，路鴻休的觀察果真有

27　周暉，《金陵瑣事》（收入《南京稀見文獻叢刊》，第7冊），卷3，〈史癡逸事〉，頁106-108。

28　路鴻休，《帝里明代人文略》（收入《江蘇人物傳記叢刊》，第5冊），卷15，〈史忠〉，頁12b-13a。

其精到之處。所謂「富之甚故能歡洽交遊」也確實點出弘治時期文藝活動的特色，說明其背後實有特別之社會基礎，這也反映出南京地區之文藝發展有其得天獨厚之處。南京作為大明王朝的開國首都，一方面自始就有一批高官顯貴居住在此，當中有相當數量的世襲武職軍官，遷都後仍留居。另外，朱元璋有所謂「富戶填京師」的移民措施，這些富戶後來有一部分又被遷至北京，不過也有部分留居南都。總體而言，南京有一批為數不少的權貴與富豪，這些人成了南京獨特的社會階層。到了弘治時期，他們優異的社會地位，成了社會文化發展的優越條件。這批富貴者在優越的生活條件下，進以「歡洽交遊」，部分文化水準特高者，乃將其財富投入文藝活動。顧璘所撰之墓誌稱徐霖「先世蘇之長洲縣人，高祖蔚州守伯時始遷松之華亭，祖公異以事謫戍南京」。據此看來徐霖應該是世襲軍官家庭出身，只是此軍職由其兄徐震所承襲，其本人未襲軍職。[29]所以他的家世背景可能也和黃琳、陳鐸有相近之處。另外，值得注意的是，他文藝有成後「一篇成人競玩譯，王公大人迎致賓禮，屏障得其揮灑重于金玉」。[30]這反映他的文藝活動也得到南京富貴階層的支持，而這應該讓他獲得更豐沛的經濟資源，黃琳對他的贊助，正屬其中之一斑，只是尤為顯著且具傳奇性，故為人傳頌久遠。實則，兩者的關係可能有一定程度的代表性，可說是當時富貴階層熱心投入文藝的反映。

　　弘治時期南京文藝活動的勃興應該就是有一批富貴階層，開

---

29 何良俊，《四友齋叢說》，卷18，〈雜記〉中言徐霖得武宗寵愛後，「隨駕北上。在舟中每夜常宿御榻前，與上同臥起。官以錦衣鎮撫，賜飛魚服。」（頁158）這也可能是因徐霖本屬軍籍之故。

30 顧璘，〈隱君徐子仁霖墓志銘〉，收入焦竑，《國朝獻徵錄》（收入《明代傳記叢刊》，第114冊），卷115，頁786。

始熱衷於文藝，或者自身投入其中，或者扮演贊助者，以此為樂。這些人大概為數不多，以致路鴻休不禁自問：「其能豪達乎風雅以自化為麟鳳者幾人？」但他們確實開風氣之先，而且他們也相當密切地往來，以致已經形成一個緊密的「朋友」圈，「可以朋友傳也」。也就是說，到了弘治時期，南京地區在這些富貴者的密切交往，且刻意張揚下，已經有個大略成形的文藝圈出現了。而且，這個文藝圈居於社會上層，以聲色豪華的氣勢，動人耳目，成為社會傳奇。因此也確實具有引領社會風氣的作用，鼓動更多的富人，富而好文，出資贊助、推動文藝活動，甚至組織文藝社集。附庸風雅隱然成了南京富貴階層的慣習，而這更成為南京文藝發展的重要社會基礎，同時也讓南京的社集活動一直有著華麗的色彩。王寵（1494-1533）〈宴徐子仁宅〉詩啟首即稱：「金陵豪俠窟，樂游鳳凰原。……主人卿雲流，標勝儷璵璠。」[31]這種由富貴者所推陳出來的豪俠氣派確實是南京文藝社會的特色，而其濫觴則在弘治時期，徐霖、黃琳等人自是其中之領軍者，他們也成了一種文藝的範型。

四、自璘主詞壇，厥道大彰

固然，徐霖可視為南京文藝風氣之代表人物，且屬開風氣之先者。然而，真正讓南京的文藝活動更達到高峰，以致可以在全國性的文壇上爭領風騷的，則是顧璘。正如《明史·文苑傳》的

---

31 王寵，〈宴徐子仁宅〉，收入曹學佺編，《石倉歷代詩選》（收入《景印文淵閣四庫全書》，第1394冊，新北：臺灣商務印書館，1983，據國立故宮博物院藏本影印），卷504，頁256。

論斷：「南都自洪、永初，風雅未暢。……自璘主詞壇，士大夫
希風附塵，厥道大彰。」[32]誠然，顧璘始將南京的文藝社會建構成
形，且確實扮演文壇領袖的角色，主持且主導南京文藝活動的發
展。在其刻意推動下，不同來路與層級的士人展開熱絡的社交活
動，南京的文藝社交圈也更加擴大。顧璘晚生於徐霖十幾年，可
謂是後起之秀，而其表現更有青出於藍之態勢。

　　弘治十八年（1505），原居南京的龍霓（1462-1521）將赴任
浙江按察僉事，因此有一送別會，活躍於南京之吳偉（1459-
1508）為此繪成〈詞林雅集圖卷〉。此雅集之參與者計有22人，
包含：李夢陽（1472-1529）、何景明（1483-1521）、王陽明
（1472-1529）、邊貢（1476-1532）、李熙（生卒年不詳）、劉麟
（1475-1561）、顧璘、王韋（生卒年不詳）、陳沂、謝承舉（生卒
年不詳）等人，可謂乃一時俊彥。[33]就文學史的後見之明而言，這
個雅集聚會了不少後來文學史上赫赫有名的巨星，可謂眾星雲
集，尤其李夢陽與何景明，後來成為古文運動的首腦人物，邊貢
亦屬前七子之一。顧璘、王韋、陳沂乃所謂「金陵三俊」，是日
後南京文壇的領袖，開啟南京文壇之新紀元。[34]有趣的是，這個
「名人」雲集的詞林雅集在南京舉辦，然當時也屬南京著名文人
的徐霖卻未參加，只在後來吳偉所畫的圖卷中題字。反倒是當時

32　張廷玉等撰，《明史》，卷286，〈文苑二〉，頁7356。

33　關於此雅集的研究可參考石守謙，〈浪蕩之風──明代中期南京的白描人物
　　畫〉，《國立臺灣大學美術史研究集刊》，1期，1994.03，頁39-61。單國強，
　　〈吳偉《詞林雅集圖》卷考析〉，《故宮博物院院刊》，2009年第4期，總144
　　期，頁81-94。

34　事實上，此時朱曰蕃已來南京，故有四俊之名，只是雅集之時，他因故未參
　　加。

三十歲，擔任南京吏部郎中的顧璘出席此會，也題詩圖卷中。此時，顧璘的文藝資歷甚至聲名，應該都還不如徐霖，卻在此時躬逢其盛，而躋身「詞林」。此中當然多有個人因素與個別因緣，他與龍霓同年且同僚，或許也是他受邀出席要因。不過，放寬視角來看，出席此會與否，大概也反映出顧璘在人際網絡的經營上，確可伸及徐霖所未能及之處，因此其所張羅起來的文藝社群也有不同的格局，可與南京外之廣大全國藝壇互通聲氣。

顧璘出身甚佳，家世富裕，其父雖無功名，卻雅好文藝，曾經參與詩會活動，乃屬富而好文者流。[35]顧璘本身的科舉之途也極為順遂，弘治九年（1496），年方21歲即考中進士，中舉後在北京見習期間，即與李夢陽等進行藝文交流——他在〈重刻劉蘆泉集序〉中稱：

> 余自弘治丙辰（九年，1496）舉進士，觀政戶部，獲與二泉邵公國賢、空同李君獻吉、蘆泉劉君用熙友。未幾，余謝病歸，……時獻吉名尚未盛，……夫國朝之文本取醇厚為體，其敝也樸。弘治間，諸君飭以文藻盛矣，所貴混沌猶存可也。[36]

顧璘中舉後留在北京的時間並不長，卻別具意義，蓋其時正是李

---

35 劉瑞，《五清集》（收入《四庫未收書輯刊》，第5輯，第18冊，北京：北京出版社，1997，據明刻本影印），卷7，〈西池夜宴詩序〉，頁100：「愚逸處士顧公（璘父名紋，號愚逸）有西池夜燕之適，而其詩則朝士大夫之所詠歌者也。」

36 顧璘，《顧華玉集‧憑几集續編》（收入《景印文淵閣四庫全書》，第1263冊），卷2，〈重刻劉蘆泉集序〉，頁327。

夢陽等人力倡古文的關鍵時機。璘本有文藝之好，且「自其少時已有名世之志」，[37] 可以想見本性開朗，又少年得意，加上藉文成名的意圖，遭逢文風求變，古文運動正值發軔之際，真可謂躬逢其盛，志趣相投，相得益彰，李夢陽對此亦有言：

> 詩唱和莫盛於弘治，蓋其時古學漸興，士彬彬乎盛矣，此一運會也。余時承乏郎署，所與唱和則揚州儲靜夫、趙叔鳴，其後又有丹陽殷文濟，蘇州都玄敬、徐昌穀，信陽何仲默，其在南都則有顧華玉、朱升之其尤也。[38]

顧璘機緣巧合地碰上文學漸興的運會，在京師與李夢陽等文學意圖強烈的文藝高手談文說藝，致使顧璘無論在文藝評論的眼界上、文藝社交圈的伸展或文學名聲的打造上，都有巨大影響。可以說他值此契機，與當時最具活力而日後漸成文壇要角者，風雲際會地交往，使顧璘「預流」走入全國性文藝風潮之主流中。

　　雖說文藝社交活動往往可以跨越身分的障礙，科舉功名之有無不致成為文藝活動的界限，不過，顧璘考中進士正式進入士大夫階層，終究會影響其社交圈的拓展。相對於最後連生員身分都遭革除的徐霖，顧璘在文藝社交上還是有其優勢，尤其他因中舉而得以進入北京的官僚圈中，且正值他們熱衷於文藝改革之際，此身分與際遇都非徐霖所能有，其文藝活動空間亦自更為廣闊。然則，顧璘在北京未久即返回南京，南返後其文藝活動更熱烈地

---

37 文徵明，《甫田集》（收入《景印文淵閣四庫全書》，第1273冊，新北：臺灣商務印書館，1983，據國立故宮博物院藏本影印），卷32，〈故資善大夫南京刑部尚書顧公墓志銘〉，頁268。

38 李夢陽，〈朝正唱和詩跋〉，收入黃宗義編，《明文海》，卷262，頁2736。

展開，南京的文藝社會也因此有了新氣象。文徵明（1470-1559）
對此描述道：

> 既舉進士，即自免歸，大肆力於學，時陳侍講魯南、王太
> 僕欽珮皆未仕家居，皆名能文，與相麗澤，聲望奕然，時稱
> 「金陵三俊」。及官南曹，曹事甚簡，益淬厲精進，居六年而
> 學益有聞。自是出入中外，所雅遊若李崆峒獻吉，若何大復
> 仲默，若朱昇之、徐昌穀，皆海內名流，一時詩名震疊，不
> 啻李杜復出，而公頡頏其間，不知其孰為高下也。[39]

文徵明此墓誌言簡意賅地定位顧璘的文藝成就，認為足可與李夢
陽、何景明等古文名家比肩，而因其官位與壽命俱高於儕輩，所
以活動範圍更廣。然則，文氏對顧璘文學生涯的開展也不免敘述
過於簡約，事實上顧璘的仕途頗為曲折，他在南京的時間也有不
同的階段。概略而言，第一階段為弘治九年至十二年（1496-
1499），閒居在家，開始和陳沂、王韋詩文往來，而有「金陵三
俊」之稱。到弘治十二年（1499）時，寶應人朱應登至南京戶部
任職，又加入其中，成為「金陵四俊」。這四人在文學主張上不
無出入，[40]然彼此密切交往，相互唱和，在南京文藝社交圈中相當
活躍，因此名聲也相當響亮。

---

39 文徵明，《甫田集》（收入《景印文淵閣四庫全書》，第1273冊），卷32，〈故
　資善大夫南京刑部尚書顧公墓志銘〉，頁268。

40 張廷玉等撰，《明史》，卷286，〈文苑二〉，頁7355：「初，璘與同里陳沂、王
　韋，號『金陵三俊』。其後寶應朱應登繼起，稱四大家。璘詩，矩矱唐人，以
　風調勝。韋婉麗多致，頗失纖弱。沂與韋同調。應登才思泉涌，落筆千言。
　然璘、應登羽翼李夢陽，而韋、沂則頗持異論。三人者，仕宦皆不及璘。」

　　弘治時期，李夢陽等人在北京發起復古的文學主張，尤其他們挑戰翰林院文學權威的呼聲，在全國各地引起話題，呼應者亦逐漸增加，引發文藝標準的爭議，成為流行性的議題，而加入此文藝社交圈者，相隨其議題性與影響力的擴大而漸成全國性名人。顧璘將在北京與李夢陽等討論的議題帶回南京後，大概就與陳沂、王韋等人進行討論。陳、王兩人不盡接受新興之古文主張，不過此話題帶入南京，卻也激起文藝圈的議論，或有可能因為有爭議性話題，而更激發彼此的對話，交往益加密切。總而言之，顧璘返回南京後，南京的文藝活動除了徐霖、陳鐸之流充滿聲色情趣與柔靡色調的文藝外，文壇也有不同的聲調出現。顧璘帶來不同的文學標準，為南京引入特意標高的文學聲音，讓南京文壇也捲入全國性的文學標準之爭中。顧璘、陳沂、王韋在南京初期的文藝活動，之所以得到「金陵三俊」的稱號，與其說是因為他們志同道合，共同推動南京的文藝發展，不如說是受到北京古文運動的影響，也開始參與文藝風格的問題爭論與寫作實踐。當然，顧璘文藝社交網絡的牽連，也讓他們實際上投入全國性的文藝社交圈中。弘治十八年（1505）的雅集，金陵三俊都參與其中，而與李夢陽、何景明等古文大將風雲際會，這足以證明南京文壇之新一代文人，已經和全國性的文藝圈建立相當密切的關聯了。如果說這是一個頗具古文派色彩的聚會，那麼顧璘在這當中，應該扮演著關鍵性的角色，因為三人中陳沂與王韋當時都還未考中進士，唯顧璘與李、何早有交情。

　　顧璘中舉後返回南京，待到弘治十二年（1499），乃赴任廣平知縣，直到弘治十七年（1504）被調任南京吏部任驗封司主司，又再返回南京。此次返居南京，待了 6 年，正德五年（1510），到開封擔任知府。顧璘在南京的這 6 年期間，如文徵明

所言：「曹事甚簡，益淬厲精進，居六年而學益有聞。」可見這段期間顧璘的生活重心乃在增進自己的學養與見聞。日後證明，顧璘不只是個雅好文藝的文人，他也真是個好學深思的學者，也因此，他在此期間——大概是弘治十八年（1505）左右，和王陽明相識後，也書信往來，對其心學主張加以辯難，以致陽明著作中〈答顧東橋書〉成為申明其學術主張之名篇。朱曰藩（1501-？）〈跋西園讌集圖〉中稱：「金陵為國家留都重地，弘德間先中大夫以戶部郎中至，時則海陵柴墟儲公為戶侍，好賢禮士，如一時東橋顧公、南原王公、石亭陳公及先大夫，咸游其門，稱南都四君子。」[41] 據此看來，在此期間南京地區文藝社集的主導者，主要還是儲巏這類年高望重的南都官員，前引司馬泰所謂：「正德初，戶部侍郎海陵柴墟儲公巏復繼之，乃與揮使劉公默、士人施公懋、謝公承舉凡十人遊，題曰秣陵吟社。」顯示至正德時期，秣陵吟社應該是南京最重要的文藝社集，而聲望隆重的儲巏乃是當時的文壇領袖。顧璘、王韋、陳沂、朱應登等人有創作力與活動力，聲名也漸隆，而有金陵四俊之稱，不過在南京地區猶屬後生晚輩，卻非主導者。

　　顧璘真正在南京文壇扮演主盟者角色，大概要到嘉靖時期。他在嘉靖三年（1524）左右罷官返居南京，此後長期待在南京，且建息園接待各方文人，各方文人至南京亦多來拜訪求見，相與詩酒唱和。關於此，何良俊親沐其風而生動描述道：

41　朱曰藩，《山帶閣集》（收入《四庫全書存目叢書》，集部第110冊，台南：莊嚴文化事業有限公司，1997，據中國社會科學院文學研究所藏明萬曆刻本印），卷33，〈跋西園讌集圖〉，頁276。

　　顧東橋文譽籍甚，又處都會之地，都下後進皆來請業，與
四方之慕從而至者，戶外之屨常滿。先生喜設客，每四五日
即一張燕，余時時在其坐。先生每燕必用樂，乃教坊樂工
也，以箏琶佐觴。有小樂工名楊彬者，頗俊雅，先生甚喜
之，常詫客曰：「蔣南泠詩所謂消得楊郎一曲歌者，正此子
也。」先生每發一談，則樂聲中闋，談竟，樂復作。議論英
發，音吐如鐘，每一發端，聽者傾座。真可謂一代之偉人。[42]

何良俊大概在嘉靖十年（1531）因科考來南京，趁此拜會顧璘。
嘉靖三十二年（1553）時何氏任南京翰林院孔目，更長居於此，
活躍其間，成為南京文壇之要角。不過此前顧璘已卒於嘉靖二十
四年（1545），所以，此處所述應是嘉靖十年（1531）左右之
事。當時顧璘已年過半百，聲望隆極一時，何良俊曾對顧氏後人
稱：「余昔遊顧尚書東橋先生之門，尚書文章凌跨江左，當時與
何、李方駕。……余自髫年即嗜聲律，便為君家尚書所知。」[43]這
應該就是指嘉靖十年（1531）何氏兄弟以文相贄的拜會，事實
上，李夢陽在此前兩年已離開人世，何景明更早已物故，只是兩
人的文學聲名此時卻正如日中天，顧璘則是名聲相垺，而尚存人
世者。可以說到了嘉靖時期，李、何已經名震天下，而顧璘也並
列其間，然李、何，乃至其他同名者，至於此時已名成而身亡，
唯有顧璘聲望隆重而精神健旺。正如文徵明所言，「然諸公皆仕

42　何良俊，《四友齋叢說》，卷15，〈史十一〉，頁124-125。

43　何良俊，《何翰林集》（收入《四庫全書存目叢書》，集部第142冊，台南：莊
　　嚴文化事業有限公司，1997，據中國社會科學院文學研究所藏嘉靖四十四年
　　何氏香嚴精舍刻本印），卷28，〈題顧彭山索書近作冊後〉，頁221。

不顯，又皆盛年物故，公仕最久，官亦最顯。」[44]至嘉靖時，顧璘居此優勢，已成復古派聲望最高之代表。此外，此時期江南之社會經濟已進入高度繁榮階段，而南京成為交通與商品的樞紐，城市呈現繁華景況，顧璘坐鎮於此，乃吸引各方士人前來請益。何良俊就是這類文藝青年，抱持仰慕之心，前來拜見。他眼中所見之顧璘，已然是一派宗師的姿態。此時顧璘也十分熱情地接待各方士人，十足自信地相與論學，甚至有些誇張地張揚「一代偉人」的氣勢。誠然，嘉靖初期的顧璘在南京已是一方領袖，而南京亦已成為全國性的文藝重鎮，璘乃此中核心人物，他亦刻意以所居之息園作為文藝交流之場域，也是其個人展現才學，吸引士流來會的舞台。

　　息園「每燕必用樂，乃教坊樂工也」，似乎頗具聲色之趣，乍看之下，相當類近於弘治時期富文堂、快園的靡麗色調。然而，究其本質，卻可謂社會時勢不同，性質亦迥然有別矣。富文堂與快園可以說立足於富貴階層之雅好文藝上，其所構成之社群為頗具貴族色彩的文藝圈，具有相當程度的封閉性。息園則大體而言是個開放的場域，顧璘樂於接待各方後進者，不時宴請「四方之慕從而至者」，王世貞也說他「延接名流如恐失之」，[45]可見其確實汲汲於接待各方士人名流。另一方面，顧璘在息園的交流活動恐怕不只是詩文的唱和而已，這裡等於是個論壇，交流、議論的內容大概有不少文藝評論，《四友齋叢說》中有載：「顧尚書

---

44 文徵明，《甫田集》（收入《景印文淵閣四庫全書》，第1273冊），卷32，〈故資善大夫南京刑部尚書顧公墓志銘〉，頁268。

45 王世貞，《弇州史料》（收入《四庫禁燬書叢刊》，史部第49冊，北京：北京出版社，2000，據北京大學圖書館藏明萬曆四十二年刻本影印），後集卷24，〈吳中往哲像贊二·顧璘〉，頁510。

東橋好客，其坐上常滿，又喜談詩。余嘗在坐，聞其言曰：『李空同言作詩必須學杜，詩至杜子美，如至圓不能加規，至方不能加矩矣，此空同之過言也。……何大復所謂舍筏登岸。亦是欺人。』東橋一日又語客曰：『何大復之詩雖則稍俊，然終是空同多一臂力。』」[46]可見文藝評論大概是顧璘在息園中與各方士人論學的要點之一。某種程度上可以說，此際之息園已成一文藝論壇。東橋主持此講座，已成當時最具影響力之講壇，古文派人才前後七子青黃不接之際，顧璘所刻意建立之南京講壇乃成最為四方仰望之文藝中心。

顧璘在息園之交游與講論活動，內容很可能不止於文藝而已，如前所言，璘實有學者之面向，曾經潛心於學，所學甚博，因此其所關注之學問，亦包羅甚廣。他與呂柟（1479-1542）有交往，在〈贈呂涇野先生序〉中指出：「今天下之師三，曰文辭、曰經義、曰道學。」三者各有長短。實則，其本人也自許三者都造詣不淺，樂於與各方士人談論及此，因此其論學範圍實不限於文辭。而嘉靖時期關於理學的討論，也已漸成風氣，故顧璘也留心及此，而多有意見，他在〈贈別王道思序〉中強調：「今天下有大患二，異端惡德不存焉，學道務虛，學文務奇，其究至於蕩人心，傷國體，非細事也。」[47]他也注意到呂柟「居江南，四方來學之士戶屨常滿」，[48]因而有意與之談論學問之道。是可見，其與陽明之論學殊非偶然，或許亦可由此反證，嘉靖時顧璘據息園以

---

46 何良俊，《四友齋叢說》，卷26，〈詩三〉，頁234-235。

47 顧璘，《顧華玉集‧息園存稿文》（收入《景印文淵閣四庫全書》，第1263冊），卷3，〈贈別王道思序〉，頁481。

48 顧璘，《顧華玉集‧息園存稿文》（收入《景印文淵閣四庫全書》，第1263冊），卷1，〈贈呂涇野先生序〉，頁465。

接待四方士人，其所進行之知識交流，應該並不限於文藝而已。
今之學者將顧璘定位為文藝之士，只強調其文藝面向，論其交游
活動亦只限於此，不免過於偏頗。事實上，顧璘對南京文藝社會
的影響，可以說正在於他促使南京文壇走出貴族性的游樂色調，
而具有知識性與學術性。也就是說，到了嘉靖時期，南京士人的
交游論學，除了具有游樂性的詩酒唱和外，論學之風氣亦已興
起，顧璘之息園即具此性質。此後，此種風尚乃有越演越烈之
勢，以致羅汝芳（1515-1588）、焦竑（1540-1620）、李卓吾
（1527-1602）、湯顯祖（1550-1616）等人在南京之交流活動，多
跨越理學與文學之界域，得以相互匯流交會。

　　顧璘在嘉靖年間所建立的論學風尚與文藝社群，在其身故之
後，猶然餘緒未斷。在其門下游走之士人雜流廣匯，交游熱絡，
錢謙益所謂：

　　　　海宇承平，陪京佳麗，仕宦者誇為仙都，游譚者指為樂
　　土。弘、正之間，顧華玉、王欽佩，以文章立埠；陳大聲、
　　徐子仁，以詞曲擅場。江山妍淑，士女清華，才俊翕集，風
　　流弘長。嘉靖中年，朱子价、何元朗為寓公；金衡、盛仲交
　　為地主；皇甫子循、黃淳父之流為旅人；相與授簡分題，徵
　　歌選勝。秦淮一曲，煙水競其風華；桃葉諸姬，梅柳其妍
　　翠。此金陵之初盛也。萬曆初年，陳寧鄉芹，解組石城，卜
　　居笛步，置驛邀賓，復修青溪之社。於是在衡、仲交，以舊
　　老而蒞盟；幼于、百穀，以勝流而至止。厥後軒車紛遝，唱
　　和頻煩。雖詞章未嫺大雅，而盤遊無已太康。此金陵之再盛
　　也。其後二十餘年，閩人曹學佺能始迴翔棘寺，游宴冶城，
　　賓骨過從，名勝延眺；縉紳則臧晉叔、陳德遠為眉目，布衣

則吳非熊、吳允兆、柳陳父、盛太古為領袖。臺城懷古，爰
為憑弔之篇；新亭送客，亦有傷離之作。筆墨橫飛，篇帙騰
湧。此金陵之極盛也。[49]

在某種程度上可以說此種盛況都是顧璘文藝社交圈在時間上的延
續，因為這些人基本上都在嘉靖初年即進出顧氏門下，相與交
游，甚至為其門人子弟，故多沾染其流風餘韻，且延續其雅道。
也因此，《明史・文苑傳》將這些人列於顧璘之後，並謂：「自璘
主詞壇，……許穀，陳鳳，璿子少南，金大車、大輿，金鑾，盛
時泰，陳芹之屬，並從之游。穀等皆里人，鑾僑居客也。儀真蔣
山卿、江都趙鶴亦與璘遙相應和。沿及末造，風流未歇云。」只
是，到了嘉靖後期以至於萬曆初年，隨著江南社會經濟的更趨繁
榮與城市生活的豐富，這些文藝社交活動也越來越具有城市繁華
趣味。

五、開大社於金陵，胥會海內名士

　　南京地區在嘉靖時期，經過之前顧璘的刻意經營，已經成為
全國性的文藝中心之一，文藝的氛圍濃厚，文化活動頻繁，且諸
多藝文活動與城市繁華交織，成為重要的社交場域，各地士人也
對此文藝社交生活心生羨慕，對南都文藝風華心嚮往之。顧璘對
南京文藝社會的經營還有一層意義，即是將之與全國性的文壇連
結起來，他與文藝中心展開對話，互通聲氣，促使南京的文藝與

---

49 錢謙益，《列朝詩集小傳》，丁集上，〈（附見）金陵社集諸詩人〉，頁462-
　　463。

全國性文壇相互交織，乃至有互別苗頭之意趣。當然，這也與南京的地理情勢有密切關係。江南社會經濟的發展，也使得南京乘勢而起，而其居於南北交通樞紐，連結長江與運河兩大動脈的關鍵位置，更使之隱然有重現「京城」之氣派。直接顯現出來的是，交通之要津推動訊息的傳播，南都之聲名可以傳播於天下。也就是說，南京已經成為一個極重要的全國性舞台，在此舞台演出，天下人共見之。

　　南京為開國首都，然永樂遷都後，此地雖仍保有京都之名，卻已失卻政治中心之地位，加以人口大量北移，城市規模急速萎縮。在正德之前，南京市況還相當蕭條，《（萬曆）上元縣志》評議南京社會風氣道：「人文甲於天下，風俗亦稱淳美，國朝首被聖化，俗尚質樸，弘正之間，彬彬乎古矣。然傳聞長老，昔人以廉儉相先，今時以富侈為尚。不無少變焉。」[50] 顧起元則謂：「有一長者言曰：正、嘉以前，南都風尚最為醇厚。薦紳以文章政事、行誼氣節為常，求田問舍之事少，而營聲利、畜伎樂者，百不一二見之。逢掖以咕嗶帖括、授徒下帷為常，投贄干名之事少，而挾倡優、耽博奕、交關士大夫陳說是非者，百不一二見之。」[51] 據此看來，大概在嘉靖後期，社會風氣逐漸有異於以往。大體而言，南京在嘉靖時期相隨於江南市場經濟之發展，才又逐漸展現其「南都」之氣勢，張瀚（1510-1593）《松窗夢語》中言：

---

50 程三省，《（萬曆）上元縣志》（收入《南京文獻》，第三冊，上海：上海書店出版社，1991），卷3，〈地理志〉，頁22。

51 顧起元，《客座贅語》，卷1，〈正嘉以前醇厚〉，頁25。

> 　　沿大江而下，為金陵，乃聖祖開基之地。北跨中原，瓜連
> 數省，五方輻輳，萬國灌輸。三服之官，內給尚方，衣履天
> 下，南北商賈爭赴。自金陵而下控故吳之墟，東引松、常，
> 中為姑蘇。其民利魚稻之饒，極人工之巧，服飾器具，足以
> 炫人心目，而志於富侈者爭趨效之。[52]

張瀚在嘉靖隆慶間曾任官於南京，這樣的觀察應該也受此影響。
大體而言，到了嘉靖後期，南京城已有江南都會的意味，因其交
通上的樞紐地位，江南地區的人員與物質的流動往往以此為集散
中心，也因此可說江南的繁榮乃具體反映於此。南京的繁華熱鬧
更有氣派地反映於城市的社交生活中，甚至吸引各方士人到此交
游聚會，乃至散財結客，展現豪氣博取聲名。因此，此地原有的
文藝社交，也出現不同的情勢，別有豪俠誇耀之面貌，所謂「炫
人心目」在南京的文藝社交中，弘治時期乃出自富貴階層，至嘉
靖、萬曆時期，則與城市的繁榮相結合。

　　嘉靖時期的倭亂，對南京城的繁榮也有促進的作用，有謂大
亂避於城，南京為江南地區防備最為森嚴的大城，雖然倭寇也險
些兵臨城下，然而終究是都城、軍事重地，江南各府州縣城殊難
比擬，也因此江南富戶不乏避倭來居者，何良俊即屬其中名人。
他之前幾次因為科考經臨南京，嘉靖十年（1531），還特地拜訪
顧璘，因此出入顧璘門中。嘉靖三十二年（1553）時，擔任南京
翰林孔目，乃長期居住南京，嘉靖三十七年（1558）辭職後，卻
因倭亂之故，未能返回松江，又寄寓南京。如其所自言：「得南

---

52 張瀚，《松窗夢語》（北京：中華書局，1997，據光緒二十三年丁丙刻本點
　　校），卷4，〈商賈紀〉，頁83。

京翰林院孔目，僦屋住清溪之傍，既三年罷去。時海上居火于
兵，何子不能歸，旅寓者又五年。蓋始於癸丑（嘉靖三十二年，
1553）十月至辛酉（嘉靖四十年，1561）八月。」[53]在此期間，顧
璘已離開人世，何氏卻更積極參與各種文藝社交活動，不時與在
地或外來文人相互唱和，以致被錢謙益指為寓公，列名為金陵社
集初盛時之要員。除此，《列朝詩集小傳》中關於黃姬水（1509-
1574）之介紹亦言：「嘉靖乙卯（三十四年，1555），倭夷難作，
為避地計，……遂僑棲金陵」[54]另外，吳擴（生卒年不詳）也因倭
亂而來居南京：

> 吳擴，字子充，昆山人。少喜為詩歌，有聲吳中，以布衣
> 遊縉紳間。……嘉靖年間，以避倭寇，挈家來金陵。愛秦淮
> 一片水，造長吟閣居之。[55]

秦淮河的水閣後來成為最能代表南京聲色繁華的地區，可能就是
在嘉靖倭亂之際，秦淮河沿岸逐漸有建築物的出現，以至後來衍
生成豔名遠播的河房，吳擴算是得風氣之先。事實上，城南的秦
淮河畔也差不多在此時期漸成文藝社交的重要據點，陳芹（生卒
年不詳）官場不如意後，也「起邀笛閣五柳亭於秦淮水上，日與
儕輩臨流觴詠」。[56]此後當地之聲色行業，乃更刻意經營之。《廣

---

53 何良俊，《何翰林集》（收入《四庫全書存目叢書》，集部第142冊），卷15，
〈四友齋記〉，頁125。

54 錢謙益，《列朝詩集小傳》，丁集上，〈黃秀才姬水〉，頁452。

55 周暉，《金陵瑣事》（收入《南京稀見文獻叢刊》，第7冊），卷2，〈詩話〉，
頁85。

56 程三省，《（萬曆）上元縣志》（收入《南京文獻》，第3冊），卷10，頁35。

志繹》記道：「水上兩岸人家，懸椿拓梁為河房、水閣，雕欄畫檻，南北掩映。夏水初漲，蘇、常遊山船百十隻，至中流，簫鼓士女闐駢，閣上舟中者彼此更相覷為景。蓋酒家烟月之趣，商女花樹之詞，良不減昔時所咏。」[57]後來的河房大概就是在此基礎上發展出來的。這也可說都是城市游樂活動所帶動起來的市景，文人的參與應該也是其日趨熱絡的要因，尤其外來者的暫居，藉以縱意交游。萬曆時，城南秦淮區大概就已成文人特別偏愛的風雅處所了，以致袁宏道亦有意在此置產，而在給其兄信中言「丘大亦客南中，買居秦淮，弟已約為鄰」。[58]要之，大約在嘉靖後期，由於經濟、軍事等原因，南京的都會地位又再度凸顯出來，各方士人或為避亂，或為交游，多有進居南京者，也因此更帶動南京的繁會景象，而此繁會境況更具體反映在城南秦淮的雅集風華。

嘉靖以來，南京的城市繁華日趨於盛，文藝社交也與此相應，城市游樂與文藝聚會相併而行，以致秦淮河成為豪華文會的獨特舞台，《橋李詩繫》中嘗載：

> 啟滋字叔度，平湖人，弱冠博極經史，不事章句，倜儻負奇，通輕俠，類河朔壯士，好談論古今成敗，知邊塞事，扣之纏纏不可窮也。少為貴公子，性豪邁。嘗遊建業，命酒泛舟，召舊院名姬，大會詞人於秦淮，酒半，一姬倚檻微嘆曰：「惜無兩岸紅蕖佐此勝集。」明日，復置讌，比客至，則晚風拂席，荷香襲人，舉座莫測其故，蓋於是夕懸金購得數

---

57 王士性，《廣志繹》（北京：中華書局，1997，據嘉慶二十二年宋世犖《台州藏書》刻本點校），卷2，〈兩都〉，頁24。

58 袁宏道，《袁宏道集箋校》（上海：上海古籍出版社，1981），卷11，〈伯修〉，頁492。

百缸碎而沉之，自是十四樓中皆目為樊川復出。生平累致千金，緣手散去。[59]

這是個豪俠型的文人，刻意選擇秦淮為聚會場所，也在其中展現豪俠氣勢。這樣的文藝性聚會，已不是單純的詩詞歌詠而已了，南京最負盛名的舊院名妓，也在受邀之列，其扮演角色也非如富文堂之豪宴，只是伴奏配角而已。在此名妓乃有發言權，且所言甚受重視，以致主導宴集發展。這場宴會表演意味甚濃，在某種程度上可以說是一場博取聲名的演出。事實上，陸啟浤（生卒年不詳）並非南京人，甚至也非長期寓居於此者，他應該是特地到此都會來交游的，此交游活動乃有營造聲名之意，故舉辦這類「大會詞人」之活動，選取秦淮，殊非偶然，蓋此地已成都會之大舞台，在此大張旗鼓地展現豪俠氣概，演出效果自是極為彰顯。陸啟浤在此可謂一舉成名，廣為人知。他後來也因豪奢敗家，阨窮而死。身後友人為之誄曰：「總君一身，頓殊今昔，翩翩五陵，蕭蕭四壁，金散名成，人完代革。」[60]這種結合聲色之娛，且充滿表演性的文藝集會，可說正是南京都會繁華所致，亦在其成為繁華都會後，文藝社交之重要特色。

陸啟浤之秦淮豪舉固然充滿戲劇性，以致轟動一時，且傳頌久遠。然而，這卻也非絕無僅有之事，甚至他也非首開此例者。早在隆慶年間，南京已有此類文會，潘之恒（1536-1621）〈蓮臺

---

59 沈季友，《檇李詩繫》（收入《景印文淵閣四庫全書》，第1475冊，新北：臺灣商務印書館，1983，據國立故宮博物院藏本影印），卷20，〈貴趾山翁陸啟浤〉，頁469-470。

60 朱彝尊，《靜志居詩話》（收入《明代傳記叢刊》，第10冊，台北：明文書局，1991，據嘉慶扶荔山房刻本影印），卷22，〈陸啟浤〉，頁288。

仙會敘〉記道：

> 　　金壇曹公家居多逸豫，恣情美豔。隆慶庚午（四年，
> 1570），結客秦淮，有蓮臺之會。同游者毘陵吳伯高歗、玉
> 峰梁伯龍、辰魚輩，俱擅才調。品藻諸姬，一時之盛，嗣後
> 絕響。詩云：「維士與女，伊其相謔。」非唯佳人不再得，名
> 士風流亦僅見之。蓋相際為尤難耳。[61]

此次所言，大概是隆慶四年（1570），梁辰魚（約1521-1594）與
曹大章（約1521-1575）在南京組織的蓮臺仙會。這大概是詩文
之會又加上品評名妓的活動，潘之恒並未參與此會，卻心嚮往
之，所以特別搜集相關資料為之作敘。他豔羨又遺憾地認為此充
滿聲色趣味的盛會只曇花一現，並無後續之舉，可能也因此，他
自己在日後就再三有此豪舉，據其自言：「余結冬于秦淮者三
度，其在乙酉（萬曆十三年，1585）、丙戌（萬曆十四年，
1586）。流連光景，所際最盛。余主顧氏館，凡群士女而奏伎者
百餘場。」[62]他甚至在一年內多次舉行此類盛宴：「昔在丙午（萬
曆三十四年，1606）秋冬之交，余從秦淮聯曲讌之會凡六、七
舉。」[63]「己酉（萬曆三十七年，1609）秋冬間，與泰玉結吟社者

61 潘之恒，《亙史鈔》（收入《四庫全書存目叢書》，子部第193冊，台南：莊嚴
　　文化事業有限公司，1997，據浙江圖書館藏明刻本影印），〈外紀‧金陵卷之
　　三‧蓮臺仙會〉，頁522。

62 潘之恒，《鸞嘯小品》（收入汪效倚輯，《潘之恒曲話》，北京：中國戲劇出版
　　社，1988），卷2，〈初豔〉，頁32。

63 潘之恒，《亙史鈔》（收入《四庫全書存目叢書》，子部第194冊），〈雜篇‧
　　扈言卷之八‧虹臺〉，頁163。

凡五，所集皆天下名流，如粵之韓、楚之鐘、吳之蔣若陳若俞、越之吳若淩、閩之二林。」[64]固然潘氏出身徽商家庭，本有縱樂傾向，又熱衷文藝戲曲，故一再舉行充滿聲色情趣之曲宴詩會，然除了個人個性使然外，此亦可謂乃南都此際文藝風尚有以致之。早在萬曆十六年（1588）潘之恒來南京，借住王世貞家即見識此文壇領袖文酒會盛況，他自言：「余戊子歲（萬曆十六年，1588）從弇州公在留都右司馬邸，無日不與文酒會。酒行數巡，即令取牌扯三張。每一人為主，眾環而敵之。或全勝，或全負，或勝負相參，負者取大斗飲之。力歉有起逃者，果醉則勿追，佯醉則止。全勝者眾不服，乃再主與眾敵，咸大噪盡歡。公間陶然，令兩豎子扶掖而入，客復與諸公子竟歡。屢會，其情若新，其酒會之善，毋以踰此。」[65]推想王世貞任官南京時，一代文壇盟主處於都會之地，更引來各方文人乘機來會，因此乃日日舉辦文酒之會，而南都文會之縱樂氛圍亦已滲透其中，故文會乃至於「大噪盡歡」。潘之恒大概深受此親歷此境，習染其風，更樂於如此操演，往後更不斷行此縱樂性文會。

　　如司馬泰所言，南京之文藝社集傳統悠久，自天順以來即有南都吟社之組成，這種追求「觴詠之樂」的雅集，往往十數好友，遊山玩水，送往迎來，詩歌唱和，此類「傳統」形式的雅集始終傳襲良久，或有盛衰，卻未全然斷絕，然則，嘉靖之後的詩會，卻有別出於此者，其聲色縱樂成分更為濃重外，在規模上也有不同──《列朝詩集小傳》中有載：

---

64 潘之恒，《亙史鈔》（收入《四庫全書存目叢書》，子部第194冊），〈外紀‧金陵卷之六‧朱無瑕傳〉，頁559。

65 潘之恒，《亙史鈔》（收入《四庫全書存目叢書》，子部第194冊），〈雜篇‧葉子譜‧扯三張〉，頁112。

> 承綵，字國華，齊藩宗支，散居金陵。高帝子孫，于今為
> 庶，國華獨以文采風流，厚自標置，掉鞅詩壇，鼓吹騷雅。
> 萬曆甲辰（三十二年，1604）中秋，開大社于金陵，胥會海
> 內名士，張幼于簪分賦授簡百二十人，秦淮伎女馬湘蘭以下
> 四十餘人，咸相為緝文墨、理絃歌，修容拂拭，以須宴集，
> 若舉子之望走鎖院焉。承平盛事，白下人至今豔稱之。[66]

這個已然淪為庶民的王孫，大概也有藉此成名的意味，故而舉辦
此規模宏大、集一時名士與名妓之大會。這個文會參加者多達一
百多人，規模恐怕更盛於蓮臺之會。所謂「胥會海內名士」透露
這誠然是個「大會」，意在將海內名人集聚相會，已經不只是寓
居南京者聯繫感情的相互唱和而已。這是個彼此甚或殊少交往的
名士間的詩藝展現，邀請對象也不限於居住南京者，可能擴及大
江南地區，至少居於蘇州之張幼于乃在邀之列，而且大概也有較
量文采的意味，故有謂「若舉子之望走鎖院」。事實上，此次大
會也讓朱承綵（生卒年不詳）與馬湘蘭（1548-1604）的詩名大為
顯揚。翁方綱《復初齋詩集》中有謂：「明季齊藩王孫承綵舉金
陵社集，湘蘭為冠，承綵有『江空獨雁寒』之句為時所稱。」[67]可
見此種「大會」深具表演性，亦是成名之道。可以說就是在都會
大舞台上的大型才藝表演（競賽）。

　　朱承綵的「開大社于金陵」為人豔稱後，大概更激起後人的
仿傚之心，《列朝詩集小傳》有載：「（朱）無瑕，字泰玉，桃葉

66　錢謙益，《列朝詩集小傳》，丁集上，〈齊王孫承綵〉，頁471。
67　翁方綱，《復初齋詩集》（收入《續修四庫全書》，第1455冊，上海：上海古
　　籍出版社，1995，據清刻本影印），卷52，〈蘇齋小艸八・雨窗屬題所藏馬湘
　　蘭畫冊四首〉，頁146。

渡邊女子。幼學歌舞，舉止談笑，風流蘊藉。長而淹通文史，工詩善書。萬曆己酉（三十七年，1609），秦淮有社，會集天下名士，泰玉詩出，人皆自廢。有《繡佛齋集》，時人以方馬湘蘭云。」[68]前述陸啟泓之「大會詞人於秦淮」不知規模如何，既稱「大會」，想必規模也不小。黃琳為徐霖祝壽「于快園麗藻堂開宴，妓女百人」，規模亦屬驚人，但多少是因徐霖擅曲，本與妓家交往深，此宴重點也不在詩歌唱和，所邀文人應該不多，這些妓女應該也只是唱曲陪侍而已。大體而言，富文堂或快園之盛宴不是文藝大會，真正的文藝大會是在嘉靖之後，相隨於南京成為文藝「都會」後才一再出現。這種大會的出現也更證實南京文藝都會的地位。復社後來的大會，大體可說正是循此模式而舉，雖非始自南京，卻多次在此舉行，直至明朝將亡前，猶有極大規模之大會——《靜志居詩話》中載：「姚瀚，字北若，秀水人，官生。北若為尚書善長之孫，英年樂於取友，盡收質庫所有私錢，載酒徵歌，大會復社同人于秦淮河上，幾二千人，聚其文為《國門廣業》。」[69]復社之社集本為評選八股文的活動，卻也套用之前文藝大會的模式，也「載酒徵歌」，妓女亦參與其間，更以秦淮河為展演之大舞台。這可說是南京文藝社交活動發展出大會模式後，已成為典範，往後乃多有沿襲者。這也反映士人的社集活動，至萬曆時期，與城市繁華相結合，以至發展出充滿聲色情趣的大會模式，亦已成為時代潮流矣。

　　萬曆二十六年（1598），利瑪竇（1552-1610）來到南京，他

---

68 錢謙益，《列朝詩集小傳》，閏集，〈朱無瑕〉，頁767。

69 朱彝尊，《靜志居詩話》（收入《明代傳記叢刊》，第10冊），卷21，〈姚瀚〉，頁233。

早在萬曆十一年（1583）就入境中國，先後停留韶州、南昌等地
數年，其主要目的是想上達天聽，前往北京，從大明帝國政治中
心來擴展傳教事業。不過，他的中國友人都勸他留在南京傳教，
「他在繼續談話中向他們保證說，南京確實是利瑪竇父最適合居
住的地方，這有各種原因。他們兩人都反對說南京府是懼怕和猜
疑外國人的。……他還堅持，南京官員多，這對他們的事業是利
多弊少。因為其中可能有一人是反對的，而另外十個人則會是友
好的。」[70]最後，他的北京之行並不順利，幾經波折後，他又回到
南京，居住南京一年多的時間。此期間，他很快地涉入南京的社
交圈，結識不少名士，除了日後多有合作的徐光啟（1562-1633）
外，當時南京禮部尚書葉向高（1559-1627）亦與相識，已成文化
名人的李贄（1527-1602）及當時南京的文壇領袖曹學佺也與他有
交往，乃至投贈詩文。當時的魏國公徐弘基（?-1645）也邀他遊
園。更有趣的是，南京士人聽聞了利瑪竇的教義後，就召開社集
活動，安排他與當時南京名望最高的僧人雪浪洪恩（1545-
1607），進行教義上的辯論。利氏自己對此描述道：「據說，這位
名僧有大群弟子，善男信女也不少，他們都稱他為老師。這位哲
人是三淮（Sanhoi）（即雪浪），同那些由於懶惰無知而聲名狼藉
的一般寺僧大不相同。他是一位熱情的學者、哲學家、演說家和
詩人，十分熟悉他所不同意的其他教派的理論。利瑪竇神父到來
時，他已經在那裡了，周圍有一批信徒，大約二十多人，他們向
主人寒暄後，便就座等待其他來賓。」[71]利瑪竇自稱是辯論的最終

---

70 利瑪竇，《利瑪竇中國札記》（北京：中華書局，1983），卷4，第4章，頁
　　344-345。
71 利瑪竇，《利瑪竇中國箚記》，卷4，第7章，頁364-365。

勝利者，且不論爭辯過程與勝負如何，由此論辯集會之隨機形成，即可窺知當時的南京士人社群，確實有極高的知識敏感度與包容力，其促成知識交流的能動性也極高。以致如利瑪竇這般來歷不明的陌生人，且提出大違四書五經教義的思想，卻未遭莫名所以的排斥，反而以社集的方式，促成一場公開的知識論辯。這可見南京士人集會結社已發展至相當成熟，士人群體已習慣於以此來對待陌生人與異議論調。

六、結論

　　一般討論明代南京文藝社集活動的發展多引用錢謙益〈金陵社集諸詩人〉的說法，因而有嘉靖中初盛，萬曆初再盛，再二十餘年後極盛之歷史概念。固然，錢氏有意編寫《列朝詩集小傳》以建構明代文學發展史，其〈金陵社集諸詩人〉也確實言簡意賅地勾勒出明代南京文藝發展的概略圖像，更點出南京文藝社集之發展實與城市游樂相互攀結輝映。然此圖像亦不免過於簡略，其中猶有不少需加細究之處，尤其不同階段的藝文社集活動，如何與城市發展相關聯，城市社會的發展如何支持不同的社群，從而激發不同型態的社集活動。這都是南京社會文化史研究需要再詳細分析，並可以發揮議論之處。以往有關於此之研究多出於文學研究者，其討論重點多在個別人物、群體如何發展其文學勢力，以致演成文學流派之興衰起落。這樣的視角不免有所局限，實則這種種發展，乃與整體社會文化之發展，尤其城市繁榮景況相呼應。一方面可以說文藝活動的形態受到城市社會結構與發展情勢的牽引，另一方面也可以說文藝社集的興盛也正是城市繁華的反映。

　　南京文藝社集的起源甚早，早在天順年間已有詩社出現，其發動者乃是南都地位清高之官員，清閒之餘乃結詩社以得觴詠之樂，這可說是充滿士大夫情趣的雅集。至於弘治時期，南京地區之富貴階層有更多愛好文藝者，在其參與和支持下，文藝活動更為盛行，且成為社會矚目之事，參與者亦有誇示意味。黃琳之富文堂與徐霖之快園為代表，顯示其文藝形態實頗具貴族色彩。至正德、嘉靖時期，顧璘逐漸成為南京文壇的主導者，在其引導下南京之文藝與全國性的古文運動接軌，從而走出小集團式的社交形態，更具開放性與議題性。至嘉靖前期古文派大將青黃不接之際，顧璘成為主將，而南京的都會性，更使顧璘之息園成為全國性的文化中心，廣接博洽各方士人。其所主持開張起來的文藝社交展現恢宏氣勢，使南京確實具有文化都會之性格。嘉靖後期商品經濟的繁榮與倭亂的驅使，南京更引來更多文人的流寓交會，城南秦淮河也漸成文藝社交要地。至萬曆時，更發展成充滿聲色情趣的場所，不少文人流連其間，南京因此成為城市大舞台，時有文人在此大會四方名士，而文藝活動也出現「大會」形態。概略而言，明代南京的文藝社集的發展，相隨於城市生活的繁華，有越來越頻繁，規模越來越大，也越來越開放的趨勢。文藝社群本為愛好文藝之「小眾」團體，演變至晚明時，竟成刻意於「大眾」面前之炫耀式展演，且有意藉此成就聲名，這也成為南京重要的人文景觀，而秦淮河亦因此成為最豔名遠播之文化風光與歷史記憶。《桃花扇》之以此為主要場景，固其來有自。《板橋雜記》成明亡後最美麗與哀傷的追憶，亦多源出於此。凡此皆可謂為明中期以來城市游樂與文藝社群交相作用，相互發明，終於薈萃於此之故也。

　　明代科舉制度下，士人上升管道日趨困難，中期以來，多有

受挫於舉業而轉攻文藝，縱情城市交游者。相應於此，城市繁華也越來越吸引各方士商投身其中，文藝交游活動也日趨頻繁，意圖藉由文藝交游以成就聲名之文人，乃更縱樂其中。南京在文人樂游的城市中，更有特殊條件以成就之。南都六部有大批位高權輕，富於文采之閒職官員，樂於觴詠為樂；富戶移民與世襲武職政策下，有為數不少之富人與權貴，富而好文也成傳統風尚；教坊司中色藝雙全之名妓為數不少，名妓與名士交往，於成就聲名有相得益彰之效；文藝社集傳統悠久，名人輩出，不乏樂為主人者；更且，出版事業與書籍市場都特別發達，文人之購書出版，俱甚便利，……凡此種種都使南京成為士人樂游且藉游成名之最佳選擇。明代後期大批文人的流動與互動，更使南京的城市游樂與文藝社群高度發展，因此在其失卻政治首都地位後，又得藉此成為士人追求文藝聲名之文化都會。

徵引書目

文徵明，《甫田集》，收入《景印文淵閣四庫全書》，第 1273 冊，新北：臺
　　灣商務印書館，1983，據國立故宮博物院藏本影印。

王士性，《廣志繹》，北京：中華書局，1997，清嘉慶二十二年臨海宋氏
　　《台州藏書》刊本點校。

王世貞，《弇州史料》，收入《四庫禁燬書叢刊》，史部第 48-50 冊，北京：
　　北京出版社，2000，據北京大學圖書館藏明萬曆四十二年刻本影印。

石守謙，〈浪蕩之風──明代中期南京的白描人物畫〉，《國立臺灣大學美
　　術史研究集刊》，1 期，1994.03，頁 39-61。

朱曰藩，《山帶閣集》，收入《四庫全書存目叢書》，集部第 110 冊，台
　　南：莊嚴文化事業有限公司，1997，據中國社會科學院文學研究所藏
　　明萬曆刻本印。

朱彝尊，《靜志居詩話》，收入《明代傳記叢刊》，第 8-10 冊，台北：明文
　　書局，1991，據嘉慶扶荔山房刻本影印。

何良俊，《四友齋叢說》，北京：中華書局，1997，據萬曆刻本點校。

何良俊，《何翰林集》，收入《四庫全書存目叢書》，集部第 142 冊，台
　　南：莊嚴文化事業有限公司，1997，據中國社會科學院文學研究所藏
　　嘉靖四十四年何氏香嚴精舍刻本印。

利瑪竇，《利瑪竇中國札記》，北京：中華書局，1983。

吳敬梓，《儒林外史》，新北：桂冠圖書公司，1994。

沈季友，《檇李詩繫》，收入《景印文淵閣四庫全書》，第 1475 冊，新北：
　　臺灣商務印書館，1983，據國立故宮博物院藏本影印。

沈德符，《萬曆野獲編》，北京：中華書局，1997，據道光七年姚氏扶荔山
　　房刻本點校。

周暉，《金陵瑣事》，收入《南京稀見文獻叢刊》，第 7 冊，南京：南京出
　　版社，2007，據萬曆刊本點校。

《明實錄・憲宗實錄》，台北：中央研究院歷史語言研究所，1966。

金鑾，《蕭爽齋樂府》，收入《續修四庫全書》，第 1738 冊，上海：上海古
　　籍出版社，1995，據民國二十三年飲虹簃刻本影印。

侯方域著，王樹林校箋，《侯方域全集校箋》，鄭州：中州古籍出版社，
　　1992。

翁方綱，《復初齋詩集》，收入《續修四庫全書》，第 1454-1455 冊，上
　　海：上海古籍出版社，1995，據清刻本影印。

張廷玉等撰，《明史》，台北：鼎文書局，1980，據清武英殿本點校。

張瀚，《松窗夢語》，北京：中華書局，1997，據光緒二十三年丁丙刻本點
　　校。

曹學佺編，《石倉歷代詩選》，收入《景印文淵閣四庫全書》，第 1394 冊，
　　新北：臺灣商務印書館，1983，據國立故宮博物院藏本影印。

郭勛，《雍熙樂府》，收入《四部叢刊續編》，集部第 72 種，上海：商務印
　　書館，1934，據北平圖書館藏明嘉靖刊本影印。

單國強，〈吳偉《詞林雅集圖》卷考析〉，《故宮博物院院刊》，2009 年第 4
　　期，總 144 期，頁 81-94。

焦竑，《國朝獻徵錄》，收入《明代傳記叢刊》，第 109-114 冊，台北：明
　　文書局，1991。

黃宗羲編，《明文海》，北京：中華書局，1987，據北京圖書館藏涵芬樓鈔
　　本影印。

萬斯同，《明史》，收入《續修四庫全書》，第 331 冊，上海：上海古籍出
　　版社，1995，據北京圖書館藏清抄本影印。

路鴻休，《帝里明代人文略》，收入《江蘇人物傳記叢刊》，第 2-6 冊，揚
　　州：廣陵書社，2011，據道光三十年甘煦津逮樓木活字本影印。

劉瑞，《五清集》，收入《四庫未收書輯刊》，第 5 輯，第 18 冊，北京：北
　　京出版社，1997，據明刻本影印。

潘之恒，《亘史鈔》，收入《四庫全書存目叢書》，子部第 193-194 冊，台
　　南：莊嚴文化事業有限公司，1997，據浙江圖書館藏明刻本影印。

錢謙益，《列朝詩集小傳》，台北：世界書局，1985。

顧起元，《客座贅語》，北京：中華書局，1997，據金陵叢刻本點校。

顧璘，《顧華玉集》，收入《景印文淵閣四庫全書》，第 1263 冊，新北：臺
　　灣商務印書館，1983，據國立故宮博物院藏本影印。

從「詩社」到「吾黨」

漳州霞中社的政治性[*]

許齊雄 ————————————————

新加坡人，美國哥倫比亞大學東亞語言與文化系博士，新加坡國
立大學中文系副教授。研究領域：中國思想史。代表作：*A
Northern Alternative: Xue Xuan (1389-1464) and the Hedong School*
(2011)；《理學、家族、地方社會與海外回響》（2019）。

———————————

[*] 本文在作者〈「東南衣冠之會」的背後：漳州霞中社研究〉的基礎上補充，見
  許齊雄，《理學、家族、地方社會與海外回響》（杭州：浙江大學出版社，
  2019），頁197-220。

一、漳州霞中社

福建閩南漳州郡城外有丹霞山，「土石皆赤」，而漳州的四郊也分別被稱為「霞東、霞西、霞南、霞北」。[1]霞城就是漳州的別稱，而霞中社的命名就帶有直接的空間意義，即漳州之社。霞中社毫無懸念地是一個以漳州士人為核心成員的詩社。

其中的靈魂人物就是舉人張燮（1573-1640）。張燮來自一個漳州地方的仕宦家庭，世居龍溪。因為漳州府和龍溪縣府縣同郭，所以他們在家鄉的主要活動區域就是在漳州府的行政中心。張燮的伯父，張廷棟（1542-1589），以及父親，張廷榜（1545-1609），都是進士。但是他們的仕途比較不順利，升遷都因為和上級不睦而擱置。張廷棟官至禮部儀制司主事。[2]而張廷榜則是在署理吳江縣任上致仕。[3]張燮本身則在萬曆二十二年（1594）中舉之後，最少六上春闈而都落第歸來。[4]雖然如此，張氏在明朝末年的漳州地方上無疑也是重要的士大夫家族。有兩則事關地方防禦和地方公共事務的例子為證。漳州曾因為之前的一起「事覺就誅」的民變，所以「當道議屯客兵於芝山絕頂，以禦不測」。張廷棟認為不妥，畢竟如此一來「腹心之憂，不在賊而在兵矣」。

1　李維鈺，《光緒漳州府志》（收入《中國地方志集成》，第29冊，上海：上海書店出版社，2000，現據清光緒三年〔1877〕芝山書院刻本影印），卷4，頁3。

2　張燮，《霏雲居集》，收入《張燮集》（北京：中華書局，2015），卷36，〈先伯父承德郎禮部儀制司主事吉宇公行狀〉，頁656-660。

3　張燮，《霏雲居集》，卷36，〈先大夫府君行狀〉，頁639-656。

4　陳慶元，〈張燮年表〉，《南京師範大學文學院學報》，2013：1（南京，2013），頁182-188。

所以他「亟白當道，移至西郊」。此舉為「識者服其遠算」。除此之外，漳州「城故有濠，繚繞里市，邀通濯龍之淵」，但是「久乃漸成壅塞」。於是張廷棟「請所司為疏泥道滯，因復宣洩」，所以「是大有功于河山也」。[5]如此可見張氏對地方事務的關注以及影響力。

　　原擬要屯客兵於其上的芝山，就是紫芝山。此山原名登高山，後來在洪武十三年（1380），因為山產紫芝，經知府徐恭（生卒年不詳）上奏，所以賜名「紫芝山」。山在城的西北邊，「郡城繞焉」，是漳州府城的主山。[6]將客兵屯聚在府城邊上的主要山峰自然是一件十分冒險的事情。芝山容不得客兵，卻是漳州士大夫經營田舍，隱居其上的佳處。張廷榜歸里之後，便「誅茅於紫芝山半，卻掃掩關」。但是「郡國吏交重府君，屢載酒叩玄，車馬旌旗，掩映蘿薜」。尤其是吳江籍的呂純如出任龍溪縣令時，更是「每讌賞，必問張大夫在否？坐無府君不樂也」。[7]芝山和漳州府城的空間距離不大，芝山甚至可以說是府城官員與漳州士人網絡空間的一個重要組成部分。

　　霞中社的活動中心就在芝山。

　　霞中社是在萬曆二十九年（1601）的9月8日正式「察銅盤于玄雲之居」。玄雲居就是張廷榜在芝山半的別業。當時「諸君既成如許勝事，相與謀築高壇」，只是「一時又難卒辦」，所以「乃就玄雲之頂，家大夫所營空館一區，割以屬吾曹」。他們也不

5　張燮，《霏雲居集》，卷36，〈先伯父承德郎禮部儀制司主事吉宇公行狀〉，頁659。

6　李維鈺，《光緒漳州府志》，卷4，頁2。

7　張燮，《霏雲居集》，卷36，〈先大夫府君行狀〉，頁653。

是免費利用了張廷榜的產業，而是「粗償其直」。因此霞中社還算是獨立地「所自建也」。其內部格局則「之堂曰『風雅堂』，堂接小亭，亭旁雙桂樹，森挺連卷。亭之外為長軒，郡大夫扁曰『白雲詞壇』，開窗可遍俯開元蘭若。左窺員山及西溪一帶，綠岫白波，時來蒸人。右望芝山絕頂，作屐齒間贓物，大佳。堂之左右，各一小室，前臨小庭，而閒房相續，足供棲止。從堂入為池，與池相連為齋，郡大夫扁曰『青雲蘭社』。齋之上為樓，樓具牆壁，僅疏櫺，跳望稍局，道力為闊，架層樓其外，玲瓏倍谽。近顧則萬家如錯，雉堞縈紆如帶；遠顧則丹霞之嶼、九龍之溪，隱見眉睫。每潮汐吐吞，帆檣亂馳，而遠峰疊樹，塍垺交經。當其澄盼瑩神，忽不覺夫紙落翰飛，而理豐詞富也。左右園垂，泫泫之草披露，依依之樹近蟬，斗酒聽鸝，短裾曳月，又詩腸之鼓吹，而道韻之丹梯已」。[8]

　　上一段對霞中社社址的描述自然少不了許多文人的浪漫渲染。但是除了空間的基本布局，地點的相對幽靜之外，有兩個要素也是十分明顯的。一、雖然幽靜，但是漳州府城的城牆和城內房舍均在視線之內，所以距離雖有卻不是太大。所以這個空間以及在這個空間內活動的士人始終和漳州府維繫在一起。二、雖是山間氣象，但潮汐聲和船帆提醒了讀者，漳州和海上交通的緊密聯繫。所以即便沒有道明出自誰手，但社中兩塊匾額都由「郡大夫」所提，則霞中社社員與漳州府城政治的關聯無處不在。

　　那麼社中的這些「諸君」又包括誰呢？霞中社的核心成員有13人。見表1：

8　張燮，《霏雲居集》，卷28，〈重修霞中社記〉，頁541-543。

表1　霞中社核心成員[9]

	姓名（字）	生卒年	戶籍	功名與仕途
1	張燮（紹和）	1573-1640	龍溪	萬曆二十二年（1594）舉人
2	張廷榜（登材）	1545-1609	龍溪	萬曆二年（1574）進士，潤州同知
3	蔣孟育（道力）	1558-1619	龍溪	萬曆十七年（1589）進士，吏部右侍郎
4	鄭懷魁（輅思）	1563-1612	龍溪	萬曆二十三年（1595）進士，觀察副使
5	鄭爵魁（瓚思）	不詳	龍溪	萬曆三十一年（1603）舉人，薊州同知
6	汪有洵（宗蘇）	不詳	龍溪	山人
7	陳范（伯疇）	不詳	海澄	山人
8	吳宷（亮恭）	?-1625	漳浦	萬曆二十三年（1595）進士，御史
9	陳翼飛（元朋）	不詳	平和	萬曆三十六年（1611）進士，宜興知縣
10	徐𤪌（鳴卿）	不詳	龍溪	萬曆二十三年（1595）進士，兵部職方郎中
11	戴燝（亨融）	?-1627	長泰	萬曆十四年（1586）進士，觀察副使
12	林茂桂（德芬）	1550-1625	鎮海衛	萬曆十四年（1586）進士，深州知州
13	高克正（朝憲）	1564-1609	海澄	萬曆二十年（1592）進士，翰林院檢討

　　霞中社成員的組成在不同社員的記述中略有出入。因為本文的討論主要依據成員中最晚離世且存留著作比較多的張燮的作品，所以便以其〈重修霞中社記〉為準。更何況，霞中社在張廷榜的玄雲居集聚，〈重修霞中社記〉是該社歷史最原始的第一手紀錄。[10]此處所見霞中社核心成員均屬漳州籍。除了同鄉關係之外，他們彼此之間還有如下的關係，見表2：

9　有關霞中社不同成員的敘述和介紹，見王振漢，《廉隅清節蔣孟育》（金門：金門縣文化局，2016），頁89-96。

10　張燮，《霏雲居集》，卷28，〈重修霞中社記〉，頁541-543。

表2　霞中社核心成員的多重關係

成員	關係
張廷榜、張燮	父子[11]
鄭懷魁、鄭爵魁	兄弟[12]
張燮、戴燧	姻親[13]
高克正、戴燧	姻親[14]
高克正、徐𤊹	姻親[15]
蔣孟育、鄭懷魁	姻親[16]
戴燧、林茂桂	萬曆十四年（1586）同年進士[17]
鄭懷魁、吳宷、徐𤊹	萬曆二十三年（1595）同年進士
蔣孟育、高克正	萬曆十六年（1588）同榜舉人
張燮、吳宷、徐𤊹、鄭懷魁	萬曆二十二年（1594）同榜舉人

　　明末此類地方色彩濃厚的詩社、文社，或制藝社的成員往往來自同一個行政和地理空間。例如何淑宜在〈地方士人與結社之風：以晚明衢州士人方應祥為中心〉一文中談及方應祥（1561-

---

11　張燮，《霏雲居集》，卷36，〈先大夫府君行狀〉，頁656。

12　張燮，《霏雲居續集》，收入《張燮集》（北京：中華書局，2015），卷47，〈祭輅思鄭觀察文〉，頁792-794；張燮，《群玉樓集》，收入《張燮集》（北京：中華書局，2015），卷57，〈祭鄭冀州瓚思文〉，頁940-941。

13　張燮，《霏雲居續集》，卷46，〈亡女戴孺人行狀〉，頁783-787。

14　張燮，《霏雲居集》，卷36，〈翰林院檢討徵仕郎朝憲高先生行狀〉，頁660-664。

15　同上注。

16　張燮，《群玉樓集》，卷52，〈通議大夫南京吏部右侍郎恬庵蔣公行狀〉，頁869-876。

17　同年進士和舉人的紀錄，見李維鈺，《光緒漳州府志》，卷17，頁10-11、37-39。

1628）所參與的倚雲社和青霞社分別位於臨近府城的青峒山和爛柯山，所以「這兩山兼具名勝、近縣城、離聚居地甚近、鄰近地方學校、書院的條件，成為衢州士子往來集會主要場所」。而且「兩個衢州社集的參與者大體以西安縣人為主」又與霞中社以漳州府附郭縣龍溪士人為核心的情況遙相呼應。[18]筆者認為衢州「此地的社集以血緣、姻親為主要的連結管道」是和漳州霞中社頗為一致的。

然而這群漳州士人的聚集並不只是因為「吾漳朝丹暮霞之氣，蔚為人文，頓爾卓躒」的文化自信。其中自然還是需要適合的時機。按張燮的敘述：

> 歲在辛丑（萬曆二十九年，1601），蔣道力以終養，尚滯里門。鄭輅思亦予告家食，並有寢處山澤間儀。而汪宗蘇、陳伯疇以山澤之癯佐之。吳亮恭時從梁山來，如鴻鵠之徘徊焉。余與陳元朋歸自燕，酬和諸子間，不寂寞也。久之，徐鳴卿以奉使至，而戴亨融亦暫解觀察組綬，臥天柱峰頭，至是抵郡。

所以本來在外任官的蔣孟育、鄭懷魁、徐𤊹、戴燫基於不同的原因回到了漳州。同時還有山居的布衣汪有洵、陳范，以及大概剛剛春闈落第從北京歸來的張燮、陳翼飛，加上從漳浦時時至漳州郡城和友人相會的吳㝢。他們在那一年就形成了「東南衣冠之會，豈可失哉」的契機，所以便決定草檄訂盟。9月8日「插銅

---

18 何淑宜，〈地方士人與結社之風：以晚明衢州士人方應祥為中心〉，見本書其他章節。

盤于玄雲之居」時還有「家大夫與小鄭瓚思」。[19]張廷榜顯然是這群士人的前輩，參與霞中社是他主動提出的。張燮回憶自己「既修千秋之業，與二三子建鼓東南」時，張廷榜「謂二三子曰：以吾投石超距，則老矣，必據案弄柔毫，猶瞿鑠也。阮嗣宗與阿戎談，奈何遽絕長源哉？」於是大家便歡迎他「共歊銅盤皿」。[20]

然而此次集會僅11人在場。當時「林德芬客楚未歸，而高朝憲支牀鄉居，商不與盟」。這是一件憾事，張燮認為「吾漳翔禽異羽，已盡巖際，所遺兩君耳」。所幸林茂桂在次年加盟。到了萬曆三十四年（1606），高克正也參與了霞中社。當時「道力、鳴卿亦奉使過里，獨輅思守括蒼，亮恭頒詔在途，其他曩時諸子皆在，敷衽把臂，見東南才士之大全焉」。[21]

雖號稱「東南才士之大全」，但無論是1601年還是1606年的集會，霞中社核心成員均未曾全數聚集。另一方面，張燮提到霞中社成員在漳州地區以外的交遊，所謂「若夫足跡所至，別有結歡，今其連璧舊鄉，還珠故國者如此」。因此除了上述核心成員之外，霞中社也有幾位福州地區的外圍成員。[22]

張燮所撰〈重修霞中社記〉是1606年或之後的作品。他在文中提及「社頗頹廢，鳩工茸治之。規制無改，耳目聿新」，所以

19 張燮，《霏雲居集》，卷28，〈重修霞中社記〉，頁541-542。

20 張燮，《霏雲居集》，卷36，〈先大夫府君行狀〉，頁654。

21 張燮，《霏雲居集》，卷28，〈重修霞中社記〉，頁542。

22 其中包括曹學佺（1574-1646），徐𤊹（1563-1639），林欲度（1580-1666）等。其中曹學佺和鄭懷魁、吳宷、徐鑾三人是同年進士。見張燮，《霏雲居集》，卷28，〈重修霞中社記〉，頁542；陳慶元，〈張燮年表〉，頁184；曹學佺，《石倉全集・天柱篇》（收入《四庫禁燬書叢刊補編》，第80冊，北京：北京出版社，2005），卷80，〈鄭輅思招入霞中社〉，頁431。

是文題目標明「重修」。既然是難得的「東南衣冠之會」，那1601年為什麼沒有留下紀錄呢？張燮解釋道：「社初舉時，適有豪族之變。俗疵文雅，往往而然。紅塵污人，未遑作記。蓋至是乃始含毫，用播山靈于不朽，累世而下，讀余言者，其芳馥舌齒未可知。若撫遺跡而溯芳塵，庶亦不誣，方將有賢今日乎哉。」[23]有關霞中社成立時的歷史環境，筆者將在第四節進一步討論。

二、張燮作品所反映的霞中社活動

張燮是一位多產的作家，目前可參考的主要作品有《霏雲居集》、《霏雲居續集》、《群玉樓集》、《東西洋考》，均收錄於《張燮集》。前三部是詩文集，而《東西洋考》是一部以介紹漳州與海外各國的貿易活動，收集相關航海與物產信息，以及記錄市舶商稅等行政問題的書籍。其研究宜另文處理。

《霏雲居集》、《霏雲居續集》和《群玉樓集》所收錄詩文的具體創作時間和時間上下限均未明確一一標明。但按照所收錄的行狀、祭文、墓誌銘等喪葬、弔唁文字所述主人翁的卒年，則三部詩文集的前後成書次序則是相當清楚的。《霏雲居集》的內容最早，其時間段也正是霞中社比較活躍的時期。所以筆者集中通過分析《霏雲居集》的內容以了解張燮的活動和霞中社的性質。

《霏雲居集》共收錄張燮詩作1031首，其中298首為寫景、詠物、懷古之作。因此共有733首涉及人物唱和、雅集活動、憶友思人，占71%。可見張燮的詩歌作品主要發揮著社交功能。同時，在這733首詩中，有217首是雅集時的作品，占了交際詩歌

23 張燮，《霏雲居集》，卷28，〈重修霞中社記〉，頁543。

的30%。

那麼霞中社的成員和活動在這些交際生活中又占據一個什麼樣的地位呢？以非雅集的516首詩為中心，則有115首詩是為霞中社同社友人而作，約占22%。如果以雅集活動的詩歌為中心，則217首中有153首涉及最少另一名霞中社同社成員，為其71%。若不分是否雅集，則涉及霞中社同社友人的詩歌為268首，是此類詩歌中的37%。

可見以《霏雲居集》所收錄詩歌為例，則自然看到霞中社同社友人在張燮的社交網絡中是占據很大的一個比重的。尤其是雅集一類活動更是常見他與最少一名霞中社友人一起出席，這自然吻合詩社成員相互聚集，以詩會友的本質。如果以個人為單位分析他們出現的雅集次數的話，同社成員以及出席超過10次活動者的姓名分別列於表3和表4：

表3　霞中社成員出席的雅集次數

蔣孟育	36	汪有洞	20	陳翼飛	40	林茂桂	27
鄭懷魁	21	陳范	16	徐𤩇	26	高克正	16
鄭爵魁	34	吳寀	16	戴燝	38	「同社」	15

表4　出席超過10次雅集的人士

汪爾材（汪弘器，1558-1613）	33
何稚孝（何喬遠，1558-1632）	15
謝脩之	13
黃參玄	12
吳潛玉	10
施正之	10

　　除了詩題標「同社」而未明言是誰以外，霞中社成員所參與的雅集活動均在15次以上。如果考慮到在雅集詩題中出現的名字共有160多人，同社的11人外加這6人則無疑是張燮社交圈子的核心了。如果我們利用數據可視化工具（GEPHI）來呈現的話，霞中社成員作為張燮詩歌唱和活動中的核心就一目了然了，見圖1。表中圓圈直徑越大者表示該人物出現的次數越多。

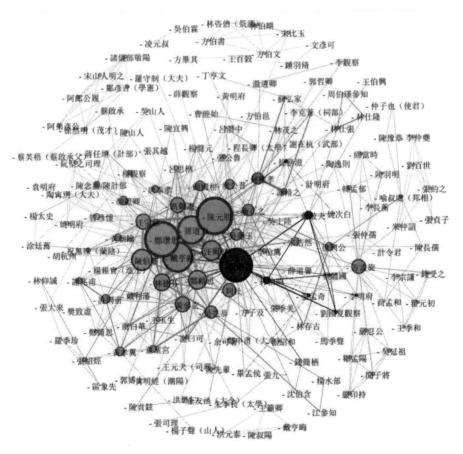

圖1　張燮《霏雲居集》詩歌中出現的人物網絡

　　《霏雲居集》尚有各種序、傳、銘、祭文，以及尺牘等358篇。其中只有59篇涉及霞中社成員，僅占16%。霞中社成員在詩歌和散文類文獻中出現的比例所存在的明顯反差，進一步說明了詩社成員以詩會友的基本特質。

三、有關霞中社的研究

　　陳慶元和張婧雅在研究霞中社時將其活動分成三個時期，即從萬曆二十九年（1601）創社到萬曆三十七年（1609）張廷榜、高克正去世之間的「訂盟興盛時期」；以及從萬曆三十七年到萬曆四十七年（1619）蔣孟育離世之間的十年為霞中社的「延續時期」；和自萬曆四十七年到天啟七年（1627）戴燝謝世的詩社「衰歌時期」。[24]雖然有幾位外圍成員，而且霞中社十三子的個人交遊頗為廣闊，但霞中社在成員結構上是個相對封閉的組織。除了之後加入的林茂桂和高克正，就不再有新成員的補充。所以隨著成員的死亡，人數下降和活動減少是非常自然的事情。因此以活動的頻密狀況將霞中社加以分期，在邏輯上是成立的。尤其是張燮本身應該更能體會到這其中的改變。張燮的同社友人中，除汪有詢和陳翼飛卒年不詳之外，張燮都為其他人撰寫了行狀或祭文。[25]

---

24 陳慶元、張婧雅，〈東南才士文學群體意識的覺醒〉，《東南學術》，2014：5（福州，2014），頁180-188。

25 見張燮，《霏雲居集》，卷36、37，〈先大夫府君行狀〉、〈翰林院檢討徵仕郎朝憲高先生行狀〉、〈同社祭高朝憲太史文〉、〈哭高朝憲文〉，頁649-656、660-664、667-673。復見張燮，《霏雲居續集》，卷47，〈祭輅思鄭觀察文〉、〈祭徐鳴卿職方文〉、〈同社祭陳伯疇徵君文〉，頁792-794、797-799、802-803。另見張燮，《群玉樓集》，卷52、55、56、57，〈通議大夫南京吏部右侍

學者還指出霞中社的意義在於它是在漳州「地區詩歌發展史上第一個有影響的詩社」，更重要的是詩社的成立是「晚明漳州詩人文學群體意識的覺醒」。學者也感嘆在明清易鼎的戰火之中，霞中社文獻的散失導致「後人很難去認知當年霞中詩社的盛事，也很難去評價這個漳州史上第一個詩社了」。[26]

若以霞中社為明末漳州地區最為人矚目的詩社團體，那應該是可以成立的。若與于霞中社「漳州史上第一個詩社」的稱謂則有待進一步的商榷與研究。在張燮為同鄉、同年舉人黃鰲伯（1565-1596）所撰墓誌銘中提到他們在甲午年（萬曆二十二年，1594）同舉省試，後來「北上罷歸，與同年諸君及不佞燮，結社芝山之岫，君益務為奇。」[27]黃鰲伯在1596年去世，唯一的春闈機會就是乙未年（萬曆二十三年，1595）的那一科。筆者並不清楚張燮所謂的「同年諸君」到底包括了誰。在1594年的秋闈中，漳州府共有30人中舉，除黃鰲伯與張燮之外，還有後來霞中社的吳寀、徐鑾、鄭懷魁。[28]但如果張燮的記述沒有錯誤的話，黃鰲伯就曾經在1595年和一群同年舉人在芝山結社。而且張燮是參與其中的。

除此之外，高克正在萬曆十六年（1588）中舉和萬曆二十年（1592）成進士之間，「曾與蔣宮諭孟育，家先輩時泰，及諸時名訂『嗜聲社』。」[29]雖然同樣不知道「諸時名」指的是哪些人，但

郎恬庵蔣公行狀〉、〈祭林德芬大夫文〉、〈祭戴亨融觀察文〉、〈同鄉公祭戴亨融文〉、〈同社祭蔣少宰文〉、〈祭吳亮恭侍御文〉、〈祭鄭冀州文〉，頁869-876、915-921、923-924、931-935、940-941。

26 陳慶元、張婧雅，〈東南才士文學群體意識的覺醒〉，頁184、187。

27 張燮，《霏雲居集》，卷35，〈鄉進士黃柏纘先生墓誌銘〉，頁645-647。

28 李維鈺，《光緒漳州府志》，卷17，頁38-39。

29 張燮，《霏雲居集》，卷36，〈翰林院檢討徵仕郎朝憲高先生行狀〉，頁661。

是結社時期無疑早在霞中社之前。兩個詩社的存在讓筆者覺得
「霞中詩社的成立，萬曆中期湧現出一群水平比較整齊的詩人，
是一個契機；在這之前，詩人數量較少，很難成為氣候」的論斷
就有了重新思考的必要。[30]

　　從文學研究的角度出發，將霞中社視為漳州地區「文學群體
意識覺醒」的產品有其學科上的道理。在同一文學研究的脈絡之
下，王振漢在其對霞中社另一位主要成員蔣孟育的研究中就認為
「文社也作詩，詩社也著文，作詩著文不是詩文社之間的根本差
別，差別在於，一為純粹的意趣結合；一為實際的功名之圖的結
合」。他進一步主張「詩社之中，還有一個區別，那就是純粹的
詩社和養老、怡老性質的詩社的分別」。[31]

　　王振漢心目中所謂「純粹的詩社」應該也就是「純粹的意趣
結合」。除此之外，王振漢也強調「文學風貌往往脫胎於某種詩
社。易言之，詩社是文學流派的外在構成形式，而詩社對文學流
派的產生具有主動的推波助瀾作用」。更重要的是「明代文學流
派往往有鮮明的宗傳意識，在文學風格、文學創作上尋宗溯源，
高自位置，更是一時風氣」。[32]

　　詩社和文學流派的關係確實適用於對不少著名的明代詩社，
甚至文社的討論。然而霞中社成員並沒有明確的共同文學主張，
嚴格說起來也形不成流派。所以當學者認為霞中社成員「通過廣
交賢朋詩友推動了漳州區域文化的交流範圍，大大將漳州文學推
展到各地」時，所謂的「漳州文學」是什麼就不清楚了。[33]想來並

---

30 陳慶元、張婧雅，〈東南才士文學群體意識的覺醒〉，頁187。

31 王振漢，《廉隅清節蔣孟育》，頁79。

32 同上注，頁82-83。

33 同上注，頁129。

不是任何一種特定的詩歌風格或者文學主張，而僅僅是漳州士人
的作品為一個更大的文人圈子所知曉。如果說霞中社的文學成就
並無可觀者，那它的歷史意義究竟是什麼？在晚明的漳州地區，
霞中社的出現就只是一群意趣相同的人剛好相聚在一起？或者就
只是模仿晚明其他地區的結社活動，是時代風氣使然？

　　在重視詩社的文學性的大框架下，王振漢卻又提及「漳州的
士人，或在朝為官，或居鄉結社，上下通氣，十分活躍。最有名
的當數『玄雲詩社』，『玄雲詩社』雖名為『詩社』，但主要不在
切磋『詩藝』，而是關心時政，關注民生」。[34] 玄雲詩社就是霞中
社。因為詩社設在玄雲居，故亦有此名。在這樣的描述中，霞中
社就不是純粹的文學詩社，更不是怡老團體。所談到的時政、民
生又具體是指什麼？可惜學者並沒有進一步闡明。

　　從另一個角度看，詩社雖以詩為名，但是參與者並不完全都
是以詩名的作家。例如張廷榜出任太平縣令時便是以訓練該縣和
臨近地區的士人準備應試文章而著名。據載，其「最急者在課士
興文，期日聚諸生摘經目，使人各撰其義；亦復自作程式之。旁
邑故多時名，無不負笈從太平令游者。所造士以次通顯，人文盛
一時」。被迫回鄉之後的張廷榜更是吸引了「鄉人士多執經稱弟
子」，其根本原因就是因為他「喜為制義」。[35]

　　另一位成員鄭懷魁被稱道的地方是其「長于駢儷，貫穿六朝
唐宋，成一家言」。[36] 而霞中社的高克正在丁憂里居時面對的是
「執經問業者，履滿戶外」的盛況，其文學成就的重心則是「為
文宏博雅嫻，駸駸大家。比來掩關，益肆其力。氣完神王，直追

34　同上注，頁129。

35　閔夢得，《漳州府志》（廈門：廈門大學出版社，2012），頁1591。

36　同上注，頁1601。

古作者」。[37]不以詩名而以詩會，自然是因為詩歌在古代文人生活中的重要社交功能。而社交的目的雖然可以是多重的，但就明末漳州霞中社的成員而言，利用詩社這樣的社交群體，結成應對時代主要挑戰的跨界網絡則是其核心動機。所以唯有將霞中社置放到明末具體的時空中分析，方可探其究竟。

四、不平靜的17世紀初

霞中社成立於萬曆二十九年（1601），按上引張燮的說法「社初舉時，適有豪族之變。俗疵文雅，往往而然。紅塵污人，未遑作記」。萬曆二十九年的豪族之變所指何事？漳州府志和龍溪縣志均無線索。福建地區在17世紀前後的夢魘卻是十分清楚的。萬曆二十七年（1599），明神宗「設市舶于福建，遣內監高寀帶管礦務」。[38]高寀在閩前後共16年之久。

霞中社核心人物張燮除了《霏雲居集》、《霏雲居續集》、《群玉樓集》之外，現存著作中還有一部《東西洋考》。《東西洋考》共12卷，成書於萬曆四十五年（1617）。是書第8卷為〈稅璫考〉。關於為什麼有這麼一卷內容的問題，張燮在〈凡例〉中指出「紀稅璫者何？曰：史不有《宦者傳》乎？間一展卷，如久病暫蘇，追念呻吟嘗藥之候，悲喜交集，乃國醫之功，不可誣也。即附逐璫疏於後，如譜良劑焉」。[39]為何有這樣的感慨呢？因

---

37 閔夢得，《漳州府志》，頁1617。

38 中央研究院歷史語言研究所校印，《明神宗實錄》（台北：中央研究院歷史語言研究所，1962-1966），卷331，萬曆二十七年2月18日條。

39 張燮，《東西洋考‧凡例》，收入《張燮集》（北京：中華書局，2015），頁1416。

為正常賦役外的橫徵暴斂中，「稅額必漳、澄之賈舶為巨。」由於月港的關係，漳州，尤其是海澄，是高寀的搜刮重災區。

開始時，高寀還「每歲輒至，既建委官署於港口，又更設於圭嶼；既開稅府於邑中，又更建於三都。要以闌出入，廣搜捕。稍不如意，並船貨沒之。得一異寶，輒攜去曰：吾以上供。」到了萬曆三十年（1602），高寀更是變本加厲。他「下令一人不許上岸，必完餉畢，始聽抵家。有私歸者逮治之，繫者相望於道」。如此大規模地打亂海上貿易中的商旅、水手的生活最終導致「諸商嗷嗷，因鼓譟為變，誓言欲殺寀，縛其參隨，至海中沉之」。這樣的風聲自然沒有演變成事實，但高寀還是「宵遁，蓋自是不敢復至澄」。除了月港的商稅，深受高寀「開採之役」禍害的還有龍巖。[40]

對於晚明的漳州人而言，最大的敵人無非海上的外族，以及南來的稅璫。張燮將之籠統地總結為「從古夷狄、宦官之禍，如奔濤蕩嶽，厝火燎薪，何代蔑有？」最嚴重的情況自然是兩害的結合。張燮謂「若宦官、夷狄潛合為一，以蕩搖我疆圉，虔劉我人民，則古今未有之事，英雄難於措手矣」。[41]

事緣萬曆三十二年（1604）海澄商人潘秀（生卒年不詳）和郭震（生卒年不詳）帶著渤泥國王的書信，勾結「和闌」（荷蘭）商船，請求按故事在金門設立通商港口。時荷蘭船隻已經停靠澎湖。這樣的要求被地方官員拒絕了。於是「紅夷則遣人厚賄寀。大將軍朱文達者，與寀厚善，嘗以其子為寀乾子。寀謀之文達曰：市幸而成，為利不貲，第諸司意有佐佑，惟公圖之」。於是

---

40 張燮，《東西洋考》，卷8，頁1595-1596。

41 張燮，《霏雲居續集》，卷37，〈閩海紀事序〉，頁653。

這位朱將軍「喇喇向大吏言：紅夷勇鷙絕倫，戰器事事精利，合
閩舟師不足攖其鋒，不如許之」。高寀認定此事會成，還遣人
「報夷，因索方物」。[42] 朱文達是福建當時的鎮守總兵官。[43]

荷蘭商船的領袖麻韋郎（生卒年不詳）因此「贈餉甚侈，並
遣通事夷目九人赴省」。但就在他們「候風未行」時，參將施德
政（生卒年不詳）已經奉命處理此事。施德政一方面派人通知荷
蘭商船他們的要求已經被拒絕，一方面整軍待發。荷蘭商船知道
事情不會成事，於是離去。高寀同時「上書為夷乞市。上俞中丞
及御史言，置璫疏不納」。漳州沿海居民「悉北向稱萬歲。高寀
聞之頓足曰：『德政乃敗吾事』」。[44]

高寀和施德政的矛盾自此形成。張燮在別處提到「往者採榷
之使，所在肆虐。閩以寀璫為政焉，而大將軍正之施公實與之始
終。」[45] 施德政次年升調神機營右副將軍後軍都督。到了萬曆四十
二年（1614），施德政已經升任福建鎮守總兵官，再次來閩，駐
守福州。[46] 當時原來的廣東稅使李鳳（？-1614）病故，神宗下旨
命令高寀「兼督粵稅」。廣東民情洶湧，揚言若高寀來粵，必定
殺之。而高寀這時「遂造雙桅二巨艦。詭稱航粵，其意實在通
倭。上豎黃旗，兵士不得詰問」。結果兩艘大船都被福建都督施
德政扣留了。到了是年的四月，高寀和福建商民終於暴發了致命
衝突。高寀拖欠商人「金錢巨萬」，於是商人聚集來討。高寀

42　張燮，《東西洋考》，卷8，頁1596-1597。

43　金鋐，《康熙福建通志》（收入《中國地方志集成》，第1冊，南京：鳳凰出版
　　社，2011），卷19，頁15。

44　張燮，《東西洋考》，卷8，頁1597。

45　張燮，《霏雲居續集》，卷37，〈閩海紀事序〉，頁653。

46　金鋐，《康熙福建通志》，卷19，頁15-16。

「揮所練習亡命群毆之，立斃數人。餘眾趨出，復從巍漏射之，放火延燒民屋數十餘家」。散逃之後的民眾「次早，遠近不平，各群聚闖署，約數千人。『高寀』露刃躍馬，率甲士二百餘，突犯中丞臺」，挾持了福建布政使袁一驥（生卒年不詳）。「時萬姓走護，大兵徐集」中的軍隊調動，自然也由都督施德政指揮。高寀最終被彈劾，神宗調其回京，不知所終。[47]

在高寀的事情中，施德政的角色至關重要。張燮稱許他道「既而有和蘭國之事，賄寀奧援以求市，閩禍且滋蔓，而公伐其始謀。最後有巨艦連倭之事，激變省會，劫辱重臣，事急則謀向島夷作生活，而公防其未潰」。張燮甚至將高寀的惡行與土木之變的王振（？-1449）相提並論，畢竟都是「我國家夷狄、宦官之禍」。如果沒有施德政，那麼「使寀遂與夷合而無變計，東南半壁之天下，尚可言哉？」[48]

礦使問題是漳州士民的嚴峻威脅。這從他們紀念為了此事而和礦使周旋的地方官員一事上可以看出。漳州有「張何二公祠」，奉祀同為萬曆十一年（1583）進士而先後以按察御史到漳州的張應揚（生卒年不詳）和何淳之（生卒年不詳）。張燮在其代作的〈張何二直指合祠記〉中描述道：

> 張之來也，會中常侍初政，議採議榷，所在戀卷，而漳為最。君委曲調停，去其太甚，三老猶能述。常侍金緋行部，意有所旁出。君時已病劇，強起爭之，事賴中輟。未數日，而君遂不起矣。何之來也，會妄一男子張嶷有海外徵金之疏，

---

47 張燮，《東西洋考》，卷8，頁1598-1599。

48 張燮，《霏雲居續集》，卷37，〈閩海紀事序〉，頁654。

> 事已報可，下常侍。漳民洶洶，計禍且叵測。君腸一日九迴，
> 常侍幸過薦君，議竟寢。然君亦復不起，積憂國之漸也。[49]

張燮最後總結曰：「惟夫兩君之沒也，為民也，兩君自分其必沒
也；漳之祠兩君也，亦為民也，民固更以兩君不沒也。」[50]

　　高寀在萬曆二十七年（1599）被派往福建，霞中社在萬曆二
十九年（1601）成立。高寀在萬曆四十二年（1614）離開，霞中
社也很快進入活動銳減的衰弱期。本文不是主張霞中社的成立和
發展完全受到高寀在福建的暴政左右，而是認為要了解霞中社成
員當時的心態、所形成的網絡、結交的對象，都必須結合當時在
全國政治層面的黨爭問題，尤其是地方上的政治形勢和需求。否
則霞中社成員的許多詩文就無法全面地理解了。

五、三任南路參將

　　施德政，字正之。他第一次阻止了高寀和荷蘭商船的勾結是
在南路參將的任上。南路參將是嘉靖三十八年（1559）所立的編
制。當時「分福建地方為三路，各設參將，兼轄水陸」。而在布防
編制中「漳州為南路，參將轄漳州、鎮海二衛所。軍浯嶼、銅山二
寨，及各營陸兵。漳州浙兵為前部中營。銅山浙兵為前部左營。陸
鰲土兵為前部右營，各設把總一員」。此外「建參將署於郡城之西
偏，遇汛期則駐懸鐘調度防禦」。之後一度移駐銅山。到了萬曆二

49　張燮，《霏雲居集》，卷30，〈張何二直指合祠記〉，頁576-577；李維鈺，
　　《光緒漳州府志》，卷8，頁34。
50　張燮，《霏雲居集》，卷30，〈張何二直指合祠記〉，頁576-577；李維鈺，
　　《光緒漳州府志》，卷8，頁34。

十年（1592），「復移駐中左所（即今廈門）。」[51] 所以南路參將在17世紀初每年汛期時的駐地是廈門，其他時候其衙署則是在漳州城內。在方志中存有紀錄的最後三任南路參將分別是施德政、李楷（生卒年不詳）、宗孟（1564-1612）。他們分別在萬曆二十五年（1597）、萬曆三十四年（1606）、萬曆三十八年（1610）上任。[52]

霞中社成員如果只是一群文士的雅集吟唱，那也許就是一個因為共同的文學愛好而聚首的純粹詩社。但是當霞中社在漳州面對著來自高寀的殘暴政治的17世紀初，連續和這三位負責漳州地區的陸地和海上防禦軍務的最高將領都刻意建立和保持非常親密的關係時，事情自然就沒有表面的唱和活動那麼簡單。

張燮在《霏雲居集》中有〈素交篇〉20首，他在引中提到「以余所知識前輩朋德君子及並時諸俊，間多質行才藻炳朗一時，而氣誼見收，久要彌篤。是亦劉繪所為開貼宅而平子所為賦四愁也。合交籍中得詩二十章」。[53] 張燮交籍中一人一首詩，其中就包括了施德政、李楷、宗孟。

施都護正之[54]

正之自豪雄，倒執白玉斧。入門詠小山，出門雷大鼓。
平分竹素緣，清流結儔伍。賜許拭彤弓，功從標銅柱。

李將軍伯鷹[55]

伯鷹擅門風，蘭玉階裡樹。白皙登高壇，輕裘出儒素。

---

51 李維鈺，《光緒漳州府志》，卷22，頁8。

52 同上注，頁20。

53 張燮，《霏雲居集》，卷2，頁48-54。

54 同上注，頁51。

55 同上注，頁52。

骨體殊駿快，文心兼武庫。笳鐃坐上流，淋漓揮露布。

宗將軍浩然 56

元幹志武功，破浪風萬里。浩然繼其後，秉鉞臨漳水。
籃秘窮陰符，心深叩玄旨。愛客不知疲，終宴情逾侈。

　　在張燮的社交圈子中無論是雅集唱和，或是書信往來，施德政都是一個經常出現的名字。除了雅集時出現的人物名單為證據之外，按張燮的說法，霞中社另外一位成員蔣孟育和施德政也是交從甚密。他說：「余友蔣少宰道力，每風月澄霽，輒念施正之也。」57而在施德政和高寀鬥爭的問題上，張燮自詡自己作為目擊證人，又是施德政的好友，所以必須對事件加以記述。張燮在為施德政所撰壽序中說：「余辱公知，覯茲盛事，不容無一言。」58

　　但是張燮所說豈止一言？如前所見，他在《東西洋考》的〈稅璫考〉中對此事件的敘述不可不謂詳盡。他在〈閩海紀事序〉中更是以讚頌施德政在此危機的處理上的一系列功績為敘述中心。而蔣孟育在寫給施德政的信中也一再強調此事。他說：「臺下護閩之功，素所服膺。」至於張燮為施德政所撰序言中「最得意者，大將軍施公，實與之終始，便含蓄無盡」。畢竟「彼璫所以有次骨之怨，功可勝言哉！」59除此之外，蔣孟育和施德政的書信往來還有其他三封。60張燮後來在施德政的祭文中提到他們的往

56　同上注，頁53。

57　張燮，《霏雲居續集》，卷32，〈壽施正之大將軍序〉，頁587-589。

58　同上注，頁589。

59　蔣孟育，《恬庵遺稿》（明崇禎序刊本，日本內閣文庫藏），卷31，頁24。

60　見蔣孟育，《恬庵遺稿》，卷26，〈寄施正之都護〉，頁15-16；卷27，〈答施大將軍〉，頁11；卷30，〈答施大將軍〉，頁6-7。

來「乃余輩舊社新盟，但知公腹中之盛五車，而頓忘車前之騰八
驥」。畢竟武將的功業在沙場上。張燮最後提到「蓋公沒而遼陽之
羽書繼至也」。他感嘆若施德政尚在，明朝當不至於戰敗失地。[61]

張燮對施德政可謂推崇備至。他不僅力勸施德政將詩集刊
行，還在其序中將其與戚繼光（1528-1588）相提並論。張燮開宗
明義便說：

> 當嘉靖時，閩苦雲擾，戚大將軍元敬時為裨帥討平之。其
> 後仗鉞遍南北，為中興以來牙旗第一流人。不知元敬自有其
> 斑管，每行間為詩歌，周旋瑯琊、新都間，以詞壇之鞭弭相
> 屬者也。比來海波不揚，顧鱗介或時見窺。施大將軍正之，
> 後先鎮閩，春秋耀吾戈甲，境內不驚。說者謂制亂方萌與戡
> 亂等，而雄姿偉略與元敬亦復相當云。[62]

但是和戚繼光一樣出色也只是施德政的其中一面而已。更重要的
還在於他獨具慧眼的結交對象。張燮接著說：

> 不知正之亦自有其斑管，以與吾黨周旋，屬鞭弭於詞壇，
> 豈一日哉！正之交遊遍海內，而獨於吾黨申霞外之契。[63]

以吾黨指謂霞中社，進以強調施德政和他們的緊密關係。這層聯
繫的動機自然不單單是為詩作文而已。

以下表5是《霏雲居集》中涉及施德政的資料。

---

61 張燮，《霏雲居續集》，卷48，〈祭施正之大將軍文〉，頁811-812。

62 張燮，《霏雲居集》，卷25，〈施大將軍詩序〉，頁511-512。

63 張燮，《霏雲居集》，卷25，〈施大將軍詩序〉，頁511-512。

表5　《霏雲居集》中施德政相關資料

詩	素交篇——施都護正之	卷2，頁51
	歲暮施正之遠使餉酒兼貽月俸見贈走筆答寄	卷7，頁177
	施正之大將軍應召京樞詩以送之	卷9，頁210
	過施大將軍衙齋留酌時有餉鰣魚至者為賦二首得新字	卷13，頁286
	重過施正之衙齋夜飲即事	卷14，頁321
	管彥懷觀察施正之大將軍招同蔣道力宮諭酒集林園二首	卷7，頁161
	修禊席上留別施正之徐興公林存古得陵字	卷7，頁164
	施將軍正之招同戴亨融集顧國相東園是日立秋	卷9，頁206
	施正之大將軍招同蔣道力宮贊徐鳴卿司馬陳元朋先輩虞公普張公魯唐君奉孝三徵君集城西園得參字	卷10，頁226
	上巳後一日偕道力鳴卿正之元朋諸君並馬郊游抵湛空上人園因歷諸禪林分得依字	卷10，頁227
	八月十四夜宗浩然將軍招集香雪亭同虞公普在坐有懷施都護正之	卷12，頁276
	入榕城偕蔣道力過施正之小集衙齋	卷13，頁285
	上巳集施正之衙齋同徐興公林存古在坐得花字	卷13，頁288
	偕陳元朋招施將軍正之玄雲亭是日戴亨融自武安始至而汪爾材病足初起因共在坐聊紀勝緣	卷14，頁305
	三月三日禊集施大將軍衙齋詩序	卷24，頁495
序	施大將軍詩序	卷25，頁511-512
尺牘	寄施正之大將軍	卷47，頁826
	答施正之	卷47，頁828
	答施正之	卷48，頁839
	寄施正之	卷48，頁848-849
	答施正之	卷49，頁851-852
	寄施正之	卷49，頁866-867
	賀施正之大將軍開府七閩啟	卷50，頁873-874

接任的李楷同樣是霞中社成員積極結交的對象。按張燮的敘述「李公伯鷹以驃騎將軍仗鉞吾漳者四年」。之後「天子念公功高，擢貳大將軍，移鎮粵東海上」。送行序雖然出自張燮之手，但他強調和李楷維持著緊密關係的不是他一人。因為「吾社諸君子於公有蘭蓀之契。謂燮知公，不可無一言為別」。可見張燮是代表霞中社發言的。當然，李楷似乎也很積極地與漳州士人打交道，據說「伯鷹與人交，修古誼甚篤。我輩至存沒異路、升沉異態，公周旋其間，恩分倍常」。張燮最後總結道：

> 諸將軍鎮漳者非一，多能自致通顯以去。至彬彬質有其文武，邇來惟施正之，而伯鷹繼之，足稱連璧。正之入掌天子六軍，又佩大將軍印出視閫，上以閩為正之遊刃之鄉也。上行念正之，召拜樞密，而閩復為伯鷹遊刃之鄉，則總茲戎重，舍李公其誰乎？會見奏凱重來，繼開儀同之府，終護閩也。64

如此一來就將連續兩任的南路參將結為一個組合。他們兩位不僅文武兼備故與霞中社諸君結交甚深，在身為國家棟梁的同時，更是維護漳州乃至福建的安全與利益的前後任軍事將領。張燮在李楷的像贊中說：「世倚君如北平之飛將，而吾曹以為北海之大兒。」65這樣的對比方式一方面呼應其將才為不同群體所倚靠的敘述，另一方面則又何嘗不反映出霞中社張燮將其所屬漳州地區士人群體作為更宏觀的國家的一個自然的並舉對象。

---

64 張燮，《霏雲居集》，卷20，〈送李將軍伯鷹擢副總戎就鎮東粵序〉，頁439-441。
65 張燮，《霏雲居續集》，卷43，〈李伯鷹小像贊〉，頁748。

　　而蔣孟育晚年歸里時，李楷已經調離。但是張燮還是向他講述說大將軍李楷「乃我輩人，不惟能讀古書，至近代名家無所不覽，能為題其高下。賦詩草檄立就，談霏霏如珠露」。[66] 所以即便未曾謀面，蔣孟育和李楷亦有書信往來。李楷從漳州調往廣東，之後又移駐江蘇，其晚景不是太順利。張燮在其北上的旅途中還兩度與之相會。張燮回憶自己「兩度吳航，值君笳鼓之樓船。牽衣視鬢，促席論心，頓忘夫緒風之　慄而霏雪之飄翩……君在粵而喪愛子，在吳而亡伉儷，愁波潛耗，竟使華顏落蒨而貌異乎昔年」。[67]

　　以下表6是《霏雲居集》中涉及李楷的資料。

表6　《霏雲居集》李楷相關資料

詩	素交篇——李將軍伯鷹	卷2，頁52
	李伯鷹之粵東凡再貽書見訊短歌寄懷時聞君將有入閩之擢	卷3，頁71
	贈李將軍伯鷹二首	卷5，頁123
	元夕李伯鷹招飲署中	卷6，頁127
	送李伯鷹擢鎮粵東海上	卷12，頁275
	李伯鷹自粵東貽書惠金見訊時君已移鎮吳淞矣聊爾寄答	卷13，頁296
	除前數日窘甚適閔使君李將軍陳別駕相繼惠金差具酒脯聊口占作三絕句	卷18，頁409
	李伯鷹之擢也已作近體詩贈行　歸自榕城臨發駐車江東余走四十里詣之伯鷹張具留予劇談至暮而別更續二絕句	卷18，頁413

---

66 蔣孟育，《恬庵遺稿》，卷29，頁25。

67 張燮，《霏雲居續集》，卷47，〈祭李伯鷹大將軍文〉，頁799-801。

	李將軍伯鷹招同季美元朋瓚思諸君集香雪亭	卷11，頁240
	偕李伯鷹過爾材宅看神壇是日齋飲劇歡乃罷詩以紀之	卷11，頁242
	李伯鷹過集小園同汪爾材戴亨融高朝憲在坐	卷14，頁311
	李伯鷹集高朝憲宅偕汪爾材陳元朋在坐漫成二首	卷18，頁400
序	送李將軍伯鷹擢副總戎就鎮東粵序	卷20，頁439-441
尺牘	答李伯鷹總戎	卷47，頁831-832
	答李伯鷹	卷48，頁843-844
	答李伯鷹	卷49，頁857-858

　　方志中所記的最後一任南路參將是宗孟。他同樣地被張燮置於一個施德政、李楷、宗孟這樣的前後任組合之中。張燮說：「邇來婁江施正之，楚黃李伯鷹遝光連軌。伯鷹既遷去，而宗公浩然復從婁江來。伯鷹謂余曰：宗君才十倍曹丕，海門可不寂寞矣。」張燮之後評論三人謂：「施正之如輪梯庖刃，攻堅批卻，無不摧萎；李伯鷹如瑤林瓊樹，高謝風塵；公則渾金璞玉，人皆欽其寶，莫能名其器。要以山輝沙媚，長挹華鮮。鑄為湛盧，而剛成百煉；剖為符璽，亦庭列九賓。是三君子者，遞有其勝場，未知最勝誰屬？」[68]張燮不是唯一進行這樣的比較的人，蔣孟育在給宗孟的信中也曾提及「昨管觀察談及臺下，便以事業相期，且言其識施大將軍於敝漳，猶知臺下於今日，引以為比」。[69]

　　如果說霞中社成員對於施德政的讚賞帶著感念這位軍事將領在兩次關鍵時刻毅然地打擊和破壞了高案的計畫，而張燮於李楷

68　張燮，《霏雲居集》，卷23，〈壽宗浩然將軍序〉，頁486-487。
69　蔣孟育，《恬庵遺稿》，卷26，〈寄宗浩然參戎〉，頁20。蔣孟育和宗孟德書信往來，又見卷28，〈答參戎宗浩然〉，頁21-22。

也有後者調任之後的交遊和情誼，那麼對於這位新上任的宗孟，他們的交往基礎又是什麼？張燮曾為宗孟的母親立過生傳。[70]而當時遠在南京的蔣孟育更是為了拖欠宗母的賀文而向張燮求助。他說：「久稽宗太夫人賀文，幸白大將軍原之。」[71]他在另一處又提及「屬草未完」的宗太夫人賀文，並表示自己回去時當面晤宗將軍。[72]

以下表7是《霏雲居集》中涉及宗孟的資料。

表7 《霏雲居集》宗孟相關資料

詩	素交篇——宗將軍浩然	卷2，頁53
	宗浩然邀集戈船望海歌	卷3，頁72
	宗將軍歸自海上詩以訊之二首	卷7，頁168
	鷺門集宗將軍衙齋	卷13，頁291
	宗浩然邀登醉仙巖	卷13，頁291
	偕宗浩然登普照寺絕頂	卷13，頁292
	五月五日齋居宗將軍海上寄書損俸見餉漫興	卷13，頁293
	酒次贈宗浩然將軍	卷14，頁317
	秋暮宗浩然餉酒兼惠銀斗一雙時君將抵海上矣聊寄四絕	卷16，頁360
	鷺門歸舟簡宗浩然	卷18，頁423
	秋日新晴宗浩然將軍過集別界同顧國相汪爾材在坐遲戴亨融梁山不至	卷3，頁70
	八月十四夜宗浩然將軍招集香雪亭同虞公普在坐有懷施都護正之	卷12，頁276

---

70 張燮，《霏雲居集》，卷24，〈旌表完節宗母章太夫人生傳〉，頁628-631。
71 蔣孟育，《恬庵遺稿》，卷28，〈寄張紹和〉，頁23-24。
72 同上注，卷29，頁12。

	冬日宗浩然招同蔣道力汪爾材吳潛玉集香雪亭余以中酒逃去	卷12，頁279
	雨夜偕戴亨融集宗浩然署中觀弈二首	卷16，頁362
	八月十四夜亨融鳴卿諸君集宗浩然庭中待月	卷18，頁424
	張仲孺文學客計令君許居恒雅念余至是介宗浩然邀余同集署中短贈二首	卷18，頁424
壽序	壽宗浩然將軍序	卷23，頁486-487
讌游序	宗將軍招集戈船望海詩序	卷24，頁499-500
傳	旌表完節宗母章太夫人生傳	卷34，頁628-631
尺牘	簡宗浩然將軍初度啟	卷50，頁880

六、躲不掉的明末政治

　　從表面上看起來，霞中社成員對宗孟友善態度的一個原因是其南路參將的身分。和地方軍事將領保持友好關係是他們從高案禍閩以來形成的策略。與此同時，晚明的黨爭正在如火如荼地展開著。在宗孟蒞閩之後，張燮在其壽序中就曾強調「夫南北互馳，涉世者多躓，而御以公之真誠，則盡為壹路；剛柔異使，在局者每歧，而出以公之劑量，則並契高符。能使有心人情好日隆，而黠者忘猜，渙者忘脆，則公之所調者大也」。[73] 期許是美好的，但是宗孟之前是受到李三才（1552-1623）所賞識的。而李三才又是黨爭中最具爭議性的人物之一。

　　李三才的主要功業之一是在萬曆「二十七年（1599）以右僉都御史總督漕運，巡撫鳳陽諸府」。萬曆二十七年（1599）正是

---

73 張燮，《霏雲居集》，卷23，〈壽宗浩然將軍序〉，頁486-487。

「礦稅使四出」的年份，也是高案被派往福建的同時。[74]打擊稅璫是支持李三才的人所樂道之事，這和漳州霞中社諸子是一致的。霞中社成員除了張燮對施德政的支持和在《東西洋考》中的筆伐之外，其餘多人都曾經參與到不同的對抗活動中。例如在萬曆三十年（1602），高朝憲在回北京的途中路過福州，「適張嶷有海外徵金之疏，事下閩，中貴人主之。中丞臺不知所出，君為上三議以杜鄉曲憂，事遂寢。雖持之者眾，然君生長此中，語殊切至，故及君而定也。」[75]顯然地，高案的計畫會將橫徵暴斂的觸手進一步伸展到更多的閩南商船。朝廷命布政使回奏，雖然有不少人也向非閩籍的布政使提出了反對意見，最終是生長於月港所在的漳州的高朝憲以其在地的知識和強烈感情，成功說服布政使向朝廷提出否定的意見。又例如縣志中收有吳案的一篇〈免雲霄鎮稅紀〉，講述了高案妄徵雲霄商稅，當地民人如何抗爭，知縣積極幹旋其中，而事情最終圓滿解決的始末。[76]在一定意義上，這也反映了吳案對稅璫問題的態度。

　　反對宦官的無理索求不僅僅發生在地方上，也自然在朝堂上上演著。鄭懷魁時任職戶部河南司，已經清楚看到國力的衰落。後來兼管廣東司時，又必須直接面對超額的珠寶要求。鄭懷魁毅然上疏據理力爭要求裁減，疏中「臣不能使沙礫化為明珠」一語更是讓人為之捏了一把冷汗。皇帝最終下旨減去十分之三。[77]

---

74 張廷玉，《明史》（北京：中華書局，1997），卷120，頁6061-6067。

75 張燮，《霏雲居集》，卷36，〈翰林院檢討徵仕郎朝憲高先生行狀〉，頁660-664。

76 陳汝咸，《光緒漳浦縣志》（收入《中國地方志集成》，第31冊，上海：上海書店出版社，2000），卷17，頁30-31。

77 鄭懷魁，《葵圃存集》（明萬曆年刊本，日本尊經閣文庫藏），卷19，〈上供珠

　　而徐𤊹在萬曆三十二年（1604）借明成祖長陵為雷火所擊一事上疏請求廢止礦稅。他嚴厲地批評明神宗「明旨何嘗不言脩，而毫無意于脩。明旨何嘗不言實政，而無一事近實」。在徐𤊹看來「礦稅一事，大譴在此。理亂安危並在此」。所以他責問神宗「前後聖諭，曾有一字及之否？諸臣危而請罷者，曾有一語批答否？」徐𤊹無法理解皇帝的不回應態度，畢竟「此非有所艱劇難行。皇上第下數行之詔，不煩擬議，不費經營。出群黎於湯火，收人心於未散，然後餘政可次第舉行」。他進一步強調如果再不廢止，後患無窮。如今已「切見海內民心四亂十家而九，中州、福建，僅其萌兆。若一處事成，百處響應，分崩離析，呼吸可待」。徐𤊹重申神宗下旨廢止就一定要貫徹執行，他感嘆「自古及今，人主曾有此矯誣？朝廷曾有此反復？昭垂萬代，亦昭代簡冊之羞也」。這是因為「自礦稅流毒以來，皇上兢惕之旨，臣所睹者及今而三焉。一儆悟于楚民之變，未旋踵如故。再儆悟于聖躬之違豫，又旋踵如故。今此異變逾迫，皇衷震動，未有甚于此時。及今不悟，終無悟期；及今不改，終無改日」。徐𤊹最後也強調「詔獄諸臣，彼皆忠賢。為皇上保護赤子，得罪于賊監，未嘗得罪于天地祖宗，何為久錮幽圄？」[78]

　　然而霞中社成員和李三才的關係並不單單只是在宦官和礦使問題上的一致。其中徐𤊹更曾經是李三才的下屬。張燮在徐𤊹的祭文中提到「君先在廣陵，嘗執手板而事淮撫，受知津梁。其在粉署，又與二三時名互相締結，欲別流之誰清，未信泉之誰

<hr />

　　實疏〉，頁3-6；李維鈺，《光緒漳州府志》，卷30，頁51。

78 徐𤊹，《職方疏草》（明刊本，日本內閣文庫藏），卷13，〈請止礦稅釋累臣
　　疏〉，頁13-19。

狂」。最終遭人攻訐，落職歸里。[79] 文字雖然簡略，但是意思十分清楚。徐鑾任職揚州時受知於李三才，到兵部後和東林人士有所往來。霞中社外圍成員曹學佺在為徐鑾所撰祭文中就提到萬曆三十九年（1611）徐鑾中考功法，「公論訟鳴卿冤者如出一口。」曹學佺認為徐鑾為世俗所議論者有兩點，其一就是「代淮撫辯疏」。然而「淮撫以國士遇鳴卿。方其未經指摘時，豈不稱江淮間一屏障哉？」當李三才開始被攻擊時，徐鑾拒絕落井下石。曹學佺說：「世之以貪目淮撫，而即以鳴卿為證貪之人，鳴卿不受也。」唯一的問題是「鳴卿疏詞過激則有之」。[80]

而遠在漳州的南路參將宗孟，就曾經是淮撫中領軍。張燮說：「李尚書三才風氣豪峻，搏中璫如腐鼠，威稜所加，河山震慑。」對宦官的厭惡無疑是和霞中社成員的立場遙相呼應。而在李三才部下中，宗孟是為其所信任的。「浩然以真誠一片，雍容在事；李亦倒膽，與共相信。」更重要的是，宗孟經常扮演勸解的角色。「李每霆電徂擊，間顧中領軍談，則威重為少貶。」宗孟便是由李三才推薦升遷為游擊將軍，且「中領軍如故」。後來「李淮撫既為朝議所攻，凡生平卵翼之士，多挾戈內向，用一以自完」。當時早已升任漳州南路參將的宗孟「每對客，縷縷談淮撫有社稷功，絕不露訑呵隻字」。[81]

還有一個非常重要的細節，即「徐職方鑾則向司大柄時，習知宗將軍賢，擢將軍入漳者」。宗孟從李三才撫署中領軍擢升為主導閩南一方安危的南路參將，竟是由同樣受知於李三才的漳州

79 張燮，《霏雲居續集》，卷47，〈祭徐鳴卿職方文〉，頁797-799。

80 徐鑾，《職方疏草》，附卷，曹學佺，〈甲寅奠鳴卿文〉，頁1-4。

81 張燮，《霏雲居續集》，卷46，〈福建南路參將浩然宗將軍行狀〉，頁779-783。

籍徐鑾所安排。這其中的關係不言而喻。徐鑾里居之後，與宗孟「情好日隆」。而宗孟在任上去世時，「獨一幼子在署中」，是張燮和徐鑾幫他治理喪事。關於宗孟在世最後幾天的情景，張燮有一段十分動人的描寫：

> 是時，醫者誤用補劑，余為易醫，而新醫搖首反走。然君之所親尚意其旦暮可霍然，不甚過慮。越數日，君體中轉惡。余拉徐職方詣君臥內。君勉側身曰：孟得生還否？其夜，健兒叩門呼余，余拉徐更往，則君已大漸，口似欲有所祝者而不能言，遂轉身而逝。檢其橐，不能滿百金。余為唱於交知致賻佐之，然後能辦裏事。[82]

這一段情誼固然動人，但其背後有著政治同盟的關係，有著地方士人拉攏軍事將領的意圖，都是不爭的事實。由李三才、徐鑾、宗孟形成的政治聯繫，到地方上由張燮、徐鑾、蔣孟育等霞中社成員和宗孟形成的結盟關係，或者更抽象的政治立場上的李三才、張燮、吳案、鄭懷魁、徐鑾等組成的反宦官、反礦稅勢力，都使得事情變得複雜起來。

當然在面對朝廷上的激烈黨爭中，蔣孟育是比較謹慎的。即所謂「邇者南北多歧，鶺鴒為敵國」的時候，蔣孟育選擇了不參與。[83]終其一身，沒有改變。張燮談到「南北爭構，諸大臣意有佐佑，輒為閩中人所推戴，公屹然中立，元無附離，故洪濤蕩岳，不至波漂，而擁護者亦少。滿最候命，時用事大璫遣人詣公致慇

---

82 同上注，頁782。

83 張燮，《霏雲居集》，卷19，〈送蔣道力宮諭奉使還朝序〉，頁431-432。

勷。公正色曰：外庭安得與內庭私通？璫銜之，故加恩已奉，俞旨尚留中，半月始下」。[84]雖然在朝廷上選擇了中立，但也始終沒向宦官靠攏，更不妨礙他和具備濃厚黨派色彩的同社徐𤊹和南路參將宗孟的往來。

七、結論：詩社還是吾黨？

在現存的張燮、蔣孟育、鄭懷魁三人的文集中，不難發現不少以「同社」冠名詩歌題目，或者收信人姓名的例子。還有不少祭文也同樣標示出同社的關係。這些都不足為奇。

但有些時候張燮也會使用色彩更為濃厚的「吾黨」來指稱霞中社的同社成員。例如當他寫信安慰經歷母喪的吳案時，說「惟兄節哀自玉，則吾黨所注望甚切，不獨弟私言矣」時，彷彿就是一個群體的發言人在叮囑友人。[85]但這個例子還屬私人領域。當他祝賀蔣孟育升遷時說：「知槐鼎便欲借兄宮贊，喜可知也。春華秋實，自君兼之，為吾黨增色，甚善」時，應該也還是私人領域的範圍。[86]只是稱「吾黨」則其想要強調他們是一個聯繫緊密的群體的動機是十分明顯的。

另一方面，當敘述的語境牽涉到地方上的政治平衡，例如強調施德政「獨於吾黨申霞外之契」時，這個群體的政治利益就被凸顯了。而當論及漳籍官員以及仕漳官員仕途被打壓是因為「釁或起大璫」，進而與同社人共勉稱「吾黨所私收造化者如此矣」

84　張燮，《群玉樓集》，卷52，〈通議大夫南京吏部右侍郎恬庵蔣公行狀〉，頁874。

85　張燮，《霏雲居集》，卷41，〈與吳亮恭〉，頁728。

86　同上注，〈寄蔣道力〉，頁730。

時，群體的意識自然是濃烈的。[87]

張燮還有一首詩，題曰〈徐鳴卿吳亮恭相繼抗疏談時政甚切直詩以志懷〉：

> 爾輩元詞客，而今擅直聲。嬰鱗龍豈押，立仗馬猶鳴。
> 言以回天苦，心偏向日縈。婆娑溫室樹，屈軼倍分明。[88]

為兩位霞中社成員的直言抗疏而激動，則疏中內容應該也是張燮所十分關注的。張燮在後來給吳案的信中，敘述了如下的情景：

> 猶憶邸報抵漳時，管彥懷偕阮堅之登半漳臺，招社中二三兄弟與焉。阮使君嘆服吳先生，修禮甚遜，執詞甚卑，安得叩閽排闥若是。管明府則謂漳中相繼抗疏者兩人，徐鳴卿、吳亮恭都出社中，顧誰為繼者？一時坐上喧為美談。亮恭即不以此自沾沾乎，然所分榮吾黨侈矣。[89]

信中的管彥懷即是管橘（生卒年不詳），萬曆二十七年（1599）任長泰縣令，在漳五年。管橘後來調任御史，之後又出為福建按察僉事。但是信中以「官明府」稱之，則應該是第一次在福建任官時。[90]阮堅之則是阮自華（1562-1637），他是萬曆二十

---

87 同上註，〈寄吳亮恭〉，頁724。

88 同上註，卷4，〈徐鳴卿吳亮恭相繼抗疏談時政甚切直詩以志懷〉，頁83。

89 同上註，卷40，〈答吳亮恭〉，頁713。

90 李維鈺，《光緒漳州府志》，卷11，頁32；金鋐，《康熙福建通志》，卷19，頁33。

六年（1598）進士，初任福州推官。[91]張燮的詩作並沒有標明日期，但該卷第一首詩是〈甲辰早秋〉，甲辰年即萬曆三十二年（1604）。[92]吳寀並無文集存世，所以無從參考其奏疏。如果徐鑾和吳寀是在大約同一時間上疏進言同一主題的話，那就極有可能便是徐鑾在萬曆三十二年（1604）所上的〈請止礦稅釋累臣疏〉。

　　從上面的敘述中，我們可以推論地方官員清楚知道霞中社成員有哪些，而且他們還特意邀約共游。而無論是地方官員還是霞中社成員，他們在萬曆三十二年所共同關心的一個課題就是礦稅問題以及針對著稅璫的對抗努力。當時的情況是在京任職的漳州籍官員中有兩人上疏言事，而兩人都是霞中社成員。而這個時候，遠在閩南分享這抗爭榮耀的霞中社成員是以「吾黨」自居的。

　　霞中社是一個由漳州士人組織成的詩社。但是他們並沒有任何明顯的文學主張，也從未試圖去改變漳州或者福建的詩風。他們以詩會友，雖然同社成員從未齊聚，但是從張燮《霏雲居集》中我們可以看到，和社中成員的雅集、唱和，是張燮這位居家舉人的社交生活中十分重要的一環。而各種社交活動，無論是雅集、出遊、初度、祭奠，或是寫寫書信發發牢騷，都是霞中社同社友人常常進行的活動。

　　霞中社不是漳州在晚明時期的第一個詩社，卻無疑是最具盛名的，而且延續時間相對地長。霞中社成員不是因為共同的文學主張而結合，倒像只是一個同鄉士人的交遊網絡。然而如果只是同鄉士人的網絡，何必結社？而且何必在萬曆二十九年（1601）

91　金鋐，《康熙福建通志》，卷20，頁10。

92　張燮，《霏雲居集》，卷4，〈甲辰早秋〉，頁77。

結社？同社和吾黨的意識何必強調？霞中社又何以維持那麼長的
一段時間？

　　霞中社不是一個文學組織，也不是一個政治團體，它是另一
種形態。霞中社在萬曆二十九年（1601）結社是一個時代的產物。
當時的福建面對高寀的橫徵暴斂，而礦使四出其實是一個全國性
的危機。這一群漳州士人在進行他們的「東南衣冠之會」時，包
括福建在內的許多地方的社會結構正在被稅璫們所破壞著。這個
破壞威脅了地方行政中的文官群體，和地方的士紳、商賈，和一
般民眾所已經接受的資源分配模式。換言之，以礦稅為名義的資
源搜刮是許多地方官員和地方領袖與民人所共同反對的。

　　每個城市都有自己的獨特空間條件和歷史機遇。例如王鴻泰
指出作為南北交通樞紐和留都的明代南京，就曾在不同時期出現
過由地位清高的南都官員，和富貴階層中的愛好文藝者所支撐起
的雅集與文藝活動。之後又成為由文人主導，與全國古文運動接
軌的文化中心。明末則進一步發展成「大會」頻繁的城市大舞
臺。93

　　而遠在福建南部的漳州霞中社，自有其社交功能的一面，此
不再贅言。而在礦稅問題的大背景下結合的霞中社成員則無可避
免地必須面對時代的挑戰。擔任京官的可以直接上疏言事，其餘
成員則在地方上積極結交地方官員。而因為漳州月港的特殊環
境，他們的網羅對象就包括了南路參將，而且是有意識地將連續
三任的參將塑造成一個延續性的組合。最值得注意的是後來李三
才、徐鑾、宗孟這樣的一組關係。並不是說霞中社因此被捲入了
全國性的黨爭中去，而是說因為對抗礦稅是一個全國性的議題，

---

93 王鴻泰，〈城市舞臺：明後期南京的城市游樂與文藝社群〉，見本書其他章節。

所以霞中社的網絡與策略很自然地與之相應。

　　我們在地方史研究中習慣探討代表國家的官僚體系和地方利益的競爭與合作。礦稅問題為這個框架帶來了挑戰。由於舊有平衡受到了威脅，所以我們看到了原來代表國家的官僚體系和地方利益形成了一個相對一致的戰線。因為如此，霞中社這一社交功能明顯的詩社在內部就擁有了一股不同的動力，一股可以支持他們的自我認同的使命感。這也使得霞中社在晚明的區域社集群體中具備占有一席之地的資格。

遊歷、制藝與結社
以晚明衢州士人方應祥為中心

何淑宜

臺灣臺中人。國立臺灣師範大學歷史研究所博士，國立臺北大學歷史系副教授。研究領域：明清社會文化史、近世家族史。代表作：《香火：江南士人與元明時期祭祖傳統的建構》（2009）、〈時代危機與個人抉擇——以晚明士紳劉錫玄的宗教經驗為例〉（2012）、〈晚明的地方官生祠與地方社會——以嘉興府為例〉（2015）。

一、前言

　　崇禎十三年（1640），福建左參政徐日久（1574-1638）的文集編輯完成，負責主編的徐日僑在例言中特別提到：「初伯氏原無遊記，予於《學譜》中錄其足跡所至，摹景十一，感事十九，彙為一編。要於子輿氏所云『無非事者』有合焉，則又政事與文學均也。」[1]徐日僑執意替其族兄的文章分出「遊記」一類，甚至借用《孟子》中晏子跟齊景公關於天子巡狩的問答，強調士人出遊的必要性。[2]在他看來，遊記不只是記遊或述景，更是在藉文章呈現「遊」的過程中各式各樣「無非事者」的活動，反映在選輯的內容上，他所說的「遊」因而有兩層含義：一是遊歷，二是宦遊。[3]從徐日久的出遊到徐日僑編輯遊記，一來反映晚明旅遊活動興盛，[4]

1　徐日久，《徐子卿先生論文別集》（台北：漢學研究中心藏日本內閣文庫景照本，崇禎十六年序刊本），徐日僑，〈例言〉，頁2。

2　「無非事者」語出《孟子‧梁惠王下》：「昔者齊景公問於晏子曰：『吾欲觀於轉附、朝舞，遵海而南，放於琅邪，吾何修而可以比於先王觀也？』晏子對曰：『善哉問也！天子適諸侯曰巡狩；巡狩者，巡所守也。諸侯朝於天子曰述職；述職者，述所職也。無非事者。春省耕而補不足；秋省斂而助不給。夏諺曰：『吾王不遊，吾何以休？吾王不豫，吾何以助？一遊一豫，為諸侯度。』」晏子在此說明君王巡狩跟農事的關係，沒有無事而出行。謝冰瑩等編譯，《新譯四書讀本》（台北：三民書局，1988），〈孟子‧梁惠王章句下〉，頁333-334。

3　徐日久自編的《學譜》，始於萬曆三十八年（1610）進士及第之後。徐日僑從中摘選出11段經歷，冠以篇名，分別是：寓燕、謫楚、虞曹、北上、行邊、過里、復命、佐樞、落籍、居山、巡海。內容主要呈現徐日久從萬曆四十一年（1613）署理江夏縣事，到崇禎四年（1631）擔任福建巡海道的仕途經歷，部分提及遊歷各地山水的情況。徐日久，《徐子卿先生論文別集》，卷5，〈遊記〉，頁1-44。

4　巫仁恕，〈晚明的旅遊活動與消費文化——以江南為討論中心〉，《中央研究院近代史研究所集刊》，41（台北，2003），頁87-143。

以及士人刻意遠行，尋找知己的風氣；[5]同時也呈現，遊的活動與記遊文的內容不只是單純的記錄或感懷，交遊及記遊都可能是有意為之，甚而透過記遊顯露士人的行事與關懷。

　　徐日儔的想法顯示當時人們已注意到士人頻繁出遊的社會現象，以及出遊對士人的意義，他們身邊不乏類似的例子，與徐氏兄弟同鄉的浙江衢州士人方應祥（1561-1628）也可為代表。方應祥從年少離鄉研習制藝寫作，到崇禎元年（1628）過世，其間因科考、仕宦等因素，來回於家鄉衢州、杭州、南京、北京、蘇州、山東等地。方氏活躍的時間適巧介於復古派後七子領袖王世貞（1526-1590）辭世，與崇禎時期復社提倡興復古學之間，而他所參與的文社大多為研習八股文的社集。雖然他的科考之路不太順遂，不過他憑藉著長期在當時東南文化中心地——杭州的活動，及對制藝的想法，仍然吸引不少士子投入其門下，成為當時頗具知名度的制藝名師。

　　方應祥的經歷牽涉晚明幾個關鍵議題，首先就制藝寫作來說，他身處明代後期制藝體例逐漸成熟，各種寫作主張紛然並出的時期，[6]在清人回溯式的明代科舉文論史中，他的主張頗受推崇，[7]但在方氏有生之年，他似乎並非深受士子重視的文壇主流。

5　王鴻泰，〈「多元文化視野下的中國近代社會史研究」筆談·明清社會關係的流動與互動〉，《史學月刊》，2006：5（鄭州，2006），頁18；王鴻泰，〈浮游群落——明清間士人的城市交游活動與文藝社交圈〉，《中華文史論叢》，總96（上海，2009），頁113-158。

6　關於明代後期的文學發展參見廖可斌，《明代文學復古運動研究》（上海：上海古籍出版社，1994），頁55-416。孔慶茂則清楚地比較此時八股文各流派的特色，孔慶茂，《八股文史》（南京：鳳凰出版社，2008）。

7　清初八股評家王步青即說：「泊乎成化，守溪氏作體斯備矣，唐、歸繼之，躋登於古；嗣是思泉、高邑、涇陽、孟旋傑然代興，分持氣運；迄於末造，正希、

這樣的反差顯示出方應祥處在一個時文文風變化的當口，那麼，身為一位長年親身參與科考的士子及制藝的教習者，他對寫作八股文的看法是什麼？研習八股文有其現實的目的，不能閉門造車，除了寫作技巧之外，還需留意當時的學風、主考官的傾向。同時作為甄別治國人才的方式，它的內容也反映士子對政治原理（儒經）的理解與解釋，因此揣摩、彼此研討制藝、尋求認同，成為必須進行的活動。他們如何進行上述活動？從地方出發的士人方應祥，怎麼參與這些活動？

　　另外，方應祥及其師友、門生的活動也涉及晚明社集的問題。明末江南地區的應社、讀書社、復社等社集之間錯綜複雜的分合關係，以及跟現實政治的糾葛，向為研究者所注重，[8]這些社集出現的時間大體在天啟年間之後，但是某些社集跟萬曆時期的文社有沿承關係，如杭州讀書社就是由方應祥門人聞啟祥等人所組織的小築社更名而來。從練習制藝的社集轉向強調研讀經史典籍的社團，反映士人關懷重心的轉變，[9]方應祥及其友人們的交遊與結社在這股風潮大盛之前，他們跟之後這股強調經史、重視現

大士力起積衰，同時章、羅、陳、黃各開生面，要皆有不可磨滅之神……。」文中的「孟旋」就是方應祥。王步青，《巳山先生別集》（收入《清代詩文集彙編》，第228冊，上海：上海古籍出版社，2010，據清乾隆十七年敦復堂刻本影印），卷1，〈明文鈔序〉，頁13b-14a。感謝張藝曦教授提示注意此條資料。

8　這個主題的研究成果甚多，如謝國楨，《明清之際黨社運動考》（北京：中華書局，1982）；朱倓，〈明季杭州讀書社考〉，《國學季刊》，2：2（北平，1929）；朱倓，〈明季南應社考〉，《國學季刊》，2：3（北平，1930）；朱倓，〈明季杭州登樓社考〉，《廣州學報》，1：2（廣州，1937）；朱倓，〈明季桐城中江社考〉，《中央研究院歷史語言研究所集刊》，1：2（台北，1967）；馮玉榮，《明末清初松江士人與地方社會》（北京：中國社會科學出版社，2011）。

9　王汎森，〈清初的講經會〉，《中央研究院歷史語言研究所集刊》，68：3（台北，1997），頁503-588。

實的關懷有否關聯？透過聚焦方應祥及其周邊人物的活動、主
張，本文試圖了解一個地方士人跟時代風潮之間的關係。

二、地方士人與跨區域網絡

　　明代中後期士人選刊自身文集，或身後由族人、門人編纂文
集的風氣極盛，方應祥的文字曾先後彙編成《青來閣初集》、《青
來閣二集》、《青來閣三集》三部書，[10]收錄他從萬曆二十年代到
崇禎元年逝世前，各種贈序、書信、雜著、祭文等，其中跟師友
往來的書信占最大宗。以下將以上述資料為主，重構方氏在晚明
的遊歷與活動，呈現晚明以科舉為生活重心的士人的生活樣態。

　　方應祥初次參加文會在萬曆十二到十三年（1585-1586）之
際，他隸籍衢州府西安縣學生員，跟同鄉友人徐完初（字）等人
共同集會，此時諸人「莫不氣蔚風雲，心礪金石。一朝投分，毅
然交劘久要之貞；片楮賞音，怳焉共奮千秋之業」。[11]這個文會人
數不多，集會時間在萬曆乙酉科（萬曆十三年）鄉試之前，顯然
是以切磋制藝寫作為主的文會。

　　之後，方應祥在衢州主持或參加的社集主要有三個，一是萬

---

10 根據民國《衢縣志》，方應祥還著有《易經初談》、《易經雅言》、《易經
　　指》、《辨易經狐白》、《四書講義》等科舉用書。鄭永禧纂修，《衢縣志》
　　（台北：成文出版社，1983，據中研院傅斯年圖書館藏民國十八年輯民國二十
　　六年鉛印本影印），卷14，「藝文志上」，頁6b。其中目前尚可見《周易初談
　　講意》（稿本）、《新鐫方孟旋先生義經鴻寶》，收於《衢州文獻集成》，第
　　1、2冊，北京：國家圖書館出版社，2015。

11 方應祥，《青來閣初集》（收入《四庫禁燬書叢刊》，集部第40冊，北京：北
　　京出版社，2000，據山東省圖書館藏明萬曆四十五年自刻本影印），卷10，
　　〈祭徐完初〉，頁9b。

曆二十六年（1598）跟同縣友人徐日久共同在西安縣青峒山青峒書院成立的倚雲社。該社至少維持三年，到萬曆二十九年（1601）仍有活動的記載，並且編有《倚雲社業》一書。[12] 一是萬曆四十年（1612），應龍游縣耆老勞惟誠及生員余日新之邀在該縣白石山楓林書院講學。這一次駐講為期約一百天，參與者為龍游縣生員共20人，期間諸人「疑義相析，奇文共賞」，結束後則選輯諸子之文為《楓林選義》，付梓刊行。[13] 以上兩個社集都以研習八股制藝為主，而接下來的青霞社則是詩文之會。萬曆四十六年（1618），方應祥、徐日久延請鄞縣應㮄到西安縣南方爛柯山講學，參加其族叔方文烈倡議的青霞詩文社，並以應氏為社長。[14]

　　這三個社集的舉行地點——青峒山、爛柯山、白石山，跟社集的要角方應祥、徐日久有密切的地緣關係。方應祥、徐日久都是浙江衢州府西安縣人，浙江衢州府下轄五縣，分別是西安、常山、江山、開化、龍游，西安為府城內的附郭縣。青峒山位於西安縣城西方三十里，爛柯山則在西安縣南二十里，離衢州府治不遠，[15] 而且「輶軒之所往來，不乏紀勝之什」。[16] 選擇兩地舉行社集

---

12 方應祥，《青來閣初集》，卷1，〈倚雲社業序〉，頁14a-15a。

13 余紹宋，《浙江省龍游縣志》（收入《中國方志叢書》，華中地方浙江省第80號，台北：成文出版社，1970，據民國十四年鉛印本影印），卷24，「叢載‧古蹟」，頁7a。方應祥，《青來閣初集》，卷2，〈楓林選義敘〉，頁1。

14 鄭永禧輯，《爛柯山志》（收入《中國道觀志叢刊》，第21冊，南京：江蘇古籍出版社，2000，據清光緒三十二年不其山館刻本影印），卷7，「青霞詩文社」，頁25。

15 陳鵬年修、徐之凱等纂，《（康熙）西安縣志》（收入《復旦大學圖書館藏稀見方志叢刊》，第18冊，北京：國家圖書館出版社，2010），卷3，「山川‧爛柯山」、「山川‧青峒峰」，頁3a、16b。

16 徐日炅，《爛柯山洞志》（收入《四庫全書存目叢書補編》，第94冊，濟南：

一方面是因為這兩處原即是城郊的名勝，另外也因此二山離方應祥、徐日久的居處甚近。方應祥早年居住在府城北方十五里之地的萬田，青峒山離此十里，[17]萬曆三十四年（1606）之後，方氏遷入縣城新驛巷衢水邊，[18]越過衢水即為青峒山。徐日久世居爛柯山下石室街，[19]另有一批徐氏族人聚居在西安縣城內，離新驛巷不遠的水亭里，[20]此地距離府城西北角的西安縣學甚近，[21]縣學右側的定志書院更是「都人士肄業其中」。[22]可見這兩山兼具名勝、近縣城、離聚居地甚近、鄰近地方學校、書院的條件，成為衢州士子往來集會的主要場所。至於白石山位於衢州府治與東北龍游縣之間，雖離方應祥家較遠（約百里），但兩地交通往來也十分便利。[23]

齊魯出版社，2001，影印台灣漢學研究中心藏舊鈔本），卷上，方應祥，〈青霞社草敘〉，頁29a。

17 方應祥曾說：「圓通庵在郡治之北，距城十五里，地曰萬田，鄭氏、方氏聚廬而居。」鄭永禧，《衢縣志》，卷9，「碑碣志」，方應祥，〈重建萬田圓通庵碑記〉，頁16a；方應祥，《青來閣初集》，卷1，〈倚雲社業序〉，頁14b。

18 方應祥，《青來閣初集》，卷10，〈先室鄭氏五十祭文〉，頁20b。

19 鄭永禧輯，《爛柯山志》，卷4，「撰述‧葵園褋著」，頁39。

20 方應祥，《青來閣三集》（台北：傅斯年圖書館藏微卷），卷14，〈徐濟泉先生傳〉，頁25b-30a。

21 明初西安縣學原在府城北方，嘉靖二十三年之後遷到西北角祥福寺舊址。楊廷望纂修，《衢州府志》（收入《中國方志叢書》，華中地方浙江省第195號，台北：成文出版社，1975，據清康熙五十年修清光緒八年重刊本影印），卷5，「學校」，頁7b-8。

22 定志書院：「萬曆中建，……兩旁廊廡各十七間，都人士肄業其中。」葉秉敬等纂，《衢州府志》（收入《中國方志叢書》，華中地方浙江省第582號，台北：成文出版社，1983，據中研院傅斯年圖書館藏明天啟二年刊本影印），卷7，「建置」，頁25。

23 方應祥曾言：「楓林距余家百里而近，從東蹟過渡，折而南行山峽中……。」楊廷望纂修，《衢州府志》，卷3，「山川」，頁32a。

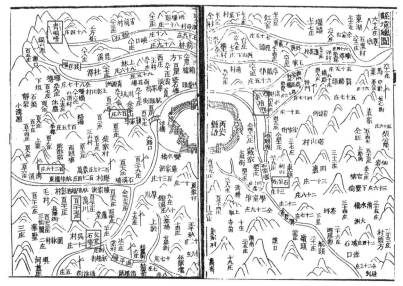

圖1　衢州府西安縣主要家族居處圖

資料來源：根據姚寶煃修，范崇楷等纂，（嘉慶）《西安縣志》，「縣境總圖」修改，頁82-83。

（參見圖1、圖2）

　　根據目前可見的資料，曾參加過倚雲社、青霞詩文社的成員，可考者如下：方文烈、方應祥、葉秉敬、徐日久、徐應秋、鄭應昌、徐國珩、李一鯨、徐可求、鄭文甫（字）、王性卿（字）、徐日曦、葉世初昆仲（字）、翁祚、徐日觀、徐應雷、龔鳳狲、余鈺（以上西安縣）；方復亨、方一秦（以上開化縣）；徐起家（常山縣）；應梟（寧波府鄞縣）。[24]

---

24 孫錦等修，《（雍正）開化縣志》，卷5，「人物・方復亨、方一秦」，頁13b-14a；鄭永禧，《衢縣志》，卷22，「人物・徐應秋、鄭應昌」，頁

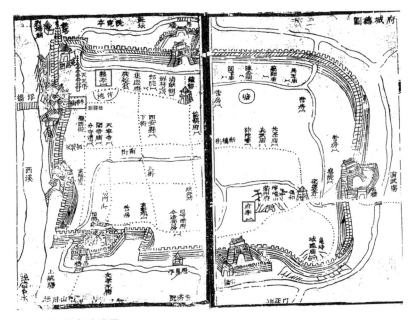

圖2　衢州府城總圖

資料來源：根據陳鵬年修，徐之凱等纂，（康熙）《西安縣志》，「府城總圖」修改，頁28-29。

25b-26a、34a；卷23，「人物·李一鯨」，頁17b；方應祥，《青來閣初集》，卷2，〈鄭文甫制義序〉，頁16b-18b；方應祥，《青來閣二集》（收入《四庫禁燬書叢刊》，集部第78冊，北京：北京出版社，2000，據北京圖書館藏明天啟四年易道暹等刻本影印），卷1，〈王性卿近業敘〉、〈徐闇仲四書瑤草序〉，頁30b-32b、34b-37a；卷2，〈壽葉母張太孺人六裘序〉，頁17b-21b；卷10，〈祭李副使徐巡撫章太守文〉，頁33-34；方應祥，《青來閣三集》，翁祚，〈青峒方先生傳〉，頁1-5；卷7，〈奉曾老師〉，頁1；卷13，〈上林郡侯〉，頁12b；卷14，〈太學生起寰徐公墓誌銘〉，頁20；孔毓璣修，《（雍正）常山縣志》（收入《衢州文獻集成》，史部第57冊，北京：國家圖書館出版社，2015，據清雍正二年刻本影印），卷10上，徐之凱，〈徐蟄庵詩集序〉，頁815；徐日久，《徐子卿先生論文別集》，〈校閱姓氏〉。

可想而知，這份名單並不完整，但仍有幾點值得觀察，以下以方應祥、徐日久為中心，將這些人物的關係整理成表1：

表1　倚雲社、青霞詩文社人物關係表

人名	籍貫	家族	關係	人名	籍貫	家族	關係
方應祥	西安縣	沐塵方氏	徐日久友人	鄭文甫（字）	西安縣	西塘鄭氏	方應祥姻親子弟
徐日久	西安縣	西河徐氏（城西）	方應祥友人	徐國珩	西安縣	水亭徐氏	方應祥門人、葉秉敬女婿
方文烈	西安縣	沐塵方氏	方應祥族叔	李一鯨	西安縣		方應祥門人
葉秉敬	西安縣	畫錦葉氏	方、徐友人	王性卿	西安縣		
葉世初（字）	西安縣	畫錦葉氏	方、徐友人	翁祚	西安縣		
徐可求	西安縣	水亭徐氏		龔鳳翀	西安縣		
徐日曦	西安縣	西河徐氏	徐日久族弟	余鈺	西安縣		徐日久女婿、門人
徐日觀	西安縣	西河徐氏	徐日久族弟、門人	方復亨	開化縣		方應祥門人
徐應雷	西安縣	水亭徐氏		方一秦	開化縣		方應祥門人
徐應秋	西安縣	水亭徐氏	徐可求之子	徐起家	常山縣		
鄭應昌	西安縣	西塘鄭氏	方應祥姻親子弟	應槷	寧波府鄞縣		方、徐友人

資料來源：葉秉敬等纂，《衢州府志》，卷11，「人物・西安世科」，頁44-46。鄭永禧纂修，《衢縣志》，卷22，「人物」，頁24b-26a、34a；卷23，頁17b。

從上表可知，除了少數例外，上述兩個衢州社集的參與者大體以西安縣人為主，且分屬於西安縣沐塵方氏、畫錦葉氏、西河徐氏、水亭徐氏等家族。同時，彼此之間也相互聯姻，譬如方應

祥的女兒嫁給舉人西河徐應立，[25]徐國珩以葉秉敬之女為妻，[26]余鈺則是徐日久的女婿、學生。[27]另外，方應祥的母親是西安石塘鄭氏之女，他的原配也是鄭氏女，因此推測鄭應昌等二位鄭氏成員可能是方氏的姻親子弟。

　　徐氏、葉氏、方氏、鄭氏是明代中後期西安縣的主要家族，他們分別聚居在爛柯山下的三十莊石室街、西安縣城內西側太平坊水亭里、西安縣西北的百六莊萬田、西安縣西百廿六莊、西安縣西百廿五莊等地。[28]（參見圖1）除了徐日久的居地在府城東南方，其他人的居所大多分布在府城西邊、西北，及城內西北部。鄰近的居住地、交織盤錯的聯姻關係、師生關係，以及縣學所在地等條件，標誌出此地的社集以血緣、姻親為主要的連結管道。方氏並不是西安縣最主要的家族，不過由於方應祥精通制藝寫作，因此當他在萬曆二十六年（1598）與徐日久發起倚雲社時，即吸引這些家族子弟共同參與。[29]

　　然而，這份不完整的名單及方應祥文集收錄的往來書信也隱約透露出，倚雲社、青霞詩文社的舉行地點雖然鄰近衢州府城，不過除了三位分別來自開化縣、常山縣的生員之外，該府其他縣士人參加相關活動的記載甚少，也不太看得到方應祥或徐日久跟

25　方應祥，《青來閣初集》，卷8，〈老母七十乞言〉，頁14b；卷8，〈先考府鳳梧府君壙記〉，頁17b。

26　方應祥，《青來閣三集》，卷14，〈太學生起寰徐公墓誌銘〉，頁24b。

27　徐日久，《徐子卿先生論文別集》，卷1，〈余式如擬日草序〉，頁9b。

28　鄭永禧，《衢縣志》，卷11，「族望志」，頁664、669、671、675、692。

29　許齊雄關於萬曆年間漳州霞中社的研究，也呈現類似的特色，該社核心成員之間大多具有同鄉與姻親的關係。參見許齊雄，〈「東南衣冠之會的背後——」漳州霞中社研究〉，發表於「16到18世紀東亞世界的文人社集」國際學術研討會，台北，2018年6月21-22日。

衢州府其他縣士人的通信紀錄（除了方應祥因曾在龍游縣開館授徒，與龍游士人往來較多）。[30]若從制度觀察，明代士人進學後到中鄉舉前，需經過種種的考試，其中提學官員舉行的歲考、科試跟生員的資格及科名相關，必須參加。歲考、科試舉行的地點一般為府城，不過，提學官巡歷的範圍廣狹不同、缺官未補、各地文教風氣不同等因素都影響著考試是否順利進行，以及在哪裡進行。晚明時，不少提學官即未按規定巡歷各府，而採用調試的方法，[31]衢州府即是如此。衢州府府學興廢不常，嘉靖到萬曆年間三度因風水坐向而重修，但空間仍然狹隘，[32]而衢州也沒有另外的試館，生員歲考往往需調至鄰近的金華府。[33]缺少歲考必須到府城的誘因，除了西安縣之外，其他縣份的士子不一定會將府城列為必到之處。因此，從這種地區型的文社看來，府城這一級的城市似乎不一定具備吸引一府士人集結的條件。

　　綜觀方應祥一生的足跡，杭州是比家鄉衢州更重要的活動區

---

30 方應祥能吸引衢州府其他縣士子的注意，應跟他在杭州教授制藝，具有一定程度知名度有關。如常州士人陳名夏年輕時即曾投入其門下。陳名夏，《石雲居文集》（收入《清代詩文集彙編》，第16冊，上海：上海古籍出版社，2010，據清順治刻本影印），卷1，〈史扶九制義序〉，頁5b。

31 關於明代生員課試的規定與變化，陳寶良做過詳盡討論。陳寶良，《明代的儒學生員與地方社會》（北京：中國社會科學出版社，2005），頁217-261。

32 楊廷望纂修，《衢州府志》，卷5，「學校」，頁3。萬曆之後，雖然仍有數次府學重修紀錄，但到崇禎初年文廟已呈現「殿廡齋舍，圮者未葺，廢者未振」的狀態。鄭永禧，《衢縣志》，卷16，汪慶百，〈明崇禎重修衢州府儒學碑記〉，頁39b。

33 直到崇禎九年（1636），才在當地生員的呈請下，在府城北部修文書院舊址上建立試士館。參與興修工程的生員鄭應昌、徐國珩等人，都曾參加方應祥、徐日久主持的社集。葉秉敬等纂，《衢州府志》，卷7，「建置·試士館」，頁24。

域，一來該地是鄉試舉行的地點，也是東南地區的文化中心地之一，再者大運河南端終點的交通條件，更吸引江、廣、閩、越各省士人集結於此。相較於在衢州以同縣士人為主的人際交往，方應祥在杭州的交遊範圍更顯開拓。萬曆二十一年（1593），他初到杭州時結識八股文選家黃汝亨（1558-1626）、居士吳之鯨等人，後來更投入移居杭州的南京國子監祭酒馮夢禎（1548-1605）門下。[34] 萬曆二十六年（1598）方應祥開始在此地教授制藝，鄭之煌、鄒之嶧（1574-1643）、楊啟元（1547-？）、聞啟祥等杭地士子是他早期的門人。[35] 此後數年隨著他以選貢成為南京國子監生（萬曆二十二年，1594）、丙午鄉試中舉（南京，萬曆三十四年，1606）、丙辰會試中進士（萬曆四十四年，1616），由於科考，他頻繁往來於衢州、杭州、南京、北京之間，其中杭州是他駐足最久的地點。

　　到杭州研習制藝、踏訪同道、尋求推薦，是當時衢州士子十分熱中的事。在方應祥、徐日久之前，他們各自的族叔徐士心、徐可求、方文烈等人即曾帶著制藝練習之作求教於馮夢禎。[36] 與方應祥約略同時的西安士人鄭孔庠，「年十六遊武林，盡和梅花詩」，[37] 常山縣士人徐起家則「偕弟山英先生皆負笈武林」，師從

---

34 方應祥，《青來閣三集》，卷14，〈上饒令吳侯德公墓誌銘〉，頁12a。

35 方應祥，《青來閣初集》，卷8，〈楊兆開傳〉，頁5b。這四人隨後成立小築社，成員日益擴增，天啟七年更名讀書社，是杭州最主要的社集。

36 馮夢禎，《快雪堂日記》（南京：鳳凰出版社，2010），卷2，「戊子」，頁16、18、20。

37 姚寶煃修，范崇楷等纂，《（嘉慶）西安縣志》（收入《衢州文獻集成》，史部第37冊，北京：國家圖書館出版社，2015，清嘉慶十六年刻本），卷34，〈文苑·鄭孔庠〉，頁5a。

圖3　杭州府、衢州府相對位置圖

資料來源：根據楊正泰，《明代驛站考》（上海：上海古籍出版社，2006），「浙江驛路分布圖」，頁115。

嚴調御，經由嚴氏介紹，回鄉後才從學於方應祥。[38]與此同時，方應祥更是力勸隨他學習八股文的同鄉後輩鄭應昌需到杭州一遊，他說：「武林之遊絕不可已也，四方俊士雲合于此，吾以沉心挹

---

38 孔毓璣，《（雍正）常山縣志》，卷10上，徐之凱，〈徐蟄庵詩集序〉，頁815。

其英穎，發皇應不淺耳。」[39] 言下之意，透過結識匯聚在杭州的各路英雄，僻處地方的士子因而有增廣見識的機會，對文章的精進大有助益。（參見圖3）

方應祥連結外出遊歷、交結各地士人與制藝寫作三者的說法值得注意，他在回覆生員詹氏兄弟投文求評的書信中以自己遊歷蘇常地區求友為例，說：

> 扁舟三泖五湖之間，採芳虎埠，瀹冷慧泉，擷其菁穎以滋吾含吐。入修棠棣其順之嫩，外洽嚶鳴求友之好，此之為樂當更倍之。夫胸中有萬卷書，足跡不歷天下佳山水，文章不能與古人爭勝，達士所以寄嗤于向若也。[40]

寫作文章需要「胸中有萬卷書」，更要遍歷「天下佳山水」，一來藉此涵泳，同時尋求同道。寫作八股文所需注重的就不再只是磨練技法，而是強調發揮精神。[41] 徐日久也曾催促門人高無英（字）出遊，他說：「足下亦宜以出門為上，西湖山水既是文章家所必宜關涉」，並且勸他不宜只停留一兩日。[42] 徐日久所提的文章家不一定指八股寫作，不過，無論是杭州或蘇州，這兩地山水的特

---

39 鄭全甫自萬曆三十三年（1605）之後拜方應祥為師，習制舉業。方應祥，《青來閣初集》，卷2，〈鄭文甫制義序〉，頁16b-17a；卷6，〈與鄭文甫〉，頁11a。

40 方應祥，《青來閣初集》，卷5，〈與詹元郊元祁〉，頁13a。

41 方應祥的八股寫作力求扭轉萬曆末年流行注重技巧純熟，不講求實際的風氣。孔慶茂，《八股文史》，頁222-224。

42 徐日久，《徐子卿近集》（收入《四庫禁燬書叢刊補編》，第73冊，北京：北京出版社，2005，據北京圖書館藏明末刻本影印），卷3，〈與高無英（壬子冬）〉，頁3a。

色，及遊歷山水的前提都不是獨遊，而是以求友、共遊為中心。[43]開化縣人方一秦即有類似的體悟。方一秦原本繼承父志，足不出戶研讀古書，某日讀到司馬遷、蘇軾的著作後，感嘆：「子長以足跡遍天下，而史才獨擅千古；坡公晚遊海外，而為文益奇宕。予何為株守鄉國？」於是「負笈錢塘，探禹穴，入會稽山中，師友琢磨三載始歸，文名大振」。[44]方應祥、徐日久的想法，方一秦的體悟，共同觸及出外求友、共遊、通同琢磨文章寫作三者連環互動的效益。此外，方應祥還提到需「胸中有萬卷書」，對照萬曆中後期士子普遍只專注揣摩歷科會元文章，習用陳詞，方應祥的讀書、遊歷、求友、寫文這四者的結合，就實有所指，它牽涉到方應祥跟他的友人、弟子研討制藝時的方式、內容跟態度。

　　萬曆二十六年（1598）開始在杭州授徒之後，是方應祥對八股文應該如何書寫、解經的依據是什麼等制藝主張逐步發展的時期。他一面授徒，同時持續參加科考，在衢州、杭州、南京、北京等地，他因緣際會參加或組織一些制藝文社。除了家鄉的倚雲社、龍游楓林集會之外，杭州小築社是他涉入甚深的社集。小築社的倡議者是方應祥的弟子聞啟祥、楊啟元等人，之後加入嚴調御、嚴武順、嚴敕三兄弟，基本上以杭州人士為主，[45]但不時有外

---

43 王鴻泰曾提到明清文人以出遊訪友為人生必經的經歷，而當時常見的出遊型態則是遊歷、社交與詩文酬答三者的結合。王鴻泰，〈浮游群落──明清間士人的城市交游活動與文藝社交圈〉，頁120-122。本文方應祥、徐日久對出遊的期待也是這一文化氛圍的展現。

44 朱鳳臺修，徐世蔭纂，《（順治）開化縣志》（收入《衢州文獻集成》，史部第74冊，北京：國家圖書館出版社，2015，據清康熙二十三年增修本影印），卷5，〈人物・方一秦〉，頁21。

45 關於小築社的成立、組織與活動，參見李新，〈杭州小築社考〉，《暨南學報》，35：5（廣州，2008.9），頁96-99。

地士人參與活動，如嘉定李流芳（1575-1629）、常熟王宇春等。[46]由於往來於各地之間，方應祥不一定能親身參與文社的集會活動（尤其是小築社），但是透過書信，讓評文、選編社稿等相關活動得以跨越空間限制而進行。

　　裒集刊刻受業弟子、同道之文的風氣在萬曆中葉之後逐漸流行，[47]方應祥在家鄉即刊印《倚雲社業》，[48]在武林授徒時，也是「二三子計所以志一時者，余為出所課秋，裒而梓之」，題名《松籟篇》。[49]相較於前兩部合集僅收錄方應祥及其弟子之文，萬曆三十年代的《聞松錄》、《小築近社》則是選錄小築社社員文章的社稿；萬曆四十一年（1613），方應祥友人馬誼發起，集合吳之鯨、聞啟祥等28人之文的《鐫鼎孿》一書，除了以小築同人為班底，更擴及「先資之言」。[50]約略同時付梓的《楓林選義》除了方應祥及龍游諸生的制藝之外，方氏更以其人際網絡，廣徵天下同

---

46 錢謙益在〈小築詩十章為鄒孟陽作〉中提到往來於鄒之嶧小築山房的人士，他說：「小築維何，鄒氏之廬……懷人撰德，允攝斯堂；我師我友，木主相望。馮方蟬連（祭酒開之、提學孟旋），楊聞鴈行（武林名士楊兆開、聞子將），祔以寓公，維李及王（嘉定李長蘅、虞山王季和）……。」除了馮夢楨之外，其他人都曾參與小築社的集會。錢謙益，《牧齋初學集》（收入《錢牧齋全集》，第1冊，上海：上海古籍出版社，2003），卷16，〈小築詩十章為鄒孟陽作〉，頁565。

47 這股風氣主要隨著制舉書籍的大量刊刻而出現。關於制舉書籍商品化的研究，參見Kai-wing Chow, "Writing for Success: Printing, Examinations, and Intellectual Change in Late Ming China," in *Late Imperial China,* 17:1(1996): 120-157. 沈俊平，《舉業津梁：明中葉以後坊刻制舉用書的生產與流通》（台北：台灣學生書局，2009），頁47-73。

48 方應祥，《青來閣初集》，卷1，〈倚雲社業序〉，頁14-15a。

49 同上注，卷9，〈松籟篇引〉，頁15-16a。

50 同上注，卷1，〈鐫鼎孿序〉，頁13a。

道之文。[51]與方應祥相關的這幾部合集，不完全是方氏主導編纂，但是如果放在晚明以制藝為業的方應祥及其友人的相關活動，與對制藝主張的發展上來看，有其意義。

觀察這幾本制藝合集的選編過程，《倚雲社業》、《松籟篇》屬師門之作較為單純，其他幾本由於蒐羅較廣，程序較繁，下文以《小築近社》、《楓林選義》為例，進行說明。《小築近社》的倡議者是聞啟祥，根據方應祥所寫的〈小築近社序〉，大致過程如下：

> 甲辰（萬曆三十二年，1604）之秋，余屏跡里居，而伯霖亦有白下之遊。子將以文告寄余，曰：「是役也，不肖獲奉兩先生，以風於四方，……」。簡書之使一再申，東南數千里之國，環而受事者彬彬矣。……于是伯霖至自燕，余與孟陽、無敕自留都，合延祖、瑞卿、印持、子將、忍公之業共梓之。[52]

從序文可知，此書自萬曆三十二年（1604）始倡到正式刊刻，至少歷時5年之久。期間方應祥、吳之鯨、鄒之嶧、嚴調御等社員四散在衢州、北京、南京、杭州等地，書信成為最主要的聯繫方式。從向社友發出徵文告示、尋求意見到徵集文章、求序等，都透過頻繁的書信往返來完成。

《楓林選義》的情況也與此類似。此書緣起於萬曆四十年（1612）方應祥應邀到衢州府龍游縣教授諸生寫作制藝，方氏描

51　同上注，卷2，〈楓林選義敘〉，頁1。
52　同上注，卷1，〈小築近社序〉，頁1。

述當時的情景：

> 盟而受事者共余二十人，得文六百首而奇。聲氣所暨，郵
> 筒寄証者亦如之。楓林居萬山中，……余及二三子先后百日
> 臥起其間，疑義相析，奇文共賞。……遂為檢三之一授梓
> 之。[53]

此次集會者人數並不多，但藉由書信廣為徵文，卻徵集多達600
篇的文章，現存的方應祥文集中收錄多篇向各方友人徵文的書
信，包括方氏會試時的同考官廣東韓日纘（1578-1636）、廣東李
長度、江陰繆尊素、江右生員萬孔思兄弟、錢塘吳之鯨、錢塘聞
啟祥、餘杭嚴調御等人。[54]譬如他給吳之鯨的信上說：

> 弟避事山中，遊覽之暇，共友生作課，……此中相與，以
> 弟日夜之祝，多能為弟之言。又四方同調以郵筒見質，玉屑
> 珠霏，駸滿案頭。意不自禁，授梓人梨之，特峀人求兄近
> 作，為之羽毛。……或得一敘尤懇。[55]

在信中，方應祥敘明活動概況、求文原因、後續刊印計畫，同時
也向吳之鯨求文、求序。

　　楓林集會雖然是一時一地之會，不過從上述的程序看來，除

---

53 同上注，卷2，〈楓林選義敘〉，頁1。

54 同上注，卷3，〈與繆太質〉，頁24b-25a；卷5，〈與韓孟郁李長度〉，頁13-
14a；卷7，〈與萬孔思伯仲〉，頁19。方應祥，《青來閣二集》，卷5，〈東吳
伯霖〉，頁2；卷8，〈與聞子將〉、〈與嚴印持〉，頁2b-4。

55 方應祥，《青來閣二集》，卷5，〈東吳伯霖〉，頁2。

了親身與會，「以郵筒見質」也是一種方式。與上文所提的《小築近社》不同，此次徵文的對象是「天下同道之人」，而透過方應祥的人際網絡徵集來的外地之文，在以「四方同調」為前提之下，一來增加地方生員見識更多範文的機會，對於未能與會的士人，則有「同集聲氣」的參與感。

通信、寄文請尊長、同道師友相互批評固然是士人往來的固有習慣，然而在晚明各地士人因為參加各級科考、或是出門遠遊求友，造成移動次數頻繁、遊歷範圍往往超越一府一省的情況下，通信與寄文以維持聯繫、建立關係或尋求認同變得更加必須且重要。甚至「書信」在時人眼中不再只是聯繫的工具，而別具意義。李維楨（1547-1626）在方應祥的文集《青來閣二集》編成之後，點出這本集子的特色：「余讀集十卷，尺牘最多，序諸為舉業者次之，褋體僅十之二。」[56]文集10卷中書信類共占7卷。艾南英（1583-1646）也說：

> 其急交遊而護持斯文，見於前後序、記、尺牘之篇者。……及讀其所移當事諸書，指陳時政，與一二友生謀其父子兄弟之間，雖夷齊、泰伯嘗經聖賢所發明，而其義有進焉者，則又先生以師友之誼而全人於君父，以造微而極變。故曰：此非先生之文，而先生盡倫之書也。[57]

艾南英認為，方應祥與當道、友人及門生的書信有著積極的意義，也就是藉由交遊傳達孔子之學，透過文字實踐聖人之道。綜

56　方應祥，《青來閣二集》，李維楨，〈青來閣二集敘〉，頁3b-4a。

57　方應祥，《青來閣二集》，艾南英，〈青來閣二集序〉，頁5。

觀方應祥的三部文集其實有著類似的特色，初集（10卷）書信共
5卷、三集（15卷）書信也達13卷。書信在聯繫的功能之外，反
映出方氏交遊之廣與汲汲於跟友人連結之熱切（急交遊），更進
一步，書信成為文集中最重要的類別，也成為傳達方氏想法，尤
其是制藝理念的主要媒介（護持斯文）。58

三、制藝寫作與「經濟」

直到萬曆四十四年（1616）會試中式，方應祥基本上以教授
制藝為生。不過，他顯然不滿於只是跟從當時流行的文風，進行
教學，他對制藝的功能、解經的原則等有自己的定見，並且企圖
影響眾人。以下將從他對寫作方式的看法、以什麼為解經依據等
方面進行討論。

上述跟方應祥關係密切的幾部制藝文選是當時流行風氣的產
物，然而這幾部書的選輯方向跟市場主流並不完全相同。小築社
早期社稿《聞松錄》編輯於萬曆三十一年（1603）方應祥準備再
次赴南京參加鄉試之時，編成之後立即呈送老師馮夢禎過目，59方

---

58 晚明選編當時人尺牘或尺牘活套出版的風氣甚盛，方應祥也曾評點尺牘作
　品，如《方孟旋評選郵筒類雋》一書，即以方應祥之名冠名。毛應翔選，方
　應祥評，《方孟旋評選郵筒類雋》（收入《衢州文獻集成》，集部第193-194
　冊，北京：國家圖書館出版社，2015，據明天啟刻本影印）。關於晚明尺牘研
　究參見苗民，〈論明代中後期的散體尺牘觀──兼與四六啟觀之比較〉，《暨
　南學報》，2014：3（廣州，2014），頁74-80；陳鴻麒，〈流行與消費──論
　晚明尺牘商品的接受及生產〉，《中極學刊》，7（南投，2008），頁45-69。

59 馮夢禎的題辭說明本書編輯緣由，他說：「時方生將辭諸子應試白下，感盛集
　之不常，欣會心之有托，請殺青聽松以就正于同方者，而居士引其端。」馮
　夢禎，《快雪堂集》（收入《四庫全書存目叢書》，集部第164冊，台南：莊嚴

氏在自序中寫道：「余日與二三君子有成言矣，吾遠之蘄當聖賢之意旨，上求不詭於國家之功令。」[60]編輯師門或同社士子之作，贈送給科考相關官員或當時名士，以求推薦，在當時蔚為風氣，《聞松錄》序中特別強調不違背聖賢意旨、國家功令，一方面反映出他們希望藉這部社稿投石問路，推介這些參與科考的士子，另一方面，「當聖賢之意旨」正是方應祥希望推廣的制藝寫作主張。後來刊印的《倚雲社業》、《松籟編》也有類似的性質。

萬曆三十年代刊印的《小築近社》是小築社的另一部社稿，方應祥在序中提到聞啟祥編輯該稿的目的，他說：

> 　　文章之統散而不壹於上也，自主者不為程秖始也。夫課士之有程也，豈直以程士哉？上操之御者之銜勒下，視之射者之的質也。心必習於礱控之節，然後可盡馬之技。而才者無軼步目，必束於中正之準，然後可窮矢之境，而巧者無詭。……天下勢重則必反，反於上者，權定于一尊；反於下者，神喻於多。……禹會諸侯於塗山，玉帛至者蓋萬國焉。天地文明之氣藉盛於一時，而以吾土為職志。至闔閭、勾踐之互為觭，而王氣萎矣。何也？吳越兄弟之國，而自閱于悼慮之間，安在祀夏配天，光禹之服乎哉？今也簡書之使自小築以暨海內冠帶之域，盟有狎主，而言歸于好。是編也，庶幾境內之治而于以諗王教之端。[61]

文化事業有限公司，1997，據北京大學圖書館藏明萬曆四十四年黃汝亨朱之蕃等刻本影印），卷3，〈題聽松集〉，頁10b。

60　方應祥，《青來閣初集》，卷1，〈聞松錄序〉，頁8a-9a。

61　方應祥，《青來閣初集》，卷1，〈小築近社序〉，頁2。

這篇序言有幾個重點，一是方氏對當時制藝寫作風氣的看法，他認為由於官方未頒布可資依循的制藝範本，因此士子漫無準繩而言說多端，甚至任由少數士人主導時文風氣。再者他提出「吳越兄弟之國」的說法，這個說法有二層含意，一是對當時天下士子群從太倉人王世貞（1526-1590）以來的復古文風，但卻流於雕琢，不以為然；而他對吳越兩地是否一定無法協調也另有看法，他注意到當時有一批跟他理念相近的吳地士人，同樣強調文章跟治化的關係。他認為此次小築社刻同時邀集也組織文社的吳地士人，是聯合吳越兩地相同文學主張的契機。

　　方應祥序中所指跟他理念相近的吳地士人主要是不贊同復古派想法，起而與之相抗的歸有光（1507-1571）、茅坤（1512-1601）等人，[62]以及萬曆年間後起的徐文任（太倉）、繆尊素（江陰）、李流芳（1575-1629，嘉定）、婁堅（1567-1631，嘉定）、王志堅（1576-1633，崑山）等士人。方氏無緣親炙歸、茅二人，不過，跟徐、繆、李、婁、王等人的互動則頗為密切。譬如方應祥與徐文任初識於萬曆二十五年（1597）赴南京鄉試之時，共同參加冶城社，[63]之後往來頻繁，方氏多次到徐氏家鄉，兩人共同結

---

62 嘉靖到萬曆初年，王世貞帶領的復古派主導文風，也影響到制藝寫作，而茅坤則主張以唐宋古文為師，反對復古運動，歸有光、婁堅等人在萬曆年間繼起，承襲唐宋派的主張。何宗美，《文人結社與文學的演進（上）》（北京：人民出版社，2011），頁333-334。

63 誠如王鴻泰以南京文藝活動為核心的研究所指出，由於制度、地理、文化等條件，明代中後期該地成為士人開拓自己家鄉之外人際網絡的主要城市。方應祥開始大量接觸吳地士人也是在南京。參見王鴻泰，〈城市舞臺──明後期南京的城市娛樂與文藝社群〉，發表於「16到18世紀東亞世界的文人社集」國際學術研討會，台北，2018年6月21-22日。

識的友人李流芳、王志堅「亦時及之」。[64]此外，方應祥不時致信王志堅訴說近況，交換品鑑時文的想法，或贈送著作，請王志堅品題。[65]而李流芳則常到杭州，參與小築社，跟方氏或聞啟祥等人互動密切。[66]方應祥與婁堅也十分投契，婁堅自述兩人相識經過說：「余始識孟旋於石頭僧舍，一見語合，相與論及蘇長公藥誦，蓋欣然會心焉。」[67]

方氏顯然不欣賞當時的時文風氣，藉著這次刊印小築社刻，聯合吳地同人，伸張與時風不同之制藝主張的用意十分明顯。刊刻《小築近社》已不單純是推介社中諸子，更是企圖以此號召同調，產生主導文風的影響力。無怪乎聞啟祥請方應祥寫序時即說：「天下之公論，而敢以嫌自，私存其質以聽夫公乎？」[68]萬曆四十年代，《鐫鼎鬱》、《楓林選義》這二部制藝文選同樣表現出方應祥希望藉此鳩合志同道合之士，以廣聲氣。

方應祥在《鐫鼎鬱》序中特別推崇萬曆四十一年（1613）會試主考官的選文標準，他說：

---

64 方應祥，《青來閣初集》，卷2，〈壽徐元晦太孺人八裘序〉，頁18a-21b。

65 譬如方應祥告訴王志堅：「吾之鑑قق 出自清靜平等之心」。而在《青來閣初集》編成後，也贈送給王氏，請其品鑑。方應祥，《青來閣二集》，卷5，〈柬王弱生〉，頁468；卷5，〈與王聞修〉，頁469-470。

66 錢謙益為李流芳撰寫墓誌即說：李氏「性好佳山水，中歲於西湖，尤數所至。詩酒填咽，筆墨錯互，揮灑獻酬，無不滿意」。錢謙益，《牧齋初學集》，卷54，〈李長蘅墓誌銘〉，頁1349。

67 婁堅，《學古緒言》（收入《景印文淵閣四庫全書》，第1295冊，新北：臺灣商務印書館，1983，據國立故宮博物院藏本影印），卷6，〈西安方母鄭氏八十壽序〉，頁24a。

68 方應祥，《青來閣初集》，卷1，〈小築近社序〉，頁2a。

> 癸丑（萬曆四十一年，1613）之役，天子特廣薪櫨之途，
> 當事者不勝闌入之思，申屬闈中，寧失才士，無傷文體。士
> 之服奇而見擯者數。……夫伸體之說而果足格士之才，從而
> 借解于命焉，可也。[69]

萬曆癸丑科的主考葉向高（1559-1627）並不欣賞當時尚奇詭謬的
寫作方式，認為「舉業文字詭謬，故服官菹政，大而辭命奏章，
小而詞牘文移，率皆乖剌不通」。[70]因此在入闈前已申明需「正文
體」，入闈後「文義乖剌，故違明禁者，雖分考力薦亦不聽，于
是近年謬悠之輩多不得錄」。[71]方應祥與葉向高對制藝的主張並不
一定相同，不過，顯然在反對當時流行的奇詭之風的立場上，兩
人一致。

　　只是，雖然此時官方企圖扭轉風氣，但顯然成效不彰。而方
應祥及其門生的應試文章，似乎也不受考官青睞。除了方應祥本
人歷經長達30年的生員、舉人生涯之外，他的門生也往往科考不
順，譬如嚴敕，方志形容：「當時文尚雕琢，爭勝字句間，敕獨
為淳古淡泊之音，以故屢試不售。」[72]影響所及，方應祥及其友人
的主張因而未能獲得當時諸多士子的青睞。《楓林選義》刻成

69　方應祥，《青來閣初集》，卷1，〈鑣鼎臠序〉，頁13b。

70　這是李廷機對葉向高說的話。葉向高，《蒼霞續草》（收入《蒼霞草全集》，
　　揚州：江蘇廣陵古籍刻印社，1994），卷4，〈周生制藝序〉，頁24a。

71　葉向高，《蘧編》（收入《北京圖書館藏珍本年譜叢刊》，第53冊，北京：北
　　京圖書館出版社，1998，據民國二十四年烏絲欄抄本影印），卷6，「四十一
　　年癸丑」，頁3b-4a。

72　張吉安修，朱文藻等纂，《餘杭縣志》（收入《中國方志叢書》，華中地方浙
　　江省第56號，台北：成文出版社，1970，據清嘉慶十三年修民國八年吳蘭孫
　　重排印本影印），卷26，「嚴敕」，頁20b。

後，方氏曾致書龍游友人，感慨表示：「所選文亦非鈍貨也，徒以市之非其法，以致書滯而不行。」[73]《楓林選義》的滯銷，反映出他們的制藝主張對當時大多數士子的吸引力仍然較弱。

關於萬曆中葉之前的制藝寫作風氣，後來的王夫之（1619-1692）曾做過如下描述：

> 隆、萬之際，一變而愈之於弱靡，以語錄代古文，以填詞為實講，以杜撰為清新，以俚語為調度，以挑撮為工巧，若黃貞父、許子遜之流。吟舌嬌澀，如鴝鵒學語，古今來無此文字，遂以湮塞文人之心者數十年。[74]

王夫之提到隆、萬之際制藝寫作的幾種現象，分別是不讀四書五經，只讀先儒或佛門語錄；[75] 參雜俚俗之語；任意擷章摘句；沿襲格套。他的觀察牽涉兩個層面，一是寫作的技巧，一是解經的依據。

王夫之檢討的問題，身在其時的方應祥感受更加深刻。他在給友人的書信及贈序中，多次表達對萬曆時期制藝風氣的不滿。譬如，他給婁堅的信中說：

---

73 方應祥，《青來閣二集》，卷8，〈與勞人〉，頁6b。

74 王夫之，《薑齋詩文集》（收入《四部叢刊初編》，第342冊，新北：臺灣商務印書館，1965，據上海商務印書館縮印船山遺書本影印），〈夕堂永日緒論外編〉，頁6a。

75 王夫之從檢討八股文流變角度提出的觀察，對萬曆時期不少制藝經師來說，卻是替八股文注入新生命的方法。如文中提到的黃汝亨，即主張佛典、道藏可與儒家互相參證。相關研究參見王煒，〈明代黃汝亨的宗教經驗和八股文觀念〉，《武漢大學學報（人文科學版）》，2014：6（武昌，2014），頁73-79。

> 唯從八股文字摹畫聖賢神情，……以觀於今，何如哉？求
> 之以宗經翊傳，則襲吠茫如；按之以核古策今，則鄙俗滿
> 紙。士以茲為精神，國家倚此為命脈，萎然茅靡如此矣。[76]

致書黃公升時也說：

> 文章之道……撮其勝者，摹秦漢則古文詞耳，於聖賢之旨
> 不必覈也；標理則語錄義疏耳，於題之貌與情不必肖也。時
> 制也，而古文詞，而語錄、義疏，可稱合作乎？[77]

他替吳全甫的《四書近草》寫序則說：

> 世人陽浮慕古，厪取拙朴，附于骨董。在時秋中，托名先
> 輩，往往蹈之，塗餙傖語，捏稱成弘，自詫不朽。不知當操
> 筆時已有伺而覆瓿者矣。何也？不求古人精神之所在，而掩
> 托于其形之似也。[78]

方應祥認為當時受復古運動與時風影響的時文，最主要的問題是
寫作時只專注在技巧上擬古，或是對經典妄加議論，卻遺忘八股
文原意在羽翼經傳，藉此闡述、發揮聖賢精神的初衷。

　　如果刻意擬古的寫法無法趨近於聖賢的意旨，那麼方應祥理
想的制藝是什麼？「宗經翼傳」、「核古策今」應是他認為八股文

76　方應祥，《青來閣初集》，卷5，〈與婁子柔〉，頁32a。
77　方應祥，《青來閣二集》，卷8，〈柬黃公升〉，頁27b。
78　方應祥，《青來閣初集》，卷1，〈吳全甫四書近草敘〉，頁5b。

最原始，但在當時卻未能有效發揮的功能，亦即如《文心雕龍》中所提出的概念：五經是一切文章的源頭。[79]在目前可見的資料中，方應祥並未留下系統性的制藝文論，他的意見大多散見於跟友人的通信或各種贈序中，成為我們略窺方氏想法的憑藉。他曾說道：

> 吾輩討究典籍，研其句讀，必字字氣腥；抒勒秋文，瀝其穎端，必絲絲血滴，始稱真讀書子。我與古人精神始合併為一。[80]

他給龍游友人的這封信上，有幾點值得注意，首先是他分別闡述閱讀經典跟制藝寫作應抱持的態度，而這兩者又密切相關，不應分別對待。他認為需回到經典本身，考究字句，了解其原始意義，再以此為依據，藉由制藝不雕琢地闡述表達，如此才能發揮代聖立言的真精神。言下之意，他認為光揣摩、磨練技巧，不足以達到此一目標，必須研讀典籍、會意，再以文傳達才是正途。

方應祥曾以上古的珍器為例，說明事物傳世的關鍵，「商周之尊罍、虞之陶、軒轅氏之鼎，至今有襲而珍之。彼所恃以傳于世者，作者精神存焉。」[81]因此，八股文如何傳達上古聖賢的原初精神是他十分關心的問題。他也以此告誡弟子：「文以靈心為

---

79 《文心雕龍·宗經第三》中說：「經也者，恆久之至道，……故論說辭序，則《易》統其首；詔策章奏，則《書》發其源；賦頌歌贊，則《詩》立其本；銘誄箴祝，則《禮》總其端；記傳盟檄，則《春秋》為根……。」劉勰，《文心雕龍注釋》（台北：里仁出版社，1984），〈宗經第三〉，頁31-32。

80 方應祥，《青來閣初集》，卷4，〈與勞寒叔〉，頁18b。

81 同上注，卷1，〈吳全甫四書近草敘〉，頁5a。

主，無取餖飣。遇題得大旨，即伸紙疾揮」、「枝枝節節而為之，必無文也」。[82] 他所提倡的制藝寫作方式不同於當時流行的風格，也與他的老師馮夢楨注重在技巧上用力，不重實際學問的教法相異。[83]

因此，在寫作方式上，相較於復古派推崇秦漢之文，他更傾向於柳宗元、歐陽修等人所提倡，文以載道的文風，並認為應該用在八股文的寫作上。方應祥曾自述年輕時閱讀茅坤《唐宋八大家文鈔》的感想：

> 蓋此八君子之文，原如日月經天，江河行地，……能日與之相接，覩此大人境界，自手足斂而心志攝。雅必不敢作吳語，實必不敢數他珍。……行業政事之義類，醞釀於胸中，發而為言，皆有體要，而可以致於用。所謂經術以經世者，此也。余諸生時讀是書忘厭倦，幸老而售，愈喜與八君子相周旋。[84]

方氏雀躍之情洋溢於文字中。《唐宋八大家文鈔》初刊於萬曆七年（1579），方應祥接觸此書的時間甚早，他從哪個管道得知這本書並不清楚，不過，他顯然念茲在茲要廣傳八大家之文，他說：

---

82 同上注，卷8，〈楊兆開傳〉，頁7。

83 清人王步青對晚明制藝文風有如下的觀察：「（萬曆）壬辰以降專尚員機，日趨軟調，垂三十年氣萎體敗，雖有貞父、孟旋諸公標持風格，力不足起衰。」王步青，《己山先生別集》，卷2，〈題程墨所見集三〉，頁5。另見孔慶茂，《八股文史》，頁198-199。

84 茅坤，《唐宋八大家文鈔》（東京：國立公文書館藏，明崇禎元年刊本），方應祥，〈重刻八大家文鈔敘〉，無頁數。

　　余向奉視學東省之命，竊計斯地結天地中粹之氣，犧於此
畫卦，孔於此刪經，為萬世文字祖。爰是以樹之風聲，足倡
予海內。因向吾友孝若氏乞其家藏手批原本，捧持以往，為
東方指南。此願不遂，乃與子將暨其甥楊次弁謀校讎，付梓
人，公諸四方。凡吾黨有斯文之責者，揮羽振鐸，使父兄以
之教子弟，以之學漸漬於其中，當有若乘扶搖，聽鈞天，覺
人間刁刁不歇，啾啾亂鳴者之為煩也。[85]

　　方應祥偕同小築社友聞啟祥、楊啟元等人重刊此書是在崇禎
元年，不過，早在天啟五年（1625）他奉命督學山東時，就有意
重刊，並向茅坤之子茅維借過手批原本，可惜未能如願。

　　上文詳細徵引方應祥重刊此書的心路歷程，希望能說明一種
文學主張吸引個人，再進一步傳播的概況。八大家之文吸引方應
祥的地方顯然就在，「行業政事之義類，醞釀於胸中，發而為
言，皆有體要，而可以致於用。所謂經術以經世者，此也。」這
段自述可以解讀為透過科舉制藝，踏入仕宦之途的單純用意，但
是也應該注意到唐宋八大家結合致用與文學的文章風格，對像方
應祥這種心中初萌用世之志的年輕人的吸引，待之後時局日非，
更堅定他文章與時運關係密切的想法。方氏曾跟座師韓日纘談
到：

　　天地氣運，關乎文章。文章盛衰，苗為議論。蓋國家所

85 茅坤，《唐宋八大家文鈔》，方應祥，〈重刻八大家文鈔敘〉，無頁數。唐宋八
　大家文在晚明的出版概況之研究，可參見付瓊，〈明人所輯唐宋八大家版本知
　見錄〉，《蘭州學刊》，2010：1（蘭州，2010），頁168。

操，網羅一世之士。士所稟，為靖獻之資。科第之權，有所
旁貸。于文章、性命之檢柙，不必憑仰于六經、四子。聖
祖、神宗制世之紀綱，不復式繩于多士矣！縉紳而競懗，同
室之戈矛。其螫之稔，安得不坐啟邊圍，千里伏尸，流血之
毒慘？[86]

本來文章關乎國家氣運並不是一種新鮮的說法，方應祥也不是明
代首開此說的士人，嘉靖年間唐順之（1507-1560）、歸有光
（1507-1571）、茅坤等人已有如此看法，也提倡「以古文為時
文」，[87]方應祥基本上繼承這一脈的觀念。而在他生存的萬曆、天
啟年間，這種感受更為深刻。

　　推崇唐宋八大家文道合一的寫作風格，不僅只是為了反對寫
作上徒重技巧，或不重經典原意，妄加議論，更關鍵的是八股文
需代聖立言，那麼該如何獲得解經的知識？方應祥的態度是：
「士之續文，氣以為主，學與識佐之」，又說：「文所憑者，氣
也。……氣所傳而行者，學與識也。」[88]學與識的根據是讀書，尤
其是五經，然而當時的風氣顯然不是如此，方應祥說道：

　　今人四書、本經忽不加工，翻弄時文，混過歲月，于古人
　　書中摘頭摘尾作小販子，博獵時名。[89]

86　方應祥，《青來閣二集》，卷3，〈奉若翁韓師〉，頁7。

87　梅家玲，《明代唐宋派文論研究》（台北：國立臺灣大學中國文學研究所碩士
　　論文，1985）。

88　方應祥，《青來閣二集》，卷1，〈王開美邑侯制義序〉，頁26b-27a。

89　方應祥，《青來閣二集》，卷8，〈與徐元晦〉，頁17b-18a。

　　小築社友嚴武順也觀察到：「時文習久多離經，竊有江河莫挽之勢。」[90]

　　士子不讀四書、五經，方應祥則是「非六經語不道，疑義解駁，粹然一軌於正」。[91]他教人讀書的方法是：

> 經書必先爛熟白文，廣求疏解而精裁之。古書不可少，必專精一部，時及其餘，乃得實饒益。如《老子》、《莊》、《騷》，古人極簡之書，吾能精熟，平日口頭厭話自不上吾筆端。吾所用其語其意，定出入所不到，此即學問立乎不測之左券矣。[92]

他同時教弟子使用「課程簿」，作為自我檢點之用。課程簿的使用方法如下：

> 五經之外，要讀大部古書為主，限與程段，每月核之。讀得完熟，諸書自轍，無論遇合鎡基，做人地步，拓據具此矣。[93]

方氏自己完全身體力行「廣求疏解」的讀書法，他跟小築社友楊啟元曾經共同討論《孟子》「詩亡春秋作」一題，他的方法即是，「取《詩》與《春秋》合考其相關處所」，經過此一番功夫

90　金之俊，《金文通公集》（收入《清代詩文集彙編》，第8冊，上海：上海古籍出版社，2010，據清康熙二十五年懷天堂刻本影印），卷17，〈贈文林郎吏科右給事中訒公嚴公暨配江孺人合葬墓表〉，頁2。

91　楊廷望纂修，《康熙衢州府志》，卷32，〈名賢·方應祥〉，頁25b。

92　方應祥，《青來閣初集》，卷4，〈與寒叔介甫〉，頁19b-20a。

93　方應祥，《青來閣二集》，卷8，〈與徐元晦〉，頁17b。

後，「先師所以筆削之意，自當領略」。[94]

　　方應祥在意的其實是如何完成一篇不偏離聖賢意旨，又富含精神的八股文，但是他賴以解經的依據十分廣泛，包括四書五經、多種疏解、各種古書（如：子書）。閱讀方法是爛熟經書原文，再擴展到其他古書，以求寫作時信手拈來，應用自如。相較於當時的制藝風氣，他強調循序漸進地廣泛讀書的態度，尤其是閱讀本經、子書，顯得頗為突出。這也成為他十分鮮明的形象，明末時人即說：「萬曆之末，士子不學，然一時名儒亦無頓至。憒憒所見，如方應祥、胡震亨、李流芳，皆胸有數千卷。」[95]當然，必須說明的是，方應祥主張泛覽各種古代典籍，主要還是著眼於八股文寫作時解經之用，而古代典籍中可能超出聖賢意旨，或與聖賢相悖的思想，他並不十分措意。

　　值得注意的是，方應祥的師友圈中，頗有些人力推制藝寫作時學習唐宋八大家的古文，並應廣泛閱讀古代典籍。自萬曆二十年代初，方應祥到杭州讀書求友之後，他以杭州小築社為中心，陸續結識不少來自四面八方的士人，其後由於貢入南京國子監及北京會試的機會，跟部分士人往來更加頻繁。除了杭州本地人，如三嚴等人之外，交往較密切的主要是蘇州、江西、湖廣等地的士人，吳地人士除前文所提徐文任、李流芳、婁堅、王志堅、王宇春之外，還包括張輔之（1547-1629）、龔立本、陳元素、汪明際、何允泓、錢謙益（1582-1664）等；[96]江西士人是艾南英（1583-1646）、陳際泰（1567-1641）、萬眾甫（字）、萬孔思

94　方應祥，《青來閣初集》，卷7，〈與沈無回〉，頁1。

95　馮班，《鈍吟雜錄》（台北：廣文出版社，1969），卷10，頁3b。

96　方應祥，《青來閣三集》，卷3，〈與蘇州司理鄭年兄〉，頁27a。

等；[97]湖廣士人則有鍾惺（1581-1624）、易道暹、胡士容（？-1629）等。[98]

由於資料的限制，無法得知上述所有人的學術傾向，不過其中幾位士人的主張值得提出討論。如錢謙益曾自述學文的歷程，他說：

> 僕年十六、七時，已好陵獵為古文。空同、弇山二集，瀾翻背誦，暗中摸索，能了知某行某紙。……為舉子，偕李長蘅上公車，長蘅見其所作，輒笑曰：「子他日當為李、王輩流。」僕駭曰：「李、王而外，尚有文章乎？」長蘅為言唐、宋大家與俗學迴別，而略指其所以然。僕為之心動，語未竟而散去。浮湛里居又數年，與練川諸宿素游，得聞歸熙甫之緒言，與近代剽賊雇賃之病。臨川湯若士寄語相商曰：「本朝勿漫視宋景濂。」于是始覃精研思，刻意學唐、宋古文，因以及金、元元裕之、虞伯生諸家，少得知古學所從來，與為文之阡陌次第。[99]

錢謙益自陳促成自己放棄復古派的古文，轉向學習唐宋大家之文的關鍵人物是李流芳，後來又經嘉定地區士人指引，得知歸有光

---

97 方應祥去信聞啟祥：「艾千子過此，時與之讀大士近業。」方應祥，《青來閣二集》，卷7，〈與聞子將〉，頁39b；方應祥，《青來閣初集》，卷1，〈萬兩生雛鳴篇序〉，頁17-19。

98 方應祥，《青來閣三集》，卷13，〈與鍾伯敬學憲〉，頁6a-7b；方應祥，《青來閣二集》，卷4，〈與易曦侯〉，頁9b-10a。

99 錢謙益，《牧齋有學集》，收入《錢牧齋全集》，第6冊，卷39，〈答山陰徐伯調書〉，頁1347。

的文章觀點，再經湯顯祖（1550-1616）提示，注意到宋濂（1310-1368），進而擴及閱讀宋金元之際的元好問（1190-1257）、虞集（1272-1348）的著作。[100]

方應祥、錢謙益、李流芳三人在萬曆三十四年（1606）同舉於南京鄉試，與此同時，透過李流芳，方應祥、錢謙益認識嘉定婁堅、唐時升、程嘉燧等人，[101] 上述幾個人在文章寫作上有共同的喜好，陸元輔歸納說：

> 憶昔隆、萬時，王弇州《四部稿》盛行，海內士大夫靡然從之，爭以剽竊摹儗，緝拾《史》、《漢》字句相矜誇，而不知古文之有正派。其清深雅健，淡蕩委析者，則反以凡陋嗤之。崑山歸太僕熙甫獨能鈎經貫史，明體達用，堤障狂瀾於既倒，直呵時流為妄庸子。……其授經安亭也，……而我嫪之信從者特眾，……四先生因得其緒言，而私淑之，且以傳諸後學。[102]

---

100 元好問，金代詩人。他的詩很少空洞的字句，也主張讀書、寫作時都需慢慢咀嚼。吉川幸次郎，《中國詩史》（台北：明文書局，1983），「元好問」，頁425-438。

101 錢謙益說：「余取友于嘉定，先後輩流約略有三，初為舉子，與徐女廉、鄭閒孟掉鞅于詞科，而長蘅同舉鄉榜，皪礪文行，以古人相期許。此一輩也。因長蘅得交婁丈子柔、唐丈叔達、程兄孟陽，師資學問，儼然典型，而孟陽遂與余耦耕結隱，衰晚因依。此又一輩也……。」錢謙益，《牧齋有學集》，卷23，〈張子石六十壽序〉，頁929。

102 文中的四先生指的是籍貫同隸嘉定的李流芳、婁堅、唐時升、程嘉燧。李流芳，《李流芳集》（杭州：浙江人民美術出版社，2012），附錄，陸元輔，〈重刻李長蘅先生檀園集後序〉，頁321-322。

隆慶、萬曆之際起而與復古派對抗的唐順之、歸有光等人提倡的唐宋古文，經過萬曆初年的沉寂，在萬曆二十、三十年代透過嘉定地區士人的交遊與人際網絡，又開始吸引一些人的目光，並且從古文影響及時文的領域，在地域上也推展到吳地之外。李流芳、方應祥的另一位友人王志堅也可為代表。錢謙益形容他：「為詩文已知唐宋名家，而深鄙慶、曆間之俗學」，[103] 更在崇禎四年（1631）提督湖廣學政時編輯《古文瀆編》一書，「首採八家法以造士者」。[104] 上述過程透露出一種文學主張透過社集形成的網絡吸引士人，進一步傳播的歷程；也顯現出個人藉由社集提供的連結平台，在同道共同研討的氛圍下，接觸與接受不同於世風的想法的過程。

　　萬曆後期，江西地區逐漸嶄露頭角的幾個年輕人，也引起方應祥的注意。方氏曾跟黃道周（1585-1646）談到：

> 武林，人士都會，子將清衷妙揔，此道未喪，共獎在人。大江以西，大士崛起，仁義節制，實繁有徒。費無學之典折而有其致，鄧仲子、艾千子之鬱邃而古于裁，蕭伯玉之洒礴而穎於識，未易悉數，與文止旗鼓相當。弟楓林之選，槩可稍見矣。……皆今士之足獎斯盟者也。[105]

103　錢謙益，《列朝詩集小傳》（台北：世界書局，1961），丁集下，〈王提學志堅〉，頁585。

104　該書於崇禎六年刊刻出版。王志堅，《古文瀆編》（收入《四庫全書存目叢書》，集部第336冊，台南：莊嚴文化事業有限公司，1997，據山東省圖書館藏明崇禎六年刻本影印），〈古文瀆編序〉，頁1-7a。

105　方應祥，《青來閣初集》，卷6，〈與黃參玄〉，頁12。

信中提到的陳際泰（大士，1567-1641）、艾南英（千子，1583-
1646）、蕭士瑋（伯玉）、羅萬藻（文止，？-1647）都是後來江西
豫章社的主幹。萬曆四十年（1612）編輯《楓林選義》，是他們
與方應祥第一次的合作，也是彼此相近的理念，藉選刊時文出
版，這種非制度性的結合方式，相互呼應。

　　從方應祥文集中所收書信看來，他十分欣賞陳際泰的文章，
而跟艾南英則往來較密切。天啟四年（1624），艾南英替方應祥
的《青來閣二集》寫序，推崇方氏：「孟旋先生毅然以斯文為己
任，而後天下始知以通經學古為高。」[106] 事實上，「通經學古」也
是艾南英等江西士子制藝寫作的重要主張。[107] 從書信中，也可看
出方氏對這批青年才俊的殷殷期許，譬如他曾致信蕭士瑋，說：
「大江以西其在近時號主盟者，以異全為臭味，以臭味為封
域。……勉哉，伯玉總一倫類，施及吾黨，予日望之矣。」[108]

　　透過在杭州及小築社、南京等地結識的同道，方應祥接觸、
接受與傳播唐宋八大家文以載道的文章風格，這種風格同樣見於
方氏友人及弟子身上。方應祥跟學生鄭文甫研討制藝時即是「日
取震澤、毘陵諸大家之文，指畫其屠思運腕之所以」。[109] 震澤是正

---

106 方應祥，《青來閣二集》，艾南英，〈青來閣二集序〉，頁3b。

107 豫章社諸子都以經史諸子為學問根柢。參見孔慶茂，《八股文史》，頁224-
　　227。

108 方應祥，《青來閣二集》，卷8，〈與蕭伯玉〉，頁1b。蕭士瑋兄弟與方應祥都
　　有往來，其胞弟蕭士珂天啟三年為南京國子監生時，即師事方應祥，並時時
　　跟聞啟祥、嚴調御切磋學問。蕭士珂，《牘雋》（收入《四庫全書存目叢
　　書》，集部第385冊，台南：莊嚴文化事業有限公司，1997，據北京大學圖
　　書館藏清順治刻本影印），倪嘉慶，〈明司訓季公蕭公暨元配廖孺人合葬墓誌
　　銘〉，頁664-665。

109 方應祥，《青來閣初集》，卷7，〈鄭文甫制藝序〉，頁16b-17a。

德年間的八股文大家王鏊（1450-1524），毗陵則是嘉靖年間唐宋派古文家唐順之。小築社友鄭圭也是「奮起於諸生中，讀柳子厚、蘇子瞻之文，句比字櫛，疏通其意義，以授學者」，[110]同時更搜羅蘇東坡文章，輯成《蘇長公合作內外篇》一書，刊印出版，[111]可見他對唐宋文的推崇。

　　這一群同道另一個鮮明的趨向是建立閱讀原典、泛覽古代典籍，以為制藝寫作知識基礎的讀書方法。由於資料的限制，不清楚他們究竟怎麼讀這些典籍，但是大致可以看到他們對跳脫語錄，直接閱讀四書五經原典、上古典籍的強調，尤其是對史書的注意。譬如方應祥曾這樣描述其友人徐孺子（字）的讀書方法：

> 其文原本六籍，旁及老子、莊、騷、太史、管、韓之書，……尤酷嗜左氏。日手赤槧，飡臥與俱，質有其文。若此觀於制舉之業，亦足窺其一班矣。[112]

其門人龍游余日新也是「力學好古」，尤其「好讀史，尤精周易」。[113]楚黃易道暹則是「積書滿家」，[114]「文獲刌解，要盡本于經術」。[115]而小築社要角嚴武順是「自經史以及百家言，靡不有纂訂

110　錢謙益，《牧齋初學集》，卷32，〈鄭孔肩文集序〉，頁930。

111　高津孝，〈明代蘇學與科舉〉，收入氏著，《科舉與詩藝：宋代文學與士人社會》（上海：上海古籍出版社，2005），頁147。

112　方應祥，《青來閣初集》，卷2，〈敘徐孺子四書秕〉，頁5b。

113　余紹宋，《浙江省龍游縣志》，卷18，「人物‧余日新」，頁17a。

114　張廷玉等，《明史》（北京：中華書局，1974），卷294，「列傳‧忠義六‧易道暹」，頁7536。

115　魏大中，《藏密齋集》（收入《續修四庫全書》，集部第1374冊，上海：上海古籍出版社，1995，據上海圖書館藏明崇禎刻本影印），卷12，〈易曦侯遊

輯註」。[116]嚴氏科第不順，編書應是他維生的方式之一，不過，由此也可以看出他讀書之廣。更有甚者，小築社在天啟末年改為讀書社，嚴武順「集其子弟門人，以源本經傳，討論性理為務」，這一套讀書法繼續為讀書社所沿用。[117]此外，艾南英自述其讀書歷程的文字，更是生動，他說：

> 予以積學二十餘年，制藝自鶴灘、守溪，下至弘、正、嘉、隆大家，無所不究；書自六籍、子、史、濂、洛、關、閩，百家眾說，陰陽、兵、律、山經、地誌、浮屠、老子之文章，無所不習，而顧不得與空疏庸腐、稚拙鄙陋者為伍。[118]

這段自敘出於艾氏歷試數次不順之後的哀嘆，但也間接透露他為求更適切地解經，閱讀範圍之廣。

　　不過，這些士人泛覽各種典籍，是否都如方應祥般，主要專注在輔助制藝寫作？方應祥友人王志堅的讀書法頗值得關注，王志堅同樣主張廣讀群書，更重要的是，他建立一套閱讀的次第：

草序〉，頁18b。

116 金之俊，《金文通公集》，卷17，〈贈文林郎吏科右給事中嚴訒公先生傳〉，頁12b。

117 同上注，卷17，〈贈文林郎吏科右給事中訒公嚴公暨配江孺人合葬墓表〉，頁2b。

118 賀復徵編，《文章辨體彙選》（收入《景印文淵閣四庫全書》，第1406冊，新北：臺灣商務印書館，1987，據國立故宮博物院藏本影印），卷326，艾南英，〈前歷試卷自敘〉，頁23。

　　先經而後史，先史而後子、集。其讀經，先箋疏而後辨論；
讀史，先證據而後發明；讀子，則謂唐以後無子，當取說家
之有裨經史者，以補子之不足；讀集，則刪定秦、漢以後古
文為五編，尤用意於唐、宋諸家碑誌，援據史傳，摭採小
說，以參覈其事之同異，文之純駁。……讀佛書，研相而窮
性，闡教而閱宗，手寫《華嚴》至再。[119]

王志堅的讀書法總括而言，重視對經典內容本身正確性的理解，
強調循序漸進，注重證據與相互參證，不妄加臆斷。他由經及於
史的讀書次第承襲自朱子的讀書法，[120]更進一步的是，他對研讀
史書的濃厚興趣，已經超越將史例用為制藝寫作依據的目的，而
趨近於注重實用。

　　萬曆末年，他任職南京兵部時，曾跟同僚共組「讀史社」，
參加者包括黃汝亨、祁承㸁（1563-1628）、方應祥、余大成、譚
昌言（1571-1625）等人，[121]集會方式與讀史方法完全以王志堅的
想法為宗，閱讀《資治通鑑》，「九日誦讀，一日講貫」，[122]「每十
日出所課，共參詳之。間有論說，自單詞隻句，多至二三百言。」
歸鄉後，王氏整理集會紀錄，另外參考正史、稗史，刻成《讀史

119　錢謙益，《牧齋初學集》，卷54，〈王淑士墓誌銘〉，頁1352。

120　錢穆曾說：「其主先經後史，乃一般理學家見解。其主治經必及於史，則是
　　朱子獨有精神也。」錢穆，《朱子新學案》（北京：九州出版社，2011），頁
　　189。

121　《（浙江嘉興）譚氏家譜》（收入《天津圖書館藏家譜叢書》，第63冊，天
　　津：天津古籍出版社，2011，據天津圖書館藏清光緒三十一年慎遠義莊刻本
　　影印），卷7，「行狀‧府君凡同公」，頁8b。

122　錢謙益，《牧齋初學集》，卷54，〈王淑士墓誌銘〉，頁1351。

商語》一書。[123] 此書是王志堅讀史方法的具體呈現，婁堅在〈序〉中即點出：「至秦漢而下訖於五代之季，必先求之正史，而參以司馬氏之《資治通鑑》。錯綜其說而折衷之，日有記，月有編。」[124] 然而，王氏主張多方參覈考訂，顯然有所針對而發，他說：

> 古之好持論者莫如宋人，皆迂刻不情，或取以立教，而不顧昔世之所宜。近世有李卓吾者，好取前人成案而翻之，一洗頭巾蒙氣，而偏頗處亦復不少。余是編頗鑑之。[125]

王志堅注意到士人好發議論的現象，以及為求新異，士人的言論與建言往往可能悖離時代條件。在這種情況下，有所根據，綜合參證地讀史顯得極為重要。正如婁堅所言：

> 古今之變，聖人之所不能違也，而史於是焉重。固得失之林，而法戒之所從出也。……先生傷今文敝，而惕然有生心害政之憂。……而考文章者，必先於論策之文觀其識，四六之文觀其學，而經義則但以理為權衡，不必于繡其聲悅也。

---

123 王志堅，《讀史商語》（收入《四庫全書存目叢書》，史部第287冊，台南：莊嚴文化事業有限公司，1996，據中國科學院圖書館藏明萬曆刻本影印），〈敘〉，頁275。

124 婁堅，《學古緒言》，卷1，〈讀史商語序〉，頁5b。要完成廣搜證據，互相參證，需閱讀大量典籍。王志堅在南京時，閒暇之餘則「借金陵焦氏藏書，繕寫勘讎，盈箱堆几」。錢謙益，《牧齋初學集》，卷54，〈王淑士墓誌銘〉，頁1351。

125 王志堅，《讀史商語》，〈敘〉，頁276。

> 庶幾豪傑之士爭自奮勵濯磨，為有用之學，而文詞之高雅，
> 亦可以無媿於前代。不亦勸學之盛事歟？[126]

《讀史商語》所設定的讀者，應該還是參加科考的廣大士子，但在晚明的時代情境中，如何讓科舉之學不只是射利的工具，而真正成為「有用之學」，顯然是王志堅的關心所在。在他看來，讀史書仍是寫作八股文的輔助，不過前提是更正確地理解歷史知識與身處社會的關係，在這個部分，他比方應祥又更往前了一步。

　　除了王志堅，在方應祥的朋友圈中，同鄉友人徐日久也特別注重閱讀史書。他曾經加入北京部分官員組成的讀史會，[127]萬曆四十六年（1618）任職工部時，「閉戶讀書，而尤究心代史及國朝實錄。每讀一書，必從身心體會，期可措諸實用，不欲向紙上讀過。」徐氏家藏《方聚暨代史鈔》、《實錄鈔》兩書，[128]就是他的讀史筆記。閱讀史書除了了解史事，用以註經之外，也可能由史事注意及歷代典章制度，而徐日久從史書擴及當代實錄，關注重心也從歷代典制擴展到當代制度，他為學的經世取向，在晚明危機的催化下，更為明顯。[129]

　　另一個值得注意的關鍵變化是，天啟七年（1627），小築社

126　婁堅，《學古緒言》，卷1，〈讀史商語序〉，頁5b-7b。

127　徐日久，《徐子學譜》（台北：國立故宮博物院藏縮影資料，1997，據明崇禎間太末徐氏家刊本攝製），「戊午二月廿九」，頁2a。

128　韓廷錫，《榕庵集》（揚州：江蘇廣陵古籍刻印社，1997），壬申集，〈西安公傳〉，頁1080、1090。

129　不只徐日久，即使向被認為受佛學影響甚深的嚴武順，雖然科第不順，但里居期間，也是「留心當世之務，凡古今成敗得失及歷代制度之詳，靡不竟其原委，較若列眉。有扣之者，響答不窮」。金之俊，《金文通公集》，卷17，〈贈文林郎吏科右給事中嚴訒公先生傳〉，頁10。

更名讀書社，「通經學古」是該社最鮮明的標誌，[130]更名後的讀書社，在天啟、崇禎之際吸引更多來到杭州活動的士子，而性質也比之前小築社以制藝、詩文酬唱為中心，更為多樣。不過，方應祥因年歲已大，歸鄉之後已較少參與新一波的活動。而讀書社諸子十分講究讀書有法，窮究經籍，「約數人共讀一書，數日務了一義。」[131]只是每人所重各有不同，如丁奇遇「勵志復古……讀《禮記》，疑其註未善，覃精析義，常至夜分」，張岐然是「刻意於名物象數」，高克臨則認為經生之學對「古今治亂邪正之大端，漫不省為何物」，因此「與密友孫武書之所考索，皆經生所不講也」。[132]天啟末年讀書社諸子的發展方向，其實是制藝型文社跟時局、時風相互激盪的另一種轉變。

四、結論

本文主要以方應祥為中心，討論萬曆二十年代到天啟年間制藝寫作風尚與文社的關係，其中地方上的讀書人如何參與這股逐漸興起，以組織形式共同研討制藝的文社，以及方應祥和友人的

---

130 黃宗羲說：「時四方文社最盛，武林讀書社多通經學古之士。」黃宗羲，《黃宗羲全集》（杭州：浙江古籍出版社，2005），第10冊，〈高古處府君墓表〉，頁272。

131 嵆曾筠等修，沈翼機等纂，《雍正浙江通志》（收入《中國地方志集成》，第6冊，南京：鳳凰出版社，2010，據民國二十五年上海商務印書館影印清光緒刻本影印），卷178，「文苑·張芬」，頁3108。

132 《民國杭州府志》（收入《中國地方志集成》，浙江府縣志輯第3冊，上海：上海書店出版社，1993，據民國十一年鉛印本影印），卷144，「文苑·丁奇遇」，頁30a；卷148，「隱逸·張岐然」，頁18a。黃宗羲，《黃宗羲全集》，第10冊，〈高古處府君墓表〉，頁272。

結社跟明季轉向經史、強調現實關懷的社集之間的關係，是本文討論的主題。方應祥終其一生幾乎都在準備科考當中度過，他直到萬曆四十四年（1616）55歲時才考中進士授官，為了備考、謀生與磨練制藝，他頻繁往來於衢州、杭州、南京、北京等地。在晚明「遊歷」成為士人重要活動的時代，方應祥也透過遊歷，以故鄉衢州的同鄉關係、杭州小築社及在南京活動的同道網絡，逐步連結、擴大交遊範圍。雖然這些人不一定長期同居一地，不過，他們的交情隨著鄉試與會試的考期，在南京或北京繼續積累。從地理角度來看，他們組織文社的地點隱然有某種層級性，府、縣等地的文社（如衢州西安縣）連結的多為在地士人，但府城不一定因為府學所在就能吸引同府的士子前來參加社集，士子往往可能跳過府城，直接往鄉試所在地的省會（如杭州）或南京等大都會，尋求同道之友。而二京（北京、南京）則是文社組織地點的最高級，提供士人結交天下人的機會。

　　從方應祥及其友人的行動中也可看出，此時許多文社具有半開放的性質，士人往往一人同時或先後參加數個文社。有如滿天星斗散布在各地的文社，也會因為個別士人的活動，在理念上相互溝通，如多次參加小築社活動的李流芳，在南京也跟錢謙益等人結社。而他們之間的往來，除了集會，書信也是重要的溝通媒介，尤其在選編社稿、制藝文選、轉介學生或推薦人才時，書信的效用不亞於集會，成為溝通想法、傳達彼此制藝理念的重要管道。

　　進一步來說，方應祥及其友人組成的文社，一方面是萬曆中期結社風氣大盛的產物，另一方面則表現出跟當時注重八股寫作技巧，或參雜佛語、俗語的制藝風尚不同的主張。他們重新提倡茅坤、歸有光等人所標舉出的唐宋八大家的古文觀，強調制藝寫

作以文載道，傳達古代聖賢精神的風格。尤其值得注意的是，他們認為必須精讀四書、五經、史書及古代子書，以幫助制藝寫作的讀書方法。不過，在這個部分，每個人走的距離不盡相同，方應祥雖然主張廣讀古代典籍，不過，他仍以四書、五經本經為主，且著重於這些典籍在寫作八股文時輔助解經的功能；王志堅、徐日久、嚴武順等人則進一步由經及史，甚至對史書表現出極大的興趣，徐日久、嚴順更由此注意及歷代與當代的制度沿革，呈現出以「經濟」為主導的學問傾向。

　　不過，從萬曆中期方應祥及其友人的制藝與讀書主張，到天啟、崇禎年間讀書社更重廣讀古籍的趨向，不一定是直線影響或沿襲的關係，萬曆末年到啟禎年間時局的催化，也是必須注意的因素。而這兩者間有一個共同的部分，就是對制度及人事變遷的關注。在朝代危機日趨嚴重的明季，當代士人對這個問題的考慮，值得未來更進一步探討。

徵引書目

一、史料

《（浙江嘉興）譚氏家譜》，收入《天津圖書館藏家譜叢書》，第63冊，天津：天津古籍出版社，2011，據天津圖書館藏清光緒三十一年慎遠義莊刻本影印。

《民國杭州府志》，收入《中國地方志集成》，浙江府縣志輯第3冊，上海：上海書店出版社，1993，據民國十一年鉛印本影印。

孔毓璣修，《（雍正）常山縣志》，收入《衢州文獻集成》，史部第57冊，北京：國家圖書館出版社，2015，據清雍正二年刻本影印。

方應祥，《周易初談講意》，收入《衢州文獻集成》，第1冊，北京：國家圖書館出版社，2015。

方應祥，《青來閣初集》，收入《四庫禁燬書叢刊》，集部第40冊，北京：北京出版社，2000，據山東省圖書館藏明萬曆四十五年自刻本影印。

方應祥，《青來閣二集》，收入《四庫禁燬書叢刊》，集部第78冊，北京：北京出版社，2000，據北京圖書館藏明天啟四年易道暹等刻本影印。

方應祥，《青來閣三集》，台北：傅斯年圖書館藏微卷。

方應祥，《新鐫方孟旋先生義經鴻寶》，收入《衢州文獻集成》，第2-4冊，北京：國家圖書館出版社，2015。

毛應翔選，方應祥評，《方孟旋評選郵筒類雋》，收入《衢州文獻集成》，集部第193-194冊，北京：國家圖書館出版社，2015，據明天啟刻本影印。

王夫之，《薑齋詩文集》，收入《四部叢刊初編》，第342冊，新北：臺灣商務印書館，1965，據上海商務印書館縮印船山遺書本影印。

王志堅，《古文瀆編》，收入《四庫全書存目叢書》，集部第336冊，台南：莊嚴文化事業有限公司，1997，據山東省圖書館藏明崇禎六年刻本影印。

王志堅，《讀史商語》，收入《四庫全書存目叢書》，史部第287冊，台南：莊嚴文化事業有限公司，1996，據中國科學院圖書館藏明萬曆刻本影印。

王步青，《巳山先生別集》，收入《清代詩文集彙編》，第228冊，上海：上海古籍出版社，2010，據清乾隆十七年敦復堂刻本影印。

朱鳳臺修、徐世蔭纂，《（順治）開化縣志》，收入《衢州文獻集成》，史部第74冊，北京：國家圖書館出版社，2015，據清康熙二十三年增修本影印。

余紹宋，《浙江省龍游縣志》，收入《中國方志叢書》，華中地方浙江省第80號，台北：成文出版社，1970，據民國十四年鉛印本影印。

李流芳，《李流芳集》，杭州：浙江人民美術出版社，2012。

金之俊，《金文通公集》，收入《清代詩文集彙編》，第8冊，上海：上海古籍出版社，2010，據清康熙二十五年懷天堂刻本影印。

茅坤，《唐宋八大家文鈔》，東京：國立公文書館藏明崇禎元年刊本。

徐日久，《徐子卿先生論文別集》，台北：漢學研究中心藏日本內閣文庫景照本，崇禎十六年序刊本。

徐日久，《徐子卿近集》，收入《四庫禁燬書叢刊補編》，第73冊，北京：北京出版社，2005，據北京圖書館藏明末刻本影印。

徐日久，《徐子學譜》，台北：國立故宮博物院藏縮影資料，1997，據明崇禎間太末徐氏家刊本攝製。

徐日炅，《爛柯山洞志》，收入《四庫全書存目叢書補編》，第94冊，濟南：齊魯出版社，2001，影印臺灣漢學研究中心藏舊鈔本。

婁堅，《學古緒言》，收入《景印文淵閣四庫全書》，第1295冊，新北：臺灣商務印書館，1983，據國立故宮博物院藏本影印。

張吉安修，朱文藻等纂，《餘杭縣志》，華中地方浙江省第56號，台北：成文出版社，1970，據清嘉慶十三年修民國八年吳蘭孫重排印本影印。

張廷玉等，《明史》，北京：中華書局，1974。

陳名夏，《石雲居文集》，收入《清代詩文集彙編》，第16冊，上海：上海古籍出版社，2010，據清順治刻本影印。

陳鵬年修，徐之凱等纂，《（康熙）西安縣志》，收入《復旦大學圖書館藏稀見方志叢刊》，第18冊，北京：國家圖書館出版社，2010，據清康熙三十八年刻本影印。

嵇曾筠等修，沈翼機等纂，《雍正浙江通志》，收入《中國地方志集成》，
　　第6冊，南京：鳳凰出版社，2010，據民國二十五年上海商務印書館
　　影印清光緒刻本影印。

賀復徵編，《文章辨體彙選》，收入《景印文淵閣四庫全書》，第1406冊，
　　新北：臺灣商務印書館，1987，據國立故宮博物院藏本影印。

馮班，《鈍吟雜錄》，台北：廣文出版社，1969。

馮夢禎，《快雪堂集》，收入《四庫全書存目叢書》，集部第164冊，台
　　南：莊嚴文化事業有限公司，1997，據北京大學圖書館藏明萬曆四十
　　四年黃汝亨朱之蕃等刻本影印。

黃宗羲，《黃宗羲全集》，第10冊，杭州：浙江古籍出版社，2005。

楊廷望纂修，《衢州府志》，收入《中國方志叢書》，華中地方浙江省第
　　195號，台北：成文出版社，1975，據清康熙五十年修清光緒八年重
　　刊本影印。

葉向高，《蒼霞續草》，收入《蒼霞草全集》，揚州：江蘇廣陵古籍刻印
　　社，1994。

葉向高，《蘧編》，收入《北京圖書館藏珍本年譜叢刊》，第53冊，北京：
　　北京圖書館出版社，1998，據民國二十四年烏絲欄抄本影印。

葉秉敬等纂，《衢州府志》，收入《中國方志叢書》，華中地方浙江省第
　　582號，台北：成文出版社，1983，據中央研究院傅斯年圖書館藏明
　　天啟二年刊本影印。

劉勰，《文心雕龍注釋》，台北：里仁出版社，1984。

鄭永禧輯，《爛柯山志》，收入《中國道觀志叢刊》，第21冊，南京：江蘇
　　古籍出版社，2000，據清光緒三十二年不其山館刻本影印。

鄭永禧纂修，《衢縣志》，台北：成文出版社，1983，據中央研究院傅斯年
　　圖書館藏民國十八年輯民國二十六年鉛印本影印。

蕭士珂，《牘雋》，收入《四庫全書存目叢書》，集部第385冊，台南：莊
　　嚴文化事業有限公司，1997，據北京大學圖書館藏清順治刻本影印。

錢謙益，《列朝詩集小傳》，台北：世界書局，1961。

錢謙益，《牧齋有學集》，收入《錢牧齋全集》，第6冊，上海：上海古籍
　　出版社，2003。

錢謙益，《牧齋初學集》，收入《錢牧齋全集》，第1冊，上海：上海古籍出版社，2003。

謝冰瑩等編譯，《新譯四書讀本》，台北：三民書局，1988。

韓廷錫，《榕庵集》，揚州：江蘇廣陵古籍刻印社，1997。

魏大中，《藏密齋集》，收入《續修四庫全書》，集部第1374冊，上海：上海古籍出版社，1995，據上海圖書館藏明崇禎刻本影印。

二、專著

孔慶茂，《八股文史》，南京：鳳凰出版社，2008。

吉川幸次郎，《中國詩史》，台北：明文書局，1983。

何宗美，《文人結社與文學的演進（上）》，北京：人民出版社，2011。

沈俊平，《舉業津梁：明中葉以後坊刻制舉用書的生產與流通》，台北：台灣學生書局，2009。

高津孝，《科舉與詩藝：宋代文學與士人社會》，上海：上海古籍出版社，2005。

陳寶良，《明代的儒學生員與地方社會》，北京：中國社會科學出版社，2005。

馮玉榮，《明末清初松江士人與地方社會》，北京：中國社會科學出版社，2011。

楊正泰，《明代驛站考》，上海：上海古籍出版社，2006。

廖可斌，《明代文學復古運動研究》，上海：上海古籍出版社，1994。

錢穆，《朱子新學案》，北京：九州出版社，2011。

謝國楨，《明清之際黨社運動考》，北京：中華書局，1982。

三、論文

王汎森，〈清初的講經會〉，《中央研究院歷史語言研究所集刊》，68：3（台北，1997），頁503-588。

王煒，〈明代黃汝亨的宗教經驗和八股文觀念〉，《武漢大學學報（人文科學版）》，2014：6（武昌，2014），頁73-79。

王鴻泰，〈「多元文化視野下的中國近代社會史研究」筆談‧明清社會關係

的流動與互動〉，《史學月刊》，2006：5（鄭州，2006），頁 17-19。

王鴻泰，〈城市舞臺——明後期南京的城市娛樂與文藝社群〉，發表於「16
　　到 18 世紀東亞世界的文人社集」國際學術研討會，台北，2018 年 6 月
　　21-22 日。

王鴻泰，〈浮游群落——明清間士人的城市交游活動與文藝社交圈〉，《中
　　華文史論叢》，總 96（上海，2009），頁 113-158。

付瓊，〈明人所輯唐宋八大家版本知見錄〉，《蘭州學刊》，2010：1（蘭
　　州，2010），頁 167-172。

朱倓，〈明季杭州登樓社考〉，《廣州學報》，1：2（廣州，1937），頁 1-20。

朱倓，〈明季杭州讀書社考〉，《國學季刊》，2：2（北平，1929），頁 261-
　　285。

朱倓，〈明季南應社考〉，《國學季刊》，2：3（北平，1930），頁 541-588。

朱倓，〈明季桐城中江社考〉，《中央研究院歷史語言研究所集刊》，1：2
　　（台北，1967），頁 251-265。

巫仁恕，〈晚明的旅遊活動與消費文化——以江南為討論中心〉，《中央研
　　究院近代史研究所集刊》，41（台北，2003），頁 87-143。

李新，〈杭州小築社考〉，《暨南學報》，35：5（廣州，2008），頁 96-99。

苗民，〈論明代中後期的散體尺牘觀——兼與四六啟觀之比較〉，《暨南學
　　報》，2014：3（廣州，2014），頁 74-80

梅家玲，《明代唐宋派文論研究》，台北：國立臺灣大學中國文學研究所碩
　　士論文，1985。

許齊雄，〈「東南衣冠之會的背後——」漳州霞中社研究〉，發表於「16-18
　　世紀東亞世界的文人社集」國際學術研討會，台北，2018 年 6 月
　　21-22 日。

陳鴻麒，〈流行與消費——論晚明尺牘商品的接受及生產〉，《中極學刊》，
　　7（南投，2008），頁 45-69。

Chow, Kai-wing "Writing for Success: Printing, Examinations, and Intellectual
　　Change in Late Ming China." in *Late Imperial China,* 17:1（1996）: 120-157.

明中葉溫州山人結社的地域社會機制與文化形態

張　侃 ———————————————————————

浙江溫州人，歷史學博士，廈門大學歷史系教授。研究領域：中國近現代史、中國經濟史、區域社會文化史。代表作：《中國近代外債制度的本土化與國際化》（2017）、《華文越風：17-19世紀民間文獻與會安華人社會》（2018）。

一、前言

溫州地處東南海隅和閩浙交界，明中後期的山人文化成為時尚。吳振漢教授曾以溫州籍著名山人何白（1562-1642）為個案進行分析。[1] 一般認為，萬曆十七年（1589）龍膺任溫州府學教授時組織白鹿詩社，是何白為代表的山人文化在溫州普及的重要契機：「永嘉故稱山水郡，俗尚文翰，有王謝流風。至輒與劉忠父、王季中、何無咎結白鹿社。廣文先生無所事事，日以登臨為期會，以倡和為簿書，以拍浮為法令，依然一楚狂也」。[2] 不過，白鹿詩社的主要成員劉忠父、王季中等人與何白的布衣身份有所區別，劉忠父為溫州衛所軍官，王季中來自永嘉鹽場世家。可見，具有濃厚山人文化色彩的白鹿社之所以成立，離不開地方社會脈絡的支撐。王汎森教授曾論及思想觀念與社會脈絡的關係，「思想史應該廣泛地與許多領域相結合。我的想像是思想之於社會，就像血液透過血管運行周身，因此，它必定與地方社群、政治、官方意識形態、宗教、士人生活……等複雜的層面相關涉，故應該關注思想觀念在實際生活世界中的動態構成，並追尋時代思潮、心靈的複雜情狀」。[3] 因此，溫州的縉紳網路如何與山人群體及其文化進行結合？山人群體如何影響區域文化的構建？均是值得繼續闡述的命題。

1　吳振漢，〈明末山人之社交網路和遊歷活動——以何白為個案之研究〉，《漢學研究》，27:3（臺北，2009.03），頁159-190。

2　龍膺，《龍膺集》（長沙：嶽麓書社，2011），〈勝果園記〉，頁181。

3　王汎森，〈序〉，在氏著，《晚明清初思想十論》（上海：復旦大學出版社，2004），頁1。

二、濱海地域轉型與「顯仕巨室」的通家之誼

　　明代中後期為溫州地域社會演進的重要轉折階段，濱海社群憑藉魚鹽之利和灘塗開發獲得快速經濟積累，獲利甚豐。如永嘉鹽場，「地方五十余裡，南阻梅山，北距茅嶺，東則負海，魚鹽萬井，衣冠萃焉」。[4]嘉靖年間，項喬（1493-1552）描述此地「衣冠」之盛，「本朝以來，山海之秀，鐘于人文，陳啟、胡奧、李觀之後，為宰相者一人，為大司成者二人，為郎署、為藩、為臬、為府州縣二十餘人，為鄉貢、歲貢、例貢三四十餘人，為校官弟子員者二百餘人」。[5]值得注意的是，這些官紳群體高度集中在三都普門張氏、二都英橋王氏、二都七甲項氏、二都李浦王氏等大族。王世貞曾描述英橋王氏的家族繁衍與權勢擴張的關係：

　　　　自樵雲公之先，世居永嘉之華蓋鄉英橋里，俱有隱德，以壽考終，而俱單傳，至公乃遂有七子。七子之子二十八，曰埏、坦、墅、壯、在、瑾、墫、境、封、佳、墀、坡、垎、厓、基、壇、墟、均、粲、堪、陸、塤、堦、填、坘、垣、塾、垠。二十八之子九十四，而始有以詩書之業起者，然猶用子孫顯，曰：封右通政鉦，南雄教授、贈大理少卿鍊，訓導錫，其人也。九十四之子二百六，而益顯，曰：太僕寺丞清，左參議澈，國子祭酒激，鴻臚序班漢，贈太僕寺丞沛，教授洌，贈大名推官泡，右僉都御史諍，其人也。二百六子

4　王叔杲，《王叔杲集》（上海：上海社會科學院出版社，2005），附錄，侯一元，〈永嘉場新建永昌堡城碑〉，頁415。

5　項喬，《項喬集》（上海：上海社會科學院出版社，2006），〈青山婁氏族譜後序〉，頁78。

之子三百五十，而顯者曰推官良弼，鴻臚序班良慶，鴻臚署丞叔懋，按察司副使叔果、叔杲，僉事、贈太僕少卿德，光祿寺署丞叔本，其人也。三百五十子之子四百九十，而為鄉進士燾、如珪、光蘊，錦衣千戶如璧，其穎出且未艾也。[6]

　　永嘉場世家以婚姻和師友關係建立了高度交集的社會網路。上文所敘英橋王氏的樵雲公名王毓（1360-1426），其妻張氏為嘉靖年間首輔張璁（1475-1539）的同父異母姐。[7]張璁與王澈（1471-1551）、王激（1479-1537）為甥舅至親關係，年紀相近而共同讀書應試，王澈墓誌銘謂，「公早歲穎異好學，與舅氏少師公及仲氏祭酒公自相師友。遊庠校，燦然有聲」。[8]英橋王氏與普門張氏婚姻關係密切，其他子弟也與張璁一起讀書。張璁撰〈王竹房墓表〉謂：「先生配璁從姊，有子四人：世民、世澄、世淵、世泓。璁幼時，與其年紀各相差先後。先生聚書以教諸子，璁嘗得分而讀之，加惠已甚，由是既親且愛也。」[9]正德十五年（1520）春，王激、王澈與張璁一起赴試。張璁經過八次應試而最終獲雋。二王落第，歸里之際，張璁撰詩以別：「三月都門送汝行，

6　王世貞，《萬曆英橋王氏族譜》，〈樵雲翁傳〉（稿本），文紀，世傳，藏於溫州市博物館，無頁碼。

7　張時徹，〈明故朝列大夫福建布政使司左參議東厓王公墓誌銘〉，收入溫州市圖書館編輯部編，《溫州歷史文獻集刊》，第2輯（南京：南京大學出版社，2010），頁130；羅洪先，〈中憲大夫國子監祭酒鶴山王公墓誌銘〉，收入孫建勝編著，《永嘉場墓誌集錄》（合肥：黃山書社，2011），頁270。

8　張時徹，〈明故朝列大夫福建布政使司左參議東厓王公墓誌銘〉，收入溫州市圖書館編輯部編，《溫州歷史文獻集刊》，第2輯，頁130。

9　張璁，《張璁集》（上海：上海社會科學院出版社，2003），〈王竹房墓表〉，頁463。

悠悠爭似渭陽情。須思汝母為兄弟，莫負人言此舅甥。釋褐書生長北望，戎衣天子尚南征。隆中好定匡時策，白首相期答聖。」[10]項喬與張璁、王激、王澈等人相交甚深，年紀稍輕，以門生自稱。項喬與張璁堂侄張純（1496-1566）同窗，後來項喬三子項文言娶張純次女為妻。項氏與王氏也有聯姻關係，項喬之妹嫁給英橋王氏的王沆，王沆的父親為王鐵，與王鉦（1450-1536）、王鏌等人為兄弟。項喬曾致信給王鏌之子王涵（名崇虛，號謙山）謂及姻親提攜互助之情：

> 古今言相厚者，不過曰「通家」而已；若賢伯仲之於不肖，可謂通心腹腸者，感切，感切！令兄指點教令，諸匠正在仰承之間，若一舍去，即水母無蝦，能知起到耶？而子輩亦攀轅臥轍，擬廿三日方可送至嶺上。幸轉告舍妹知之，勿再勤來使，是望。[11]

信中的「賢伯仲」指的是王澈、王激，「水母無蝦，能知起到耶？」來源溫州諺語──「鮓魚也著蝦兒做眼」。「鮓魚」即水母、海蜇，諺語原意是海蜇無眼，以蝦為目，指引其移動方向。引申比擬為人事關係，則指晚輩需要明白事理的前輩指點教導。

項喬與李浦王氏的來往也極為密切，王瓚（1462-1524）次子王健（1502-1550）年少項喬十歲，項喬比王健早九年中進士。王健同科好友侯一元（1480-1529）隨項喬學習，項、王兩人互有書信往來，援為知己。王健在嘉靖十七年（1538）北上中進士並任

---

10 張璁，《張璁集》，〈寄王氏二甥子明子揚〉，頁293。
11 項喬，《項喬集》，〈與王謙山親家〉，頁403。

職京官後，項喬寫信給王健推薦陽明弟子的核心人物：

> 近得袁芳洲書，知從者初意駐淮，而忽進館閣，殊不愜
> 然。非鶴泉無此見也，然用舍何與？于我則行藏安於所遇，
> 何容心焉？且職守清閒，尤得專志於學。學非記誦詞章之
> 謂，將以求志聖人之道也。京師賢傑淵藪，知聖學者必多，
> 如某所知，林東城、鄒東廓、羅達夫、唐應德，其選也，朝
> 夕相與切劘否？某曩時，不知痛癢切身，匆匆蹉過日月，今
> 雖復欲與諸公聚首，而未可得也。執事珠玉在側，非惟日不
> 足之時耶？[12]

可以這麼說，永嘉場世家因王瓚、張璁、王激、王澈、項
喬、王健等人的科舉成功而為子弟交往提供了多元的提攜通道。
項喬曾交代京中好友關照其子項文煥（1522-1568）、項文蔚，
「謹具俸金數兩，聊引別意。他日小兒文煥、文蔚，或出身來
京，我弟必能推愛及之」。[13]張璁之孫張鳴鸞科舉失敗後，項喬專
門寫了〈慰張仲儀表姪〉的書信，轉引陽明言論進行指點：

> 初聞霜蹄暫躓，殊不愜意，既而又大以為喜歡。以吾表姪
> 高才，豈不能一日千里？然以鄙見論之，似當濯去舊見，從
> 事於身心之學，每日將聖賢言語，實體會於身心之間，二有
> 得焉，庶幾筆下不為迂談，而所記誦亦有得力處耳。博所以
> 說約，吾道一以貫之，以定論也。青年博學一科，豈足以為

---

12 項喬，《項喬集》，〈與王鶴泉主事〉，頁323-324。
13 項喬，《項喬集》，〈與王大啟儒士〉，頁354。

屈？天其或者假此動心忍性，增益其所以不能也耶？陽明公
嘗因諸子弟早出應科，謂使即此得捷，豈不誤卻一生！僕于
吾兒及賢表任俱有遠望，捷不捷，未足以軒輊也。[14]

　　項喬在信中所謂的「吾兒」即項文煥、項文蔚等，項喬對他
們寄以厚望。確實，世家子弟中藏龍臥虎。項文煥的豪邁之氣得
到溫州的諸多士人子弟的推崇，侯一元的弟弟侯一麟（1517-
1599）在〈項伯子小傳〉中描述：「餘少時，輒嘗謁吾鄉先賢甌
東先生，而得交先生之三子焉。伯曰文煥，仲曰文蔚，季曰文
言。三子者，皆雋才也。而伯子尤雄情爽氣，卓詭超群。自負磊
落，才充其志也。舉萬物於爐錘，興雲霧於漱噏可也。」侯氏與
項氏成為世交，項文煥有子光祖、守祖、敬祖，侯一麟將女兒許
配給了項文煥長子繼祖。[15]家風相承，項文煥的三子項敬祖（季
興）也有豪邁之氣，「季興，名家子，少從祖父，習知海內鴻流
哲匠、賢豪長者，而又善詩賦、投壺、六博、四方士聞季興至，
爭就季興，戶外趾相錯。……裡中大老二谷、四谷侯公，暘谷王
公，皆季興父執，時引季興為忘年交」，[16]侯二谷即侯一元，侯四
谷即侯一麟，王暘谷為王叔杲。王叔杲是王澈次子，他與其兄王
叔果有進士功名，成為永嘉場世家的代際更替的第二代核心人
物。與項喬相似，王叔杲、王叔果以科舉仕宦活動在外建立了廣
闊的人脈關係，積極運作溫州世家子弟的社交網路。王叔杲致信

---

14 項喬，《項喬集》，〈慰張仲儀表任〉，頁345。

15 侯一麟，《龍門集》（上海：上海社會科學院出版社，2006），〈項伯子小
　　傳〉，頁321。

16 何白，《何白集》（上海：上海社會科學院出版社，2006），〈項季興傳〉，頁
　　445。

侯一元說，「家姊夫嚴某幸廁末屬，辱翁曲賜庇覆，此皆自賤兄弟推及，而甌人每談鄉情友誼之篤，必以翁為首稱，乃於茲益信。賤兄弟感激當尤倍恒情也。」[17]

　　永嘉場官宦世家子弟在外流動之後，婚姻圈呈現超地域特徵。王叔杲與安吉名士吳維嶽（1514-1569）結成連襟，王叔杲繼配陳氏之姐為吳維嶽繼室，生子吳稼鐙。張居正為吳維嶽撰墓誌銘記，「繼娶永嘉陳氏，封恭人。生子稼翊，聘秀水項吏部女；稼鐙，聘烏程閔茂才女。」[18]根據王光美墓誌銘，王叔杲和吳維嶽的岳父為「都督師古陳公」。[19]吳維嶽與王一夔有所交集，曾為王母撰寫〈壽永嘉胡太孺人〉祝壽。王一夔是張璁大女婿，萬曆《溫州府志》記，「王一夔，字樂仲，少穎悟工文，張少師公見而奇之，以子妻焉。」[20]吳維嶽去世後，其子吳稼鐙在萬曆二十四年（1597）來到溫州為王叔杲祝八十大壽。王叔杲撰詩題為〈吳翁晉，余內子女兄子也，千里來訪，與余兒交甚歡。翁晉以詞賦擅名，今觀其制義精詣。喜而賦贈，致期屬之意云〉：「季子東來訪大家，翩翩詞藻絢頹霞。交情喜共庭花合，聲價慚同宅相誇。渥水神駒須伯樂，豐城龍劍待張華。青雲連捷君家事，早寄泥金到永嘉」。[21]「余兒」即其子王光美（季中）。王季中由王叔杲側室梅

17　王叔杲，《王叔杲集》，〈與侯二谷方伯〉，頁255。

18　張居正，〈中憲大夫都察院右僉都禦史齋環吳公墓誌銘〉，收入汪榮纂，《（同治）安吉縣誌》，卷15，藝文上，頁32a。

19　王欽瑞，〈先大父光祿寺大官署丞玉蒼公壙志〉，收入孫建勝編著，《永嘉場墓誌集錄》，頁457。

20　湯日昭纂，《（萬曆）溫州府志》，卷11，人物上，頁85a。

21　王叔杲，《王叔杲集》，頁154。

氏所出,「幼時多羸疾,賴陳恭人撫視如己出,得成立。」[22]王叔
杲對吳稼䖍和「余兒」寄託厚望,吳稼䖍告別之際,王叔杲再次
強調兩家的密切關係,「三世通家七十年,而翁況復締姻連。雲
山悵隔餘千里,不斷交情在後賢良。」[23]

　　明中葉之後,永嘉場的士人不斷通過婚姻和師友關係構建多
層次的社會網路,以維繫他們在溫州地域內的權力與地位,「溫
之顯仕巨室,多產茲土。」[24]普門張氏形成張璁——張遜業——張
汝紀、張汝綱、張鳴鸞的代際傳承關係;英橋王氏形成王激、王
澈——王叔杲、王叔果——王光美、王光蘊的代際傳承關係;七
甲項氏形成項喬——項文煥、項文蔚、項文言——項季鸞的代際
傳承關係;李浦王氏形成王瓚——王俒、王健的代際傳承關係。
他們在地方權勢、文化話語、婚姻嫁娶、師友傳承、公共事務等
方面交錯聯盟,結為互為支撐的世家體系,成為引導地域發展的
主幹,也是山人文化輸入溫州並形成會社的組織基礎。

三、參與江南文人結社與山人文化的輸入

　　王激是永嘉場士人中最早接觸山人群體的世家子弟。他在南
京參與了文人結社,因文采出眾,「太宰喬白岩、山人孫太初引
為文字交。」[25]孫太初即孫一元,號太白山人,為明中葉著名的布

---

22 陳聖俞,〈先大父光祿寺大官署丞玉蒼公壙志〉,收入孫建勝編著,《永嘉場
　　墓誌集錄》,頁461。

23 王叔杲,《王叔杲集》,〈別吳翁晉四首〉,頁156。

24 王叔杲,《王叔杲集》,〈永昌堡地圖說〉,頁386。

25 羅洪先,〈中憲大夫國子監祭酒鶴山王公墓誌銘〉,收入孫建勝編著,《永嘉
　　場墓誌集錄》,頁270。

衣詩人。徐渭的〈孫山人考〉謂「孫一元，字太初，別字太白山人，其家世士流也。父早亡而貧，山人以抄書役某府中。」[26]孫一元與劉麟、龍霓、陸崑、吳相等人結盟為社，稱為「苕溪五隱」，他們的文人行徑被描述為，「紹興守劉麟去官，卜築吳興之南坦；建業龍霓，以按察掛冠，隱西溪；郡人御史陸崑，亦在罷；而長興吳琉，隱居蒙山，窮經著書，諸公皆主焉。琉乃以書招太初，太初至，相與盟於社，稱苕溪五隱，而琉為之長」。[27]

　　嘉靖二十一年（1542），張璁次子張遜業（1524-1559）在赴京途中結識王世貞。後來，王世貞應張遜業之子張汝紀之請為張遜業撰寫墓誌銘，回憶他們的相識過程，「蓋餘十七而以諸生識有功濟上，甫加餘一歲也。……君固饒才，其於詩歌擅宏麗，又能縱筆為行草，一時聲稱籍甚。而雅好客，客稍以詩酒聞，則致之為長夜飲。」[28]張遜業在京城擔任尚寶丞之職，與沈煉等人交往甚深，「沈公由清豐令入為錦衣衛經歷，數從故尚寶丞張遜業飲。沈公少飲輒醉，醉則擊缶嗚嗚，誦〈出師二表〉、〈赤壁賦〉。已，慷慨曼聲長嘯，泣數行下」。[29]沈煉作為「越中十子」的核心成員，是山人文化的推動者之一。

　　杭嘉湖地區是山人群體結社活動的核心區，對邊緣區的溫州

---

26 徐渭，〈孫山人考〉，收入劉禎選注，《徐文長小品》（北京：文化藝術出版社，1996），頁155。

27 錢謙益，《列朝詩集小傳》（上海：上海古籍出版社，1983），丙集，「太白山人孫一元」，頁328。

28 王世貞，《弇州四部稿》（明萬曆刻本），卷88，〈承德郎太僕寺丞甌江張君墓誌銘〉，頁3b。

29 王世貞，〈沈青霞墓誌銘〉，收入黃宗羲編，《明文海》（清涵芬樓鈔本），卷462，墓文34，頁10b。

形成文化輻射。較早參與吳中詩社活動的溫州山人為康從理，自號「二雁山人」。康從理在杭州、南京與北京等三處全國山人文化中心活動，與陳文燭（五嶽山人）、胡應麟（少室山人）、黎民表（瑤石山人）、梁辰魚等諸多文人有所交集。隆慶年間，他參加梁辰魚在金陵組織的鷺峰詩社，成員有莫是龍、梁伯龍、殷無關、趙王孫、張仲立、尹教甫、顧茂儉、王世周（伯稠）、羅居士、沈嘉則（明臣）、黃淳父、朱邦憲、周若年、王百穀（穉登）、張幼于（獻翼）、俞孟武、董子嵩、古繆自、陸無從、戚元佐等。王叔果、王叔杲、侯一元、侯一麟等溫州世家子弟極為賞識康從理。王世貞為王叔杲的《玉介園存稿》撰序言說，「文章詩歌，昔人以為不朽之業，雖微指好之，而間若為不能盡者。然其所善，于鄉則康從理。」[30]王叔杲專門撰〈康山人傳〉描述他們以「學詩」為紐帶而形成的鄉居社群交往關係：「康山人者，浙之永嘉人也，名從理，字裕卿，自號曉山山人。余童時見裡中稱巨室，必首康氏。至嘉靖間，中微、裕卿始業儒，屢試弗售，乃棄而學詩。時甌中談詩者，惟王拱甫（應辰）、侯舜昭（一麟）、項氏兄弟與余三四輩，亦遂聞有康生矣。」[31]王叔杲不僅欣賞康從理的文采，而且讚揚他的修養和義節，「論者每以富貴貧賤驗交情，乃生死之際則益難矣。裕卿邀遊搢紳間，當無事時，燕遊歌詠相征逐，固與池山人等耳。至臨患難際生死，毅然以身當之，即古俠烈不是過。餘前徵之劉將軍，今徵之朱司馬，益信裕卿為義士哉」。[32]

30　王世貞，〈《玉介園存稿》序〉，收入王叔杲，《王叔杲集》，頁406。

31　王叔杲，《王叔杲集》，〈康山人傳〉，頁245。

32　王叔杲，《王叔杲集》，〈康山人傳〉，頁245。

　　在康從理等人帶動下，溫州世家子弟與外籍山人有較多往來。如侯一麟的〈程山人傳〉所記程山人名字為程誥，「程氏，歙人也。世家臨河之上，名誥，字自邑。……山人家故饒，遊既久，則盡糜其囊金，貨落而窶也。意度自若、與所善鄭玄撫十五人，結社於天都，詠甚豪。」[33] 程誥是黃山地區較為活躍的「山人」，清代《黃山志》「王寅傳」也記載了程誥參與王寅（十嶽山人）倡導的天都前社，「嘉靖壬寅（1542）重九，倡社天都峰下。踐約者為程自邑誥、汝南應軫、陳達甫有守、江廷瑩瓘、民璞珍、佘元復震啟、汪玉卿瑗、王子容尚德、方際明大治、方子瞻霓、定之弘靜、鄭思祈玄撫、子金銑、文仲懋坊、思道默，合仲房為十六子，乃效靈運鄴中七子、顏延年五君詠，作十六子詩。」[34]

　　一般認為，山人的大量出現與明中後葉的商品經濟發展有關，但也與社會政治因素有關，溫州山人文化可視為是江南吳中地區山人文化的向外輻射的結果。值得追問的是，溫州為什麼會在嘉靖中葉後產生如此密集的「山人」之文化標籤，有無區域政治文化的因素？應該說，溫州世家子弟紛紛以「山人」自稱，如侯一元自號「二穀山人」、侯一麟自號「四穀山人」，項文煥自號「孤嶼山人」這與「大禮議」引出的複雜政治局面有一定關聯。張璁在「大禮議」中的得勢，溫州世家子弟尤其是永嘉場世家獲得一定的政治上升空間。但是，「大禮議」是一場朝廷內激烈的政治鬥爭，張璁作為議禮新貴，未能形成絕對的政治優勢，反而因政治鬥爭而留下後患，導致永嘉場世家子弟的仕途不暢。如王

---

33 侯一麟，《龍門集》，頁307。
34 閔麟嗣纂，《黃山志定本》（康熙十八年刻本），卷2，人物志，上，頁59B。

激在嘉靖八年（1528）被科道官列入黨附張璁、桂萼而被彈劾。張璁致仕後，議禮新貴內部的權力鬥爭極為激烈。1559年，張璁之子張遜業英年早逝，恰值嚴嵩父子掌權。侯一元等人有感而發，「既而知君以營護諫者，前沈經歷，後吳諫議，為執政父子所怨毒滋甚，君不死且又有奇禍，則喟然曰：『嗟乎！君得正而斃，亦可矣。』」[35]溫州士人對現實政治逐漸失望而採取了躲避政治的姿態，也許是他們以「山人」自稱的原因之一。

四、士人城居生活的展開與陽湖別墅的山人雅集

隨著明中期城市商品經濟的發展，城鎮出現了空前繁榮的局面。士大夫的生活面貌也由此產生了巨大轉變，逐步採取了城居的生活模式，將日常生活的中心從鄉村轉移到城郊或坊市之內，溫州世家也不例外。嘉靖二十五年（1546），項喬在溫州府城外西郊建造陽嶴山莊，作為子弟讀書處。[36]而后，其子項文煥買屋溫州巽山九曲池，築曲池草堂。王一夔解官歸鄉，在郡城西南築浦東別墅。王澈則在城內墨池坊東建造傳忠堂。嘉靖三十八年（1559），王叔杲在府城內住宅周邊置地十餘畝，建造了玉介園。王叔杲經營玉介園多年，借鑒吳中園林的建造工藝，如〈玉介園記略〉自述：

> 昔謝安石居有東山，所至築丘象之。予居鄰華蓋山，《志》

---

35 侯一元，《侯一元集》（合肥：黃山書社，2011），〈太僕甌江張先生墓表〉，頁1177。

36 項喬，《項喬集》，〈陽嶴土地祠記〉，頁63。

稱「東山」。山人自家食至入仕，寤寐於茲園之培植佈置，率
預於數十年之前，乃今亭台池館，次第幸成，而華蓋上下，
諸景亦爛然易觀，其徼惠於茲山者，豈一旦夕一手足力哉！
園密邇居室，望華蓋山如家山，朝昏風雨。予嘗憩其中，偕
昆弟朋友讌笑卒歲，是娛晚景而樂天倫，咸屬於茲園也。[37]

　　王叔杲沿用華蓋山古跡來構築玉介園，形成了山行式的亭台
池館佈局，意在於體現「山林氣息」。而後，王叔杲又在城西建
造陽湖別墅，意在於仿照江南景觀，是另一番園林意趣。王世貞
在〈陽湖別墅圖記〉曰：「公為備兵使者，……經略之暇，時時
過予山園，輒停晌久之。一日，慨謂予曰：『以吾墅之壯，不能
望子園，然吾墅無待而子園有待者也。雖然，昔子有園而無主，
吾時時能代若主。今子園有主矣，而吾墅未有主也，吾將歸矣，
其主吾墅矣。』予笑曰：『公欲歸，天子其即歸公耶？以予之為時
厭也，與公之不能厭時也，皆理也。』」[38]陽湖別墅建成後，王叔
杲專門請王世貞撰寫〈陽湖別墅圖記〉、〈陽湖別墅後記〉，請茅
坤撰有〈陽湖別墅記〉，是為著名的「陽湖三記」。〈陽湖別墅圖
記〉描述了陽湖別墅的景觀佈局：

　　甌之山自西來，沿江而下，其一枝入于江，斷而復起若珠
　　連者，曰九門山，郡城據之。其一枝自朱浦分，亦西行可數
　　里，為二小枝，折而南，凡東西嶴二，總名曰陽嶴。嶴之水

37　王叔杲，《王叔杲集》，〈玉介園記略〉，頁369-370。
38　王世貞，〈陽湖別墅圖記〉，《弇州續稿》（收入《文淵閣四庫全書》），卷
　　61，頁1a-2b。

自西南來者雄溪、瞿溪、郭溪，為里四十而遙。南山折之匯而平，為湖，曰陽湖。當陽湖之前，突起兩峰，其高逼漢，峰頂有台，曰吹台。或云其先子晉吹笙地也，亦名吹笙台。陽巘之東麓，則吾大參王公陽德別墅在焉。其三垂皆山，吹台前聳，俯臨湖，湖之中宛然而洲者曰「浮碧」。墅之後清泉懸厓下，瀧瀧入溪，環堂而流，坐其中若齋舫焉，曰「湛然堂」。堂之後，迂徑而東，有軒焉，叢甌之異卉木於庭，曰「眾芳軒」。又東有樓焉，當四面山色環之如帶，曰「紆青樓」。軒之後修竹將萬挺，循竹而西，北有徑四，曰「四時」，其卉木如其時。[39]

　　陽湖別墅在一定程度上顯示了明中葉溫州士大夫文化的情趣轉向，江南化的趨勢越來越凸顯，陽湖別墅成為城居園林的典範之一。如王思任謂，「予游賞園林半天下，弇州名甚，雲間費甚，佈置縱佳，我心不快。獨快者，永嘉之『陽湖』，錫山之『愚谷』，次甯瀨水之『彭園』耳。」[40]

　　陽湖別墅和玉介園建成後，王叔杲有了集結溫州士人與山人的新場所，「公既歸，而故所治別墅陽湖、玉介者，悉幽窅鬱紆，擅丘壑之美，手所種樹，大者蔽牛，其次巢鶴，小者亦鳴蟬矣。益斥治池館台榭，朱廊碧檻，與清流嘉木相映帶，若仙都洞府然，平泉、金穀無論也。時江陵相雅知公，欲加援引，即家補官福建參政。公堅臥不起，日與棋酒客出遊山墅，拍浮竟日，公

39　王世貞，〈陽湖別墅圖記〉，《弇州續稿》，卷61，頁1a-2b。

40　王思任，《古今圖書集成‧經濟彙編‧考工典》，卷120，園林部，〈記修蒼浦園序〉，頁33。

府請謁，絕不與聞。」[41] 康從理與王叔杲相交甚深，即與王叔杲比鄰而居。王叔杲給王世貞之弟王世懋（1536-1588）的信中說，「康裕卿近卜居陽湖之西，相去僅隔一牛鳴。」[42] 康從理的生活境遇並不理想，「渠苦家累，又為病魔所困」，居住在陽湖別墅之西的用意，即求得王叔杲等人關照。這與康從理以往做法一脈相承，王叔杲曾說，「裕卿不善生殖，人有急告，輒推而與之，前所積貲盡散，蕭然四壁矣。而所遊則益廣，裕卿莫能支，乃偕項氏兄弟入燕京。」[43] 文人會聚，切磋詩文為常態，「公（王叔杲）素志山水，日惟徜徉華麓、陽湖園墅間，與二三知契攬勝賦詩」[44]，「每宴席集，必首倡為詩歌，越日繕寫，以詒同好」。[45] 此時，繼康從理之後的何白開始嶄露頭角，逐漸成為溫州山人的重要代表人物。何白，樂清縣金溪人，生於嘉靖四十一年（1562），七歲隨父移居郡城。十七歲左右開始寫詩。他在〈柯茂倩《歌宜室集》序〉自述：「余少孤露，年十六七，輒能操筆為詩歌，刻燭累千餘言，淋漓自喜。」[46] 萬曆八年（1580），何白被張璁之孫張鳴鸞（仲儀）聘請至家教導子弟，與永嘉場世家子弟開始密切往來。王叔杲有所覩，愛惜其才華，視之如康從理，「永嘉詩人自康裕卿而後，指不可勝縷，近乃有何無咎才行甚高，皆布衣窮巷之夫，公禮為上客，待以忘年，而後悉成名

---

41 王穉登，〈福建參政暘谷王公墓表〉，收入王叔杲，《王叔杲集》，頁520。

42 王叔杲，《王叔杲集》，〈與王麟洲少參〉，頁290。

43 王叔杲，《王叔杲集》，〈康山人傳〉，頁246。

44 王光美，〈錄《玉介園存稿》書後〉，收入王叔杲，《王叔杲集》，頁405。

45 王光美，〈先參政公行政〉，收入永昌堡文化研究會編，《王季中集》（香港：香港出版社，2015），頁417。

46 何白，《何白集》，〈柯茂倩《歌宜室集》序〉，頁386。

士。」[47]王叔杲之子王季中與何白交往最深。他生活在陽湖別墅中，一部分詩結集為《湖上草》，何白為其撰序時，展現了濃厚的「山人」意象：

> 先大參公治別業於陽湖，湖當三溪之匯，天空水闊，松古雲寒。季中暇則刺艇花蒲叢中，沿逗于煙波沙嶼之渚，左摩彝鼎，右披圖書，焚香煮茗，翛然人外。望者儗之趙孟堅、米海嶽書畫舫，日吸其靈爽清寒之趣，發為觚翰，合音赴節，若繹儲、孟諸人逸思雋響也。其取境傳情，清暉暎發，又如攬華子岡，輞水漣漪，與月上下，濯濯挹人，清澈毛膽。[48]

王季中、何白等人在陽湖別墅等地結社雅集，地近郡城，也吸引城內官宦官員參與，「永嘉陳尹其志，福之莆田人也，平日灑落不羈，好與諸山人狎昵，興濟不拘。」[49]陳其志參與了1584年的一次詩文雅集活動，王光美撰寫了〈九日陳公衡令君攜朱在明、張邦粹、洪從周、周文美、張英父、劉忠父、何無咎移酌陽湖分得「燈」字〉、何白撰寫了〈同陳公衡明府，招集同社泛舟陽湖，得「雲」字〉等。1588年，龍膺到溫州擔任府學教授，與王季中、項季興、何白等組成白鹿詩社。何白的《汲古堂續集》中〈寄龍君禦〉的序謂：「君禦昔以司理左遷永嘉廣文，與餘及二三子結白鹿社」，詩曰：「使君昔作南迎客，龍性由來宜大澤。

---

47 王穉登，〈福建參政暘谷王公墓表〉，收入王叔杲，《王叔杲集》，頁520。
48 何白，《何白集》，〈湖上草序〉，頁386。
49 姜準，《岐海瑣談》（上海：上海社會科學院出版社，2002），頁251。

一笑相逢東海頭，坐使風騷動江國。當年握手劉（忠父）與王（季中），間有門人參講席。」[50]龍膺對溫州的文人與山人並不陌生，其舅父陳文燭號為五嶽山人。陳文燭和康從理有很深的交情，並為康從理文集作序。除此之外，陳文燭也與洪孝先、項喬及項文煥、項文言等人有交誼。後來，龍膺離開溫州後，奔赴金陵與陳文燭見面。[51]白鹿詩社的詩友除了王光美和何白之外，還有項守祖、項敬祖、姚虛煥、柯榮、邵建章、劉康社、周文美、楊汝遷、吳宗孔、徐伯用等人，涵蓋了溫州山人群體的主體。

　　龍膺擔任溫州府學教授，日常起居和處理行政的住宿應在書院之中，潘猛補先生由此考證出白鹿社成立在中山書院。[52]需要指出的是，白鹿社人雅集是流動的，「廣文先生無所事事，日以登臨為期會，以倡和為簿書，以拍浮為法令，依然一楚狂也。探仙岩，尋休糧庵秀和尚逢席。已，泛陽湖。已，窮雁宕最幽勝處。」[53]因此，陽湖別墅特有的園林空間也成為白鹿社舉行雅集的主要地點，王叔杲、王光美為之主事。吳稼燈第一次來溫州陽湖別墅拜見王叔杲，恰逢白鹿社雅集之舉，即撰詩〈奉謁參知永嘉王公讌集賦呈〉曰：「楊花吹雪滿山城，拂袖東來海氣清。喜見王喬驂白鹿，不愁謝傅起蒼生。簷間舊識營巢燕，曲裡新聞出穀鶯。座客相看多皓首，翟門何處見交情。」[54]吳稼燈陪同王叔杲泛

---

50 何白，《何白集》，〈寄龍君禦〉，頁523。

51 龍膺，《龍膺集》，〈勝果園記〉，頁181。

52 潘猛補，〈溫州白鹿社考〉，《溫州職業技術學院學報》，2014:3（溫州，2014），頁18-23。

53 龍膺，《龍膺集》，〈勝果園記〉，頁181。

54 吳稼燈，《玄蓋副草》（萬曆家刻本），卷16，〈奉謁參知永嘉王公讌集賦呈〉，頁8a。

舟陽湖，又撰詩〈奉陪王參知公泛舟之陽湖〉[55]，隨後撰寫〈陽湖雜詠二十首〉描述陽湖別墅中的二十個亭樹景觀：青暉堂、紆青閣、知樂軒、聚秀園、紅雨蹊、漣漪亭、潛光室、暑香亭、金粟嶺、穿雲峽、超覽亭、筠阿館、綠沉坳、淳玉沼、臥虹澗、香雪塢、清涼界、錦浪堤、寶界庵、浮碧台等。[56]

　　龍膺離開溫州之後，王光美等堅持社集活動。王光美專撰《白鹿社草》為名的詩集，詩篇有〈白鹿社成諸君子集夢草池賦酬龍君善先生得「揚」字〉等。他們還招引其他人加入詩社，如王光美寫有〈招柯茂倩入白鹿社〉。在王、何詩文中出現頻率較高的劉忠父是白鹿社主要成員，他屬於軍官身份，擔任溫州衛指揮使之職，[57]軍事才幹較為突出。時人在萬曆十二年（1584）記載，「原任川沙把總、溫州衛指揮同知劉懋功，談吐風生、精神驍勇。哨遠洋，雖蹈危地不避；習海務，即氣岸何妨。此一臣者，堪備守提之選者」[58]。王穉登稱讚其文武雙全之能：「溫州衛指揮劉懋功，經笥與武庫齊探，儒術將《陰符》並貯。」[59]明中葉後，武將與文人的共同結社，以文士以提高自身聲名，這種現象稱為武官的「文教化」或「文人化」，[60]《岐海瑣談》記載了一則趣聞：

---

55 吳稼竳，《玄蓋副草》，卷16，〈奉陪王參知公泛舟之陽湖〉，頁9a。

56 吳稼竳，《玄蓋副草》，卷4，〈陽湖雜詠二十首為王參知鄉賦〉，頁5a-8a。

57 湯日昭纂，《（萬曆）溫州府志》，卷3，建置志，衛所鄉置，頁18b。

58 溫純，《溫恭毅集》（收入《文淵閣四庫全書》，第1288冊，新北：臺灣商務印書館，1983，據國立故宮博物院藏本影印），卷4，〈災異頻仍懇乞聖明敦政體飭武備以除隱患以圖消弭疏〉，頁24a。

59 賀復征輯，《文章辨體匯選》（收入《文淵閣四庫全書》，第1402-1410冊），卷243，〈與顧益卿書〉，頁22b。

60 王鴻泰，〈文武交際：明後期武人與文士的文化交流〉，《中央研究院明清研究

　　州衛軍余蔣祿，家饒於貲，疏于文墨，以納粟職授千戶。
傍松台山麓創建別墅，即今「寶綸樓」前垣內空地，皆故址
也。好以翰箚自飾，聞有《漢書》可資博覽，購之全恔，置
諸園館幾上。凡見人來遊園者，輒揭書作點頭咕嗶之狀，以
欺時俗。別號松泉，繪成圖障，為蒼松流瀑之景。乃訝其繪
史曰：「松既有矣，船則安在？」蓋不知流瀑為泉，而以
「泉」為「船」也，聞者為一粲。[61]

　　這則筆記意在諷刺衛所軍余的「文人化」假像，但反映出溫
州也盛行同樣社會風尚，一定程度上揭示了劉忠父參與白鹿社的
文化動機。如白鹿社友邵少文所言，「劉揮使懋功，字忠父，恥
列武弁，寄情藝苑，才頗老蒼。古體歌行，矯勁有力。」[62]
　　王叔杲等永嘉場世家逐漸城居，追求「山林氣息」是其文化
動因之一。但如果與嘉靖中葉的沿海倭亂聯繫起來，其中也有濱
海地域的社會動因。永嘉場地處濱海，經常遭到戰事侵擾，王叔
杲、王叔果等在城內或城西構建別業也有保證家人與家業安全的
目的。不過，他們的「寄生」色彩並不像江南士人那麼濃厚，[63]他
們在城內宅邸開設當鋪，也擁有鄉下田產以及「各鄉佃僕妻孥

　　國際學術研討論會論文集》，2013；秦博，〈明代前中期武官「文教化」現象
　　初探〉，《中國社會歷史評論》，16下（天津，2015），頁48-71。

61　姜准，《岐海瑣談》，頁233，溫州方言，「泉」與「船」同音。

62　周天錫輯，《慎江詩類》（永嘉黃氏敬鄉樓抄本，溫州圖書館藏），卷3，轉見
　　孫衣言，《甌海軼聞》（上海：上海社會科學院出版社，2005），下冊，頁
　　1015。

63　濱島敦俊，〈明代中後期江南士大夫的鄉居和城居：從「民望」到「鄉
　　紳」〉，《明代研究》，11（臺北，2008.12），頁59-94。

輩」[64]。「鄉居」和「城居」兩種生活狀態並不截然分離，沒有出現類似「江南無宗族」的跡象。[65]尤其重要的是，永嘉鹽場世家依靠土地經濟和鹽業經濟獲得資金投資園林，逐漸使城居生活呈現為觀賞性的面貌。[66]在此局面之下，陽湖別墅被構建為權勢和品味的空間，成為聯絡郡城各類人物的中心區。以山人為核心的雅集活動，既有在任官員，也有致仕大老，還有衛所軍官，諸多身份群體躋身於此。與其說是一個縱情山水的清閒之所，還不如說是一個展現新文化意趣的社交平臺，形態上與江南的山人雅集有相當大的差別。

五、聲色流風與小史度曲的文藝生活

　　江南山人中的曲藝高手比比皆是，康從理、項文蔚在金陵參與鷺峰詩社活動，鷺峰詩社以宴飲唱酬、徵歌度曲而聞名。何白游歷在外，曾參加太倉季氏園雅集，曲藝也為必備之舉：「團扇新翻周史曲，中洲時和越人歌。酒醒蘋末涼風人，客散平臺奈晚何。」[67]隨著溫州山人雅集的展開，精于詞曲之江南山人也紛紛來此。嘉靖三十二年（1553），精於音律的梁辰魚（1519-1591）南遊永嘉等地，溫州世家子弟與山人的熱情接待，宴席之際即有曲

64 姜准，《岐海瑣談》，頁253。

65 濱島敦俊等，〈江南無「宗族」〉，收入鄒振環、黃敬斌主編，《明清以來江南城市發展與文化交流》（上海：復旦大學出版社，2011），頁281-292。

66 巫仁恕，〈從生產性到觀賞性？──明清蘇州園林型態的再思考〉，收入復旦大學歷史系編，《江南與中外交流》（上海：復旦大學出版社，2009），頁263-287。

67 何白，《何白集》，〈郁文學攜尊飲季氏園，時有小史度曲〉，頁296。

藝活動。另外，紹興山人陳鶴善于各類曲藝演技，「酒酣言洽，山人為起舞也，而複坐，歌嘯諧謔，一座盡傾。……其所自娛博戲，雖瑣至吳傲越曲，綠章釋梵，巫史祝咒，榷歌菱唱，伐木挽石，薤辭儺逐，侏儒伶倡，萬舞偶劇，投壺博戲，酒政鬮籌，稗官小說，與一切四方之語言，樂師蒙瞍，口誦而手奏者，一遇興至，身親為之，靡不窮態極調。」[68] 他與張遜業等人交往頗深，旅居永嘉場，與王德、王應辰、王一夔、王叔杲、項季與、侯一麟等人交往頗深。「嘉靖末年，海內宴安，士大夫富厚者，以治園亭，教歌舞之隙，間及古玩」[69]，流風所向，溫州士人也嘗試填詞作曲以自娛。嘉靖三十年（1551），王叔果丁憂在家，寫了一首詩，題為〈張甌江表叔新制拍板成，索諸友題贈刻之，戲占一絕，時張以尚寶謫官淮運〉：「句板頻催悵別宴，新聲低按紫簫篇。春風吹人昭陽去，應念當年李謫仙」，[70] 詩中的「拍板」又稱檀香板、綽板，用於戲曲、曲藝和器樂合奏，張遜業以音樂消遣被貶閒暇生活的狀況。王叔杲也參與編寫劇本，王叔果就寫了一首詩為記，「舊業城西綠蔭繁，新開桔圃屬仙源。鶴林負郭俱佳勝，遮莫人稱獨樂園。世事無端劇戲倫，詞林幻出一番新。看君是處堪行樂，何處牢籠卻羨人。」[71]

萬曆年間，士大夫們買童子設家樂成為時尚，陳龍正說，「每見士大夫居家無事，搜買兒童，鼓習謳歌，稱為『家樂』」，王叔杲等人予以仿效，「從父鴻臚後橋公諱叔本亦謝簿政歸，從公同妙解音律，集小史數輩，歲時伏臘及花晨月夕，邀長公與

68 徐渭，《徐渭集》（北京：中華書局，2012），〈陳山人墓表〉，頁641。

69 沈德符，《萬曆野獲編》（北京：中華書局，1997），卷26，頁654。

70 王叔果，《王叔果集》（合肥：黃山書社，2009），頁62。

71 王叔果，《王叔果集》，〈答見鶴伯兄，時改諸劇本〉，頁153。

俱，集賓友為高會，命小史曼聲奏舞。」[72]「小史」即王叔杲私人置辦的戲曲人員。家樂演戲也是社交手段。王氏父子在陽湖別墅中設家樂，主要目的是在知交好友來訪之際或重要節日宴請之際，以器樂、清唱、跳舞助興。陽湖別墅等地是王叔杲、王季中父子開鑼演戲的主要場所。比如一年四季賞花之際，均有演劇。何白描述秋季賞菊：「越羅吳綃裁舞襛，翠幄銀燈燃丸黴。絳河一道列珠鬥，似與素月爭光輝，又如霓裳炯明滅，環佩自繞行雲飛。」[73]何白的〈王季中光祿玉介園紅白梅花盛開，是夕懸燈數百枝花林中，並在花下布席，陳歌舞為高會紀勝八絕〉描述玉介園梅花盛開與觀賞歌舞情形。[74]王季中自己亦描云：「西園多勝賞，上客共酣春。樂府歌兒舊，池塘花事新。緣知行樂者，應念向隅人。賴有庭柯發。芳枝聊自觀。」[75]

男旦為戲曲舞臺的主流，家樂優童為男性演員。王季中的〈傀童〉描述陽湖別墅中的優童演出情形，「小史能歌舞，香風逐袖生。效妝垂手便，學態折腰輕。媛女空疑妒，遊人總目成。假真那可辨，曼臉故含情。」[76]另外，〈贈小史〉描寫同樣情形：「少小歌兒自不群，徵聲度曲駐流雲。盈盈慣作依人態，贏得新詩滿練裙」。[77]吳稼竳二次來到溫州觀賞了王氏家樂，他在〈王季中席上呈諸君〉描述「小史」曰：「東遊擬臥赤城天，留滯無端勝事

72　王光美，〈先參政公行狀〉，收入永昌堡文化研究會編，《王季中集》，頁413。

73　何白，《何白集》，〈集王季中餐英館燈下菊觀劇〉，頁381。

74　何白，《何白集》，頁370。

75　王光美，〈翁晉飲西園觀劇憶之〉，收入永昌堡文化研究會編，《王季中集》，頁60-61。

76　王光美，〈傀童〉，收入永昌堡文化研究會編，《王季中集》，頁243。

77　王光美，〈贈小史〉，收入永昌堡文化研究會編，《王季中集》，頁312。

偏。樹底落花春未掃，林端明月夜初懸。醉來舞薦容救枕，歌罷優童為拍肩。不是尋常疏禮法，客狂聊見主人賢。」[78]詩歌描述優童唱曲陪酒之狀。另外一首〈暑香亭觀荷花分韻詩，時以優童佐觴〉云，「越女嬌應妬，吳姬色較空。欲裁新樂府，無過採蓮童。」[79]除了陽湖別墅夜夜笙歌之外，白鹿社友邵少文（建章）也熱衷此舉，他邀請吳稼鐙共同看戲聽曲，吳稼鐙撰詩為記：「自從來作永嘉客，處處登臨費雙屐。欲挾江城少妙伎，謝公笑我無顏色。邵生自命高陽徒，置酒名園夜見呼。芙蓉零落鮰池上，月中香氣秋模糊。優童數輩忽見迫，唇若塗朱皓齒白。纖手清歌捧玉壺，歌罷壺傾酒添碧。盡道佳人百不如，也知未釣非前魚。豪達為歡亦偶爾，鏡花水月皆成虛。高興無過為君飲，斗轉參橫未能寢。何處城烏不住啼，露墜高天井梧冷。」[80]以「盡道佳人百不如，也知未釣非前魚」推斷，「優童數輩」可能均為男童。

項季興、王季中、何白等人的雅集餘興，不僅僅只有男童小史，女伎行酒也是常事。歌姬與優童同時出現在結社活動中。何白描述：「南湖園墅足風湍，夏木千章午亦寒。周史花開歌纂纂，越姬竹下驪珊珊。卅年神契千秋業，四海心傾一夕歡。頭白可禁容易別，始知良晤古來難。」[81]何白的另外一首描述了山人雅集江心嶼的聲色生活，「直須呼酒邀明月，不用臨風恨遊波。白

78　吳稼鐙，《玄蓋副草》，卷18，〈王季中席上呈諸君〉，頁1a。

79　吳稼鐙，《玄蓋副草》，卷11，〈暑香亭觀荷花分韻詩，時以優童佐觴〉，頁17B。

80　吳稼鐙，《玄蓋副草》，卷7，〈邵少文攜酒東園見招戲成短歌〉，頁9b。

81　何白，《何白集》，〈同瀫水徐伯陽、祝長康、陳君益、邵少文集王開先陽湖別墅宴別，伯陽長康餘三十年神交文字友，口時有歌姬小史行酒分韻得「珊」字〉，頁579。

髮青衫腸欲斷，龜年檀板秦娘歌。」[82] 王季中曾組織的賞花雅集，
因未有歌姬參與，何白撰詩云：「林香酒氣沁涼雲，燭下絪縕望
不分。新譜已看邀彩筆，素心未許沈紅裙」，詩下特別注明：「座
客雲：恨無紅裙行酒，戲為解嘲。」[83]

六、禪僧入社與山人的個體宗教體驗

明代的文人結社與宗教有著千絲萬縷的關係。萬曆時期的禪
宗「復興」來自士大夫與禪僧的內外呼應、互相標榜。白鹿社結
社也有這種跡象。龍膺在〈《秀上人詩集》序〉中說：

> 己丑（萬曆十七年，1589），余謫居甌駱，與王季仲、何
> 無咎諸子結白鹿社於中山，適海虞秀上人自天堂至，入社稱
> 詩，抒思匠心，亭亭物表。已，家孝廉兄至自明州，偕餘操
> 青雀舫訪上人於仙巖之休糧庵，曆龍鬚潭，登絕頂，望滄海
> 如杯。道逢奔虎，偕行者靡不色變，而上人往復自如，無所
> 恐怖。予竊心異之，豈其業空緣廢，理勝惑亡，如李通玄之
> 住神福，善覺之住華林耶？[84]

《秀上人詩集》也稱《秀道人集》，秀上人法名慧秀，俗姓
蔣，字孤松，號秀道人、孤松上人，常熟人。出家後雲遊四方，

---

82 何白，《何白集》，〈秋日劉長孫同諸君子集江心寺，座有吳姬及歌兒，行酒
　　分得「歌」字〉，頁569。

83 何白，《何白集》，〈夜集王季中光祿宅賞夜合花，花環列四座數百本，燭下
　　香氣蓬勃，殊快人意，醉後和季中五首〉，頁381。

84 龍膺，《龍膺集》，〈《秀上人詩集》序〉，頁93。

曆峨眉山、天臺山、雁蕩山，後棲仙岩休糧庵。[85]龍膺回憶慧秀和尚從「天堂」至，「天堂」指普陀山。後來何白送別慧秀的詩題為〈送秀上人還吳二首，上人曩從補洛伽航海至永嘉，結廬仙岩山中凡二載，茲將取道白岳入吳，賦此贈別〉可為印證，「補洛伽」即普陀山。慧秀游方至溫州之際，與王光美、何白等人成為白鹿社社友後，移居到仙岩休糧庵。龍膺在溫州期間，與慧秀交往密切，其兄龍襄（君超）從寧波到溫州探望，沿著溫瑞塘河舟行到仙岩休糧庵拜訪慧秀和尚，遊覽仙岩的山海景觀。這次拜訪也是白鹿社的雅集活動，「偕行者」有何白、朱在明、張邦粹、王季中等人。何白撰有〈仙岩紀遊〉詩四首，[86]另有〈同朱在明、張邦粹、王季中宿仙岩清暉樓，曉起尋梅雨潭、雷門、龍鬚瀑、憩休糧、伏虎二庵，登絕頂望海上諸山作〉為記。[87]慧秀和尚安頓于休糧庵，可能與王叔杲、王季中等人的引薦有關。

　　王叔果、王叔杲、王季中等與溫臺地區佛教高僧往來極為密切，在外為宦或遊學也頻頻造訪寺院。隆慶年間，王叔杲與康裕卿就一起到積善寺拜訪高僧，「策馬訪幽寺，到門繁夏陰。地偏無過騎，院靜有鳴禽。偶對高僧話，真同隱者心。惟應共裴迪，乘暇數招尋。」[88]王叔果與石室和尚往來密切，受其禪學思想和修行方式影響很深。王叔果撰詩曰，「遠師早出人世間，一住空門積歲年。海上大顛長入定，湖中操琴竟逃禪。」[89]王叔果在〈甲寅

85《（康熙）常熟縣誌》（收入《中國地方誌集成》，第21冊江蘇府縣誌輯，上海：上海書店，1991），卷22，仙釋，頁560。

86 何白，《何白集》，〈仙岩紀遊〉，頁83-84。

87 何白，《何白集》，頁133-134。

88 王叔杲，《王叔杲集》，〈同康山人過積善寺〉，頁102。

89 王叔果，《王叔果集》，〈龍翔寺贈石室上人〉，頁11。

秋日遊仙岩訪石室上人，方舉廢，喜而賦之二首〉詩中有「曹溪
結淨因」之句，可見石室和尚為曹溪宗傳人。[90]王叔果向石室和尚
請教打坐入定方式，「問道叩禪關」，感悟後認為，「定久應生
慧，觀空豈是頑。相看醒大夢，勞擾愧塵顏。」[91]石室和尚閉關之
際，專門與王叔果話別，「即擬超三界，還應謝四流。」[92]王叔果
還與王海壇、王九嶽等人共同到瑞安與永嘉之間的仙岩寺觀摩眾
僧入定，「扁舟晚赴白雲期，閉戶焚香入定時。大地喜成千佛
會，禪林應報長新枝。鐘麓乘風出上方，長明燈焰隱連房。六塵
到此渾如洗，坐對瞿曇一柱香。」[93]王叔果也在仙岩寺內修煉入定
參禪之法，後以詩曰：「初地芳春敞法筵，喜看飛錫集諸天。千
幡不董慈雲護，雙樹高標慧月懸。面壁達摩真出世，長齋蘇晉欲
逃禪。塵勞擾擾殊堪厭，何似名山結淨緣。」[94]參禪之余，王叔果
還創作佛樂，仿梵音佛曲定〈西方樂四首〉。[95]

　　王叔果等人向禪僧學習入定修行之法，目的在於遠離塵事煩
擾，尋求精神的安慰與解脫。侯一麟的表達比王叔果直白，他明
確「談禪」或「參禪」目的在於超越世俗生活，這與他們接受山
人文化的意願是一致的。他的〈嚴中川枉顧之明日，貽書謂得予
談而悟玄機，因用禪語答寄〉表達這一認知。[96]嚴中川為王叔果和

---

90 王叔果，《王叔果集》，〈甲寅秋日遊仙岩訪石室上人，方舉廢，喜而賦之二
　　首〉，頁62。

91 王叔果，《王叔果集》，〈龍翔寺訪石室上人〉，頁44。

92 王叔果，《王叔果集》，〈石室上人將入定，過予山中言別，賦贈〉，頁38。

93 王叔果，《王叔果集》，〈丁卯春日同王海壇、王九嶽過仙岩觀諸僧入定〉，頁
　　106。

94 王叔果，《王叔果集》，〈仙岩寺參禪贈肅岩、隱峰二上人〉，頁106。

95 王叔果，《王叔果集》，〈仙岩寺參禪偶聞佛曲作六言西方樂四首〉，頁119-120。

96 侯一麟，《龍門集》，〈嚴中川枉顧之明日，貽書謂得予談而悟玄機，因用禪

王叔杲的姐夫，生平頗為勞頓。王叔杲在〈寄嚴中丈〉言，「中川婿，余女兒，母夫人所鍾情焉。余自髫年追隨，今忽忽俱成皓首。中川少負奇氣，乃竟厄時命，困躓風雲，僅以丞貳投老，晚年生計淪落，鬱鬱不如意。」[97]可見侯一麟、嚴中川、王叔杲等人常常聚會談禪而悟玄機，意在擺脫心態困境。

在明後期的溫州士人群體中，何白的佛學修養最為深厚，文集中留有大量與禪僧往來的詩文以及佛理論說。龍膺與何白的聯繫密切，深知其佛學造詣，因此為何白取號「無垢」之際，他按照佛家原理對「無垢」予以解釋：「太虛次寥，無翳無障。清淨妙明，是如來藏。淨亦強名，垢豈實相？名相虛立，本體如如。天賦明德，蒙養厥初。文以禮樂，輔以詩書。大人之心，不失赤子。如鑒之空，如水之止。命曰無垢，以介繁祉。」[98]何白的佛教實踐與王叔杲、王季中等人存在較大差異。他不是以簡單的入定參禪、聚會談禪進行個體精神修煉，是通過讀經、解經、抄經、請經、刻經的方式展開宗教活動。有門法師（1554-1628）是與何白交往的重要禪僧，僧名為「傳燈」。傳燈在萬曆年間跟隨百松大師學習《童蒙止觀》，萬曆八年（1580）隨百松到天臺定慧鎮身塔院學習《法華經》和《楞嚴經》。萬曆十四年（1584），傳燈決心重振高明寺，經歷32年才完成。在此期間，他開闢幽溪講堂，授徒說法，弘揚天臺宗旨，會通儒、釋，統一天臺與華嚴等佛教義理，在天臺宗中興上具有重要作用，被尊為天臺宗第三十祖，稱為「幽溪傳燈大師」。何白因地緣之便，皈依天臺宗，追

語答寄〉，頁36。

97 王叔杲，《王叔杲集》，〈寄嚴中丈〉，頁127。

98 龍膺，《龍膺集》，〈無垢字贊〉，頁233。

隨有門法師學習佛法，在〈天臺訪有門法師，幽溪夜坐即事〉即
確認，「境涉去來寧有住，際空前後已忘言。心香暗向師前爇，
瓢笠餘生定弗諼。」[99]天臺宗經典──《法華經》是有門法師主要
宣講的經典之一，何白的〈人日同楊木父、項叔慎過集雲寺，訪
有門法師。時法師集四眾談《法華玄義》，午後下座，攜客列坐
溪上，流憩久之，晚歸修淨業，作四首〉記載了學習體會。[100]《法
華玄義》的標準書名是《法華玄義輯要》（一卷），是闡釋天臺智
者大師思想的重要著作。從四首詩內容看，何白跟隨高僧學法，
佛學修為已深入宗教內核，已非王叔果等人奉行的外在形式，這
與一般山人的「狂禪」也有很大區別。何白專門寫了〈有門法師
講《法華玄義》疏〉闡述有門法師宣講內容：「法師有門，辨才
無礙。……冥心止觀，紹嗣台宗。銅杖蒲團，夙悟於圭峰丈室；
蘆浮杯渡，爰止於無相道場。始談《楞嚴》，于翠微一敷高座；
繼說大乘，于梅嶼載轉法輪。」[101]疏文指出有門法師最精到研究是
《楞嚴經》。確實如此，有門法師在講經之餘，撰寫27部著作，其
中以《楞嚴經玄義》、《楞嚴經圓通疏》等最為著名，〈有門大師
塔銘〉概括為，「《楞嚴》為宗，天臺教觀為之幾變。」[102]何白對
有門法師有很深的宗教情感，他曾寫〈憶無盡法師〉以抒懷，
「幽溪慧業契南能，台岳宗風此代興。再向講庭開寶剎，更于覺

---

99 何白，《何白集》，〈天臺訪有門法師，幽溪夜坐即事〉，頁292。

100 何白，《何白集》，〈人日同楊木父、項叔慎過集雲寺，訪有門法師。時法師
　　集四眾談《法華玄義》，午後下座，攜客列坐溪上，流憩久之，晚歸修淨
　　業，作四首〉，頁77-78。

101 何白，《何白集》，〈有門法師講《法華玄義》疏〉，頁480。

102 蔣鳴玉，《幽溪別志》（收入《四庫全書存目叢書》，史部第233冊，臺南：
　　莊嚴出版社，1996），卷12，〈有門大師塔銘〉，頁277下。

路施金繩。香林法藏探無盡，人世津梁信有憑。欲口阿師真面目，一規滿月正中庭。」[103]何白與有門法師的門人古予上人、幻由上人等也交往很深。何白初至高明寺時，寫了一首詩，題為〈宿高明寺，曉起禮佛，飯畢，同有門師暨上足幻由、午亭數人散步幽溪大石上，煮茗賦詩。已，登圓通洞，予書「圓通洞」三大字于石，並紀姓氏歲月，頗極世外之致〉，幻由即幻由正路，午亭即午亭正時，為有門大師嫡傳的第二代弟子，同行的也有古予上人。何白後來也回憶，「幽溪有門法師，以智者絕學倡東南，則古予我公，其上首也。……予嘗夜宿高明，朝登佛隴，則古予偕焉。」[104]

　　何白與有門和尚師徒的關係密切，成為天臺宗向溫州民間社會擴展的通道。幻由上人悉心研討《法華玄義》、《法華文句》、《摩訶止觀》，後赴溫州後嶼講院傳經。何白曾作〈壽幻由法師序〉為記，「天臺法紐寢微，不絕如線。乃一振於百松，再振於幽溪，法席盛于南戒，入門弟子則幻由其上足也。」幻由法師在後嶼精舍講經，也常常邀請何白參與。幻由法師五十壽誕之際，地方士人為其祝壽，請求何白撰寫「壽序」。何白在序文描述幻由法師借用壽誕在地傳法的狀況，「吾知其不為世俗之老，而徒受敬於婦孺閭閻也亦明矣。誕日始旦，法侶駢集，膝行下風，吹大法螺，擊大法鼓，始以瓣香上供三世諸佛，再以瓣香起為師祝，師乃破顏作而言曰：願以未艾日月，與諸佛子勉相進修，期抵於彼岸。」[105]民眾受到天臺宗佛法感召皈依佛門，其中也流傳了

103　何白，《何白集》，〈憶無盡法師〉，頁583。

104　何白，《何白集》，〈送古予上人入吳請經序並詩〉，頁398。

105　何白，《何白集》，〈壽幻由法師序〉，頁612。

不少靈異故事，何白對此也一一記載，以為傳播。如黃姓人士長年失明，於是攜子在鳴山寺剃度為僧，念誦《楞嚴》，「咒心二年」而「目有所見」。何白贈以短言以彰佛法修行之效，「君豈阿律陀，無目亦自見。花盡翳根滅，眾色誰能眩。我本具雙瞳，爛如岩下電。但作世間觀，不見如來面。有兒相與話無生，眷屬同居舍筏城。日夕香台疏磬發，一根攝盡六根清。」[106]何白與明末的溫州著名佛家居士馬一騰（1580-1637）因同為有門法師的俗家弟子，有密切往來，為其撰寫墓誌銘中詳細地描述了溫州佛教與天臺宗的互動關係，認為馬一騰源自天臺，同時有所發揮，以居士身份承繼和開拓了永嘉真覺大師的法脈。[107]

　　對比何白與王叔果等人的佛教信仰及其實踐，雖然都在明中葉的禪宗復興的大背景下展開，但內在理路出現巨大差異。即使他們同為白鹿社友，在文學詩作和日常生活上存在共識，然而因生命境遇、心性追求的不同，個體的宗教選擇和修為方式呈現出了根本不同。王叔果、王季中等人借助禪僧指導以入定參禪方式馴服身體來逃避煩擾，不關注宗教實踐的佛理及法脈。何白則基本上不關注禪修的表面形式，而是直奔佛理以及源流，在他的佛學認知中，身體性牽絆並不多見，如戲說半數庵達摩祖師木像被盜，「山號偶仙門，庵偶名半樹。寄語庵中人，佛在無佛處。」[108]到了晚年，金用卿、顏虞仲與他討論生死因果、人倫禮節之際，他仰天而嘻曰：「爰自道裂，分途異轍。各執其是，各操其說。

---

106 何白，《何白集》，〈黃生目眚十餘年，乃攜一子從鳴山寺剃落，持《楞嚴》咒心二年所，目忽有見，因贈短言〉，頁168。

107 何白，《何白集》，〈馬居士墓銘〉，頁720-721。

108 何白，《何白集》，〈仙門山中半樹庵，木根達摩祖師高四尺，梵相奇古。一夕為人竊去，庵主吳暉之居士深為惋惜，戲作一偈以解之〉，頁756。

說無則眼見空華，說有則手撈水月。泥犂天堂，皆從心設，余又
烏能弊弊焉為若輩分其是非，定其優劣耶？」[109]

七、結語

明代中葉，溫州永嘉場地方社群借用濱海地域社會轉型的歷
史機遇，以科舉起家為基礎建立廣泛的師友、婚姻網路，形成了
普門張氏、李浦王氏、英橋王氏、七甲項氏等世家大族，成為地
域社會的權勢核心。與此同時，世家大族利用族中仕宦在外任官
之機，家族子弟得以遊歷各方，獲得了向外聯結的社會機緣，以
項喬之子項季輿的交際為例：

> 交知遍宇內，類皆有重名當世者。在栝蒼，則李鐵城旭
> 山、何賓岩、鄭昆岩諸公善。在永康，則王衛尉、左史伯仲
> 善，每琴酒相過從，遞為南明、萬象、鼎湖、華溪之遊，乘
> 興或連朝，淹期則累月。在蘭陰，則胡元瑞父子善，元瑞贍
> 撰結、慎許可，雅愛季輿，其尊公公泉公亦昵季輿，相得甚
> 驩。在武林，則施虎泉、李峋嶁善，日置酒湖山，更致他客
> 飲狎無間。在攜李，則同宗項少溪墨、林玄池善，敦修宗盟
> 之誼甚殷也，在金閶，則周幼海、王百谷、俞安期及三張諸
> 人善，嘗一再過弇園訪琅琊兄弟鳳洲、麟洲二先生，二先生
> 雅與季輿尊公為文字友，深喜季輿能以詞翰世其家，每與轟
> 飲，輒日酒德過其父，呼為小友。在金陵，則陳橫岩、姚秋
> 潤、張白門、邢雉山善。時莆中方訒庵為水部郎，雅詩豪

---

109 何白，《何白集》，〈廣生因死果篇〉，頁743。

酒，乃拉季興及周雁山諸君結白門社，日以奇語險韻相角為
快也。[110]

　　如果將項季興的人際網路視為王汎森教授指出的社會文化的
「毛細血管」，可見它賦予的身體營養和體液迴圈已與以往完全不
同，並已經慢慢長生出新的肌理，必然導致原有人群或具有新知
的人群編織新的網路，塑造和展開新的「結構化過程」，這是已
有分析微觀地域社會演進少有涉及的。本文的論述出發點之一是
希望將這個過程予以超越地域的視野進行分析。需要指出的是，
永嘉場世家的崛起與首倡「大禮議」引發的政治後遺症使溫州世
家子弟的仕途產生挫折，他們遭到其他政治力量的壓制。在此態
勢下，士人對現實政治逐漸失望而採取了躲避政治的姿態。16世
紀初以來，江南經濟的繁庶促成了自由解放的生活方式，文人士
大夫講求品位，抒發個性，擺脫政治，山人文化逐漸流行。山人
群體以「遊」為生命特徵，得到永嘉場官宦世家子弟支持和回
應。在此格局下，江南山人文化風尚通過上述士人的「毛細血
管」而輸入到溫州，山人的藝能才華以及清雅悠閒的生活追求，
形塑了文人階層的精神與心態，改造了溫州宋明以來的「事功」
風氣。世家子弟紛紛將自我的文化認同轉向山人文化，張、王、
項等家族仿照江南士大夫投資園林，以土地和鹽業的經濟獲利建
造園林，實現從「鄉居」到「城居」的跨越，其中以王叔杲等人
構築的陽湖別墅和玉介園最具有典範意義。毫無疑問，明中葉的
溫州士人對城居空間的追求具有「江南化」的趨勢，「權勢」與
「品位」成為園林建造的主要特徵。在山人文化的帶動下，聲色

---

110 何白，《何白集》，〈項季興傳〉，頁445。

犬馬、園林生活、個性自由、戲劇活動的文化形態似乎代表了溫州地域文化發展新動向。直到清初，「山人」結社的文化形態仍在延續，出現了城南七子、永嘉五子等社會群體，乾隆年間，賣菜的季碧山、營卒黃巢松、茶館役使祝聖源、魚販梅方通、修容的計化龍、鍛鐵的周士華、銀匠張丙光七人組成詩歌社，稱為「市井七才子」，達到了雅集「至俗」的高峰。

應該指出，由於溫州地處江南區的邊緣地帶，雖然地方結社的文化形態呈現了「山人化」和「江南化」的若干特徵，但沒有產生像江南地區那樣的龐大士人群體，在區域文化的流動性不足的狀態下，結社活動往往成為維繫著舊有的社交圈層、社會地位、經濟利益和政治權威的重要關係平臺。陽湖別墅等新式社會空間的出現，其功能固然具有山人結社雅集的一面，同時也是聯絡各類社會群體的社交平臺，雅集、宴席、觀劇的背後是各種地方關係的重新整合。組織者和參與者以文化資本博取政治資本和社會控制話語權，目的在於最終維持世家大族的地方權勢，力圖在社會資源的重新分配中獲得先機。

社集與地方家族

澤社、永社、雲龍社

明末桐城「詩文社集」的勃興與頓挫

商海鋒 ————————————————————

北京人，南京大學域外漢籍研究所博士，香港教育大學文學及文化學系助理教授。研究領域：以東亞漢籍為基礎的文學藝術思想史。代表作：〈方以智《浮山詩集》考述〉（2015）、〈「香、禪、詩」的初會——從北宋黃庭堅到室町時代「山谷抄」〉（2018）、〈北宋本洪芻《香後譜》辨正輯佚〉（2019）。

一、前言

　　有明一代「社集」勃興，以詩、文社為主，輔以怡老、宗教等其他類型，總數達七百餘種之多。[1]近年學界對有明一代「詩文社集」此消彼長的宏觀脈絡，已有趨向和量化的觀察。「文社」漸興於八股文逐漸走向成熟的明中期，[2]隨著八股制義程式化，文社數量在萬曆朝漸增至37家，至明末天啟、崇禎二朝，暴增至103家；「詩社」的發展軌跡則恰好相反，從明中期到萬曆朝達至峰值的75家，再驟降至啟禎朝的39家。[3]（表1）

　　此外，學界對明代詩文社集的地域分布，觀察亦趨精細，注意到明末南直隸（今江蘇、安徽、上海）、浙江布政使司，尤其應天（今南京）、蘇州、松江（今上海）、杭州諸府，詩文社集叢聚，形成令人矚目的熱點區域。

　　本文著力考證的澤、永、雲龍三社，皆在南直隸安慶府桐城縣，時間則為明末的天啟、崇禎兩朝，大體皆為既往學界相關研究的盲區。不但可補該時段、地域詩文社集研究之不足，更重要的，三社相替相承，可從社集角度說明它們與「桐城詩派」相表

1　何宗美，《文人結社與明代文學的演進》（北京：人民出版社，2011），卷下；李玉栓，《明代文人結社考》（北京：中華書局，2013），附錄3〈明代文人結社分期與分類統計表〉，頁612。

2　朱彝尊（1629-1709）認為文社始於天啟四年的應社：「詩流結社，自宋元以來代有之。迨明慶、曆間，白門再會，稱極盛矣。至於文社，始天啟甲子。」（朱彝尊，《靜志居詩話》，北京：人民文學出版社，1990，卷21，「孫淳」條，頁649。）此說固然誇大了應社的意義，但對文社現象凸顯於明末的觀察，仍然準確。

3　張濤，《文學社群與文學關係論》（北京：人民文學出版社，2016），附錄〈有明一代怡老性詩社、純粹詩社與文社數量統計表〉，頁438-440。

表1

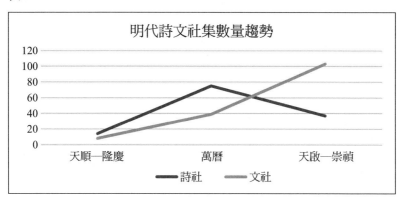

裡的關係。筆者認為，桐城文學不僅曾預流明末社集大盛的歷史，且曾有過超越時代的宏遠抱負，這令桐城三社迥異於同時代其他地域的社集。

簡言之，建於天啟六年（1626）「澤社」雖是八股文社，卻同時成為桐城詩派的濫觴。隨著「澤社」由文社逆流而形變為詩社「永社」，桐城詩派草創，時為崇禎五年（1632）。而「雲龍社」則是松江（雲間）、桐城（龍眠）兩地詩人擬議合辦的詩社，但其藍圖又轉眼因雙方詩學理念的劇烈衝突而不幸夭折。然而正是此次挫折，卻迫使作為三社共同創始人的方以智，反省自身詩學路徑的合理性，將事件轉化為桐城詩派建構自身個性、傳統的契機，從而奠定了該派於南明、清初發展壯大的基礎。因之本文認為，澤社的醞釀，永社的勃興，雲龍社的折翼與沉潛，三者共同構成了桐城詩派前期的全幅脈絡。

相比同時代其他社團組織，桐城澤、永、雲龍三社又有兩項突出的特性。其一，它從始便具有一種逆鱗氣質，獨立不移，在萬曆至啟禎時代各地皆由詩社轉為文社的潮流中，桐城三社卻反

身而動——從文社轉為詩社，更欲從一地詩社升為跨地域的大型
詩社。其二，桐城三社尤傾向於一種家族性的組織模式，種下了
其後桐城文學流派得以綿延數百年，成為中國文學史上歷時最久
的地域文學流派的基因。

二、預流的文社——澤社

　　迄今為止，學界對澤社的研究甚少，對該社身分的來龍去脈
及文化、文學史意義的認知，皆有未逮。[4]澤社原屬「文社」，並
非詩社。其結社的初始動機，原是桐城諸生結伴打磨科考制義。
澤社創立，約在天啟五年（1625）。[5]其社集活動固有詩酒酬唱，

4　宋豪飛，〈方以智與桐城澤社考論〉，《安徽大學學報》（哲學社會科學版），
　　33：6（合肥：2009），頁47-51。在澤社研究中，該文筆路藍縷。何宗美，
　　《文人結社與明代文學的演進》（北京：人民出版社，2011），卷上，〈泰昌至
　　崇禎：文學思潮與社會思潮的合流〉，頁431，以及同書卷下，〈泰昌、天啟
　　時期〉，頁405，皆述及澤社。李玉栓亦述及澤社，見氏著《明代文人結社
　　考》（北京：中華書局，2013），〈明後期文人結社（1573-1644）〉，頁225-
　　226。張濤述及「澤園永社」，見氏著《文學社群與文學關係論》（北京：人
　　民文學出版社，2016），附錄〈明末清初文學社群知見錄〉，頁453。惜上述
　　四位學者，將澤、永二社皆混為一談。相對而言，謝明陽對於澤園、澤社的
　　觀察最為切實，參氏著〈方以智與龍眠詩派的形成〉，《臺大中文學報》，44
　　（台北：2014），頁10-11，惜對該社的文社性質、詩學意義及其與詩集《博依
　　集》間的對應關係，仍有未逮。

5　此處採用李聖華的看法，見氏著《方文年譜》（北京：人民文學出版社，
　　2007），頁33-35。何宗美繫於天啟六年（1626），見氏著《文人結社與明代
　　文學的演進》（北京：人民出版社，2011），卷下，頁405。然李、何二書，
　　皆未提供證據。筆者觀察，方以智〈史漢釋詁序〉尾署「崇禎戊辰冬，方以
　　智書於澤社」，即崇禎元年（1628）。該序收於《浮山文集前編》，卷2，《稽
　　古堂二集上》，此書卷1《稽古堂初集》首篇〈擬求賢良詔〉題下小註「澤社

但首先是圍繞研文課藝展開的。與澤社活動有關的原始資料很有限，如今只能藉方以智青年時代的詩文管中窺豹。文集《稽古堂初集》、《稽古堂二集》中，題下注或款識提及澤社三次，詩集《博依集》篇題提及澤社六次。其中，只有部分紀錄有確切紀年，分布於崇禎元年至四年（1628-1631）間。（表2）

表2

體		文題、詩題	作年
文	1	擬求賢良詔（澤社題）	？
	2	史漢釋詁序（方以智書於澤社）6	崇禎元年1628
	3	為楊雄與桓譚書（辛未澤社課）7	崇禎四年1631
詩	1	丹青引與社中諸子醉後題李龍眠山莊秋色圖	？
	2	社中諸子飲我醉後各賦一物分賦得銅雀台瓦	？
	3	三月三日集社中諸子於南園臨流觴詠分得堤字	崇禎元年1628
	4	余注爾雅始成三卷社中諸子過詢閱其稿因命酌分得邪字	崇禎三年1630
	5	從白夫子遊暑南磯與社中諸子及六叔分韻得兼字	崇禎三年1630
	6	秋日與社中諸子從豫章王先生談經分韻有作	？

其中寫作最早的，是方氏首部文集《稽古堂初集》卷首開篇的〈擬求賢良詔〉。8據方氏文集以時為序的體例判斷，該篇作於天啟

題」未標作年。《浮山文集》體例以時為序，知澤社之立，必在天啟（1621-1627）後期，唯難以確知某年。

6　方以智，《浮山文集前編》（北京：華夏出版社，2017），卷2，《稽古堂二集上》，頁37-39。

7　同上注，卷2，《稽古堂二集上》，頁45-47。

8　同上注，卷1，《稽古堂初集》，頁3。

末年。與其文例相似者，尚有《稽古堂初集》、《稽古堂二集》中散見的〈擬上求治書〉、[9]〈擬上求讀書、見人疏〉、[10]〈擬主爵都尉汲黯為故魏其侯竇嬰、故太尉灌夫白冤奏〉等文，[11]此類「擬詔」、「擬書」、「擬疏」、「擬奏」，皆屬明代鄉、會試題的一個類型，意在設置君臣之間詔誥、奏議的逼真場景，在身分、口吻模擬的過程中，操練治國的思致與技術。《稽古堂初集》、《二集》43個篇題中，相當比例是成熟的制義，創作時間截至末篇〈四書大全辨序〉尾款的崇禎十二年（1639）——那恰是方以智中舉之年。

　　與《稽古堂初集》、《二集》創作時間平行的，是詩集《博依集》。[12]因之該集凡六見的所謂「社中」（表2），所指皆是澤社。察詩題〈秋日與社中諸子從豫章王先生談經，分韻有作〉，[13]則澤社成員聚會非為雅集，「談經」仍是核心話題。詩題中的「白夫子」、「王先生」二人，都既是「講學師」又是「舉業師」，講解經義之餘亦授制義之法。[14]白夫子為白瑜（字安石，1587-1646），貢生，《龍眠風雅》選詩僅8首；[15]王先生為王宣（號虛舟子，生

9　同上注，頁4-8。

10　同上注，卷2，《稽古堂二集上》，頁35-37。

11　同上注，卷3，《稽古堂二集下》，頁77-78。

12　商海鋒，〈方以智《浮山詩集》考述〉，《文學遺產》，2015：2（北京：2015），頁139-146。

13　方以智，《博依集》（明崇禎八年[1635]刻本，北京國圖藏），卷9，頁2a。胡必選、王凝命，《康熙桐城縣志》（收入《中國地方志集成・安徽府縣志集》，第12冊，南京：江蘇古籍出版社，1998，據康熙寫本影印），卷6，《流寓・王宣》，頁6a：「字化卿，別號虛舟。世居江西金溪潘方里，其父客桐，遂生於桐。」

14　阮葵生，《茶餘客話》（上海：上海古籍出版社，2012），上，〈舉業師與講學師〉，卷10，頁205。

15　潘江輯，彭君華主編，《龍眠風雅全編》（合肥：黃山書社，2013），初編，

卒年不詳），諸生，《龍眠風雅》選詩僅20首，[16]反映出二人皆不以詩長。

兩位夫子專以治經史課徒。方以智〈送白安石師司理登州〉詩及〈上王先生〉詩小序，分賦二師：

> 霧靄山之學，一傳為石塘。貫穿經與史，茹吐成文章。[17]
> 豫章王虛舟先生以博學遊海內，晚而明《易》，設席於桐，教授幾百餘人，惜乎經術之尚湮矣，天下其孰能宗之？[18]

兩位業師長於經史，尤以易學為重，而皆與詩學無涉。此前學界曾有方以智青年時代的復古詩學乃師承白瑜、王宣的看法，應屬誤解。[19]

桐城澤社是以《易》為社事主經的八股文社。澤社之「澤」，取兌卦「大象」：「麗澤，兌。君子以朋友講席。」單卦的兌，其象為澤；而重卦的兌，為上下兌相疊之本卦，構成兩澤相互附麗之象。依象辭，君子當結交益友，以利學問人品相互潤澤。表面看，澤社立意與明代最早的八股文社「麗澤會」取徑悉同。[20]「麗

卷28，頁1009-1011。

16 潘江輯，彭君華主編，《龍眠風雅全編》，初編，卷63，頁2747-2752。

17 方以智，《方密之詩鈔》（收入《清代詩文集珍本叢刊》，第50冊，北京：國家圖書館出版社，2017，據清康熙佚名鈔本影印），卷下，〈瘳訊〉，頁509。

18 方以智，《博依集》（明崇禎八年[1635]刻本，北大圖書館藏），卷7，無頁碼。

19 謝明陽，〈方以智與明代復古詩學的承變關係考論〉，《成大中文學報》，21（台南，2008），第2節「方以智復古詩學的淵源」，頁75-80。

20 吳寬（1435-1504）〈山西道監察御史陸君墓誌銘〉：「歲壬午，中浙江鄉試。會試不偶，入太學，與四方文士講業，號麗澤會。」（見吳寬，《匏翁家藏集》，《四部叢刊》影明正德版，卷63，頁2a-3b。）則陸愈（1439-1488）加

澤會」成立於英宗天順七年（1463），與崇禎澤社皆以《易》為備考主經。相較明中期，晚明文社蜂起而趨專業化，風氣之一即五經各備舉業師。天啟四年（1624）創立的應社，其運作模式即如此，[21]是為旁證。

澤社的成立與運作，雖頗具當時文社專業化之特徵，以《易》為應試主經，然本文認為，該取向尚有另一更深刻的現實原因——《易》實乃明末桐城方氏的家族專經，是這一家族走向鼎盛的支柱學問。方以智曾祖方學漸（1540-1615）有《易蠡》，祖方大鎮（1560-1630）有《易意》，父方孔炤（1590-1655）有《周易時論》。王宣有《風姬易溯》之著作而尤善易學，應是其講席澤社之要因。由此可見，澤社推崇易學，當亦為應試治舉所致。明末桐城方氏的易學脈絡，以往學界雖早有研究，然過於凸顯其學術、思想的一面，對其應試、實用一面的揭示惜有所不足。[22]

方以智曾有〈慕述〉一詩，對自身家世源流追述詳盡。據此詩，地域、家族文化史上盛傳的所謂「桂林方」，緣於明代中葉的「桂林公」方佑（1419-？）：「臺諫閥閱，世號桂林（方以智自

入麗澤會，當在天順七年（1463）癸未榜會試之後。又據吳寬〈鄉貢進士徐君墓志銘〉：「蘇之嘉定，有以兄弟同登鄉貢者，徐德充、德宏也。已而德宏擢進士第，拜監察御史，德充獨不偶，乃益發憤讀書，以必取甲科為期。他日，四方名士相與講《易》京師，號麗澤會，君在會中。」（《匏翁家藏集》，卷62，頁3b、4a。）則徐忻（生卒年不詳）加入麗澤會，正為磨礪科考技藝，而麗澤會的主經即《易》。

21 張溥，〈五經徵文序〉：「五經之選，義各有託，子常、麟士主《詩》，維斗、來之、彥林主《書》，簡臣、介生主《春秋》，受先、惠常主《禮》，溥與雲子則主《易》。」是則主持應社《易經》講席的便是張溥。（張溥《七錄齋合集》，濟南：齊魯書社，2015，卷6「序」，頁129。）

22 彭迎喜，《方以智與〈周易時論合編〉考》（廣州：中山大學出版社，2007）。

注：桂林公諱佑，巡按廣西，故世稱桂林世家。）」[23] 方佑，天順元年（1457）殿試第三甲第171名，為明清歷代桐城方家首位蟾宮折桂者，故有「桂林公」之譽。然而若非世家巨族，實則難稱「林」字。名副其實的「桂林」即所謂「進士家族」，按學界目前的標準，需「五代直系親屬內有兩名以上進士的家族」始得[24]。而此種情況，直至明末方大鎮→方孔炤→方以智直系祖孫三代皆舉進士，始見「桂林」之名實相符。又據存世的《天順元年丁丑科登科錄》、《萬曆十年壬午科應天府鄉試錄》、《萬曆十四年丙辰科會試錄》、《崇禎十三年庚辰科進士三代履歷》，[25] 可勾勒出方以智親族之科第、本經詳情（表3）：

表3

關係	姓名	殿試	科第		本經
七世祖	方　佑	天順元年（1457）	第三甲	第171名	書
外祖	吳應賓	萬曆十四年（1586）	第二甲	第3名	春秋
伯祖	方大美	萬曆十四年（1586）	第三甲	第140名	易
祖	方大鎮	萬曆十七年（1589）	第三甲	第16名	
父	方孔炤	萬曆四十四年（1616）	第二甲	第25名	
	方以智	崇禎十三年（1640）	第二甲	第54名	

值得注意的是，雖七世祖方佑治《書》，外祖吳應賓治《春秋》，

---

23 方以智，《合山藥廬詩》（清康熙版，安徽博物院藏），不分卷，頁18a。

24 郭培貴，〈明代進士家族相關問題考論〉，《求是學刊》，2015：6（哈爾濱，2015），頁144-149。

25 天一閣博物館編，《天一閣藏明代科舉錄選刊》（寧波：寧波出版社，2006、2007、2010）。

但自萬曆十四年（1586）開始，伯祖方大美、祖方大鎮、父方孔炤乃至方以智本人，三代皆以《易》為本經而登第。可見《易》雖非明代桐城的「地域專經」，[26]卻實為明末桐城方氏的「家族專經」，而這才是澤社立社的根基。

澤社成員即《博依集》中屢見的「社中諸子」，以方以智為首，攜同學周岐（字農父）、妹夫孫臨（字克咸）、母舅吳道凝（字子遠），合稱「澤社四子」：「貞述公……命公閉關讀書，孫克咸、周農父為之友，公舅氏吳子遠亦同硯席，時稱『澤社四子』。」[27]方、周、孫、吳四人其後繼為永社核心成員，此種構成奠定了桐城社集的「家族性」基因。

方以智首部詩集名《博依集》，詩作800餘首。該集創作起止，可考最早者為卷9〈天啟甲子家君子遊高梁橋顧望城中欲東歸命賦此韻〉，時天啟四年（1624）方氏14歲。最晚的數十首，均作於崇禎五年（1632）方氏22歲。澤社與《博依集》起止時間大體重疊，再加《稽古堂初集》、《二集》中的相當一部分文章，三者互為表裡，可共同說明方以智這一階段的文學觀念。

周岐（1608-？）[28]，字農父，方以智有〈初識農父〉詩並小序，記兩人定交：

---

26 陳時龍，〈明代科舉之地域專經──以江西安福縣的《春秋》經為例〉，《中央研究院歷史語言研究所集刊》，85：3（台北，2014），頁359-426。

27 方叔文，《方密之先生年譜》（民國初年抄本，桐城市檔案館藏），不分卷，頁19。

28 周岐生年，筆者考證在萬曆三十六年戊申（1608），大方以智3歲，所據乃方以智作於順治十四年丁酉（1657）的〈壽周農父五十〉詩。任道斌《方以智年譜》以周岐大方以智5歲，其以同樣的方式推算周岐生年，然因〈壽周農父五十〉詩繫年有誤，故推論亦誤。又，關於周岐生平最詳備的研究，參謝明陽〈周岐入清前後的行迹考論〉，《國學》，6（成都，2018），頁283-323。

　　乙丑，學於霧澤軒，從六叔聞農父言行，素心慕之，未嘗
得遇。一日六叔置酒，一見如舊識，各以詩為贈，分得
「廉」字。

　　金尊膾鯉列形塩，相樂新知醉曲簷。素履風清飄紫帶，玄
談月出映朱簾。明經遠軼龔常侍，博物能過竇孝廉。學士談
今不知古，一時唯有子能兼。²⁹

　　乙丑為天啟五年（1625）。「學士談今不知古」直刺世風，唯課讀
「今文」即時文而不通古文辭、古歌辭。「一時唯有子能兼」既是
對周岐的讚許，也說明了其後澤社的自我定位，即兼顧今古，以
古正今。

　　從《博依集》看，方以智、周岐之間酬唱極多。周岐著述早
佚，探尋其文學觀念的文獻雖不足，仍可大體徵之。二人唱和的
詩題，要者如《博依集》卷6〈結客少年場與農父分作〉、〈又分
作羽林郎〉、〈夜與農父談分得子字〉、〈呈農父〉，卷8〈初識農
父〉、〈與農父聯句罷復分得冠字〉、〈和農父韻〉、〈與農父作〉，
卷9〈飲農父漫贈〉、〈小龍山莊即事有懷偶得酬字成三十有一韻
兼呈農父〉，卷10〈京口曉發憶農父〉。細察上述詩題，澤社課
中，社友彼此時常分題擬古。如東漢辛延年〈羽林郎〉、三國曹
植〈結客篇〉，皆澤社諸子從《樂府詩集》中挑選的早期典範。
又據周氏自述：「僕歸入龍眠，二百里清流翠石，諷詠其間，以
畢詞賦。餘事排比各體，凡傳記、序說可六十餘卷。」³⁰這60卷詩

29　方以智，《博依集》（明崇禎八年［1635］刻本，北京大學圖書館藏），卷8，
　　頁3b、4a。

30　馬其昶著，彭君華點校，《桐城耆舊傳》（合肥：黃山書社，1990），卷6，
　　〈周農父傳第六十二〉，頁166。

文，應即已佚的《執宜集》。[31]是集與方以智《稽古堂初集》、《二集》、《博依集》時代大體平行，集中有方孔炤、李雯（1607-1647）所撰序言。[32]揣摩周氏自述，「排比各體」一句反映出其所採用的復古文學觀念的創作、編輯體例。周岐作品存世極少，唯剩《龍眠風雅》所收詩篇68首。[33]即便如此，亦可見其藉擬古以復漢魏古風的傾向。如開篇3首〈擬李陵別蘇武詩〉，[34]與方以智《博依集》的3首〈河梁詩〉、4首〈又李陵錄別詩〉一樣，顯然是同一詩學理念下的早期實踐。

周岐文集雖佚，但其文章觀仍可從其為方以智所作序言管窺一斑。他在〈稽古堂二集序〉中云方氏：「天生密之，兼才博學，豈尋常哉！自角卝能古文詩賦，其著於時者不待言。……嗟乎！今天下人事制義，其善者千不得百十。……密之嘗欲以古道勉天下。」[35]所謂「其善者千不得十」，是對於當下時文制義的否定；所謂「欲以古道勉天下」，則是方以智寫作的獨特處，既在其為古文詩賦，又在其推行古道於時下。

這個主張，亦可見於與方氏家族密切相關者。孫臨（1611-

---

31 〈周岐小傳〉：「所著有《執宜集》、《爐餘稿》、《孝經外傳》行世。」見潘江輯，彭君華主編，《龍眠風雅全編》，初編（合肥：黃山書社，2013），卷37，頁1433。

32 「《執宜集》。明周岐撰。是集有方孔炤、李雯序，光緒《通志》著錄。」見安徽通志館，《安徽通志稿‧藝文考‧集部提要》（民國二十三年），冊6，集部12，別集類11，頁2a。

33 潘江輯，彭君華主編，《龍眠風雅全編》（合肥：黃山書社，2013），初編，卷37，頁1433。

34 潘江輯，彭君華主編，《龍眠風雅全編》，初編，卷37，頁1434。

35 方以智著，張永義校注，《浮山文集》（北京：華夏出版社，2017），附錄3「序跋」，頁558。

1646）為方以智長妹方子躍（1613-1684）之夫。方以智評「其詩最工，初類文房，後喜溫、李，其骨則杜也」。[36]據潘江〈孫臨小傳〉，其「所著有《肄雅集》、《楚水吟》、《我悀集》、《大略齋》」，[37]散佚殆盡，似唯《肄雅集》一種有孤本存世。[38]該集崇禎八年（1635）版，與方以智《稽古堂初集》、《二集》、《曼寓草》、《博依集》、《永社十體》、《流離草》大體平行，文學觀亦近似——「肄雅」即習雅。潘江《龍眠風雅》錄百首以上者為數不廣，孫臨即其一，收104首。其〈置酒高殿上〉、〈雞鳴〉、〈相逢行〉、〈飲馬長城窟行〉等作，顯見其擬古而復古的主張。

　　吳道凝（1612-1656），方以智外祖吳應賓之子，以智母舅，年齡尚小其一歲。潘江〈吳道凝小傳〉對吳氏文學傾向描述清晰，敘及吳、潘二人曾有一段近乎師生的情誼，並言及潘氏國變後丟落吳氏遺稿《大指齋詩集》之惋惜，頗為動情：

> 少負才名，胚胎家學，吮毫伸紙，滾滾不休。……其為詩，含咀漢魏，灡汋三唐，有朱絃清廟之遺。……予僑寓秦淮時，詩文有所質正，公輒謬加許可不瞢口，出至下交，引忘年之義。曾以《大指齋詩集》十二卷貽予，轉徙以來，卷帙零散，搜牢敝簏，不可復得。己酉，自都門出紫荊關，與其從孫昌仍坐廣昌署中，叩其所記，憶未刊之詩不下數十首。疾錄一通，藏之行笈，而以悼亡，遄歸倉皇中亦歸烏

36　方以智著，張永義校注，《浮山文集》，附錄1《膝寓信筆》，條2，頁483。

37　潘江輯，彭君華主編：《龍眠風雅全編》，初編（合肥：黃山書社，2013），卷40，頁1561。

38　羅振玉、羅繼祖舊藏，參羅繼祖，〈孫臨《肄雅集》〉，《文獻》，8（北京，1981），頁199-201。然今不知所蹤。

有。僅從《過江集》及予舊鈔本采若干篇，殊未盡公之長也，循讀數過，為之三歎。[39]

據「漢魏三唐」的學習對象，與「朱絃清廟」的雅正風格，《大指齋詩集》顯與方以智《博依集》平行。《龍眠風雅》錄吳道凝61首，多與《博依集》中的擬題相仿，有屬於「鼓吹曲辭之漢鐃歌」的〈有所思〉，屬於「相和歌辭之平調曲」的〈長歌行〉、〈燕歌行〉，屬於「相和歌辭之瑟調曲」的〈東門行〉，俱見吳、方二人於澤社期間所秉持之共有觀念——以漢樂府為典範，並以遍擬此種作品為學詩門徑。

　　綜上，方以智之創立澤社，其初始目的首先是致用舉業的「五經」，[40]同時社員又皆有復興古學以致用的抱負。相較晚其數年始創立的復社，據張溥（1602-1641）手定〈復社規條〉（1629）：

　　　　自世教衰，士子不通經術，但剽耳儈目，幾倖弋獲於有司。登明堂不能致君，長郡邑不知澤民，人材日下，吏治日偷，皆由於此。……期與庶方多士，共興復古學，將使異日者，務為有用，因名曰復社。[41]

則復社運作的基本手段便在「興復古學」，根本目的亦在「務為

39　潘江輯，彭君華主編：《龍眠風雅全編》，初編，卷46，頁1809。

40　《明史》：「科目者，沿唐宋之舊而稍變其試士之法，專取四子書及易、書、詩、春秋、禮記五經命題試士，蓋太祖與劉基所定。其文略仿宋經義，然代古人語氣為之，體用排偶，謂之八股，通謂之制義。」張廷玉等，《明史》（清乾隆武英殿刻本），卷70，〈選舉志・二〉，頁1a。

41　陸世儀，《復社紀略》（舊鈔本，台北國家圖書館藏），卷1，頁12b。

有用」。實則啟禎兩朝文社大興的時代風氣，原是針對明中葉以降士人因心學流行而學問日漸空疏、人心日漸散漫的時病。[42] 在此向度上，澤社之成立，正可謂因應時代脈動的預流，甚至不期然而立於潮頭。與此同時，澤社雖非詩社，但一方面，其興復古學的取態，在同時及稍後的詩學實踐上，便轉化為「因尊古而擬古」的詩學路徑；[43] 另一方面，其「務為有用」之抱負，在稍後的詩社永社上，就表現為「詩歌用以救世」的詩學功能。前者是桐城詩學與明中葉前後七子復古詩派呼應之處，而後者則成為其與前後七子的截然不同之處了。

三、逆流的詩社──永社

崇禎五年（1632）自夏徂冬，方以智由皖江而下漫遊吳越，半年間歷南京、蘇州、常熟、杭州、嘉興、松江、鎮江，遍交江南名士，找到詩學上的知音。此行之要者，乃方以智於杭州、松江與雲間諸子的兩次相聚，並與陳子龍定交，即雲（雲間）龍（龍眠）相交。此事給方以智極大的啟發和鼓舞，直接促成了

---

42 即如《復社紀略》作者陸世儀（1611-1672），便曾對王學弊端大加批判，並力倡實學：「且說個致良知，雖是直截，終不該括，不如窮理穩當。問：何為？曰：天下事有可以不應而知者，心性道德是也。有必待學而知者，名物度數是也。假如只天文一事，亦儒者所當知，然其星辰次舍，七政運行，必觀書考圖，然後明白，純靠良知，致得去否？」見陸世儀撰，張伯行重訂：《思辨錄輯要》（清康熙四十八年[1709]刻本，北京中國國家圖書館藏），卷3〈格致類〉，頁4b。

43 商海鋒，〈方以智早年的詩學理想〉，載左東嶺編，《明代文學研究的新進展：2011明代文學與文化國際學術研討會暨明代文學學會（籌）第八屆年會論文集》（北京：生活・讀書・新知三聯書店，2014），頁507-520。

「永社」的建立。

是年8月，方以智與雲間諸子周立勳（生卒年不詳）、徐孚遠（1599-1665）、陳子龍（1608-1647）相會杭州，此即「雲龍」第一次聚首，方氏記以詩〈遇周勒卣、徐暗公、陳臥子於西湖，即張天生席上見贈〉並文：

> 聞君鵁首自雲間，余滯湖中猶未還。下坐愧成鸚鵡賦，高譚先動鳳凰山。林間叢桂誰將隱，佩繚芳蘭近可攀。秋月夜來同照客，瀼瀼零露和綿蠻。[44]
>
> 壬申（崇禎五年，1632），遊西湖，遇陳臥子，與論大雅而合。……臥子有「楚風今日滿南州」之句，豈指豫章哉？……范仲暗曰：「自《詩歸》行，無一人敢向伯敬言誤，伯敬不小，伯敬好裁而筆下不簡，緣胸中不厚耳。內薄則外窘，遂有繃曳之病。」愚者笑曰：「木有癭，石有鴝眼，皆病也，而人好之，惟病則異，異則奇，元之輕、白之俗、郊之寒、島之瘦、賀之鬼，何往不然？然古之人各有其時，有其地，有其致，不知其然而病。今人專襲古人之病，則怠學而自便耳。以《世說新語》為道，以帖括評語為詩，莫便於此。」[45]

方以智賦詩相贈，原有雲間數人，但於《膝寓信筆》中提及此事，僅言陳子龍一人，不僅在二人年齡相若，更在彼此詩學見解相契，所謂「與論大雅而合」者，即大雅格調為其共同追求，當

---

44 方以智，《博依集》（明崇禎八年［1635］刻本，北京中國國家圖書館藏），卷8，頁30b、31a。

45 方以智著，張永義校注，《浮山文集》，附錄1《膝寓信筆》，條28，頁489-490。

時流行的竟陵詩風二人並皆鄙棄。故儘管二人初會，但雙方馬上相約重聚雲間，方以智並贈詩〈別陳臥子，且期余過雲間〉：「多病似相如，成都賤子虛。惟君能好我，斯世孰華予？客久歌聲變，秋深木葉疏。澱湖將返棹，為思食鱸魚。」[46]方以智「惟君能好我，斯世孰華予」的寂寞並非無的放矢。杭州相會次月，方以智旋訪雲間，陳子龍迎之以詩〈遇桐城方密之於湖上，歸復相訪，贈之以詩〉：

> 仙才寂寞兩悠悠，文苑荒涼盡古丘。漢體昔年稱北地，楚風今日滿南州。（時多作竟陵體）可成雅樂張瑤海，且剩微辭戲玉樓。頗厭人間枯槁句，裁雲剪月畫三秋。[47]

陳氏以「文苑荒涼」、「人間枯槁」描繪竟陵派掃蕩文壇後的雜草荒蕪，以「仙才寂寞兩悠悠」表明自身的孤高及對方氏的期許，這些無不與前述方以智〈別陳臥子，且期余過雲間〉的詩意符節相應。詩中「漢體昔年」與「楚風今日」的對比，不僅諷刺了竟陵詩風，亦追憶了弘正前七子的復古詩風，更透出領袖群倫以振詩壇的自許。這種自期固屬陳子龍，隨後雲間詩派之崛起即可為證。本文認為，這種自期亦屬方以智，後來永社乃至桐城詩派之建立，亦皆為證。

　　崇禎五年（1632）的「雲龍相交」不只是方、陳二人的個人往來，更是兩地士子群體之間的互動。以龍眠一方而言，方以智

---

46 方以智，《博依集》，卷7，無頁碼。

47 陳子龍著，施蟄存、馬祖熙標校，《陳子龍詩集》（上海：上海古籍出版社，2006），卷13，頁415。

是次走訪雲間有〈贈顧偉南〉、[48]〈醉後與李為章同臥作〉、[49]〈雲間同夏彝仲、朱宗遠、徐暗公、陳臥子醉後狂歌分賦〉，[50]提及顧開雍、李雯、夏允彝、朱灝、徐孚遠，諸人詩文皆入選《幾社壬申合稿》。以雲間一方而言，亦多有金蘭相契之音，如李雯〈贈龍舒方密之〉「知君桂橈下錢塘，贈我驪珠青玉廂。」[51]顧開雍同題「大雅風流事不彈，多君千里共盤桓」[52]等皆是，此即「雲龍唱和」。[53]筆者認為，雲龍唱和之相協相得，終究不過曇花一現，緊隨其後的便是延續至明亡的雲龍之爭。崇禎六年（1633）始，兩地詩學理念愈趨分裂，此後時斷時續的非但不是理想中的雲龍唱和，反而是一段時隱時現的雲龍之爭。詳論將在下節展開。

　　無論如何，此次與雲間諸子相知，令方以智大受激勵。他未及回鄉，便寄詩〈東農父及子遠舅氏〉予周岐、吳道凝：「繁霜如雪南孤征，莫道能無故國情。斥鷃搶榆方大笑，牽牛負軛總虛名。凌雲久動江湖氣，杖劍時成風雨聲。海內只今信寥落，龍眠山下有狂生。」[54]「海內只今信寥落」是周遊後的失落，對缺少詩

48　方以智，《博依集》（明崇禎八年[1635]刻本，北京大學圖書館藏），卷7，無頁碼。

49　同上注，卷7，無頁碼。

50　方以智，《博依集》（明崇禎八年[1635]刻本，北京中國國家圖書館藏），卷8，頁35a。

51　杜騶徵、徐鳳彩、盛翼進編，《幾社壬申合稿》（明末小樊堂版），卷11，頁7a。

52　同上注，頁7b。

53　關於雲龍唱和，迄今最詳備的研究，參謝明陽〈雲間詩派的形成——以文學社群為考察脈絡〉，尤其第4節「雲龍唱和時期」，《臺大文史哲學報》，66（台北，2007），頁32-40。

54　方以智，《博依集》，卷8，頁39b、40a。

學同道的憾然，而「龍眠山下有狂生」則是自詡振奮詩筆掃蕩時
局，並召喚桐城詩伴起身相應。

因之，方以智回鄉後隨即中斷了澤社，並在澤園創立「永
社」——這成為實踐桐城詩學理想的關鍵。據周岐〈澤園永社十
體詩引〉屬款，永社建於崇禎五年（1632）仲冬。[55] 該社創建的心
理動機，深層上講是方氏內心理想的明朗化，表層上講是受到幾
社的直接啟發和鼓勵，其〈澤園興永社〉詩云：

> 南郊有小園，修廣十二畝。開徑蔭松竹，臨水垂楊柳。西
> 北望列嶂，芙蓉青戶牖。築室曰退居，閉關此中久。晨起一
> 卷書，向晚一尊酒。偶然游吳越，天下浪奔走。大雅殊寂
> 寥，黃鐘讓瓦缶。雲間許同調，歸來告親友。結社詩永言，
> 弦歌同杵臼。河梁如囓矢，風騷為敝帚。聊以寫我心，何暇
> 計不朽？[56]

這首詩即使僅據詩題，亦可稱之為立社宣言。既云「澤園興永
社」，則永、澤二社便是新舊更替，故澤社止步於此。永社建立
的外緣，即方以智偶然的吳越之行，讓他意外發現聲氣應求的雲
間諸子。（即上文所言「偶然遊吳越，天下浪奔走。雲間許同調，
歸來告親友。」）其建立的內因，還是方以智對詩界大雅格調、黃
鐘大呂氣象之淪喪而悲戚於心，因流行時調的粗俗之音而煩躁於
胸。（即上文所言「大雅殊寂寥，黃鐘讓瓦缶。」）此處的批評皆

---

55 周岐，〈澤園永社十體詩引〉：「崇禎壬申（八年，1635）仲冬，即山周岐農
　父題。」方以智，《方密之詩鈔》，卷上〈永社十體〉，頁392。
56 方以智，《方密之詩鈔》，卷上〈永社十體〉，頁393。

有所指，具體內容可與方以智《通雅詩說》第11條相對應：

> 近代學詩，非七子而竟陵耳。王、李有見於宋、元之卑纖
> 湊弱，反之於高渾悲壯，宏音亮節，鏗鏗乎盈耳哉！雷同既
> 久，浮闊不情，能無厭乎？……文長從而變之，公安又變
> 之，但取卑近疴癢而已。竟陵《詩歸》非不冷峭，然是快己
> 之見，急翻七子之案，亦未盡古人之長處，亦未必古人之本
> 指也，區區字句焉摘而刺之，至于通章之含蓄、頓挫、聲
> 容、節拍，體致全昧。今觀二公之五言律，有幽淡深峭之
> 情，一作七言則佻弱矣，時流樂於飾其空疎，輩以帖括填
> 之，且以評語填之，趨於亡俚，識者歎戶外之琵琶焉。[57]

第一，方氏固然希望回溯明中葉的「高渾悲壯」、「宏音亮節」，
但王世貞（1526-1590）、李攀龍一味模擬，導致詩壇「雷同既
久」，如今只能製造「浮闊不情」的假古董。第二，他也鄙視徐
渭、公安派的「卑近疴癢」，以為那是矯枉過正的粗豪叫囂。第
三，他同樣不滿竟陵派矯枉過正，導致傳統詩學的典雅風貌「體
致全昧」。易言之，他既不要晚明的粗俗，力倡回歸高雅，又需
要致力守衛個性與真情（即前引文「聊以寫我心，何暇計不朽」
之句）。在詩法上〈澤園興永社〉絕未否定「模擬」一途，所不
同者，端在對模擬對象之調整。

　　〈澤園興永社〉中所謂「河梁如嚆矢，風騷為敝帚」，直白揭
示了新的學習典範。「河梁」指「五古」一體，「嚆矢」意為先

---

57 方以智著，侯外廬主編，《方以智全書》（上海：上海古籍出版社，1988），
　《通雅》卷首之三，《詩說》，頁59。

聲，故學者當以《文選》所收託名西漢李陵（前？-前74）與蘇武（前140-前60）之贈答，以及漢末所錄之《古詩十九首》為軌範；「風騷」則特指先秦《詩經》（並不包括《楚辭》，詳後），敝帚自珍，故《詩經》當為學者所崇。

作為永社開創的宣言，〈澤園與永社〉中「結社詩永言，弦歌同杵臼」一句，明確規定了該社的性質為詩社。這就將永社與此前的澤社，從功能、意圖上劃清了界線：澤社治易，永社言詩；澤社作為文社，有課文制義、科舉功名的用意，而永社作為詩社，則無涉科舉，專以宣揚自身詩學理念為務——召集海內同好學詩、作詩，以詩會友、擴大影響，成為永社立社的自我期許。

然而此時，方以智解散了備考之用的文社，建立詩以言志的詩社，其本人仍僅一介布衣，並無功名。緊接著，他於崇禎六年（1633）、九年（1639）接連兩次鄉試落第，直至崇禎十二年（1639）方中舉，得中進士則在崇禎十三年（1640）。功名的遲來與過早解散備考之用的文社，或不無關聯。不過方以智超越科舉，意圖力挽晚明士風頹勢之銳意，亦於中可見。

永社擴大影響以宣傳詩學理念的意圖，周岐的〈澤園永社十體詩引〉也講得明白：「永社立『十體會』，分一題，以大雅為宗，以切當為工，以飛躍為致，以高逸為韻。達材驗學，既論其志，足觀所養矣。將謂天下景從，可也。」[58]尤其最後一句的「將謂天下景從」，清楚點明了永社創立的抱負，是要突破此前澤社囿於家鄉一地的局限性。筆者認為，基於永社上述純化於詩學的功能，及其拓展影響以超越地域局限的意圖，可以做出這樣的推斷——桐城詩派真正意義上的建立，始於崇禎五年永社的創立。

---

58 方以智，《方密之詩鈔》，卷上〈永社十體〉，頁391。

原因在於，唯有如此的進取心，才能有效凸顯桐城與其他地域性流派的區別，唯有通過彰顯自身主張的獨特性，才能有效強化流派的自我建構。

「十體會」是永社富有特色的詩社組織形式，方以智又曾云：「永社者，龍眠之十體詩社也。」[59] 就文化史上近古以降的詩會而言，本來分題、限韻、限體、限時，這些都是文人雅集普遍遵守的基本規則。然則傳統的遊戲規則之外，永社的獨特之處何在？筆者以為獨特有二：第一，社集活動涉及的詩歌體裁有嚴格的範圍，不能超越如下十種體裁：古歌辭、風雅體（詩經四言）、五古、七古（兼歌行）、五律、七律、五絕、七絕、五排、七排；第二，十體中的每種體裁，其體貌（即風格）亦分別有嚴格的規定。具體而言，正如方以智本人宣示的永社十體會「規約」所言：

> 永社十體，首古歌辭，以〈卿雲〉、〈八伯〉、〈獲麟〉、〈大風〉等有夯侯之聲也。曰風雅體者，以三百篇不限定，通章四言也。五言古，〈河梁〉、《十九首》尚已，曹、阮、陶、杜，庶幾近之。七言古，實兼長短歌行，以唐之起伏陡峭、雷硠頓挫者足法也。近體五、七言律，當從王、孟入老杜，而義山之刻豔、香山之爽快，皆可取也。絕句，愈少愈難蘊藉。排律，大似鬥寶，比事工巧，難於老當，尤難於章法流動耳。噫！詩轉風聲，各發其感，豈徒論資格已耶？養氣讀書，考事類情，會友麗澤，固鼓舞之一端也。[60]

---

59 方以智著，張永義校注，《浮山文集》，附錄1《膝㝢信筆》，條83，頁503。

60 方以智，《方密之詩鈔》，卷上〈永社十體〉，頁391-392。

此外，永社尚有若干更為細膩的規則，為社員所須遵守。宏觀上，永社詩學的最高典範是《詩經》，這一點無論是周岐所言「《詩》居六經之先，不學詩，無以言」（〈澤園永社十體詩引〉），還是「永社」命名的含義，皆標示無疑。「永」字取典，源自西漢毛亨（生卒年不詳）〈詩大序〉的名言：

> 風，風也，教也。風以動之，教以化之。……情動於衷而形於言，言之不足，故嗟歎之，嗟歎之不足，故永歌之，永歌之不足，不知手之舞之，足之蹈之也。……治世之音安以樂，其政和；亂世之音怨以怒，其政乖；亡國之音哀以思，其民困。故正得失，動天地，感鬼神，莫近於詩。先王以是經夫婦，成孝敬，厚人倫，美教化，移風易俗。……以一國之事，繫一人之本，謂之風；言天下之事，形四方之風，謂之雅。雅者，正也，言王政之所由廢興也。[61]

其中關鍵不僅在「雅正」的文學風格，更且在以風教「正得失」的社會功能，永社給予「永歌」以終極意義——「經夫婦，成孝敬，厚人倫，美教化，移風易俗。」就風格而言，永社的主張雖與明中葉的前後七子並無不同，但與晚明流行的公安派、竟陵派相較便大相逕庭；而就功能而言，其與前後七子復古之限於文學自身的價值，已截然不同，而是直指詩歌的政治功能。

　　宣示如斯高調，志存如斯高遠，然其相應成果即方以智的第二部詩集《永社十體》，卻遠非豐碩可言。《永社十體》在方氏

61　毛萇傳，鄭玄箋，陸德明釋文，《毛詩詁訓傳》（南宋孝宗刻本，北京中國國家圖書館藏），卷1，頁1b-3a。

《浮山詩集》中為一子集，但它在各個子集中卻殊為特異，就內容而言十體之中僅存七體，就存世體量而言更僅有區區7首：一、風雅體〈擬猗蘭操〉，二、五古〈澤園興永社〉，三、七律〈刻燭即事〉，四、五絕〈擬橫塘曲〉，五、七絕〈擬春宮曲〉，六、五排〈稽古堂藏書詠〉，七、七排〈帝京篇〉。十體中的其餘三體，即古歌辭、七言古、五言律，由於作為選本的康熙間鈔本《方密之詩鈔》未經選入，如今皆已亡佚。

　　筆者茲將永社標舉的十種詩體，其各自所依據的典範，以及方氏依次模擬的詩篇，並擬作亡佚的三體，條列如次（表4）：

表4

	永社十體	典範	方以智擬作
1	古歌辭	卿雲、八伯、獲麟、大風	佚
2	**風雅體**	**三百篇，四言**	**擬猗蘭操**
3	五言古	河梁、十九首、曹、阮、陶、杜	澤園興永社
4	七言古	兼長短歌行、唐代	佚
5	五言律	王、孟、杜	佚
6	七言律	杜、義山、香山	刻燭即事
7	五言絕		擬橫塘曲
8	七言絕		擬春宮曲
9	五言排		稽古堂藏書詠
10	七言排		帝京篇

遽觀此表，似乎永社的詩學觀念與澤社時代的《博依集》無甚差別。然細查之，十體中有一體——「風雅體」即詩經體，卻是澤社期間的方以智，雲間六子的《幾社壬申合稿》，乃至前後七子

皆未模擬的詩體。這對既有的明代復古詩學傳統而言，可謂前所未有，當世亦無。而這多出來的一體，其逗露的詩學觀念顯然與前揭永社命名的意涵即毛〈序〉的人倫教化相表裡。

　　要言之，永社的成立以及永社十體規約的提出，標誌著桐城社集的主經，從澤社的《易經》轉變為永社的《詩經》；社集活動的側重點，也從之前的課文制義轉變為選詩擬古；社集的核心功能，更從求取功名轉變為移風易俗，尤其重塑士心士氣；因之社集的性質，也就從之前的文社變為了詩社。而作為詩社的永社，其途徑縱然純屬詩學，但其訴求卻早已劍指議政參政，由此它便與此前的明代復古詩社或詩派，有了本質上的區別。此外，正如本文開篇的圖表所示，從萬曆到啟、禎兩朝的社集趨勢，原是詩社漸少而文社愈盛。在詩社普遍轉型為文社的明末，永社之褪去科舉色彩，斷然從文社化身詩社，實在是一種逆流而動的抱負，也正體現了桐城永社迥異於同時代其他地域性會社的突出特徵。

四、折翼的「雲龍社」與隱藏的雲龍之爭

　　據筆者考證，方以智的《浮山詩集》至少分為《浮山前集》、《浮山後集》兩部分（或許尚有一特殊體例《浮山別拈》）。因康乾兩朝持續禁毀，《浮山前集》未有刻本傳世，然據存世的唯一一部《浮山後集》刻本（今藏安徽博物院），和唯一一部《浮山前集》稿本（今藏台灣），再據方氏於明末清初六種存世的詩集單行本，《前集》的子目及其時代皆可推知，筆者構擬如下（表5）：[62]

---

62 商海鋒，〈方以智《浮山詩集》考述〉，《文學遺產》，2015：2（北京，2015），頁139-146。

表5

		子集	起	迄
浮山前集	1	博依集	天啟四年 1624	崇禎五年 1632
	2	永社十體	崇禎五年 1632 冬	
	崇禎六年 1633，無詩			
	3	流寓草	崇禎七年 1634	崇禎十二年 1639
	4	癢訊	崇禎十三年 1640	崇禎十七年 1644
	5	瞻旻	崇禎十七年 1644	順治二年 1645
	6	流離草	順治二年 1645	順治七年 1650

據此表，從天啟四年（1624）14歲，至順治七年（1650）40歲時剃髮僧服，逃禪避禍，26年間，方氏詩歌寫作幾未中斷。然此一韌性極強的創作序列中，卻令人驚異地存在一段顯然的空白——崇禎六年（1633）全年。

是什麼造成了這段空窗期呢？筆者認為，是一段隱藏的「雲龍之爭」，即雲間、龍眠（桐城）兩地士子始於崇禎六年（1633）的詩學論爭，造成了這一特異的斷裂。

與此同時，永社活動高調地始於崇禎五年（1632），繼而似乎戛然而止，甚至銷聲匿跡。而《永社十體》也成為方以智《浮山詩集》近20種子集中，殘存詩作最少，卷帙最薄的一部。

據明末的傳世史料，其後與永社相關的一絲痕跡，唯見崇禎八年（1635）12月的一次所謂「永社廣集」。而能夠證明此次廣集的材料，亦唯有方以智〈置酒行為永社廣集補作〉五言古詩5首、《膝寓信筆》第83條及孫臨〈今日良宴會〉（為吳子遠開永社廣集）五言古詩1首，如是而已。這6首詩的大意，學界已介

紹詳備，筆者不贅述。[63] 本節特拈出其中一些關鍵，將是次事件置入桐城詩社乃至詩派文學觀念變化的脈絡中，對其獨特的歷史意涵重加省視，進而提出全新的解讀。

　　是集主盟為澤、永二社的吳道凝。讓後世讀者訝異的是，意邀金陵當地同道以壯永社聲勢的所謂「廣集」，道凝之外的桐城諸子竟無一而至。據方以智借寓南京時代的詩集《流寓草》及筆記《膝寓信筆》：「時值大風雨，臥病當此夕。農父守師塾，克咸治弓矢。」[64]「余病不能赴，……是日，湯日、六叔、農父、克咸皆他遊覽，不在此。」[65] 兩段引文所述，同日同事，即是次「廣集」。其中凡涉及6人，除澤社四子方以智、周岐、孫臨、吳道凝之外，又有吳道新（字湯日，1602-1683）、方文（方以智六叔，1612-1669）。道新、道凝，乃中表兄弟。6人原是一家，然則除了作為主人的吳道凝，其餘5人率皆缺席。此事如何解釋？對此，方氏所臚列之理由，本身即自相矛盾——同為周岐（農父）、孫臨（克咸），怎能同時既「守師塾」、「治弓矢」又「皆他遊覽」？更重要的是，吳道凝又怎能在明知各人有事的情況下，勉強治局，並號稱「廣集」？筆者以為，其中必有緣故，而上述理由皆為藉故推脫。

　　推想當日情境，或緣「廣集」所邀外客遭桐城諸人集體抵制。果真如此，則缺席即是一種無聲的抗議。兩造不協的根由，前揭方以智、孫臨二人專為「廣集」所題諸詩逗露出來的隱微消

---

63 謝明陽，〈雲間詩派的形成——以文學社群為考察脈絡〉，《臺大文史哲學報》66（台北，2007），第4節「金陵廣集時期」，頁33。

64 方以智，〈置酒行為永社廣集補作〉（五首其四），《流寓草》（明崇禎十二年［1639］刻本，北京大學圖書館藏），卷2，頁14b。

65 方以智，《膝寓信筆》，第83條，頁503。

息，或即答案：

> 勉強答悲歌，悲來何以勝？（方以智〈置酒行為永社廣集
> 補作〉五首其一）66
> 落筆成變調，骯髒不自知。（方以智〈置酒行為永社廣集
> 補作〉五首其五）67
> 子數多大言，骯髒先時務。（孫臨〈今日良宴會〉為吳子
> 遠開永社廣集）68

實則，「悲歌」正是崇禎六年（1633）之後方氏詩歌的新風格，
而「變調」所指亦正是該年之後方氏新的詩學觀念——變風變
雅。深有意味的是，方、孫二子都用了「骯髒」一詞，典出東漢
趙壹（生卒年不詳）〈疾邪詩〉（二首其一）：「河清不可俟，人命
不可延。順風激靡草，富貴者稱賢。文籍雖滿腹，不如一囊錢。
伊優北堂上，骯髒倚門邊。」69「骯髒」意為剛直不屈。70那麼，桐
城諸子以骯髒的意氣，到底在抵抗來自哪裡的壓力呢？筆者認
為，事件反映的正是「雲龍之爭」造成的緊張局面。

---

66 方以智，《流寓草》（明崇禎十二年［1639］刻本，北京大學圖書館藏），卷
　2，頁13b。
67 方以智，《流寓草》，卷2，頁15a。
68 潘江輯，彭君華主編，《龍眠風雅全編》，初編（合肥：黃山書社，2013），
　卷40，頁1565。
69 馮惟訥，《漢魏詩紀》（明嘉靖三十八年［1559］自刻本，伯克萊加州大學東亞
　圖書館藏），卷3，頁12a。
70 楊齊賢集註，《分類補註李太白詩》（元建安余氏勤有堂刻本，北京中國國家
　圖書館藏），卷17〈送〉〈魯郡堯祠送張十四遊河北〉：「猛虎伏尺草，雖藏難
　蔽身。有如張公子，骯髒在風塵。」（齊賢曰：骯髒，高亢嬈直之貌），頁1b。

乾隆二年（1737），方苞（1668-1749）藉〈田間先生墓表〉
追思錢澄之，憶及崇禎間會社、詩派的互動脈絡：

當是時，幾社、復社始興，比郡中主壇坫與相望者：宣城
則沈眉生，池陽則吳次尾，吾邑則先生與吾宗塗山及密之、
直之。而先生與陳臥子、夏彝仲交最善，遂為「雲龍社」以
聯吳淞，冀接武於東林。[71]

這段話中最引人注意的，是「雲龍社」這一說法。[72]據〈墓表〉所
言，雲龍社是桐城錢澄之、方文（塗山）、方以智（密之）、方其
義（直之），與松江陳子龍（臥子）、夏允彝（彝仲）合辦的會
社。鑑於「雲龍社」一詞除方苞〈墓表〉外，其後僅見於光緒桐
城馬其昶（1855-1930）《桐城耆舊傳・錢田間先生傳》，[73]及民初
同為馬氏總纂的《清史稿・錢澄之傳》，相反無論表文中提及的
桐城、松江諸人抑或17世紀所有其他存世文獻，皆未見雲龍社蹤
跡。故學界懷疑「當時亦無雲龍社的說法」，便有其道理。[74]

　　然筆者認為，方以智晚年實曾憶及雲龍兩地詩人原有興辦合
社的動議，而合社意在協力倡導雅正詩風，藉以挽救明末衰頹的

71 方苞著，劉季高校點，《方苞集》，上冊（上海：上海古籍出版社，2008），卷12「墓表」，頁337。

72 章建文，〈雲龍社考論〉，《安慶師範學院學報》（社會科學版），34：1（安慶，2015），頁81-85。

73 馬其昶著，彭君華點校，《桐城耆舊傳》（合肥：黃山書社，1990），卷7，〈錢田間先生傳第六十四〉，頁177。

74 謝明陽，〈雲間詩派的形成——以文學社群為考察脈絡〉，《臺大文史哲學報》，66（台北，2007），頁33。

大勢。唯兩家旋即因詩學觀念不合，致雲龍合社的理想未及騰空便提早折翼。據方以智第三子方中履（1637-1689）〈通雅詩說跋〉對其父追憶的引述：「三十年前力倡同社，返乎大雅。……然感時觸事，悲歌已甚。臥子謂『不祥』，豈能免乎！」[75]此中「同社」即「雲龍合社」（雲龍社）之意。筆者曾考證《通雅詩說》成書下限約在順治十六年（1659），[76]方中履〈跋〉應在其後不久。以此為準逆推，所謂「30年前力倡同社」的時間，距崇禎五年（1632）的「雲龍唱和」[77]與〈澤園興永社〉皆不遠。

據文脈，引文中「力倡」之後的「然」字指藍圖未能成真的遺憾。而此事又與方以智從「返乎大雅」突變至「悲歌已甚」，引起陳子龍嚴厲批判有關。那麼方以智詩風丕變，致兩家合辦雲龍社之議夭折的節點何在？筆者認為，其燃爆節點前後曾有兩次，第一次即前述崇禎六年（1633）那段突兀的空白（第二次詳後）。是年方以智應舉不售，因作《九將》大型組詩9首。然而，組詩卻意外引發兩地詩人理念分歧，甚至對壘。

首先，《九將》並未收入《浮山詩集》，而是見於《浮山文集前編》卷1《稽古堂初集》。[78]據方氏〈自簡少時所作率爾放歌〉自

---

75 方以智著，侯外廬主編，《方以智全書》，《通雅》卷首之三，《詩說》，頁64。

76 商海鋒，〈《通雅・詩說》作年考辨〉，《中國詩歌研究》9（北京，2013），頁311-314。

77 方以智，〈感雲間和詩書次前韻〉「陳李風流如在坐（謂臥子、舒章也），雲龍唱和舊同聲。」載潘江編，《龍眠風雅》（收入《四庫禁毀書叢刊》，第98冊，北京：北京出版社，2000，清康熙十七年潘氏石經齋刻本，北京中國國家圖書館藏），卷43，頁580。筆者按：此首應為存世的《流離草》殘本佚詩，參商海鋒校箋，《浮山詩集校箋》（北京：華夏出版社，待刊）。

78 方以智著，張永義校注，《浮山文集》，頁22-34。

述：「九將比〈離騷〉，註者少王逸。」[79] 然而，蘇桓（生卒年不詳）〈九將序〉卻對組詩的創作動機，提出了嚴肅的質疑：

> 予知密則卿大夫之孫子也。皖桐之間，山水峭潔，風俗侈麗，英髦衡連。密從祖父庭訓之餘，容與適志，寧有憾耶？夫何而擬〈離騷〉也？……間即盱衡當世，有所感激，以不世出之才，行起為之，功名未有量，則密之擬騷示志，似非所宜。[80]

蘇氏以方以智年輕負氣，稍不遇便「擬騷示志」，因之「似非所宜」。蘇桓隸籍江西新建（今江西省南昌市新建區），其詩學觀與雲間諸子及桐城永社相合，則此段質疑當非蘇氏一家之言。

務須留意，雖同為擬古一途，然方以智《博依集》、《永社十體》羅列的模擬典範，並未收入楚辭一體。因為楚辭與澤、永二社時期桐城諸子崇尚正風正雅的理念相左，內容上抒發牢騷，風格上激越悲嘆，尤其功能上無法以之厚人倫、美教化。易言之，從以「詩教」為骨幹的公共政治上講，楚辭體有「壞」的作用。

綜觀方以智一生詩學變化的脈絡，1633年的《九將》作為一個分界點：其後的行跡是桐城諸子整體流寓金陵的7年，其後的詩筆是方以智整部《流寓草》的五百餘首，而其後的風格則是愈發地悲歌難以自抑──雲龍兩地之間的分途便始於此年。[81] 由此可

---

79 方以智，《流寓草》，卷2，頁4b。

80 方以智著，張永義校注，《浮山文集》，附錄3「序跋」，頁556-557。

81 學界很早就關注到陳子龍的批判對方以智的影響，然對於方氏詩學變化歷程的認識則有誤。參廖肇亨，〈藥地愚者大師之詩學源流及旨要論考──以「中邊說」為討論中心〉，《佛學研究中心學報》，7（台北，2002），第2節「藥地

見，吳道凝強自推動「永社廣集」，不意遭到來自桐城詩學團體內部的集體抵制，其所呈現的正是當時水深激流的雲龍之爭，折射出兩地詩人理念分途鬱積的程度。

　　雲龍之爭的第二次爆發節點，是方氏崇禎十年（1637）〈七解〉之作。方以智擬西漢枚乘（？-前140）大賦〈七發〉而作此賦。其〈七解序〉云：「〈七解〉者，為七客以解其悲也。」[82]對此，陳子龍的批評相當直白，據方以智對此事的筆錄：「陳臥子讀余〈七解〉及答舒章詩文，大念之，寄書曰：『君近下筆，頹激過當，人無故而如此，不祥！』」[83]顯然與前述蘇桓的觀感一致，此處引起陳氏不快的，正是方以智「頹激過當」的詩風變化。而引文中的「答舒章詩文」，所指應即方以智《流離草》卷六的〈答舒章，次其韻〉：「荒園無樹悲風多，吹我布衣將奈何。東海故人在夢寐，南城市兒相經過。古書盡焚不復讀，瓦缶已碎安能歌？出戶思君便欲往，又愁江水揚其波。」[84]詩中「古書焚盡不復讀，瓦缶已碎安能歌」的表述，正是陳子龍所批判的頹廢、激烈的風格，完全背離傳統詩教「哀而不傷」的主旨。聯想到〈詩大序〉「亂世之音怨以怒，其政乖」的論斷，[85]陳子龍言下的「不祥」，有助我們加深對明末士人憂切時局的理解——陳對方的激烈批判，遠遠超越了對文學風格的指摘，觸及到人生命運乃至

詩學源流考述」，頁279-288。

82 方以智著，張永義校注，《浮山文集》，前編，卷3，頁78。

83 同上注，附錄1《膝寓信筆》，頁501。

84 方以智，《流寓草》（崇禎十二年[1639]刻本，北京大學圖書館藏），卷6，頁7a。

85 毛萇傳，鄭玄箋，陸德明釋文，《毛詩詁訓傳》（南宋孝宗朝刻本，北京中國國家圖書館藏），卷1，頁2b。

國運的層面。

表面看，「雲龍」合稱由李雯首創：「雲間、龍眠，唱和相得，故舒章有『雲龍』之目。」[86]然此話原是方以智《膝寓信筆》的轉述，未見於雲間諸子自己的著述。甚者，其後原有另一句更為重要的話，前此一直為學界所輕忽：「（李雯）頃言：『少年英發，有宋轅文飛兔也。』吾（方以智）亦言：『吾里輩出，才故日出，惟以學識蘊藉相勉為貴。』」[87]

勾連前後語脈，李雯「少年英發，有宋轅文飛兔」的落腳點，明褒而實貶。「飛兔」意為良駒，典出《呂氏春秋》「飛兔、要裊，古之駿馬也」。東漢高誘注：「飛兔、要裊，皆馬名也。日行萬里，馳若兔之飛，因以為名也。」[88]宋徵輿（字轅文，1618-1667）少於李雯10歲有餘，方以智亦少於李。李雯將方以智類比為宋徵輿的年少躁動，是委婉地規勸方以智不宜過激。這就是為何方氏要以「學識蘊藉相勉為貴」的話來作答。同樣的情況，在李雯〈答方密之書〉中又再次出現。學界以往已留意，李雯曾將雲間三子類比龍眠三子：「弟欲以臥子當密之，轅文當克咸，弟當農父，使其旗鼓相值，似皆不肯避舍，不審兄呼爾否？」[89]然此段之前尚有另一層表述，惜從未為學界措意：

> 見諸新製，凉蒼高直，已臻上境。但弟聞之作詩家云：「老過則穉，高過則率。」我兄之詩，既到峰極，固當急持其

86　方以智著，張永義校注，《浮山文集》，附錄1《膝寓信筆》，頁502。

87　同上注。

88　呂不韋編，高誘注，陳奇猷校釋，《呂氏春秋新校釋》（上海：上海古籍出版社，2002），下冊，卷19，「離俗覽第七」，頁1242、1246。

89　李雯，《蓼齋集》（清順治十四年[1657]版），卷35「書」，頁11b。

後，不可使轉墮一境。天下人知此者少，應是我輩勉之耳。[90]

這段話幾可視為對方以智明確的批評。「老過則穉」原是後七子之一的王世貞（1526-1590）批判唐人李賀（790-816）之語：「李長吉師心，故爾作怪，多有出人意表者。然奇過則凡，老過則穉。」[91]老過則穉、高過則率、奇過則凡，李雯藉王世貞之口，表達了維持中和之美而反對發力過度的詩學主張。據李雯同信中提及的「臥子奔喪」一事，知〈答方密之書〉恰亦作於崇禎十年（1637）。[92]

　　緊接其後的幾年，一方面是桐城內部及松江內部詩友間的凝聚力愈發強韌，另一方面是兩地之間的互不認同日益尖銳，甚至逐漸公開化。隨著崇禎十一年（1638）方以智第三部詩集《流寓草》結集，雲間陳、李、宋三子各序弁言，委婉或直白地對方氏愈趨悲涼激越的詩風，予以批判；周岐同序《流寓草》則竭力維護方氏，同時亦藉機闡明桐城詩學主張變化的理據。至此，雲龍之爭愈趨激烈，達至頂點。而通過同集題序的方式，在同一舞台展開兩派的詩學論辯，亦成為獨特的景觀。

　　〈流寓草序〉凡五篇，作者依次為江西新建人徐世溥（1608-1658），桐城周岐，雲間三子宋徵輿、李雯、陳子龍。5人的出場次序安排考究，竟似排兵布陣（表6）：

90　同上注，頁11a。

91　胡震亨，《唐音癸籤》（上海：古典文學出版社，1957），卷7，頁57。

92　孫康宜著，李奭學譯，《陳子龍柳如是詩詞情緣》（台北：允晨文化實業股份有限公司，1992），卷首〈年譜簡表〉，頁30：「1637陳子龍三赴會試，進士及第。是年繼母丁憂，他未及奉派即請返鄉服喪。」

表6

1 江西新建縣徐世溥序	
2 南直隸桐城縣周岐序	3 南直隸松江府宋徵輿序
	4 南直隸松江府李雯序
	5 南直隸松江府陳子龍序

作為第三方的徐序，類似中立的裁判，只有一些非關痛癢的解讀。而桐城、雲間則大似辯論的正方、反方。作為正方代表，周岐以一敵三。反方則宋、李、陳的出場竟近乎一、二、三辯。年輩最少的宋徵輿雖有不滿，卻巧妙地把雲龍兩家本當同心結盟，以振奮前後七子的復古傳統，挽救公安、竟陵頹廢詩風的倡議，攤在陳、李、方三人面前：「不挽無正，不倡孰和。誠欲維墮業而救一世之失，非一人之所能，必相得而益雄也。此陳、李之於密之所以有同聲之契乎？三子勉之！」[93]李雯的批評坦白一些，對流寓的主題是否成立，乃至何必執著於悲嘆未必存在的境遇，提出尖銳質疑：「古之流寓者，異於方子矣！」「何其占占以流寓為言，若有所大不得已者哉？」[94]但仍換位思考地讓出一步，以為「情之所鍾，而後感慨生焉，才智出焉」。即認為《流寓草》不過是一種過度的多愁善感。至壓陣的陳子龍出場，終於幾乎不留情面而痛下殺手：

> 建安中，海內兵起，孔璋託身於河朔，仲宣投足於荊楚，
> 其詩哀傷而婉，不離雅也，此霸圖之啟也。梁、陳喪亂弘

---

93 宋徵輿，〈流寓草序〉，載方以智，《流寓草》，卷首，無頁碼。
94 李雯，〈流寓草敘〉，載方以智著，《流寓草》，卷首，無頁碼。

多，其君子纖以荒，無憂世之心焉，微矣。天寶之末，詩莫
盛於李、杜。方是時也，樓甫岷峨之巔，放白江湖之上，然
李之辭憤而揚，杜之辭悲而思，不離乎風也，王業之再造
也。大中而後，其詩弱以野，西歸之音，渺焉不作，王澤衰
矣。夫建安、天寶之間，詩人欲肆其感悼無聊之志，何所不
至？而齊、梁、大中以後，豈其人皆無衰愛悽惻之旨乎？[95]

序文中，陳子龍臚列了政治上的四個衰亡時代，繼而又分置了四
種詩風及寫作態度。四個時代、風格及態度，又皆分為兩組：漢
末建安、天寶之末的詩雖哀傷婉約，悲思揚厲，但詩人不離風雅
正道，因之王業再造；而與之截然相反的是，南朝梁陳、晚唐大
中的詩風一味陷於纖弱，詩人缺乏憂世之心，不圖自拔，國運隨
之敗亡。這便是陳氏和雲間諸子所持的經世致用的詩學觀念──
藉雅正詩風提振國運。如此，再觀照明末愈見的飄搖時局與竟陵
鍾、譚近乎獨霸的詩壇，就理解為何陳子龍在序文收結處，說出
如下近乎圖窮匕見的判詞了：

　　若夫〈從軍〉之詩、〈振旅〉之作，此記室之末技也，非
　　公子之壯思也。方子負志英偉，必有以自見，異日者海內清
　　晏，父子名在鍾鼎，賜田宅，給鼓吹，歸本州，省丘墓。以
　　視曩者《流寓》之篇何如也？[96]

這種在新刊詩集卷首否定全書，如「此記室之末技也」、「視曩者

---

95 陳子龍，〈流寓草序〉，載方以智著，《流寓草》，卷首，無頁碼。
96 同上注。

《流寓》之篇何如也」的說法和做法，實屬罕見。而方以智也竟坦然接受，且壽諸梨棗，不得不說擺足了一副兩軍對壘之勢。

再看周岐之序。一方面，他亦如雲間三子，認為明詩本有的風雅大意喪於公安、竟陵；另一方面，他對於《詩》《騷》之所以為經，故應作為正本清源的詩學典範，提出了截然不同的看法：

> 向也吾黨論詩，于五言古則取其純，七言古取其勁，五七言律暨絕句取其音協。夫審音律、辨雅俗、核詞氣，詩之正也。抑傷于有才無識之士久，為公安、竟陵所鑠，故示之軌則，無使風雅大意淪胥以亡。若推索盡道，更有進者。三百篇，一詩也，何以著為經，確然不朽。則惟孤蘖之侶，感時傷事，蒿目撫心，或直言之，或微言之，或慷慨流涕，不禁長言之，言者無罪，聞者足戒，盛世之以為昌言，衰世之以為藥石也。詩道所以有用，而非浮詞豔曲，可以高據壇上者乎。三閭大夫慨然發憤，著為《離騷》，太史公與之，以為爭光日月，少陵得其意，悲壯激烈，度越諸子矣！[97]

依周岐所見，《詩》之所以有用於世道人心，其價值不在溫文爾雅，平和美頌，相反正在其不吝於感傷時事，而為衰世的針砭藥石，而《離騷》的經典性也正在此。筆者認為，因「吾黨論詩」四字，上述引文幾可視之為桐城詩派的宣言。

此處補充兩個背景，俾讀者易於把握雲間詩觀在明末的文化基礎，及桐城詩觀的特立獨行。其一，就明代科舉考試對於正風正雅、變風變雅，存在明顯的傾向性，「大約自明中葉開始，就

97　周岐，〈流寓艸敘〉，載方以智著，《流寓草》，卷首，無頁碼。

屢見考官不自變詩中出題，致使士子不讀變〈風〉、變〈雅〉」了。[98]其二，據《崇禎十年丁丑科進士三代履歷》，[99]陳子龍登第所用本經正是《詩經》。

總之，這場以詩序為公共平台的雲龍之爭針鋒相對，在以周岐為代表的桐城和以陳子龍為代表的雲間詩學之間，近乎森嚴的壁壘已然隱現。崇禎十二年（1639）方以智、吳道凝同年中舉，隨之編選二人合稿，與這種凝聚力相對的是，李雯為撰〈吳子遠方密之合稿敘〉，卻又對於桐城諸子的詩學觀念刻意地隻字不提。[100]直至崇禎十三年（1640）方以智入京、舉進士並就此滯留京師，「雲龍合社」的理想終歸湮滅。

五、明末桐城詩文三社的特性與意義

明末澤、永、雲龍三社一脈相承，桐城方以智是自始至終的動源和樞紐，深遠地決定著要不要發力、向哪裡發力、如何發力。此種策源和凝聚力，固然源於其本人出類拔萃的洞察、創造力乃至使命感，但同時與桐城文人異常突出的家族性，與「桂林方」在桐城顯赫的家學，乃至方以智曾祖、祖、父輩在家族內部始終占據的核心權力位置，皆密切相關。

---

98 侯美珍，《明代鄉會試〈詩經〉義出題研究》（台北：台灣學生書局，2014），頁87。

99 天一閣博物館編，《天一閣藏明代科舉錄選刊》（寧波：寧波出版社，2006）。

100 李雯，《蓼齋集》（清順治十四年［1657］刻本），卷34「敘二」，頁16b-17b。同一時段，與「雲龍合社」平行，原曾有「雲龍合選」之議而事終不成的曲折，筆者將另有專論〈明清之際「桐城人選桐城詩」之爭與桐城詩派的格局〉詳此，祈讀者俟之。

崇禎六年（1633），方以智首部文集《稽古堂初集》竟獲時任禮部尚書的何如寵（1569-1641）賜序，而方氏不過年方弱冠，一屆秀才。所以能夠如此，決定性的原因只能是家世而非才華。何序不惜筆墨，歷數方家世代積累的影響力：

> 密之曾王父明善先生（筆者按：曾祖方學漸），修濂洛之教，講學桐川，大江南北，無不響德而問業者。廷尉公（筆者按：祖方大鎮）纘緒其業，而彰明其教，凡刑於家，訓於後，皆以篤行文學為兢兢。故仁植（筆者按：父方孔炤）丕承克艱，垣墉而塗壁茨，罔不獲考，紹聞衣德言，固淵淵矣。……密之洵當不負家訓哉！[101]

序文強調的固是家世學問，曾祖方學漸也確是陽明後學、布衣學者，因講學而影響「大江南北」。但祖父方大鎮官正四品大理寺（廷尉）少卿，父親方孔炤其時亦曾官正五品知州，因之方以智是名副其實的簪纓子弟，鼎食之家。

物質方面，桐城方氏提供了會社的活動地點，無論澤社、永社，其社事定所皆是崇禎二年（1629）方孔炤返鄉建造的「澤園」：[102]「澤園臨南河，取『麗澤』之意，方潛夫夫子璽卿告假還

101 何如寵，〈稽古堂初集序〉，載方以智著，張永義校注，《浮山文集》，附錄3「序跋」，頁555-556。

102 方孔炤上崇禎表：「尚寶司卿候補臣方孔炤謹奏：為天恩隆重，臣分綿微，懇乞準假，以圖後報事。……崇禎二年（1629）十月十七日奉旨：「方孔炤準給假候補，該部知道。」見方孔炤，《職方舊草》（收入方昌翰編，彭君華校點，《桐城方氏七代遺書》，合肥：黃山書社，2019），卷下，〈乞假疏〉頁306。又，《方密之先生年譜》（民國間稿本，桐城市檔案館藏），明崇禎

鄉所建也。密之閉關誦讀其中，學耕會友，而歌以永言，不枯不亂，《荷薪》之家風善哉。」[103]而方以智課讀鄉間，即自號「澤園主人」。[104]

　　從澤社、永社到雲龍社的興衰浮沉，其功能、性質乃至用意的幾度遷移，一方面能充分看到南直隸安慶府桐城一地的士子，曾如何以會社的形式，預流晚明以降的文化潮流。如此，則學界多年矚目的桐城派，其廣幅的文學活動便遠非局限於有清一代，而顯然濫觴、草創於明末啟禎兩朝。這項研究，便益於學界從明的角度、詩的角度，重新審視所謂「桐城派」的外延、內涵。

　　另一方面，通過與三社同時代其他地域派別、會社如雲間詩派、幾社的比較，可觀察到作為明末桐城文化杼軸的方以智，自始便抱有一種複合型的心態與觀念。具體而言，它包括三個方面：其一，時代的危機愈益真切，士人應力求以經世之學參政；其二，這種願望應通過文章、詩歌寫作的改革來達致；其三，文章、詩歌寫作的改革須走復古的途徑。

　　澤社原是研習制義以備科考的文社，但很快自天啟末年始，便以古文辭來革新八股文法。此種文章觀念早於幾社數年，更早於其後的復社。同時澤社期間，社中諸子也早已通過大量的創作實踐，培育起成熟的復古詩學觀。唯澤社諸子課讀江北鄉間，直至崇禎五年（1632）方以智遊歷江南通都大邑如杭州、金陵，與雲間諸子酬唱，才猛然自省，原來桐城文脈不期然已開風氣之

二年己丑條：「貞述公乞假歸省，建澤園，命公閉關讀書。」頁19。

103 周岐，〈澤園永社十體詩引〉，方以智，《方密之詩鈔》，卷上〈永社十體〉，頁392。

104 方以智，《永社十體》尾款，方以智，《方密之詩鈔》，卷上〈永社十體〉，頁392。

先。受陳子龍、李雯感召，方以智隨即返鄉轉變社集方式，放棄
文社，於崇禎五年（1632）開創了作為詩社的永社，嘗試專著於
藉詩學革新，整飭士風。隨即松江、桐城兩地更產生雲龍合社的
構想，以求跨越地域進而統攝南直隸的輻射效果。但旋即因陳、
方兩位領袖的詩學理想——無論內在的師法理路，或外在的治世
功能——發生根本牴牾，自崇禎六年（1633）年始，雲龍兩地詩
人迅速轉而各自為政。其後數年直至崇禎十一年（1638），兩派
之間貌合神離，竟隱有攻伐之勢，終致雲龍社的理想無果而終。

宗族與詩社
明末廣東詩文集社研究[*]

黃聖修 ————————————————————————

臺灣人，國立臺灣師範大學歷史學系博士，廣州中山大學歷史學
系（珠海）特聘研究員。研究領域：中國史學史、明清學術史。
代表作：〈「何修學」解〉（2016）、《一切總歸儒林——《明史·
儒林傳》與清初學術研究》（2016）、《《春秋》西狩獲麟解》
（2017）。

* 本文係《廣州大典》與廣州歷史文化研究資助專項「明末清初廣東文人結社研
  究」（項目編號：2019GZY07）階段性成果。

一、前言

　　近人研究曾指出，文人結社始於中唐，此後日益增多，並在明代達到最高峰。在明代文人結社的歷程中，又以中晚明後風氣最為鼎盛，幾乎無地不有，並直至清初，方才出現轉變。[1]尤其值得注意的是，明末的詩文結社，除了文人間的詩文唱酬以外，更進一步與理學、文學主張、科舉制藝、經世思想，甚至是朋黨鬥爭、抗清運動等一系列思想文化和政治社會上的變動緊密相連，從而走出純文學的領域，產生了政治史、思想史、社會文化史等多方面的學術意義。近代以來，學者對明代文人結社的關注，不管在研究面向與內容上，都有逐步深化與擴展的趨勢。謝國楨（1901-1982）與小野和子等人的著作，首先關注黨社與政治運動間的聯繫，對此一課題的研究，有著啟發性的意義。此後，學者一方面持續探討如復社等重要結社的組成與運作，另一方面，也開始探索文人結社的其他意義。這些研究，[2]或是全面性地觀察了明代結社與文學流派的發展，或是針對某一特定地域、文社、家族，乃至於結社與園林文化等不同課題，作深刻地討論。

　　明代文人結社雖然以江南地區最為興盛，但以廣州為中心的

1　何宗美，《明末清初文人結社研究》（上海：上海三聯書店，2016），頁16-21。

2　相關研究成果，可以參見：王文榮，《明清江南文人結社考述》（南京：鳳凰出版社，2015），頁2-4。另外，何宗美出版於2011年之《文人結社與明代文學的演進（上下冊）》，亦為近年重要之研究成果，該書分上下冊，上冊《明代文人結社現象與文學流派、文學思潮研究》，按時間次序，將有明一代文人結社，做了完整的記述，並討論其學術意義之變化。下冊《明代文人結社編年輯考》，則是以朝代為大綱，年號為細目，將明代文人結社區分為13個時期，並摘錄相關史料，對後人之研究，實有相當之幫助。見：氏著，《文人結社與明代文學的演進（上下冊）》（北京：人民出版社，2011）。

嶺南文人，亦不落人後。廣東有著長時間的詩學傳統，清代詩人
屈大均（1630-1696）在其《廣東新語》中，便認為「漢和帝時，
南海楊孚字孝先，其為南裔異物贊，亦詩之流也。然則廣東之
詩，其始於孚乎！」[3] 唐代以後，張九齡（678-740）執宰於開元之
間，其詩文之成就，對後起的嶺南文人，產生了極為深遠的影
響。此外，嶺南文人在詩文創作之餘，亦喜結「詩社」，以相互
酬唱吟詠詩歌於山水、佛寺之間，抒發情懷。從現有的史料來
看，自南宋末年趙必豫（1245-1294）、趙時清、李春叟、陳紀
（1254-1345）等人在東莞鄉間結社吟詩始，直至近代甚至今日，
近800年間，嶺南文人的結社活動從未間斷。

　　隨著時間的推進，明代中晚期以後，以廣州為中心的嶺南地
區，亦先後成立不少著名詩社，並積極與江南等地詩文結社互通
聲氣，建立聯繫網絡。只是，相較於江南地區文人結社所受到的
重視，在過去的研究裡，除陳永正先生關於嶺南詩歌文學的通論
性著作外，[4] 學者關注的焦點主要集中在三個面向，一是前後南園
五子、南園詩社與嶺南詩派的形成；[5] 二是清初嶺南三大家以及士

3　屈大均，《廣東新語》（北京：中華書局，1985），卷12，〈詩語‧詩始楊
　　孚〉，頁345。

4　陳永正，《嶺南文學史》（廣州：廣東高等教育出版社，1993）；《嶺南詩歌研
　　究》（廣州：中山大學出版社，2008）；《沚齋叢稿》（廣州：中山大學出版
　　社，2011）。另外，嚴明，《清代廣東詩歌研究》（台北：文津出版社，1991）
　　與李德超《嶺南詩史稿》（基隆：法嚴寺出版社，1998），亦為較早出版之廣
　　東詩文通論性著作。

5　陳恩維，〈南園五先生結社考論〉，《廣東社會科學》，2010：3（廣東，
　　2010），頁124-128；楊權、陳丕武，〈詩派標準與「嶺南詩派」〉，《學術研
　　究》，2012：3（廣東，2012），頁114-123；黃坤堯，〈「嶺南詩派」相對
　　論〉，《學術研究》，2012：3（廣東，2012），頁124-126。陳恩維，〈論地域

僧交遊的研究；[6]三是明末清初廣東地區文人史料的蒐集與整理。[7]然而，受限於史料的不足，以及研究取徑的差異，明末廣東地區的諸多詩社，仍有許多根本性的問題，尚待進一步討論。

　　除此之外，如果我們進一步去探究，則可以發現，雖然文人結社在明代中晚期後蓬勃發展，但不同地區的文人社集，在活動內容、性質等細節上，卻不盡相同，而受其地域、歷史與發展情況左右。換句話說，中晚明時期的詩社、文社或文人結社，雖然是一個泛用性的名詞，但實際放到個別地區去檢視時，卻不該被簡單的一概而論，而無視其差異。是以，在深入探究明末清初嶺

文人集群與地域詩派的形成──以南園詩社與嶺南詩派為例〉，《學術研究》，2012：3（廣東，2012），頁127-134；李玉栓，〈文人結社與明代嶺南詩派的發展〉，《安徽師範大學學報（人文社會科學版）》，41：6（安徽，2013），頁678-684；陳豔，《元末明初南元五先生研究》（上海：復旦大學中國古代文學研究中心碩士論文，2013）；左東嶺，〈南園詩社與南園五先生之構成及其詩學史意義〉，《西北大學學報（哲學社會科學版）》，43：1（陝西，2013），頁53-57；陳恩維，〈試論嶺南地域詩學傳統的構建──以明初「南園五先生」為中心的考察〉，《廣州大學學報（社會科學版）》，13：5（廣州，2014），頁90-96；李豔，《明代嶺南文人結社研究》（重慶：西南大學碩士學位論文，2014）。《明代嶺南文人結社研究》是近年來對明代嶺南地區文人結社研究的最新成果，但由於所論為整個明代的嶺南結社，且受限於篇幅，因此所關注之焦點，仍以南園前後五子為核心。

6　三大家相關研究如：王富鵬，《嶺南三大家研究》（北京：人民文學出版社，2006）；端木橋，《清初嶺南三大家》（廣州：廣東人民出版社，2006）；何天杰，〈嶺南三家與清初詩壇格局之新變〉，《學術研究》，2007：4（廣東，2007），頁150-154。士僧交遊研究參見：王美偉，《明末清初嶺南士僧交游與文學》（重慶：西南大學中國古代文學碩士論文，2012）；李舜臣，《嶺外別傳：清初嶺南詩僧群研究》（廣州：南方日報出版社，2017）。

7　如《全粵詩》、《粵詩人彙傳》、《嶺南文獻綜錄》、《明末清初廣東文人年表》等著作之蒐集整理，以及《嶺南文庫》，甚至是《廣州大典》之出版。

南地區的詩文結社前，或許吾人必須先試著回答，當時以廣州為中心的詩文結社，與其他地區的文人結社，有著什麼樣相同與不同之處？這些相同與差異點，又反映了什麼樣的特性與歷史意義。

　　沿著上述的思考，在過去針對華南地區的宗族研究中已指出，當嘉靖朝時，中國尤其是華南地區的社會，出現了很大的轉變，而「宗族」則是此一轉變之核心。宗族禮儀不僅成為聯繫王朝國家與地方社會之主角，甚至進一步與貨幣、市場發生關係，從而累積資本，擴大宗族影響。而在此一過程中，城市雖然仍是王朝統治的重點要地，但王朝與鄉村社會宗族發展建立起之聯繫，卻反而將城市擠到角落去，從而呈現出另一種不同的社會面貌。[8]

　　是以，針對明末清初嶺南地區的詩文集社，在現有的研究成果上，或許還可以往前回溯，從更根源的基礎，去探尋廣東地區詩文結社，所隱藏的獨特性。為了達成此一目的，本文在處理上，並不直接敘述明末廣東文人結社的歷史發展，而是將文人結社所具備的幾個特點作為觀察點，從不同的角度，一窺明末廣東文人結社的特性，再將這些觀察點加以連結，從點到面地描繪出明末廣東文人結社的樣貌。其次，在初步掌握此一樣貌之後，為了理解其背後所隱藏的獨特性，本文選擇番禺黎氏作為進一步分析的對象。番禺黎氏作為明末廣東地區代表性的重要宗族，不僅在地方上有著相當程度的影響力，且長期活躍於文學、政治，甚至是明末抗清的軍事領域。番禺黎氏的例子，除有助於認識並理

8　科大衛著，卜永堅譯，《皇帝與祖宗：華南的國家與宗族》（南京：江蘇人民出版社，2010），頁18。

解廣東地區的詩文結社，與江南地區有何異同之外，還可以作為
華南地區研究，跨領域結合的一個嘗試。從而發掘嶺南詩社背後
的歷史成因，揭示隱藏在「標舉唐音，氣韻雄直」的詩文風格
下，不為人所知的其他面向，並作為未來持續研究之張本。

二、明末清初的嶺南詩社

　　哪些要素是明末清初文人結社的特點？或許是我們在討論以
前，有必要先釐清與定義的課題。過去學者們曾針對江南地區文
人結社的類型與性質，[9]作出細緻的分類。如郭紹虞（1893-1984）
在〈明代的文人集團〉一文中，便曾將176個文人結社，區分為
「怡老性質者」、「比較純粹的詩社」以及「專門研究八股文的文
社」，並總歸為「詩社」和「文社」兩大類型。除此之外，又將
這些文人集團的形成，區分為「興趣的結合」、「主張的結合」與
「政治性的結合」。[10]何宗美則在此一基礎上持續深化，指出文人結
社的分類，不僅有分類的標準問題，同時還有歸類的問題，而不
同的分類標準下，將會得出不同的類型，並按性質、組織特點、
結社宗旨與活動內容等差異，區分出十餘種不同類型的文人結

9　「江南」雖然是個複雜的地理、行政、文化乃至於經濟的區域概念，不過至遲
　　在明代以後，時人對於江南的範圍已經逐漸定型。李伯重從地理的完整性，
　　以及自然生態條件，和同屬太湖水系等理由認為，就明清時代而言，「作為一
　　個經濟區域的江南地區，其合理範圍應是今蘇南浙北，即明清的蘇、松、
　　常、鎮、寧、杭、嘉、湖八府以及由蘇州府劃出的倉州。」而本文所指之江
　　南，亦同於此一範圍。參見：李伯重，〈簡論「江南地區」的界定〉，《中國
　　社會經濟史研究》，1991：1（廈門，1991），頁100-107。

10　郭紹虞，〈明代的文人集團〉，《照隅室古典文學論集》，上編（上海：上海古
　　籍出版社，2009），頁518-610。

社。此外，何氏亦以八股文結社為例，認為八股文結社雖然是科舉制度的產物，主要興趣在八股與科名之上，傳統上並不視為文學類結社。然而，「在那種八股、科名與文學本來就難以截然分開的時代，文社與文學自然不能毫無關係」，幾個以制藝為主的文社，亦很難認為其與文學完全無關。[11]

　　過去對江南地區文人結社的分類研究所遭遇的困難，實際上正好反映出明末清初文人結社的多樣化特性。不僅不同地區、城市乃至於結社群體會形成各自不同的文人結社。即使是同一個結社，也很可能因為不同時期的社會風氣、主持者改變或其他細微的因素，使得結社的性質出現變化，造成分類上的困難。然而，從整體來看，當時的文人結社，雖然種類繁多且各具特色，但仍有一定程度的共通點，可以為後人所觀察。從這些觀察點出發，即使是性質類型完全相異的文人結社，依然有比較的意義。更有甚者，還可以更進一步去觀察那些同中之異，與異中之同。

　　就廣東地區而論，雖然廣東的文人結社可以上推至南宋末年，但受限於史料的不足，當時情況究竟如何，已不可得知。元末與明中葉，由孫蕡（1337-1393）、歐大任（1516-1596）等人先後成立與修復的南園詩社，以及參與其中的南園前後五先生，則對廣東詩壇與詩社的建立，產生了深遠的影響。明末崇禎以後，雖然內外政局進一步惡化，但廣東地區因為僻處嶺南，在相對安定的情況下，反而迎來了一波結社的高峰。天啟五年（1625），梁元柱（1589-1636）等十餘人，假光孝寺成立的訶林詩社，以及陳子壯（1596-1647）等於崇禎十年（1637）重修南園舊社，皆曾轟動一時外。此外，崇禎十七年（1644），年僅15歲的屈大均，

11　何宗美，《明末清初文人結社研究》，頁36-41。

亦與同里諸子成立西園詩社。入清以後，先後還有粵台詩社（康熙二十三年，1684）、東皋詩社（康熙三十一年，1691）等社之設立。雖然，從宏觀的背景來看，明末如雨後春筍般先後成立的廣東詩社，與同時期其他地區的詩文結社，有共同的發展趨勢，但也因為如此，不免隱沒其中，而尟能受到關注。然而，如果更進一步的去觀察，則不同地區的詩文結社，其內在結構，則往往不盡相同，有著各自的組成特色，以及歷史成因。

1. 結社的性質

從結社的性質上來看，相較於其他地區出現的如制藝、文章、心學講會、鬥雞走狗、飲食娛樂，或政治性乃至於複合性的文人結社，明末廣東地區的文人，則對「詩社」的設立情有獨鍾。長久以來，廣東地區有著「嶺南詩派」之說，明儒胡應麟（1551-1602）在其《詩藪續編》中曾指出：

> 國初吳詩派昉高季迪，越詩派昉劉伯溫，閩詩派昉林子羽，嶺南詩派昉於孫蕡仲衍，江右詩派昉於劉崧子高。五家才力，咸足雄據一方，先驅當代。[12]

嶺南詩派之說雖然始於胡應麟，但近代以來也有部分研究者，將其概念向上追溯唐代的張九齡，而稱之為「曲江詩派」。[13]不過，從實際上來看，則嶺南詩派之發展，仍與南園詩社的盛衰，有著

---

12 胡應麟，《詩藪續編》（收入《四庫全書存目叢書》，集部第418冊，台南：莊嚴文化事業有限公司，1997），卷1，頁2。

13 汪辟疆，〈近代詩人述評〉，《南京大學學報（人文科學版）》，1962：1（南京，1962）。轉引自：陳永正，《嶺南詩歌研究》，頁32-33。

較為直接的關係。元末明初由孫蕡、王佐（1337-？）、趙介（1343-1389）、李德、黃哲等5人創立南園詩社後，世人稱之為南園五子。當時的南園詩社，雖然沒有一定的規程，活動地點並不限於南園抗風軒，結社的時間、人數亦沒有固定。[14]但其「豪吟劇飲，更唱迭和」、「哦詩縱酒野雲邊」[15]豪邁暢快的風氣，卻對廣東地區的詩歌文化，產生了深遠的影響。南園五先生以及所代表的南園詩社，不僅成為廣東詩人所嚮往的對象，亦是廣東詩歌發展的重要象徵。對此，明末番禺地區知名詩人黎遂球（1602-1646），在其〈重刻五先生詩選序〉中，便指出廣東地區之所以對詩情有獨鍾，與南園詩社和南園五子，有著直接的關係，其以為：

> 嶺之南，人人言詩，其在國初，蓋有五先生。竊嘗論之：如孫仲衍視嵇中散、謝康樂先後一轍；王彥舉乃得比漢二疏、唐賀季真；黃庸之為政有韓退之徒鱷風；李仲修不愧太白、長吉稱，其治義寧，則文翁化蜀；趙伯貞自擬淵明，誠孟浩然所不能及。雖出處各殊，然於唐詩有張文獻，於我明有五先生，粵昔者稱之，蓋無異詞云。[16]

---

14 據今人考證，孫蕡等人所結南園詩社，在入明以前僅有過兩次結社活動，入明以後五子先後北上仕宦或隱居，縱使仍有活動，亦不在南園舉行了。

15 孫蕡，《西庵集》（收入《北京圖書館古籍珍本叢刊》，第100冊，北京：書目文獻出版社，1988），卷7，〈琪琳夜宿聯句一百韻〉，頁9；卷8，〈懷王彥舉〉，頁10。

16 黎遂球，《蓮鬚閣集》（《叢書集成續編》，第149冊，台北：新文豐出版股份有限公司，1989），卷18，〈重刻五先生詩選序〉，頁394-395。

在上文中，黎遂球將五先生之詩文與嵇康、謝靈運、疏廣、疏
受、賀知章、韓愈、李白、李賀、陶淵明、孟浩然等過去知名詩
人相比擬，一方面可以看出黎氏對五先生之推崇；另一方面，還
可以一窺五先生在詩文風格上，雖然有清新自然的一面，但走的
仍是漢唐之風，因此所擬諸子，皆漢魏唐時之人，亦即朱彝尊
（1629-1709）所謂：「五古遠師漢、魏，近體亦不失唐音。」[17]

　　當然，除了詩社以外，廣東地區亦曾出現過以講學、娛樂或
其他性質的結社活動。例如上文所提的黎遂球，其諸從兄弟遠近
數十人，便曾結社以飛奴為戲，由黎遂球題名「怒飛社」，並撰
寫題記。[18]雖然，黎遂球的諸從兄弟究竟可否被視為文人，以及
「怒飛社」是否為文人結社，皆容或有討論的空間。不過，至少
可以證明，廣東地區當時除了詩社以外，還有許多其他性質的結
社，也同時存在。但相較於其他性質的社群活動，廣東地區的結
社，尤其是文人結社，仍以詩社最為大宗。[19]不僅在數量上遠勝於
其他社群，在歷史淵源、文化影響上，亦不是其他種類的結社，
所可以比擬的。就此點而言，中晚明以降的許多地區雖然也不乏
詩社，但文人喜結詩社，仍可以視為廣東地區文人結社的重要特
性。

---

17 朱彝尊撰，姚祖恩輯，《靜志居詩話》（收入《續修四庫全書》，第1698冊，
　　上海：上海古籍出版社，1995），卷3，頁135。

18 其所謂「飛奴」，指的便是賽鴿。參見：黎遂球，《蓮鬚閣文鈔》（收入《叢
　　書集成續編》，第187冊，台北：新文豐出版股份有限公司，1989），卷6，
　　〈怒飛社題名記〉，頁394-395。

19 李龑在其《明代嶺南文人結社研究》中，曾列舉整個明代嶺南地區文人結社
　　共計51例，其中有32個結社直接以「XX詩社」為名，可見廣東地區的文人
　　結社，詩社實為主流。雖然文中有部分結社性質尚須進一步討論，但仍具相
　　當之參考價值。參見：李龑，《明代嶺南文人結社研究》，頁19-23。

2.社名

　　除了結社的性質以外，文人既選擇以結社的方式相酬唱，則
「社名」的有無，自是衡量一個集社是否成立的必要條件。雖然
在天啟、崇禎年間，因為結社的風氣達於鼎盛，即使只有一次或
數日的雅集，亦經常以某社自名，但社名的有無，仍是結社活動
中相當重要的標誌。江南地區許多知名的結社，如應社、復社、
幾社等，都曾享大名於當時，士子亦以入社為榮。就廣東地區而
言，如前文所述，明初至正年間的南園詩社與南園五子既為廣東
文人所響往，因此續「南園」之事，則成為廣東文人在結社時，
經常選用的社名。例如在天順年間，番禺文人黎秉縫，便曾糾集
同好，續南園詩社，與當時東莞的鳳台詩社相望而興，是廣東地
區在明代前期較為知名的兩大詩社。到了嘉靖年間，歐大任過南
園故址，見社廢而園故在，荒竹澎池，半掩蓬藋，除賦詩五章
外，更與梁有譽（1521-1556）、黎民表（1515-1591）、李時行
（1514-1569）、吳旦等人，聯吟於南園抗風軒，再敘南園之事，
而被稱為南園後五先生。[20]崇禎十一年（1638），陳子壯與弟子黎
遂球、弟子升、友人歐主遇、必元、歐懷瑞、懷年、黃聖年、黃
季恆、黎邦瑊、徐棻、釋通岸等12人，三度修復南園舊社，世稱
南園十二子。除十二子之外，當時吳越江楚閩中諸名流亦來入
社，遂極時彥之盛。[21]

---

20 陳文藻等編，《南園後五先生詩》（收入《四庫全書存目叢書·補編》，第38
　　冊，濟南：齊魯出版社，2001），卷2，〈五懷詩幷引〉，頁486；陳永正，
　　《嶺南詩歌研究》，頁46。

21 陳伯陶，《勝朝粵東遺民錄》（上海：上海古籍出版社，2011），卷2，〈歐主
　　遇〉，頁113。

　　除了南園詩社以外，設立於明代前期天順年間的東莞鳳台詩社（一稱鳳岡詩社），同樣是廣東地區成立較早的詩社，當萬曆三十六年（1608）以及崇禎十年（1637）時，亦先後有廣東文人重修舊社，闡韻賡唱於其間。除了這些歷史較為悠久的詩社以外，天啟崇禎以後，廣東地區的詩社數量快速增加，詩社的名稱也越來越多。例如天啟五年（1625），梁元柱（1589-1636）、鄺露（1604-1650）、黎遂球等人設立於廣州光孝寺的訶林詩社，曾在崇禎元年（1628）四月舉行袁崇煥（1584-1630）復起薊遼總督，出山海關督師的餞別詩會。當日廣東粵籍紳宦文士雲集，除了餞別外，還作圖賦詩，期望袁崇煥能廓清東北。此外，陳子履、陳子壯兄弟在崇禎四年（1631）先後成立東皋詩社、雲淙詩社；而年僅15歲的屈大均，更是在崇禎十七年（1644）便偕同里內諸子，成立了西園詩社。其餘如羊城偶社、仙城至社、仙湖詩社、芳草精舍、續浮丘詩社、雲和大社等，都是天啟末崇禎年間先後成立的廣東詩社。

　　雖然，受限於史料的不足，以至於有許多結社的規模與實際活動內容，無法為吾人所了解。然而，從上述短短十餘年間，便陸續出現十餘個結社名稱來看，至少可以看見，當時的廣東文人，對於結社的熱情，並不亞於其他地區的文人。

3.結社成員

　　除了詩社的社名以外，參與詩文結社活動的文人，更是文人結社創立與發展的重要組成關鍵。一般而言，這些參與結社的文人，可以粗略區分為社長和詩社成員兩類。在中晚明時期江南眾多的文人結社裡，社長或盟主的產生方式，約略有三種類型，首先是創設的發起人自任社長或盟主；其次則是雖有熱心的地方官

員操持社事，但卻延攬有名望的士人擔任盟主。最後也有部分結社採取推舉年德俱尊者為社長或盟主的方式。[22] 但不論是採用何種方式產生，社長或盟主都無疑是詩文結社中最重要的靈魂人物。一個結社的活動類型、詩文風格、政治傾向，乃至於盛衰的轉變，往往與社長或盟主領導方式，有著直接的關聯性。

　　就明末廣東地區而言，以前述諸多詩社為例，檢視相關史料可以發現，廣東地區在地理位置上，因為與江南地區距離遙遠，且受限於地形的關係，以至於詩文結社的成員組成相對封閉。在上述部分較為知名的詩文結社裡，雖然也有「吳越江楚閩中諸名流」等江南文人的參與，但畢竟仍以廣東籍的文人占最多數。除此之外，還可以看見這些詩社的組成成員有著大量重疊的現象。茲先將相關詩社成員整理成表如下：

表1　天啟崇禎廣東地區詩社成員表

詩社名稱	參與成員	地點
雲和大社（天啟七年）	陳子壯、陳子昇、黎遂球、歐懷瑞、謝伯子、衛付愷等百餘人。	番禺
訶林淨社（天啟間）	**陳子壯**、梁元柱、黎密、黎遂球、鄺露、趙焯夫、歐必元、區懷年、李雲龍、梁夢陽、梁繼善、梁國棟、傅于亮、陶標、鄧楨、吳邦佐、韓暖、戴柱、彭昌翰、李膺、呂非熊、釋通岸、釋超逸、釋通炯、梁稷	番禺
東皋詩社（崇禎四年）	**陳子履**、陳子壯、黎遂球、黃聖年、黎邦瑊、徐棻、歐主遇、張萱、何吾騶	番禺
雲淙詩社（崇禎中）	**陳子壯**、陳子昇、區懷瑞	番禺

22 何宗美，《明末清初文人結社研究》，頁27。

續鳳台詩社	林鉞、尹湯昭、陳日瑞、彭敦復、郭昌胤、陳葆一、陳瑞星、李翰延、孫振宗、陸大魁、彭任卿、林洪達	東莞
南園詩社 （崇禎十一年）	**陳子壯**、陳子昇、歐主遇、歐必元、區懷瑞、區懷年、黎遂球、黎邦瑊、黃聖年、黃季恆、徐栗、釋通岸	番禺
芳草精舍詩社 （崇禎末年）	陳虬起、蕭奕輔、梁佑逵、黎邦瑊、區懷年	番禺
續浮丘詩社 （崇禎末年）	**陳子壯**、陳子昇、黎遂球、區懷瑞、區懷年、高齎明、黃聖華、梁佑逵、黎邦瑊、謝長文、曾道唯	番禺
仙湖詩社 （崇禎末年）	**陳子昇**、薛始亨	番禺
仙城至社	黎遂球	番禺
浩社	朱國材	番禺
松堂詩社	馬駿、鄧右林、林原立、岑文凱	順德

資料來源：

1. 中山大學中國古文獻研究所編，《粵詩人彙傳》，廣州：嶺南美術出版社，2009。
2. 李君明，《明末清初廣東文人年表》，廣州：中山大學出版社，2009。
3. 何宗美，《文人結社與明代文學的演進（下冊）》，北京：人民出版社，2011。

　　受限於史料的不足與分散，上表對於明末以降廣東地區的詩文結社和成員的整理，仍有許多尚待釐清和補充之處。但即使如此，上表中所列舉出的廣東詩社和成員組成情況，仍透露出一些有趣的現象。首先，上表中以粗體表現者為社長。在上表所列的十餘個詩社中，有六個社的社長，與陳子壯兄弟有著直接的關聯性。雲和大社雖然不能確定社長為誰，但以陳子壯當時的地位，必然有其重要的影響力。陳子壯，字集生，號秋濤，萬曆四十七年（1619）進士。萬曆朝因彈劾閹黨，父子同日奪職，崇禎初起用，歷官至禮部右侍郎，旋以言事下獄，減死放歸。桂王時受東閣大學士，總督四省軍務。清軍入粵，子壯與陳彥邦、張家玉拒

戰死，世稱粵後三忠。陳子壯除了在政治與軍事上有所表現外，在詩文上也有獨特的造詣，曾多次招集廣東文人名流，創立詩社，飲酒賦詩，促進了明末廣東地區詩文結社的風氣。至於東皋詩社的發起人兼社長陳子履，則為陳子壯從兄，曾官至御史、貴縣知縣，在廣州城的東郊築有「東皋別業」，為明代廣州四大名園之一。據屈大均《廣東新語》所述，園中有一湖曰蔬葉，湖中有樓，環以芙蓉、楊柳，湖上榕堤竹塢，步步縈迴，奇石起伏。[23]東皋詩社便是以此園林為名所設，邀集廣東名流文人士紳，在此中飲酒談詩，縱論時弊。而與薛始亨結社於仙湖的陳子昇，則為陳子壯之弟。陳子昇幼時，其兄子壯教以為詩，應聲而就，子壯嘗曰：「阿季勝我」，並謂其詩可以孤行。[24]南海陳氏兄弟三人，不僅先後多次領導參與廣東地區的文人結社，且師友弟子門人眾多，在晚明廣東地區的詩壇中，實有著相當重要的影響力。

　　除了社長以外，詩社成員的組成，則是另一個值得關注的問題。檢視上表所列成員，可以看出除了續鳳台詩社和松堂詩社分處東莞、順德以外，其餘詩社多集中在番禺地區。番禺自秦代建縣之後，一直是嶺南地區的行政中心，西漢初期更曾是南越王國國都。長期以來為廣州地區一、二、三級政權所在地，番禺縣治亦在廣州城內。是以，以廣州為中心的嶺南詩人群集於番禺，與當地相對發達的政治社會經濟文化有直接關係。

　　其次，此一結社成員名單，雖然仍有許多不足，而需要進一步的補充。但即使如此，仍可以清楚的看出，以番禺為主要活動中心的詩人群體，在不同詩社之間大量重複出現。換句話說，如

---

23 屈大均，《廣東新語》，卷17，〈宮語‧名園〉，頁470-471。
24 陳伯陶，《勝朝粵東遺民錄》，卷1，〈陳子昇〉，頁34。

同社長皆為海南陳氏兄弟的情況一樣，這些詩社的成員，在某種程度上，可以說是追隨著陳子壯一同創立一個又一個的詩社，因此才會重複列名在不同的詩社之中。甚至，吾人可以進一步推測，假使詩社的成員名單可進一步完備，則其重複的現象，將會更加清楚的展現。

4.社約與結社活動

相較於宋代至明代前期的文人結社，中晚明以後，文人結社發展達到高峰，除了規模日漸擴大，以及結社性質日漸複雜以外。結社規約的訂立，也日趨規範化，而逐漸成為一種普遍的現象。此外，規約的發展，也不再只是有無的問題，而是從性質內容上發生變化，從早期側重生活與交接禮儀，到後期甚至對所賦之詩的意旨、內容，乃至於修身品德上，都作出嚴格的規範，而帶有某種禁止與強制的意味在其中。[25]

除了社約以外，由於結社規模的擴大，結社地點的選擇，以及維持經費的來源，乃至於結社後詩文稿的選刊，都成為無法迴避的實際問題。從結社發展歷程來看，一個穩定的文人結社，通常有固定的活動地點與日程，並透過高位者或輪流承辦，自修供具、設立社田、富人支持等方式，維持結社的正常運作。而結社之後詩文稿的刊行，則一方面可以作為結社的成果宣傳，影響文學、科舉風氣外；另一方面，也可以作為結社經費的來源之一。

是以，就整體的趨勢而言，隨著文人結社的逐漸成熟，其內容雖然五花八門，但多有一定的規制可循，與隨興而起的聚會、

---

25 何宗美，《明末清初文人結社研究》，頁29-30。

雅集不盡相同。[26]然而，雖然結社有著日趨規範的發展趨勢，但仍有許多結社，維持著相對鬆散，且自由開放的風氣。例如王鴻泰在本書中所考察的南京地區文藝社群，便沒有規約、社費，此外，參與結社的成員不僅不固定，且來去不同詩文結社之間，而不受社群的約束。[27]

　　以此兩種截然不同的類型來觀察明末廣東詩文結社，則可以發現一些有趣的特性。首先，明末廣東地區的詩文結社，不僅尠建社約或其他規約的設立，甚至在結社地點和時間上，亦往往飄忽不定，而沒有一個固定的場所或日程。當然，與江南地區的情況相似，一些重要的佛寺、書院、林園、勝景，如南園抗風軒、東皋別業、光孝寺、白雲山等處，不僅是詩社創立與重要的結社地點，甚至還是詩社命名的依據。是以，在明初南園詩社相對開放自由的結社風氣影響下，明末廣東詩文結社，也有著相對開放自由的結社方式。期不常會、會中有歌妓侑酒，以及不固定的地點和人數，實為明末廣東地區詩社的特點，而與江南地區某些開放性較強的結社，有著一定程度的相似性。

　　不過，如同前文所述，在比較不同地區的文人結社特點時，除了注意其性質的異同以外，仍須進一步觀察其同中之異，與異中之同。就上述每一個單一特性而言，似乎都可以在其他地區中，尋找到性質相近的文人結社。然而，如果將這些特性作整體的檢視，則會發現，廣東地區的詩文結社，實有其獨特之處。首先，粵人好詩，因此文人在進行結社活動時，多選擇創立詩社，

---

26 王文榮，《明清江南文人結社考述》，頁11。

27 此類結社風氣相對自由開放的社群，何宗美將其稱為「非規範性」結社，例如隨社、偶社、萍社、午日秦淮大社等，其皆視為此一類型之結社。參見：何宗美，《明末清初文人結社研究》，頁27。

講論詩藝，並透過結社賦詩排解憂國情懷，相較之下，其他類型的結社活動，則較為少見。然而，即使從社名的數量來觀察，在天啟崇禎以後，新的詩社數量大增，短短十餘年間所成立的詩社，超越了過去的總和。而此點則與近人統計嶺南地區詩人數量的成長趨勢，在明末清初達到鼎盛，並能與其他地區相頡頏的發展有所吻合。[28]但相較於江南地區文藝社群的引領全國風騷，並積極與全國文壇相聯繫，甚至主導發展的企圖。粵人在此一方面，雖有嶺南詩派之稱，但受限於地理區位與其他因素，不免有所局限，形成相對獨立發展的態勢。在某種程度上，也因為如此，反而長期保持了一致的風格，較少受到其他地區的影響。[29]

　　此一現象，從詩社的發起與成員關係來看，亦可以得到佐證。明末廣東文人結社，不論是延續舊社，或是新設立的詩社，其發起人與社員，在不同詩社之間有著成員大量重複的現象。從名單上來看，可以很明顯的看出一群以陳子壯為核心的廣東文人群體，是明末廣東地區相對活躍的結社成員。這批人不僅積極參與詩文結社活動，同時也是明末廣東地區的抗清主力，以至於有許多人最後兵敗身死殉國，或是入清後以遺民自居，不復出仕，甚至出家為僧。

　　此外，廣東地區的結社雖然沒有社約等規範的訂立，在結社地點、時間或成員組成上，也都相對寬鬆自由。但與其他地區的開放性結社，仍有一定程度的差異。以南京地區的文藝社群為例，南京作為全國的文藝核心之一，不僅在地理區位上占有極大的優勢，在經濟、政治上，同樣有其重要的影響力，為全國所關

---

28 李舜臣，《嶺外別傳：清初嶺南詩僧群研究》，頁47-54。

29 陳永正，《嶺南詩歌研究》，頁24-32。

注。在此一情形下，南京的文藝社群隨著時間的發展，逐漸成為全國性的文學舞台，這些文藝活動不僅有著強大的磁吸效應，吸引當時一流文人，前往南京一展長才；同時也散發出絕大的影響力，左右著文壇的走向。相較之下，廣東地區的詩文結社，雖然開放自由，但結社的參與者絕大多數為在地廣東文人。雖然，也有部分其他地區的文人參與其中，但在影響力與人數上，都遠遜於廣東本地的文人。

三、詩人世家「番禺黎氏」

從前述的討論可以看見，相較於江南地區文人結社的發展趨勢，廣東地區的文人結社活動，雖然在明中晚期以後，也出現一波發展的高峰，不論在詩人或結社的數量上，與過去相較，都有顯著的成長，但在結社特性上，卻有著廣東地區獨特的發展，而與其他地區的結社模式不盡相同。好詩、自由開放、成立時間集中於明末，且參與主體為在地文人等，實為當時廣東詩文結社的重要特性。而該如何理解並解釋這些特性，便是下一個必須思考的問題。然而，受限於史料不足與蒐集困難，欲針對某單一詩文結社進行全面性研究，實有窒礙難行之處。但是，從另一角度來看，明代中葉以後，廣東地區旺盛的宗族發展，留下了許多珍貴的地方史料。這些史料不僅以文字的方式，保存在各種檔案、家譜、族譜等文本之中，還以實體的方式，透過祠堂建築、碑記、祭祀活動等方式，乃至於村莊聚落、耆老記憶口述等方式保留至今。

從這個角度來看，位處番禺的黎氏宗族，無疑是明末廣東地區宗族發展與詩文結社關聯性絕好觀察點。番禺黎氏自趙宋南

渡，由南雄珠璣巷遷居番禺板橋村（參見圖1：番禺輿圖），興起
於明代正、嘉之際，為廣東地區重要的詩人世家。在明末清初之
際，家族中詩人輩出，黎瞻、黎密（1566-1629）、黎淳先、黎玉
書、黎彭林，皆有詩名於當世。其中黎民表（1515-1581）師從黃
佐（1490-1566），名列南園後五子之一，與李攀龍（1514-
1570）、王世貞（1526-1590）頡頏文壇，並積極參與廣東地區詩
社。此外，從孫黎遂球（1602-1646）亦以詩文、氣節，為世人所
重。黎遂球師從陳子壯，且先後與與徐汧（？-1645）、吳偉業
（1609-1672）、張溥（1602-1641）、金聲（1589-1645）、陳際泰
（1567-1641）等江南文人詩文唱和。崇禎十三年（1640）5月客揚
州，於鄭元勳（1603-1644）影園中與江南文人即席分賦黃牡丹七
律十章，糊名後為錢謙益（1582-1664）拔為第一，元勳鑄金罍為

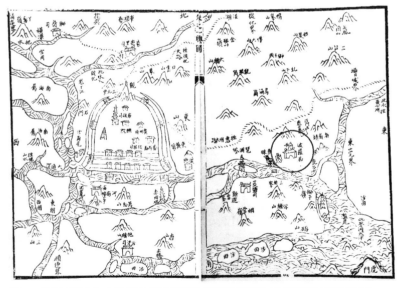

圖1　《番禺縣志》（康熙）番禺輿圖（圈起處即為番禺板橋村所在地）

贈，因而有黃牡丹狀元之稱。明亡之後，受兵部職方司主事，督師贛州。順治三年（1646），清軍陷贛州，遂球與其弟遂琪皆殉難。

　　番禺黎氏雖然在晚明清初之際相當活躍，但與其他宗族一樣，倘若只透過家譜或地方志的記載，由於取材方向的關係，並不容易在詩文結社方面，得到足夠的史料。所幸，在黎遂球長子黎延祖的努力下，刊行了《番禺黎氏存詩彙選》，為番禺黎氏留下了寶貴的資料。結合《番禺板橋黎氏家譜》與《番禺黎氏詩存彙選》二書中的記載，不僅有助於後人理解明末清初番禺黎氏的發展，更可以藉此一窺當時士人詩文結社中的諸多歷史特性。

　　自明代中期番禺黎氏崛起之後，族中詩人輩出，善詩者不少，且多編著有詩文集。但是，在歷經明末清初的戰亂之後，少數刊行的詩文集往往散佚不存，或僅存數首而已。《番禺黎氏存詩彙選》的編輯，便是黎延祖一夕與陳恭尹（1631-1700）醉宿大忠祠中，言及先人詩文散佚，為之涕下，才開始戮力搜求先世遺文選刊。對此，名列清初嶺南三大家之一的陳恭尹嘗序曰：

　　　美周先生殉節于丙戌（1646），先君殉節于丁亥（1647），
　　兩粵之干戈，又十年而後息。故家遺族，流離奔走，不獨剞
　　劂故板燼棄無存，即卷帙之散於人間者，亦多飽蠹角之腹。
　　二十年前，予與先生二子方回、務光醉宿大忠祠中，每言及
　　此，輒太息涕下。十年來，務光捐館，而方回遂能輯先生全
　　集而刻之。茲又念其先世詩文零落無多，懼其終于泯滅，乃
　　極力搜求於殘編廢簏之中，畫卷粉牋之內，片言隻字，購若
　　重寶，於是遺詩漸集。……凡二十人，可謂盛矣。……乃屬
　　予為選，定名之曰《番禺黎氏存詩彙選》。謂之存，則亡失

者可知也。謂之選，則未刻者可知也。[30]

　　在序文中，陳恭尹不僅詳述纂輯《番禺黎氏存詩彙選》的緣由始末，同時指出選集中收錄了20位（實際上共收錄21位）不同世代，但都活躍於明末清初廣東地區的番禺黎氏詩人。全書不分卷，框高20.2公分，寬14.1公分，每頁9行，有版框格線，上單魚尾，上版心書各收錄文集原名。本書僅見存於北京中國國家圖書館，《廣州大典》將其景印出版，並著錄為「康熙三十三年黎延祖刻本」。這或許是因為黎延祖在書中〈自識〉末稱：「甲戌長至禺海七十有三遺民黎延祖謹識」，由於甲戌年正是康熙三十三年（1694），因此《廣州大典》將本書認定為該年之刻本。然而，如果將〈自識〉前之〈番禺黎氏存詩彙選爵里〉載有黎延祖，且後有「十七氏孫述曾能謙仝輯」字樣，以及書內亦收錄黎舜仁〈蓮鬚閣後跋〉與黎延祖之《瓜圃小草》一併考慮進去，則本書當為黎延祖後人增補刊行之版本，而非康熙年間之黎延祖初刻本。[31]

　　從表面上來看，選集的體例是以時間為次序，按時序收錄番禺黎氏族內詩人的詩集，每集之收錄，如有序文、傳記，則冠於文集之前。各集收錄之詩文長短不一，長者如黎遂球《蓮鬚閣集》，有序文數篇，像贊、黎遂球所撰文章、傳記、傳跋、鄉賢傳、墓誌銘、祠堂記、板橋謁，及詩選近30餘首。短者則僅存詩數首。謹先將所收錄人物，及所附之小傳依次摘錄如下：

30　陳恭尹輯，《番禺黎氏存詩彙選》，《廣州大典》（廣州：廣州出版社，2015），〈番禺黎氏存詩彙選序〉，頁281-282。

31　如同陳恭尹序文所述，《番禺黎氏存詩彙選》原收錄20人，但因為本書為黎延祖後人之補刻本，因此將黎延祖補入書中，導致收錄人數與陳恭尹序文所述不合。

1. 黎瞻：字民仰，號前峰，遂球曾祖。嘉靖壬午（元年，1522）亞魁，官順天府尹。著《燕台集》。禮部尚書何維柏撰序，太子少保工部尚書門生朱衡撰傳。[32]

2. 黎貫：字一卿，號韶山，遂球曾叔祖。正德丁丑（十二年，1517）進士，官御史。著《臺中集》、《使閩稿》、《西巡稿》。[33]

3. 黎民表：字惟敬，號瑤石，貫長子。嘉靖甲午（十三年，1534）第六人，官吏部內閣，掌制誥，侍經筵，修實錄，陞河南布政司參議。著《瑤石山人詩稿》、《北遊稿》。王世貞、陳文燭撰序。[34]

4. 黎民衷：字惟和，號雲野，貫次子。嘉靖丙辰（三十五年，1556）進士，官吏部驗封司郎中、廣西左布政使。著《司封集》。工部尚書陳紹儒、工部郎中歐大任撰序。[35]

5. 黎民襄：字惟仁，號白泉，貫季子。歲貢，官教諭。著《清居集》。[36]

6. 黎民褒：字惟登，號海門，貫從子。歲貢。著《希蹤稿》。[37]

7. 黎邦琰：字君華，號岱輿，民表長子。隆慶辛未（五年，1571）進士，官吏部驗封司郎中、江西左布政使。

---

32 陳恭尹輯，《番禺黎氏存詩彙選》，頁290。

33 同上注，頁293。

34 同上注，頁295。

35 同上注，頁304。

36 同上注，頁306。

37 同上注，頁307。

著《旅中稿》、《南秀堂稿》。[38]

8. 黎邦琛：字君獻，貫孫。歲貢，萬曆壬子（四十年，1612）乙榜。[39]

9. 黎邦璘：字君璽，號楚林，貫孫。歲貢。[40]

10. 黎密：字縝之，號柱流，遂球父。文學，世稱高士。贈兵部尚書。著《籟鳴集》，大宗伯李孫宸撰序，江西按察九江道王思任撰傳。[41]

11. 黎崇勘：字賢之，號鶴岑。萬曆甲午（二十二年，1594）鄉試，任北直河間府交河縣儒學教諭。著《鶯鳴集》。少宰黃儒炳、春坊區大相、吏科陳熙昌、虞部歐大任撰序。[42]

12. 黎崇敕：字銘之，號文水，勘胞弟。萬曆辛卯（十九年，1591）鄉試。著《文水居集》，伯民裒撰序。[43]

13. 黎兆鼇：字公咸，號桂海，遂球從叔。萬曆丙午（三十四年，1606）舉人，官蓬州知州，戊辰會試呈薦。著有《愧庵集》。[44]

14. 黎淳先：字含孺。文學，萬曆庚子（二十八年，1600）鄉試擬元。著《韡言》、《澳洲草》。[45]

---

38 同上注，頁308。
39 同上注，頁309。
40 同上注，頁310。
41 同上注，頁313。
42 同上注，頁331。
43 同上注，頁334。
44 同上注，頁335。
45 同上注，頁336。

15. 黎邦瑊：字君選，號洞石，貫孫。恩貢，官興業知縣。
    著《洞石稿》。[46]

16. 黎崇宣：字孺旬，號二來。崇禎辛未（四年，1631）進
    士，官司理。著《貽清堂集》。[47]

17. 黎遂球：字美周，瞻曾孫。天啟丁卯（七年，1627）舉
    人，受兵部職方司主事，奉命督師守贛州，城陷殉節。
    卹贈兵部尚書，謚忠愍。著《蓮鬚閣詩集》、《文集》、
    《周易爻物當名》、《易史》、《詩風史刺》。陳弘緒、徐
    世溥、御史李模、庶吉士張溥、總督湯來賀、巡撫馮甦
    撰序。金堡、查繼佐撰傳，薛熙撰祠堂記。[48]

18. 黎玉書：字紱臣，淳先長子。文學，著《雪窓集》。[49]

19. 黎彭齡：字頵孫，淳先次子。文學，著《芙航集》。[50]

20. 黎延祖：字方回，遂球長子。恩貢，著《瓜圃小草》，
    少司農王士禎撰序。[51]

21. 黎彭祖：字務光，遂球次子。歲貢，著《醇曜堂集》，
    廣州太守王佐、駕水李明嶽撰序。[52]

進一步檢視上述21人之傳記，則會發現，人物之安排雖然是以時
間為次，但由於主導文集編纂的是黎遂球之長子黎延祖，因此整

46 同上注，頁339。
47 同上注，頁340。
48 同上注，頁362。
49 同上注，頁367。
50 同上注，頁369。
51 同上注，頁378。
52 同上注，頁384。

部選集，實際上是以黎遂球為核心來選編的，在被選入者的小傳中，多會註明與黎遂球的親屬關係。此外，在每個文集前，都會題上「選文者」與「校對者」，選文者皆題「後學陳恭尹元孝選」。至於校對者，則分別由黎延祖、王錫遠、薛熙、吳百朋四人出任，其中王錫遠負責黎遂球《蓮鬚閣集》，薛熙負責黎延祖《瓜圃小草》，吳百朋則負責黎彭祖之《醇曜堂集》，其餘各集，皆由黎延祖負責校對。由於所校之文集作者，皆為黎延祖之族人，因此黎延祖在面對不同輩分的族人時，使用了不同的稱謂。如校對黎瞻《燕台集》時，黎延祖自稱「玄孫」，校對黎民表《瑤石山人詩稿》時，則自稱「曾侄孫」等。

　　受限於史料類型的限制，傳統的家譜、族譜雖然有相對完整的家族世系資料，但對於人物本身的特性，則較難從中體會。尤其是地方性的知識分子或文人，往往因為資料的不足，在相關討論中遭到忽略，而未能發掘其所反映的特殊意義。以番禺黎氏為例，透過《番禺黎氏存詩彙選》的整理，赫然可以發現，從黎瞻至黎彭祖不過短短百餘年間，出了四代二十餘位的詩人。雖然這些詩人裡，僅有如黎民表、黎遂球等少數人物，能夠跨越出嶺南，與江南地區的文人相互唱和，甚至以文章遙應復社。但是，透過前文的討論可以知道，正是這些只活躍於地方上的詩人，才是中晚明以降，廣東地區大量詩文結社的主要參與者。

　　事實上，從相關的史料來看，在當時的廣東地區，類似番禺黎氏這樣詩人輩出的地方姓宗族，並不是特例。如果將前文表一中，參與詩社的人物作進一步分析，則可以發現，這些參與詩社的成員，絕大多數都是廣東地區中晚明以後崛起的地方大族。這些重要的詩人世家，如香山黃氏、番禺黎氏、從化黎氏、高明區氏、順德陳氏、海陽陳氏、香山何氏、番禺王氏、順德溫氏、順

德張氏、廣州桂氏、番禺潘氏、佛山梁氏、香山李氏、番禺汪氏
等[53]，先後崛起於明代中葉至清代中晚期，不僅積極參與了廣東地
區的詩文結社，在明末清初之時，亦曾組織義師，投入抗清活
動，甚至以身殉難，或成為遺民。是過去人們所關注的前後南園
五子、南園十二子或清初嶺南三大家等人以外，廣東地區另外一
股不可被忽視的詩人群體。從某種程度來說，正是因為有著這些
過去鮮為人所關注的詩人世家群體，才支撐起明代中晚期，特別
是明末時期廣東地區活躍的詩文結社活動。而所謂廣東地區的詩
文結社獨特性，亦與這些詩人世家的發展，有著離不開的關係。

四、從黎氏宗族看明末廣東詩文結社

從廣東地區詩社的獨特性比較，到番禺黎氏的詩人群體分
析，我們可以看見，在明代中晚期以後，廣東地區詩文結社的主
要參與者，多半是地方上的有力大族。然而，這些崛起於明代中
期前後，積極參與詩文結社的世家大族，究竟從何而來的呢？對
於本文來說，則是番禺黎氏究竟從何而來？以及如何經營其宗
族？此二問題，不僅是番禺黎氏宗族的根源性問題，同時也是番
禺黎氏宗族，在明末清初數十年間，能夠積極參與廣東地方文人
活動，甚至抗清運動的重要基礎。其次，廣東地區的世家大族，
為什麼會如此積極的參與詩文結社？除了文學上對詩歌的愛好以
外，是否還有其他因素在背後推動呢？

---

53 陳永正，《嶺南詩歌研究》，頁120-135；李君明，《明末清初廣東文人年表》
（廣州：中山大學出版社，2009），頁12-17。

1. 宗族的形成與確立

　　番禺板橋黎氏興起於明代中葉，關於他們的先世，撰寫於明成化十一年（1475）的〈黎氏族譜原序〉，曾有過簡單的提及：「自耕樂公卜築板橋，迄今十傳，闔門而食指不滿三十人。」[54] 文中僅提到番禺板橋的始祖為耕樂公，傳至成化年間已歷10世。到了隆慶四年（1570），十三代孫黎果翹撰寫〈十三世重修族譜序〉時，則載云：

> 番禺黎宗板橋，則自炎宋耕樂公始，公而上派莫詳焉。公由建炎中，耕於板橋溪上，奠居樂焉，故因以為號。數世相承，實維一人，皆隱德弗耀。[55]

上文所述雖然簡略，但至少可以確知的是，番禺黎氏定居板橋始於南宋建炎中。至於更早以前的事，則無法追尋了。不過，到了14代孫黎邦琰撰寫的〈始祖墓碑記〉時，敘述便出現了一些變化，其文云：

> 始祖自宋高宗建炎四年（1130）來籍番禺，卜於板橋村打望岡之下居焉。……因其子孫修墓，爰贊之曰：宋運中葉，大駕南遷，豪傑挺生，與焉。懷經文緯武之畧，用舍行藏之權，待調與鼎，未際堯天。由南雄而發駕，歷蒙水而停鞭。[56]

54　黎廣紹等修，《番禺板橋黎氏家譜》（番禺板橋村委會藏1935年重修家鈔景印本），崔廷珪，〈黎氏族譜原序〉，頁3。

55　黎廣紹等修，《番禺板橋黎氏家譜》，黎果翹，〈十三世重修族譜序〉，頁3。

56　同上注，黎邦琰，〈始祖墓碑記〉，頁7。

雖然黎邦琰同樣是在講述始祖耕樂公的故事，但內容卻出現了一些不一樣的地方。首先，對於耕樂公何時卜居番禺板橋，黎果翹只云「建炎中」，但黎邦琰則明確指出是「建炎四年」。由於「建炎」這個年號，南宋高宗一共只使用了4年，因此建炎中與建炎四年雖然只相差一兩年，但概念卻相差甚遠。其次，黎果翹對於耕樂公以前之事究竟如何，只云「上派莫詳焉」，但在黎邦琰所撰寫的贊辭中，卻將遷居番禺板橋之事，和廣府地區廣泛流傳的南雄珠璣巷遷徙故事，作出直接的連結。對此，李模替黎遂球所寫的墓誌銘中，在簡述番禺黎氏先世時，也有同樣的說法，其文云：

> 宋室南渡，有樂耕公緜南雄徙居番禺之板橋鄉為始祖。其後數世入元皆不仕，至十一世約齋公諱麒，當明盛時，乃就試為諸生。[57]

從成化年間的〈黎氏族譜原序〉，一直到清初的〈美周黎公墓誌銘〉，亦即從明代中期到清初之間，黎氏族譜中關於始祖耕樂公的記載，已經出現了變化。原本只是單純卜居番禺板橋的耕樂公，不僅被放入南宋初年士人南渡的大敘事中，甚至還產生了入元不仕的華夷論述。有趣的是，在同樣一份家譜之中，對於南雄珠璣巷故事的記載，卻也有著不同的說法。今所見《番禺板橋黎氏家譜》，除了收錄前述的序文外，在內文中還抄錄了一份南雄珠璣巷避難人民97家遷居姓氏表，其文云：

57　陳恭尹輯，《番禺黎氏存詩彙選》，李模，〈美周黎公墓誌銘〉，頁356。

> 宋朝咸淳五年（1269）故事，胡妃逃往廣東南雄府保昌縣
> 牛田坊珠璣巷。宋朝咸淳九年（1273），兵部尚書張英賢派
> 大兵焚殺全村，茲將避難人民九十七家遷居姓氏列。[58]

故事到了這裡，原本因宋室南渡而南遷的耕樂公，被往後移了一
百四十餘年。原因也不再是宋室南渡，而變成胡妃出逃之事。不
過，從另一個角度來看，這樣的先祖敘事，雖然看似前後矛盾，
但卻反而與廣東地區流傳的宗族故事若合符節。尤其是對於崛起
於明代中期廣東地區的宗族而言，出於各種因素，在族譜中描述
自己的始遷祖，是在南宋初或咸淳年間，從南雄珠璣巷徙居廣州
某處的論述，[59]是居住在珠江三角洲地區諸著姓中，相當常見的一
種安排，並大量出現在明代中後期以降的家譜之中。[60]黎姓作為廣
東地區重要的大姓，出現這樣的紀載，並不令人意外。這樣的紀
載與其說是史實，不如說是一種集體記憶，與山西洪洞大槐樹、
寧化石埤村葛藤坑、湖廣麻城孝感鄉、江西瓦屑垻等移民傳說，
都是一種地域認同的擴展，[61]同時也是明代以降，廣東地區逐漸服

---

58 黎廣紹等修，《番禺板橋黎氏家譜》，頁31。該表自註「漏了一名」，因此原
　應有97家遷居姓氏，實際上只列了96家。而從《番禺板橋黎氏家譜》未提及
　羅貴故事，以及記載遷居者為97家的內容來看，這段故事的記載，應是在明
　末清初之際，至遲在乾隆朝以前，便已寫定。

59 關於珠璣巷的傳說，可參見：石堅平，〈民間故事、地方傳說與祖先記憶——
　以廣府地區族譜敘事中的羅貴傳奇為中心〉，《廣東社會科學》，2013：4（廣
　東，2013），頁104-112。

60 據近人統計，在廣州地區至少有144個族姓的家譜中，有類似的記載。參
　見：曾祥委等主編，《南雄珠璣巷移民的歷史與文化》（廣州：暨南大學出版
　社，1995），頁73-74。

61 相關研究參見：趙世瑜，〈祖先記憶、家園象徵與族群歷史——山西洪洞大槐

於王化的表現。過去的研究指出，南雄珠璣巷的遷徙故事，與明代戶籍登記以及由此產生種種與確認身分的現實問題有關，是為配合里甲制度而形成，並與當地土著，尤其是疍民脫離軍籍的企圖有關。[62]

　　當然，番禺黎氏究竟真的是北方遷徙而下的漢族，抑或是本地土著，仍有待進一步的調查。然而，從上述的文字中仍可以得知，至少在明代中葉以前，番禺黎氏尚未發跡。其所謂「入元皆不仕」之說，與堅守華夷之別，恐怕沒有太大的關係，而是整個宗族仍忙著在披荊斬棘，闢地墾荒，未暇於功名事業。否則，入明之後便可以出仕，又何必等到明代中葉末期，方才取得諸生的資格？可見在此之前，番禺黎氏仍在積累家族實力，尚未有人能取得功名。

　　不過，番禺黎氏雖然到了正德年間方才取得諸生的資格，但在地方上卻早已逐漸累積起強大的實力，並隨著番禺地區沙田的開發，在嘉靖年間以後出現極大幅度的成長。以前文所引用的成化十一年（1475）〈黎氏族譜原序〉為例，該序作者署名「賜進士出身文林郎南京江西道監察御史姻弟崔廷珪」，可見番禺黎氏在成化年間，已經有能力結交出身於當地的低級官員，並結為姻親。而僅從圖二中出現的人物統計，更可以看出，自黎瞻以降，至黎

樹傳說解析〉，《歷史研究》，2006：1，頁49-64；冀滿紅，〈民眾遷徙、家園符號與地方認同──以洪洞大槐樹和南雄珠璣巷移民為中心的探討〉，《史學理論研究》，2011：2，頁100-109；趙世瑜，〈從移民傳說到地域認同：明清國家的形成〉，《華東師範大學學報（哲學社會科學版）》，2015：4（上海，2015），頁1-10。

62 劉志偉，〈附會、傳說與歷史真實〉，《中國譜牒研究》（上海：上海古籍出版社，1999），頁155-160。

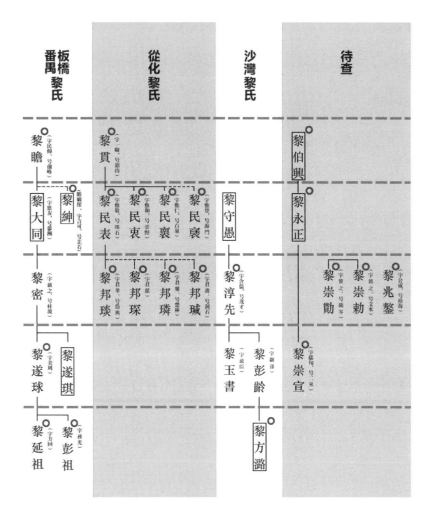

圖2　番禺黎氏宗族表

表例：「實線」為直系或關係確定的旁系親屬，「虛線」為尚未釐清之旁系親屬。「方框」為未收入《番禺黎氏存詩彙選》書中之人物。凡取得功名者（歲貢、恩貢、舉人、進士），在姓名右上方「打圈」。

遂球一代，僅百餘年間，番禺黎氏四房之內，共出現4位進士，10位舉人，5位具歲貢、恩貢之人，其家門之顯赫可見一斑。[63]

　　與顯赫功名相互映照的，是番禺黎氏在地方上的發展，以及財富的累積。雖然因為家譜未記載相關田產收入，無法作更深入的討論，但從前引文提到「有樂耕公繇南雄徙居番禺之板橋鄉為始祖」，仍可以讓吾人推測番禺黎氏在地方上，必然是有力的大族，並透過世世代代的努力，累積起豐厚的財富。從自然地理來看，番禺作為珠江三角洲的一部分，本為古海灣，並逐漸沖積形成三角洲平原。由於沖積有其先後時間，因此珠江三角洲有特殊的「民田─沙田」區分，由台地與唐宋或更早以前沖積成形的土地，被稱之為「民田」，明清以後才逐漸沖積成形的，則被稱為「沙田」。

　　近人的研究指出，珠江三角洲的「民田─沙田」格局，所反映的，不只是自然地理概念上的差異，其在地方社會歷史過程中，更形成一種經濟關係、地方政治格局、身分區分，甚至是族群認同的標記。劉志偉指出：

> 那些明代初年在老三角洲定居下來的地方勢力，在揭開沙田開發歷史新的一頁的時候，利用種種國家制度和文化象徵，處於一種特殊的壟斷性的地位，明清時期新開發的沙田，幾乎全部控制在擁有這種文化權利的地方勢力手上。……這些沙田的占有者，絕大部分屬於聚居在山丘台地的邊緣或明初以前成陸的老三角洲地區村落的大族。……番禺三角洲的沙田，也多是番禺、順德、東莞的公嘗或大地主

63　此處的統計，並不計入黎延祖、黎彭祖與黎方潞。

的產業。[64]

換句話說，哪一個宗族能更早在民田區站穩腳跟，對其宗族的發展，將會產生決定性的影響。番禺板橋村位於今日的番禺區南村鎮，屬番禺民田區之一，是老三角洲的一部分。黎氏能在板橋村開基立業，代表其開墾時間雖未必如自述般來自南雄珠璣巷，但至少在明代前期，便已經入籍於此，應當是沒有問題的。

　　在這樣的情況下，與珠江三角洲沙田地區其他發跡的宗族一樣，到了明代中期以後，番禺黎氏也迎來了一波發展的高峰。其宗族之發展，一方面與黎氏家族中，多人考取功名，掌握政治與文化的話語權；另一方面，也與明代中期以後，透過人工圍墾沙田，使得沙田範圍大量擴張，從而帶來的財富有關。也正是因為如此，當崇禎皇帝殉國以後，黎遂球才能隨即應召，「躪變家產，製斑鳩銃五百門，炤市舶司提舉姚所造式樣，工附官工，解附官解。」[65]

---

64 劉志偉，〈地域空間中的國家秩序──珠江三角洲「沙田—民田」格局的形成〉，《清史研究》，1999：2（北京，1999），頁18-19。另可參見：劉志偉，〈宗族與沙田開發──番禺沙灣何族的個案研究〉，《中國農史》，1992：4（江蘇，1992），頁34-41；蕭鳳霞、劉志偉，〈宗族、市場、盜寇與蜑民──明以後珠江三角洲的族群與社會〉，《中國社會經濟史研究》，2004：3（廈門，2004），頁1-13；葉顯恩，〈沙田開發與宗族勢力〉，《珠江經濟》，2008：1（廣州，2008），頁89-96；王傳武，〈珠江三角洲沙田研究評述〉，《中國社會經濟史研究》，2014：1（廈門，2014），頁105-109。

65 黎遂球，《蓮鬚閣集》，卷14，〈上直指劉公〉，頁324。按，斑鳩銃又稱斑鳩腳銃，為明代內徑最大之火銃。銃身長5.5尺，內徑0.6寸，用藥1.3兩，彈重1.5-1.6兩。槍身甚重，須以腳架支撐，因形似鳥腳，故稱斑鳩銃。此銃仿自西班牙MUSKET重型滑膛槍，當時僅澳門與廣州能製造。

2.宗族、詩社與城市

如同前文所述，明代中期以後，隨著沙田的擴大開墾，以及財富的累積。廣東地區珠三角地區的有力宗族，不僅開始參與科舉考試，取得功名，還紛紛建立祠堂，纂修族譜。透過這一連串有意的動作，除了要強化與中原漢族之間的關聯性外，更是要確立自身對珠江三角洲地區的掌控權與合法性。而這樣的合法性論述，除了透過宗法制度、科舉功名以外，傳統士人文化的傳承與展示，更是不可或缺的重要部分。而既然「嶺之南，人人言詩」，則最好的文化活動，莫過於結社吟詩。對於廣東人好結詩社的風氣，屈大均在其《廣東新語》中曾載云：

> 廣州南園詩社，始自國初五先生。越山詩社，始自王光祿漸逵，倫祭酒以訓。浮丘詩社，始自郭光祿棐。訶林淨社，始自陳宗伯子壯，而宗伯復修南園舊社，與廣州名流十有二人唱和。葉石洞云：東廣好辭，縉紳先生解組歸，不問家人生產，惟賦詩修歲時之會，粵人故多高致乃爾。[66]

在這段文字中，屈大均談到「廣東名流」，並引用葉春及（1532-1595）「縉紳先生解組歸不問家人產」之說，反映的是廣東地區的詩文結社，其社員的組成，是以廣東名流為主體。而所謂的廣東名流或縉紳先生，實際上便是位處珠三角地區，在明代中晚期以後發跡的各大宗族。以前文曾提過的崇禎十一年（1638）陳子壯重修南園詩社為例，當時北方雖然已經面臨清軍入塞，京師戒

66 屈大均，《廣東新語》，卷12，〈詩語·詩社〉，頁355。

嚴的危急之秋，但廣東卻仍一片歌舞昇平，完全沒有感受到戰爭的氛圍。對此，《勝朝粵東遺民錄·歐主遇傳》中曾載云：

> 崇禎己卯（1639），主遇與陳子壯、子升兄弟及從兄必元、區懷瑞、懷年兄弟、黎遂球、黎邦瑊、黃聖年、黃季恆、徐棻、僧通岸等十二人，修復南園舊社，期不常會，會日有歌妓侑酒。後吳越江楚閩中諸名流亦來入社，遂極時彥之盛。[67]

此12人，後世稱為南園十二子，但如果進一步分析，則可以發現，除僧通岸為僧人、黃季恆未詳其本籍外。其於與會者，皆為廣東珠三角地區有力之大族，歐主遇之於順德，陳子壯、陳子生、陳必元為南海陳氏，歐懷瑞、懷年兄弟出自高明歐家，黎遂球、黎邦瑊來自番禺黎氏，南海黃氏與徐氏，在地方上都有一定的實力。是以，明末清初廣東地區的詩文結社，除了是延續唐代以降，張九齡所留下的詩學傳統外，其背後還有明代中期以後，伴隨著地方大姓的崛起，透過舉行文人社群活動，從而在地方建構出自我的文化象徵。

　　從另外一個角度來看，葉春及在文中所指的「縉紳先生解組歸，不問家人生產」，其實正是廣東地區大家族在開發沙田的過程中，所產生的特殊現象。在傳統的情況下，所謂的縉紳先生，大多都是地方上的強宗大族，家產殷實，因此不問家人產，本為正常之事。然而，對於明末清初的廣東地區而言，這些掌握大片

---

67 陳伯陶，《勝朝粵東遺民錄》（上海：上海古籍出版社，2011），卷2，〈歐主遇傳〉，頁113。

沙田的地方大族，確實經常連自己都不清楚所持有的沙田，實際
位置究竟在何處。對此，屈大均曾解釋云：

> 五曰潮田，潮漫汐乾，汐乾而禾苗乃見。每西潦東注，流
> 塊下積，則沙坦漸高，以薲草植其上，三年即成子田，子田
> 成然後報稅，其利頗多。……其或子田新生者，田主不知多
> 寡，則佃人私以為己有，有田而無稅，利之倖而得者
> 也。……以故田主寄命於田客，田主不知其田之所在，惟田
> 客是問。禮貌稍疎，其患有不可言者。田客者何？佃人也。[68]

相較於一般固定不變的農田，沙田的出現，本來就是由珠江所攜
帶的大量泥沙，逐漸淤積而成的田地。只不過，自然形成的沙
田，所需要的時間較長，而明代中葉以後開始的人工築圍，則極
大的加速了沙田的形成。特別是在清代中期以後，沙田的築圍規
模更是大規模的擴大。是以，由於沙田具有不斷增生的特性，再
加上這些家族並不會親自耕種，而是雇用原本靠海為生的疍民，
以作為佃戶，因此這些地方大族，不知道自己究竟有多少田產，
並不讓人意外。

除此之外，在過去的研究中，對於「民田─沙田」的結構，
曾有過深入的分析與討論，並強調在民田區建立祠堂的特殊意
義。然而，從實際的生活來看，這些曾經取得過功名，告老之後
解組歸鄉的縉紳先生，或是宗族中的主要人物、弟子們，他們的
宗族雖然定居並發跡於地方民田區的村落，但他們卻並不是長期
居住在那裡。在絕大多數的時間裡，縉紳先生們都是在城市中生

---

68 屈大均，《廣東新語》，卷2，〈地語‧沙田〉，頁53-54。

活，過著城居的生活，僅在祭祖或地方有事時，才會返回地方村
落。以番禺黎氏為例，板橋村的南海神廟（菠蘿廟），在早期控
制著全村的出入口，[69] 而黎氏便居住在神廟之旁，黎遂球在〈南海
神祠碑記〉中提到：

> 板橋更立為神祠，當大南岡之下，古道之衝，所以便祈
> 祝。……遂球之先人，有園居即在祠側，今且家焉。遂球雖
> 生于五羊，然歲時伏臘，必歸而祀於祖，因獲隨諸父兄後。[70]

除了碑記以外，黎遂球在〈怒飛社題名記〉中，有著更清楚的描
繪，其文云：

> 板橋為村，在仙城南可百里，洲嶼之中。其水深曲，山坳
> 古樹間，有大木板為高橋而過，故向以名焉。余祖居蓋已十
> 五世於斯，諸昆弟耕讀之餘，唯事釣弋，遍且為飛奴之
> 戲。……偶春暮歸板橋，諸從兄弟社飲方酣，為簿籍以題名
> 紀殿最焉。邀余為記，於是題曰怒飛。[71]

在上文中，黎遂球在春暮偶歸板橋，恰好遇上居住在板橋村的族

---

69 事實上，板橋南海神廟（菠蘿廟）不僅控制著板橋村的出入口，更是從廣州
入大洋的重要水道。屈大均在《廣東新語》中曾提到南海神廟「廟外波濤浩
淼，直接重溟。獅子洋在其前，大小虎門當其口，欠申風雷，噓吸潮汐。舟
往來者必祇謁祝融，酹酒波羅之樹，乃敢揚颿鼓枻，以涉不測。」參見：屈
大均，《廣東新語》，卷25，〈木語・波羅樹〉，頁635。

70 黎遂球，《蓮鬚閣集》，卷15，〈南海神祠碑記〉，頁280。

71 黎遂球，《蓮鬚閣文鈔》，卷6，〈怒飛社題名記〉，頁421。

內兄弟們，舉行賽鴿，在諸從兄弟們的邀請下，將這個賽鴿的聚會稱為怒飛社，寫下了這篇〈怒飛社題名記〉。在上列兩則引文中，不論是「歲時伏臘，必歸而祀於祖」，或是「偶春暮歸板橋」，都可以清楚的看出，對於像是黎遂球那樣曾經取得過功名，或是在宗族中占有重要地位的人，一般並不會居住在鄉村之中，而是早已搬入廣州城內，過著城市的生活。不過，黎遂球一支雖然已經住在廣州城中，但黎氏一族仍將祠堂建在發跡之板橋村，且村中仍有著大量的同族兄弟居住在那裡。之所以會有這樣的現象，一方面是因為廣州城內當時仍不可修建祠堂；另一方面，在「民田─沙田」的結構之下，於始發跡的民田區建立祠堂，纂修族譜，建構始遷祖的遷徙故事，從而確立該宗族在地方上的地位與合法性，是明代中葉以後，珠江三角洲地區地方宗族發展的重要過程。[72]

　　前文在討論廣東地區詩文結社特性時曾指出，明末以後廣東地區的詩文結社，除了重修舊社，承襲過去知名詩社的社名以外，短短十餘年間，還出現了許多新的詩社。除此之外，這些詩社的組成成員，還有著大量重複，以及地理位置多集中於番禺地區等重要特點。透過檢視番禺黎氏的發展過程，我們可以發現，中晚明時期的文人結社，特別是廣東地區的「詩社」，誠然受到來自江南結社風氣的影響，以及廣東地區文人對詩歌文學的獨特愛好。但是，結社的模式和發展方向，卻與當時地方宗族的發展，有著密不可分的關聯性。對於當時的地方宗族而言，隨著宗族的發展，以及科舉考試的成功，原本在地方的宗族著姓，紛紛

---

72 除番禺黎氏以外，黎遂球之師陳子壯，同樣出生成長並生活於廣州城中，而非宗族發跡的南海縣沙貝鄉。

搬遷入廣州城，過著士紳般的生活。並透過結詩社等士大夫活動，與其他的宗族，甚至江南文人相結交，從而在文化層面上，進一步抬高宗族的地位，發展出一套「居住於城市，立族於民田，生產於沙田」的特殊社會結構。

此外，從地理環境與人文習性來看，明中後期的廣東地區文人，雖然不乏與中原或江南地區，甚至是京師文人相交遊者。但是，嶺南地區相對偏遠與封閉的環境，仍在一定的程度上，影響了廣東文人與外部的聯繫。前文已經指出，從詩社成員的生平經歷可以發現，多數嶺南地區的文人，其活動範圍多以珠三角地區為主。而番禺縣作為當時嶺南地區相對發達的區域，且府治、縣治都在其境內，交通往來甚是方便，自然成為居住在廣州城內文人結社的首選地點。隨著中晚明以後廣東地方宗族的崛起，結社的風潮也逐漸傳入嶺南地區。然而，廣東地區雖然在中晚明以後陸續重修或創立許多詩社，但參與的成員卻多半是由同一批人所組成。這些出自地方宗族的文人，出自於對詩歌文學的愛好，宗族間交流的需要，以及文化地位的維持與提升，在不同的園林寺廟與名山勝景之間，成立一個又一個詩社。就目前所見的史料而言，這些詩社不僅沒有長期固定的活動日程，也缺乏社約等規範性的條款，其活動的方式，則介於詩社與雅會之間，靈活且自由地在不同地點、不固定的時間中舉行。是以，從某種意義上來看，這批發跡於本地的跨宗族文人群體，其本身的交往結合，就是一個大型的詩文結社，而在不同地點、時間所建立的「詩社」，則可以視為該次或某段時期、某一地點結社活動的代稱。

五、結論

透過本文初步地比對後可以發現，明末廣東地區的詩文結社，和其他地方的文人結社，在某些特性上，不僅互有異同，且同中有異，異中有同，值得進一步分疏討論。從另一個角度來看，也可以證明當時的「結社」，其實是有著多元性的不同面貌，在不同地方發展，且相互影響著。廣東地區詩文結社的特性，不僅與自然地理環境有關，也與當時的社會文化發展，有著直接的聯繫。這些詩文結社的成立，除了有其悠久的文學傳統，並可以作為詩人發憂國之憤懣以外，[73] 地方宗族之間的交流，並以此掌握文化論述，從而進一步確立自身宗族的發展，也同樣重要。

也因為如此，在前人研究的基礎上，本文除了重新檢視廣東地區結社的特性以外，還試圖以番禺黎氏的發展為例，從宗族的角度出發，去發掘詩文結社在文學以外，所反映的其他面向。而廣東結社的諸多特性，以及「城市—民田—沙田」說之推測，則是一個初步的嘗試。當然，受限於史料與學力的不足，本文在許多問題上，僅作了粗略的梳理，亦未能進一步從學術思想、詩人交遊乃至於入清以後的發展，作更多的討論。但是，透過研究方向的轉換，或許有利於進一步加深對廣東文人社群之理解。

---

73 如歐懷瑞為高明歐氏，南園十二子之一，在聽聞流寇攻陷襄、洛之後，便與黎遂球社集賦詩，同思懷敵。參見：陳伯陶，《勝朝粵東遺民錄》，卷3，〈歐懷瑞傳〉，頁211-212。

明及清初地方小讀書人的
社集活動

以江西金溪為例*

張藝曦

臺灣臺中人，國立臺灣大學歷史系博士，交通大學人文社會學系
副教授。研究領域為明清思想史、地方史與家族史。代表作：
《社群、家族與王學的鄉里實踐》（2006）、〈明中晚期古本《大
學》與《傳習錄》的流傳及影響〉（2006）、《孤寂的山城：悠悠
百年金瓜石》（2007）、〈飛昇出世的期待：明中晚期士人與龍沙
讖〉（2012）、〈明代陽明畫像的流傳及其作用——兼及清代的發
展〉（2016）等。

---

* 有關同時期江西全境的社集發展及思想文化風潮的變動，請參見張藝曦，〈明
　中晚期江西詩、文社集活動的發展與動向〉，《新史學》31卷2期（台北，
　2020），頁65-115。

東鄉縣

雙塘鎮
艾家

陳坊積鄉
涂坊
高坪
高坪樂氏

東源
岐嶺
烏墩塘
合市鎮
斛塘

何坊
坪塘
琉璃雙塘艾氏
蒲塘
耿橋
小耿
珊珂
下周坊

上源徐氏
印山徐氏
黃源
南屏
楊家
陀山
桂家
湖坊
上周坊
聶家
戊源
櫟林周氏

印山
洋優
謝坊
瑤嶺謝氏
鐘嶺
仲嶺胡氏
杭橋

琉璃鄉
尚莊
新塘
江坊
西岸
波源
常豐嶺
坪上
狂坪徐氏
崇麓
全坊
全坊全氏

靈谷寺
滸灣鎮
聶家
崇陽聶氏
游塾
縣城
秀谷鎮

黃坊黃氏
黃坊
舉林車氏
中洲
棗樹
仰山書院

山下
何坊
白果園
厚山
琅琚鎮
嚴良
義門陳氏

撫
疏山寺
疏山
疏溪吳氏
洛城
楊建橋

河
禮義門
谷家
陳河
水門周氏

臨川縣
上東漕
石門鄉
橫源
橫源張氏

左坊鎮

許家
蕭家

后車
金紫何氏

靖思
靖思蔡氏

南城縣

安仁縣

貴溪縣

對橋鄉

陸象山故里

垃坊鄉

陸象山墓

暘田

羅源

孔坊

朱坊
聖裔孔氏

何源鎮

黃通

黃通鄉

墩厚

瀘溪縣

金溪縣圖

本圖是根據2011年4月江西省第三測繪院
編製，江西省測繪局與金溪縣國土資源局
監製的《金溪縣地圖》，在其基礎上重新
繪製而成。繪製者為湯燕茹學妹。

一、前言

　　江西依其文化發展程度，至少可分作南昌、吉安與撫州三大區域，而明中期有文學復古運動與心學運動，明末有制藝風潮，三地皆在這幾股風潮中。明中期的南昌以余曰德（1514-1583）、朱多煃（1534-1593）兩位復古派健將為中心舉行詩文社集，吉安則是陽明心學的重鎮，以鄒守益（1491-1562）父子孫三代主持講學最為著名。撫州地區，廣義來看可包括撫州府與建昌府，[1] 心學方面有金溪吳悌（1502-1568）、新城鄧元錫（1529-1593），而聲光最盛，影響也最大的則推羅汝芳（1515-1588），文學方面有臨川湯顯祖（1550-1616）與金溪謝廷諒（1551-？）兄弟，但不屬於復古派陣營。

　　南昌作為省會，向來較易得到研究者的關注，而近一二十年來亦有人討論吉安的陽明心學，唯獨迄今對撫州地區的了解仍少。羅汝芳、湯顯祖這些大名字大人物，固然得到許多人的注意，相關論文亦多如牛毛，但多把焦點放在個人學術思想或文學成就，而較少從地方史或地域研究的角度出發。

　　思想文化史若從地方史或地域研究出發，便不能只注意大名字大人物，也必須關照地方上沒有偌大聲名的小讀書人。過去思想文化史較多利用知名士人的文集、筆記、書信等文獻資料，藉此梳理出以這些士人為中心形成的群體或文化圈，然後配合地方志，便有可能粗略的勾勒出這個群體或文化圈的範圍及作為。但我們也不免進一步注意到，在這類群體或文化圈中，還有許許多多二流的、在地的小讀書人，他們雖有著作，但幾乎皆已不存，

1　如今日中國大陸的行政劃分，便將明代的兩府都劃入撫州地區。

而這類小讀書人往往在當地扮演重要角色，而且常是一些社集的
主要成員。

　　這也表示我們必須擴大史料的範圍，而族譜應是可用的史料
之一。對社會史、經濟史的研究者而言，族譜已算是很常用的史
料，而且有許多人對族譜記述內容作深入的解析。[2]但在思想文化
史，以及對地方小讀書人及其社集活動的研究上，則仍較少用這
類資料。族譜有許多對個人交游及其生平作為的敘述，這類敘述
常有對個人的溢美或攀援附會之詞，但所敘述的言行事為則不見
得是憑空捏造的。例如某本族譜談及某個社集，稱此社集聚集許
多人，我們自然不會聽信此片面之詞，但若是不同家族的族譜都
共同指向這個社集活動時，則應可確認這個社集在當時是有影響
力的。

　　今日臨川的城市化頗高，蒐尋族譜的困難度高，事倍功半，
而難以成功，這正是為何將眼光轉向金溪的原因。金溪的文教成
就亦高，宋代陸九淵（1139-1192）、明初狀元吳伯宗（1334-
1384），以及明中期的大儒吳悌皆出自此地，而且金溪另以出版
著稱，滸灣鎮在清代是全國四大印刷中心之一。另一方面，金溪
的城市化不高，許多村落仍然保存過去的面貌，根據金溪方志辦
的調查，當地族譜古譜仍存的，至少有600多部，通過田野的蒐
集，極有可能藉由這些族譜重新復活當地小讀書人的交游與社集
活動。尤其值得注意的是，臨川、金溪兩縣士人的關係十分密
切，當地向來有「臨川才子金溪書」之諺。過去我們熟悉的是湯
顯祖、江右四大家這些大名字大人物，或從錢謙益（1582-1664）

2　如科大衛，《明清社會和禮儀》（北京：北京師範大學出版社，2016）。

的《列朝詩集小傳》而知謝廷諒兄弟與湯顯祖爭勝，[3]但除此以外，對臨川與金溪在思想文化上的關係所知有限。一旦進入個別地域層次，定睛在這些小名字小人物，反而很意外發現兩地之間竟然有著緊密的聯繫與社集活動，而且我們甚至可以推測，這是以臨、金兩縣為中心的社集活動。儘管從金溪一縣切入，但卻可看到整個撫州地區。

二、學術系譜的建構與自立

金溪的學術文化傳統，較近的有宋代的陸九淵學術，但在地流傳不久，入明以後已完全不見其學術流傳的記載。不過，金溪跟理學的關係仍然是較為親近的，只是明代金溪沒有知名理學家，所以往往受到外來學術的影響。明初首先有吳與弼（1391-1469）學術的進入。吳與弼是崇仁縣人，只在金溪的鄰縣，舉林車氏家族便受其學術的影響。這個家族有族人習於吳與弼門下，以及吳與弼親涖車氏家族所在地講學，直到明中期家族史的敘述中，都不斷回顧這段往事。

車寶與車福二兄弟是這個家族的中心人物。車寶的長子車恂，以及車福的長子車貞，二人分別在正統七年（1442）與景泰四年（1453）的兩次饑荒中輸米二千石助賑，先被旌表為義民，後被賜冠帶。[4]從輸米力賑事，可知這個家族，尤其是車寶的這個房支是比較殷實而有貲財的房支，但其文化水平則僅一般。即使

3　錢謙益，《列朝詩集小傳》（上海：上海古籍出版社，2008），丁集中，〈帥思南機〉小傳，頁565-566。

4　《舉林車氏十脩族譜》（金溪滸灣鎮黃坊車家車澤民家藏，民國二十四年版本），〈四六公房世系〉，3號。

有意學習者如車寶，他從五河教諭李子亮游，得朱熹（1130-
1200）的《性理吟》[5]作為家學傳習，但《性理吟》畢竟只是一本
啟蒙讀物，顯示車寶對理學的了解很有限。

　　景泰四年（1453）是關鍵的轉折點。這是車恂與車貞第二次
賑濟而得到朝廷表彰，當年，吳與弼過訪其族，而過訪的原因則
與其賑濟尚義的行為有關，[6]所以吳與弼為車福之子車紹祖的讀書
處題「尚義堂」三字，[7]以標榜該族（尤其是該房支）的義行。

世系	第八世	第九世	第十世	第十一世
人名	車習義	車寶	車恂 車貞（輸穀賑濟）	
		車福	車紹祖（吳與弼 為題尚義堂）	車泰來

　　從吳與弼過訪其族以後，該族有所轉變。在此之前，車氏族
人所從學的對象是地方士紳（如何自學〔1397-1452〕），此後則

5　束景南主張《性理吟》是後人偽作，見束景南，《朱熹佚文輯考》（江蘇：江
　　蘇古籍出版社，1991），頁687-702。另據《四庫全書總目》所記，正德年間
　　譚寶煥作《性理吟》，以《四書》及性理中字句為題，前列朱子之說，而以一
　　詩括其意。見《四庫全書總目》，集部，第29冊，別集類存目3，卷176，頁
　　1579。

6　關於明初義行與理學的關係，請見向靜，〈感仁興義、樹立風聲：明代正統年
　　間義民形象的塑造〉，《北大史學》19（北京，2014），頁96-116。

7　《舉林車氏十脩族譜》，〈四六公房世系〉，7號。車紹祖是該族中文化素養較
　　高的，所以他早年便即跟隨地方士紳何自學學習。何自學是宣德丁未（1427）
　　進士，在金溪當地頗知名，在當地的許多族譜中都有他所作序。儘管車紹祖
　　不是賑濟者，但推測該房支僅車紹祖有書齋，所以便讓吳與弼在其書齋題字。

是習於吳與弼門下。[8]天順二年（1458），吳與弼又受邀來到車氏家族，且在尚義堂中講學，[9]該族族譜載：

> 昔賢吳康齋先生，與生徒會社於茲，族中先型，多出其門。[10]

族人以車泰來、車弼宗、車亨三人最著名。[11]據車氏族譜，車亨[12]、車弼宗[13]與車泰來三人是族兄弟，其中車泰來的聲名最著，他從吳與弼游，學得其傳。吳與弼在崇仁縣的傳人是胡九韶，[14]在金溪的傳人則是車泰來。車泰來曾奉師命赴京上表謝恩。從其譜中所記載，徐瓊（1505-？）、丘濬（1421-1495）、楊守陳（1425-1489），皆有詩文相贈，顯示車泰來已非金溪當地的士人，而且得到更大的聲名。他歸鄉後，另構舉林書屋講學。

　　儘管如此，吳與弼對金溪所帶來的影響其實有限，所以直到明中期心學流行以前，地方上接觸理學並傳習其學的，便僅見舉林車氏一族而已。明初金溪士人多習於當地士紳或博學之士的門

8　轉向吳與弼學習一事，也可能是何自學所建議，因為何自學正是向朝廷推薦吳與弼的官員之一。見胡釗、松安等纂修，《（道光）金谿縣志》（收入《中國方志叢書》，第800號，台北：成文出版社，1989，據清道光六年刊本影印），卷11，〈宦業〉，頁7-8。

9　《舉林車氏十脩族譜》，〈四六公房世系〉，3號。

10　車尚殷，〈舉林記〉，《舉林車氏十脩族譜》，70號。

11　胡釗、松安等纂修，《（道光）金谿縣志》，卷10，〈儒林〉，頁13。

12　《舉林車氏十脩族譜》，〈四六公房世系〉，60號。

13　同上注，23號。

14　許應鑅修，謝煌纂，《（光緒）撫州府志》（收入《中國方志叢書》，第253號，台北：成文出版社，1975，據清光緒二年刊本影印），卷56，〈理學〉，頁2。

下，如車紹祖便是先習於何自學門下，後來才轉向吳與弼；正德
年間，崇陽聶曼也是先從其族叔祖習《尚書》，繼從舉人（衡塘）
全理習《易經》。[15]所以吳與弼的出現，只是在士紳群或博學之士
以外多增加一個選擇。相較之下，陽明心學則是全面籠罩，而對
金溪士人帶來深遠的影響。

正德、嘉靖年間心學流風興起後，尤其王守仁（1472-1529）
巡撫南贛期間，吸引不少金溪士人前往問學。如黃直（1500-
1579）、黃株、仲嶺胡民悰與胡民懷，都是以諸生的身分拜入王
守仁門下。[16]黃直在考取進士功名以後，還與鄰縣陳九川（1494-
1562）共同編纂《陽明文錄》。[17]陳九川，字惟濬，臨川人，正德
九年進士，是撫州當地的大儒，《明儒學案》中列名於〈江右王
門學案〉。

嘉靖初年，陽明大弟子鄒守益、歐陽德（1496-1554）等人在
南京講學，也吸引金溪士人前往問學。如胡民悰、胡民懷兄弟，
先師從王守仁，後又前往南京習於鄒守益門下。[18]如上源徐達，正
德十一年（1516）舉人，擔任南京國子監學正期間，便跟隨歐陽
德講學。[19]此外，另有義門陳宗慶，嘉靖十九年（1540）舉人，習

15 見張烜，〈明故南京國子助教修職佐郎元齋聶公墓誌銘〉（北京大學圖書館藏
　石刻）。
16 胡釗、松安等纂修，《（道光）金谿縣志》，卷10，〈儒林〉，頁11。《仲嶺胡
　氏族譜》（無年份，金溪縣合市鎮仲嶺胡家村胡勤生收藏），卷首，〈道學〉，
　頁69-70；卷10，〈儒林〉，頁12。
17 現存的嘉靖年間刊本《陽明先生文錄》，就是陳九川、黃直等人共同編纂的。
18《仲嶺胡氏族譜》（金溪合市鎮仲嶺胡家村胡勤生家藏，年份不詳），卷首，
　〈道學〉，頁69-70；《（道光）金谿縣志》，卷10，〈儒林〉，頁12。
19 黃直，〈文林郎成都府推官石屏先生墓誌銘〉，《上源徐氏宗譜》（金溪琉璃鄉
　印山上源徐永興家藏，民國三十五年十修），卷7，頁9-10。另見《上源徐氏

心學而築精舍於石泉，[20] 以及崇陽聶輚，則是智於程朱學大儒呂柟
（1479-1542）門下。[21]

　　黃直、胡民懷、陳宗慶，以及地方士紳洪範、王蓂[22]等人，
形成在地的心學群體，共同舉行翠雲講會，[23]陳九川、鄒守益，以

宗譜》，卷7，〈石屏公縣志本傳〉，頁1，儘管說是縣志本傳，但在道光年間
的《金谿縣志》的徐遠小傳中，則未書與歐陽德講學事，而且傳記內容亦簡
短得多。見胡釗、松安等纂修，（道光）《金谿縣志》，卷11，〈宦業〉，頁
14。

20 （義門）《陳氏宗譜》（金溪秀谷鎮嚴良陳家村陳國華家藏，清同治五年修），
無卷數，〈列傳〉，頁3。

21 胡釗、松安等纂修，《（道光）金谿縣志》，卷11，〈宦業〉，頁13-14。當聶輚
將返鄉時，呂柟為其作〈贈聶士哲還金溪語〉，見聶友于等修，《崇陽聶氏族
譜》（金溪合市鎮崇麓聶家村聶海平家藏，鼎容瑞堂2012年重鐫），卷4，頁
396-398。

22 王蓂出自臨坊王氏，是當地的大族，祖父王稽是景泰五年（1454）進士，父
親王序是成化十三年（1477）舉人（《臨坊王氏族譜》（民國三十三年修），
卷2，〈官銜錄〉，頁1），兄長王萱，弘治十五年（1502）進士，是正德朝的
名臣，王蓂本人則是正德六年（1511）進士。王萱、王蓂二人的小傳，分見
胡釗、松安等纂修，《（道光）金谿縣志》，卷9，〈名臣〉，頁4-6；卷10，
〈儒林〉，頁10-11。

23 胡釗、松安等纂修，《（道光）金谿縣志》，卷10，〈儒林〉，頁11；吳悌，
《吳疎山先生遺集》（收入《四庫全書存目叢書》，史部，第83冊，台南：莊
嚴文化事業有限公司，1996，據湖南圖書館藏清咸豐二年頤園刻本影印），卷
9，《年譜》，頁3-4，「正德十四年」條：「嘗與黃卓峰先生、洪柏山先生、王
東石先生、陳明水先生講學于邑之翠雲山。」
據（義門）《陳氏宗譜》所載，陳宗慶與鄒守益、唐樞往來，而鄒、唐二人皆
曾參與翠雲講會，所以推知陳宗慶也在此群體及講會中。見《陳氏宗譜》，無
卷數，〈列傳〉，頁3。
吳悌稱胡民懷是其業師，推測應是在翠雲講會中向其請益，故以業師稱之，
見吳悌，《吳疎山先生遺集》，卷4，〈胡生汝宣誌銘〉，頁9。

及歸安唐樞（1497-1574）皆曾來與會，[24]幾人並不只是參與講學而已，而是以大儒的聲望，吸引更多當地士人的參與，以支持及扶植此講會。

吳悌這位大儒的出現，則是讓金溪的心學脫離他地學術附庸的關鍵，也讓金溪士人不再只有外出問學一途。吳悌出自疎溪吳氏，他少時讀《陸象山語錄》，慨慕之，於是負笈從黃直講求性命之學，[25]以及參與翠雲講會。此後吳悌在疏山講學，吸引來自金溪各鄉家族的士人前來聽講，心學遂藉此在金溪廣為流傳。以印山上源徐氏為例，當陽明心學流行之初，徐遠（正德十一年〔1516〕舉人）必須前往南京師從歐陽德，[26]然後回鄉舉行月會，以傳播心學。[27]後續族人徐永修響慕理學，則可就近師從吳悌（徐永修後來轉師羅汝芳，此事後詳），以及棄儒從商的徐銓，亦曾

---

24 張應雷，〈金谿理學支派略二則〉，在吳悌，《吳疎山先生遺集》，卷12，附錄，頁6：「時有洪栢山先生（按：洪範）、王東石先生（按：王蕘）有翠雲之會，而吉安鄒東廓先生（按：鄒守益）、歸安唐一庵先生（按：唐樞）、臨川陳明水先生（按：陳九川）皆來會焉。」

25 沈鯉，〈明南京刑部侍郎贈禮部尚書諡文莊疎山先生吳公神道碑銘〉在吳振中、吳順昌修，《疎溪吳氏宗譜》（民國三十年修），卷8，頁1；沈鯉，〈吳文莊公神道碑〉，在吳悌，《吳疎山先生遺集》，卷10，附錄，頁17。

26 黃直，〈文林郎成都府推官石屏先生墓誌銘〉，《上源徐氏宗譜》，卷7，頁9-10。另見《上源徐氏宗譜》，卷7，〈石屏公縣志本傳〉，頁1，儘管說這是縣志本傳，但道光編的《金谿縣志》的徐遠小傳中，則未書與歐陽德講學事，而且傳記內容亦簡短得多，胡釗、松安等纂修，《（道光）金谿縣志》，卷11，〈宦業〉，頁14。

27 徐鳴奇，〈鄉社祠記〉，在徐雲淋修，《印山徐氏宗譜》（金溪琉璃鄉印山徐樣清家藏，民國三十五年十修），卷7，〈鄉社祠記〉，頁3：「吾黨故稱仁里，自別駕君（似指徐遠）潛倡濂洛關閩之學於鄉，鄉之人翕然嚮之，乃月為會於孫坊。」

向吳悌問學。[28]

　　吳悌之子吳仁度（1548-1625），萬曆十七年（1589）進士，雖為名臣，但不以學術見長。[29]吳悌的兩名弟子李約、黃宣[30]，李約在吳悌沒後，為輯其論學語為《言行錄》，黃宣更知名，他出自黃坊黃氏，該族雖非大族，黃宣憑己之理學成就，取得極高的聲名，而他與臨川李東明共同主持的講會，更是引領一時的風氣。所以在其卒後，吳道南（1550-1624）為作墓誌銘，譽其為「理學儒宗」，周孔教（1548-1613）為其篆額書丹，尹文燁作墓表，揭重熙隸蓋，車殿彩書丹，稱許其──「世儒高自標許，遠乞濂洛關閩之殘膏，近襲王文成（按：王守仁）、羅文恭（按：羅洪先）之餘唾，卒未始一蹈道者」，黃宣正是蹈於道者。[31]

　　金溪士人還嘗試把陽明心學跟金溪本地的陸九淵學術連結起來，而且對陸九淵學術的推崇，跟陽明心學在金溪的流行是同步起來的，他們未必是在學說內容上綰合兩家學術，而是把陽明心學納入到金溪所自豪的陸九淵的心學中，讓陽明心學變得在地化。也因此，我們看到文獻上對金溪士人學習心學歷程的敘述，往往會強調士人對陸九淵學術的興趣。如前引的黃株，地方志便記載他最初究心於陸九淵心學，待王守仁倡道贛州，前往詣謁，王守仁叩其所得，黃株說：「良知是頂門一針，躬行實踐纔有歸

28　熊應祥，〈徐晴峰公傳〉，《印山徐氏宗譜》，卷7，頁1。

29　吳仁度有《吳繼疏先生遺集》傳世，但多為奏疏、奏議。

30　《言行錄》附錄於《吳疎山先生遺集》卷8。李約的傳記見：胡釗、松安等纂修，《（道光）金谿縣志》，卷10，〈儒林〉，頁12。

31　吳道南，〈明賢原任袁州府教授陞國子監監丞黃重庵先生墓誌銘〉，《黃氏十修族譜》，卷6，頁9；尹文燁，〈明理學鄉賢黃重庵先生墓表〉，同前書，卷6，頁10。

宿處。」[32]可知他所傳承的是王守仁的良知心學，但在文獻的記載中，則特別點出他曾習陸九淵之學，正是把陽明心學放到陸九淵的心學傳統下。沈鯉（1531-1615）對吳悌的記載，也強調他少時讀陸九淵《語錄》，而時人更將吳悌與陸九淵並列——「世謂金谿理學，宋有象山，明有疎山。」此外，金溪士人還積極推動陸九淵的從祀，吳世忠（1461-1515）與徐速這兩位金溪士人，便先後疏請將陸九淵從祀孔廟。[33]

　　不過，來到萬曆年間因羅汝芳而有新變化。羅汝芳是南城縣人，在《明儒學案》中被歸類在「泰州學案」，被視為左派王學的代表人物，過去對羅汝芳多注意他四方講學，以及講學的社會性，而較少注意到羅汝芳的地域性，但其實他對撫州地區的影響甚大。

　　萬曆初年羅汝芳致仕歸鄉，他雖是南城人，但常前往府城臨川及鄰縣金溪講學，臨川的講學地在城內羊角山、正覺寺一帶，[34]金溪的在疎山一帶，[35]這兩處都位於撫河沿岸，交通上便利，所以較容易吸引臨川、金溪兩地士人前來講學。當時吳悌已卒，不少金溪士人轉師羅汝芳。臨川、金溪兩地分別以李東明、崇陽聶良杞（1547-1619）與上源徐永修為代表。[36]

---

32 胡釗、松安等纂修，《（道光）金谿縣志》，卷10，〈儒林〉，頁11。

33 最後是在薛侃的疏請下，陸九淵終於入祀孔廟。金溪士人的上疏，請見黃直，〈文林郎成都府推官石屏先生墓誌銘〉，《上源徐氏宗譜》，卷7，頁9；胡釗、松安等纂修，《（道光）金谿縣志》，卷11，〈宦業〉，頁14。

34 同上注，頁17。

35 李東明，〈徐得吾先生傳〉，《印山徐氏宗譜》，卷7，頁8。

36 徐永修屬於金溪的印山徐氏，印山位於金溪與臨川交界處，有一部分的房支劃在臨川，一部分劃在金溪，所以徐永修既是臨川人也是金溪人。

　　李東明是臨川貢生，後棄舉子業，而專志於性命之學，他在羅汝芳卒後，繼續傳揚其學，地方士紳為其創建崇儒書院供其講學。[37]吳悌的大弟子黃宣亦與李東明共同講學，講學地點可能就是崇儒書院。聶良杞是隆慶二年（1568）進士，聶曼的族子，他最初習於吳悌門下，與吳悌之子吳仁度共同執經講業。[38]待羅汝芳為講學主盟，聶良杞遂從遊參證，悟程門識仁之旨。[39]上源徐永修，布衣，羅汝芳在正覺寺講學時而師從之，與楊起元（1547-1599）並列為羅汝芳最愛的兩名弟子之一，據載羅汝芳甚至稱譽他——「徐子撫州一人，撫州無二徐子也。」[40]

　　即連明初與吳與弼關係最深的舉林車氏，族人也受到羅汝芳講學活動的影響。如湯顯祖為車會同所作的墓誌銘指出：

　　　　（車）會同，字文修，世居金溪黃坊里，……長讀其鄉宗
　　　　儒陸象山《語錄》，輒慨慕之，乃師事少初徐先生（按：徐

---

37 童範儼等修，陳慶齡等纂，《（同治）臨川縣志》（收入《中國方志叢書》，第946號，台北：成文出版社，1989，據日本國會圖書館藏清同治九年刊本影印），卷42下，〈儒林〉，頁12-13；徐朔方，《湯顯祖年譜》（上海：上海古籍出版社，1980），頁139-140。地方士紳有鑑於羅汝芳來臨川時，只能借佛寺講學，所以在萬曆二十六年（1598）為李東明建崇儒書院。

38 據《全氏宗譜》所載全楷之子全大作的經歷，讀書吳悌家，同學即聶良杞與吳仁度。原文如下：「（全楷）子全大作，當時聶懷竹先生館於吳疎山公家，全楷命往從之，與今少參聶念初公（按：聶良杞）、中書吳繼疎公（按：吳仁度，吳悌之子）同執經一年，朝夕琢磨，頗有進益。」全大謹，〈三松公行述〉，《全氏宗譜》（金溪合市鎮全坊村全自康家藏，民國三十七年修），卷12，2號。

39 錢士升，〈明廣西布政司參議念初聶公墓誌銘〉，聶友于等修，《崇陽聶氏族譜》，卷5，頁151。

40 李東明，〈徐得吾先生傳〉，《印山徐氏宗譜》，卷7，頁8。

良傳），講性命之學，而學業大成。……嘗從近溪羅先生、
明水陳先生探究根宗，即日食弗給，尤不廢學。……與谷南
高公（按：高應芳）、龍岡徐公講求實學。[41]

在此記述中，車會同也是因讀陸九淵的語錄而慨慕心學，然後師
事徐良傳，從羅汝芳講學，並與高應芳往來。徐良傳是東鄉人，
晚年移居臨川，[42] 高應芳是與羅汝芳同在臨川講學的士紳。[43] 從車會
同所師從往來的人來看，他應亦移居臨川，而且在羅汝芳的講會
中。

　　至此，我們應當作一小結。從明初吳與弼，到明中期的心
學，可以藉由對比看出，吳與弼的學術對金溪的影響有限，而明
中期陽明心學的流行則為金溪的學術生態帶來很大的改變。當地
士人重提陸九淵的心學，並試圖從陸學到陽明學建立系譜，陽明
心學不僅不是外來的學術，反而有助於本地的學術傳統的重建重
生。這個系譜的鞏固及完成，則有賴於吳悌這位大儒以及當地心
學社群的成立，因此在敘述金溪的心學發展史時，吳悌得到極高
的評價，如鄒元標（1551-1645）說吳悌是「早事卓峰，取證心
齋，觀摩鄒、羅二先生」，[44] 卓峰、心齋與鄒、羅，分別是黃直、

---

41 湯顯祖，〈明故端吾先生舉三公墓誌銘〉，《舉林車氏十修族譜》，146號。

42 李士棻等修，胡業恆等纂，《（同治）東鄉縣志》（收入《中國方志叢書》，第
　　793號，台北：成文出版社，1989，據清同治八年刊本影印），卷13，〈儒
　　林〉，頁9。

43 主要有高應芳與舒化，見胡釗、松安等纂修，《（道光）金谿縣志》，卷11，
　　〈官業〉，頁17。地方志記載高應芳是金溪人，後來移居臨川。但他其實屬於
　　臨川蒿湖高氏，金溪的珊霞高氏是其分支。

44 鄒元標，〈吳文莊公墓表〉，《吳疎山先生遺集》，卷10，附錄，頁9。鄒守
　　益、王艮都是較長一輩的學者，姑且不論，而從吳悌與羅洪先的問答內容來

王艮、鄒守益與羅洪先四人，其中王、鄒、羅都是當代最知名的
心學學者，而鄒元標把吳悌的學術淵源連結到三人，所以金溪士
人何宗彥（1559-1624）也將吳悌與羅洪先（1504-1564）並列齊
稱，[45] 凡此都是為高舉吳悌的學術地位。沈鯉對吳悌的評價更高，
他除了把吳悌往上接到陸九淵的心學傳統，還把吳悌列為胡居仁
以下江西的第二位真儒，地位甚至凌駕鄒守益、羅洪先等人之
上，他說：

> 先生雖早師黃氏卓峰，淵源姚江，而實不局良知之
> 說。……世謂金谿理學，宋有象山，明有疎山。余直謂江右
> 真儒，前有敬齋（按：胡居仁），後有疎山。[46]

　　但客觀來看，吳悌在明代心學或理學史上的地位，其實是可
以再斟酌的，至少吳悌的聲名及影響力，應不如鄒守益、羅洪先
等人，所以黃宗羲（1610-1695）的《明儒學案》便未錄吳悌。若
要持平論斷，他的地位應更接近新城鄧元錫（1529-1593），二人
都是江右陽明心學陣營的一員，但相較於鄒守益等人，則其聲光
明顯較弱。

看，鄒元標用「觀摩」其實不盡精確。

45 吳悌與羅洪先的問答，請見沈鯉，〈吳文莊公神道碑〉，在吳悌，《吳疎山先
　生遺集》，卷10，附錄，頁23-24。何宗彥也是金溪人，而他在列舉江右諸先
　生之深於理學者，便舉出羅洪先與吳悌二人，儘管在《明儒學案》未錄吳
　悌，平心而論，吳悌之聲名亦不足以與羅洪先相提並論，但何宗彥所說應可
　代表當時金溪士人普遍的看法。見何宗彥，〈理學議〉，在吳悌，《吳疎山先
　生遺集》，卷首，頁1。

46 沈鯉，〈明南京刑部侍郎贈禮部尚書謚文莊疎山先生吳公神道碑銘〉，在《疎
　溪吳氏宗譜》，卷8，頁18。

因此，羅汝芳晚年在臨川講學遂引來下一波的心學熱潮。在建昌府，鄧元錫的弟子往往也師從羅汝芳，鄧、羅兩人共同教導門人。在撫州府，由於吳悌早卒，所以吳、羅二人之間雖無交集，但吳悌門下弟子往往也轉師從羅汝芳。如果說鄧元錫與吳悌的影響力主要在一縣之內，羅汝芳則是擁有跨地域影響力的大儒，影響整個撫州地區。金溪也因此更進一步融入到整個江西的心學圈中。

三、從理學講會到制藝文社

撫州府的制藝發展主要以臨川為中心，以及原屬臨川但在正德年間被劃出的東鄉（艾南英是東鄉人），而金溪最初並不在此風潮中。臨川先有湯顯祖，後有丘兆麟（1572-1629）與陳際泰（1567-1641）聞名於世，而章世純（1575-1644）、羅萬藻（？-1647）聲名後起，陳、章、羅與艾南英（1583-1646）合稱江右四大家。[47]

江西制藝文社，以最初的紫雲社與全省的豫章社最值得注意。萬曆二十八年（1600）的紫雲社，應是撫州地區較早也較重要的制藝文社，據陳際泰說：

> 金臨之間有古剎而名者曰紫雲，予與同人結社其中，曾氏一父之子預者，蓋四人焉。前後颺去者為丘毛伯、游太來

---

47 陳孝逸，《壺山集》（收入《四庫禁燬書叢刊》，集部，第72冊，北京：北京出版社，2000，原北平圖書館藏清順治刻本影印），卷1，〈府君行述〉，頁10。

（按：應作泰來，即游王廷）、曾銘西（按：曾棟）、祝文柔、蔡靜源（按：蔡國用）、管龍躍（按：似指管天衢？）、章大力、羅文止，此皆弟畜泰者也，然當時年最少，材又最高，則銘西之弟叔子與季子其人焉。48

　　此社所在紫雲寺及寺所在的項山，位於金溪、臨川、南城三縣交界處。49參與該社的士人，主要以來自臨川騰橋鄉的曾氏父子與陳、羅、章等臨川士人為主，以及一位名義上來自金溪的士人蔡國用（1579-1640）。50所以從紫雲社成立，到江右四大家之名大顯，主要都跟臨川士人有關。

　　萬曆四十三年（1615）的豫章社，則是集結全江西各地的知名制藝作手為一社——

　　　大冢宰李長庚任江西左布政，其子春潮才而好奇，合豫章諸能文者為豫章社，臨川則陳際泰、羅萬藻、章世純，東鄉則艾南英，泰和則蕭士瑋（1585-1651）、曾大奇，吉水則劉同升（1587-1646），南城則鄧仲驥，豐城則楊惟休、李炅，進賢則陳維謙、李光偉、陳維恭，皆郡邑間最馳聲者，而南

48　陳際泰，《己吾集》（收入《四庫禁燬書叢刊》，集部，第9冊，北京：北京出版社，2000，據原北平圖書館藏清順治李來泰刻本影印），卷3，〈曾叔子合刻序〉，頁7。

49　紫雲寺原名項山寺，後因有僧名紫雲者崛起，與疎山白雲，一時並盛，稱兩高僧，故復名此寺為紫雲寺。見丘兆麟，《玉書庭全集》（中國國家圖書館藏清康熙十一年重修本），卷8，〈項山寺賦〉，頁8-9。

50　據其族譜記載：後崗公，蔡國用之父蔡際春。羅萬藻、陳際泰皆為作墓誌銘。據陳際泰所撰，可知從後崗公曾大父，便已從金溪靖思，遷居南昌，後崗公則遷臨川北鄉楓林里。

昌、新建，首時華與萬曰佳、喻全祀，時華尤為所推服。[51]

　　能夠受邀參加豫章社的都是已有文名者，所以人數不多。[52]社員名單上的士人可分作三批，一批是湯顯祖的門人，即江右四大家陳際泰、羅萬藻、章世純、艾南英等人，來自撫州府；一批是舒曰敬的門人：李焭、萬時華（1590-1639）、陳維恭、李光倬等人，來自南昌府；[53]一批是蕭士瑋、曾大奇與劉同升，來自吉安府。

　　從紫雲社到豫章社，金溪士人都不在這些制藝文社中，而且金溪當地的學風仍以理學為主，尤其是黃宣與臨川李東明的講學，便是當時頗知名的理學講會。當時金溪也有制藝寫作方面的文社，但社集成員往往以家族後人為主，如張應雷（1534-1608）、聶文麟（1579-1667）二人在縣城城南及寶山的社集，便是為了家族族人應考而設。張、聶二人並不以制藝聞名，必須等到天啟、崇禎年間，受到江右四大家，尤其是艾南英的影響，金溪方才出現以制藝著稱者，兩位代表人物——吳堂、陳晝，他們

---

51 陳弘緒，《敦宿堂留書》（收入《清代詩文集彙編》，第11冊，上海：上海古籍出版社，2010，據清康熙二十六年陳玫刻本影印），卷1，〈先友祀鄉賢萬徵君傳〉，頁39（總446）。

52 李光元不在名單中則頗不可解，他是萬曆三十五（1607）年進士，但不久以病歸養，直到萬曆四十八年（1620）方才再出，可知此時他人在江西，而未參與這類社集活動，僅有素常與其師友唱和的從弟李光倬與會。李光元與李光倬的關係，見《（同治）進賢縣志》（收入《中國地方志集成》，第59冊，南京：江蘇古籍出版社，1996，據清同治十年刻本影印），卷19，頁25。

53 舒曰敬一方面以制藝聞名，同時還曾編纂《皇明豫章詩選》一書，這本書是受到復古派流風的影響，而詩選卷首有18名舒曰敬的門人弟子的名字，應即負責編纂詩集的人，其中便有李焭、萬時華、李光倬、陳維恭。

都因艾南英而獲得較高的聲名，而且與陳孝逸、傅占衡等一批年輕的臨川士人往來。

　　由於講會或社集初始的發展都跟家族有關，所以以下便從家族切入分述之。本節先談萬曆初年張應雷、聶文麟、黃宣等人所屬的家族及其社集，下一節談吳堂、陳畫的社集及活動。

1.橫源張氏

　　橫源張氏的關鍵人物即張應雷，他少時慕先儒象山之學，拜入王勑門下，王勑是黃直的學生，推測他也在翠雲講會中。[54] 另一方面，張應雷頗受吳悌器重，常隨侍其身邊，吳悌卒後，還協助其弟子李約編《言行錄》。[55] 另一方面，張應雷、從兄張默、張熟兄弟、從子張材幾人相師友，[56] 張應雷、張默、張材在縣學更有「三張」之稱，與瑤嶺謝氏的「四謝」並列。[57] 大約在嘉靖末年前後，以幾人為中心舉行家會，地點則在縣城南區，如其族譜所載，以及張熟所自述：

　　　　叔父諱熟，字思仁，別號純所，余父恭所公（按：張

54　王有年編，《（康熙）金谿縣志》（（收入《中國方志叢書》，第798號，台北：成文出版社，1989，據清康熙二十一年刊本影印），卷7，頁14。王勑是王有年之父。

55　張應雷未拜吳悌為師，所以自稱「邑後學」，又說：「雷侍先生久，知先生亦深，遂條舉耳目睹記，并二三大老所齒及逸事。」此段文字是為李約編的《言行錄》作跋。見張應雷，〈跋〉，在吳悌，《吳疎山先生遺集》，卷8，頁27。

56　張應雷生於嘉靖十五年（1536），隆慶五年（1571）進士，家會應是進士及第以前的事，所以推測時間落點在嘉靖末年。

57　張元輔，〈惺台公傳〉，張蔭階、張啟元等修，《橫渠張氏宗譜》（東邑宗美仁齋1995年新鎸本），卷8，頁134-135。

默），與湖州司理叔順齋公（按：張應雷），成理監理兄惺台
公（按：張村），相師友，為家會。[58]

　　熟總角時，未就外傅，從伯兄恭所先生，學於邑之南城。[59]

　　爰聚太參王如水、司理王文石、國博高環北，洎從弟姪庠
彥十餘輩，日琢磨規勸，華實並茂，故城南會為谿首稱焉。[60]

可知此會以橫源張氏族人為主，加上縣學中的其他士人。此會應
跟制藝寫作有關，由於幾個中心人物在科考上皆有表現——張應
雷是隆慶五年（1571）進士，張默是隆慶三年（1569）貢生，[61]張
材是隆慶四年（1570）舉人，[62]張熟是萬曆十六年（1588）舉
人，[63]所以此會一時之間頗有聲名。也因此，大約到了萬曆晚期或
天啟初年，[64]城南會進一步發展成為禹門社，陳際泰為此社的社刻
作序：

　　　禹門社介臨、金之間，是諸雋之所走集也。其得名，張順

58　張機，〈岢嵐太守叔父純所公行狀〉，張蔭階、張啟元等修，《橫渠張氏宗
　　譜》，卷8，頁124。

59　張熟，〈伯兄文林郎公安太尹恭所先生行狀〉，張蔭階、張啟元等修，《橫渠
　　張氏宗譜》，卷8，頁105。

60　同上注，頁107。

61　同上注，頁105-115；胡釗、松安等纂修，《（道光）金谿縣志》，卷11，〈宦
　　業〉，頁20。此文作於萬曆十七年（1589），張默卒後次年。

62　張元輔，〈惺台公傳〉，張蔭階、張啟元等修，《橫渠張氏宗譜》，卷8，頁
　　134-136；胡釗、松安等纂修，《（道光）金谿縣志》，卷11，〈宦業〉，頁22。

63　張機，〈岢嵐太守叔父純所公行狀〉，張蔭階、張啟元等修，《橫渠張氏宗
　　譜》，卷8，頁124-127；（道光）《金谿縣志》，卷11，〈宦業〉，頁30。

64　序文中提及周鍾、張溥倡導經術，而二人崛起於天啟年間，所以可推知禹門
　　社也是在此刻重振。

齋先生實為之，先后社于是者，翔去不可枚舉，中輟者數
年，近乃復有吾黨之刻而儷其人。蓋地重而人因重，不敢以
虧疎佐小之氣辱此名社也。[65]

此社是從張應雷啟始，而張應雷卒於萬曆三十六年（1608），所
以從城南會到禹門社，中間可能曾經中斷多年，直到江右四大家
倡導制藝才又重振。[66]

2. 崇陽聶氏

崇陽聶氏在明中晚期的知名人物分別有：

> 聶曼，長房15代，正德十一年（1516）舉人
> 聶薪，幼房14代，嘉靖四年（1525）舉人
> 聶廷璧，長房17代，嘉靖四十四年（1565）進士
> 聶良杞，幼房15代，隆慶二年（1568）進士。子聶文麟
> 聶文麟，幼房16代，萬曆四十七年（1619）進士
> 聶惟鋌，幼房18代，萬曆四十六年（1618）舉人

崇陽聶氏之科目仕宦自聶曼始，[67]而聶薪開始接觸理學（習於

---

65 陳際泰，《太乙山房文集》（收入《四庫禁燬書叢刊補編》，第67冊，北京：
  北京出版社，2005，明崇禎六年刻本），卷4，〈禹門社序〉，頁24。

66 所以陳際泰的序文中說「復有吾黨之刻而儷其人」。

67 蘇運昌，〈崇陽聶本立公墓誌銘〉，在聶友于等修，《崇陽聶氏族譜》，卷5，
  頁233：「崇陽聶氏之科目仕宦，實自鄉賓公之子曼始，從此至於明末，屢世
  不替，考名嘉惕，隱德弗耀。」

呂枏門下），並與吳悌為莫逆之交。[68] 吳悌是金溪當地的理學大儒，而聶蘄與其交遊，亦吸引其他聶氏族人接觸理學。此後聶廷璧雖不以理學著稱，但在當時金溪濃厚的理學氣氛下，仍被以理學評價，如其門人張學鳴說：

> 晚近世多趨道學，聚徒登壇，堯服禹步，然名實巨測也。師周情孔矩，青心如水，若在聖門閔冉流亞，而絕不以道學著，人亦不以道學擁師，而師之粹自晶瑩，若滌之清冷之淵。[69]

聶良杞則與聶廷璧相師友，當時有「繡谷二疏」之譽。[70] 繡谷是金溪的別稱。聶良杞先後師從吳悌與羅汝芳，悟程門識仁之旨，他甚至被拿來跟南昌鄧以讚（1542-1599）相提並論。[71]

聶廷璧以其在寶山的別墅作為聶氏子弟的讀書場所——如聶惟鋌便曾讀書於此，[72] 並在此講學，所以也吸引非族人如王學禮的參與。王學禮受到整個心學思潮的影響，研精心性，有「赤子心

68　胡釗、松安等纂修，（道光）《金谿縣志》，卷11，〈宦業〉，頁13-14。

69　張學鳴，〈明中憲大夫崇野聶公墓誌銘〉，在聶友于等修，《崇陽聶氏族譜》，卷5，頁172。

70　曾化龍，〈明廣西參議進階朝請大夫念初聶先生行狀〉，在聶友于等修，《崇陽聶氏族譜》，卷5，頁88。

71　錢士升，〈明廣西布政司參議念初聶公墓誌銘〉，在聶友于等修，《崇陽聶氏族譜》，卷5，頁150：「每為予稱江右理學風節之盛，輒言聶少參公（按：聶良杞）。少參公往矣，乃其皎皎大節，里中奉為典型，此（比）於鄧文潔公（按：鄧以讚）。」

72　聶友于等修，《崇陽聶氏族譜》，卷5，頁191。

無失，青田路不賒」之句。[73]

聶良杞與王學禮雖以理學著稱，但二人之子——聶文麟與王化澄（？-1652），則轉向制藝寫作，如王化澄有《二山制藝》，艾南英為其作序說：

> 登水弱冠讀書寶山，為憲副崇野聶公（按：聶廷璧）別墅。嗣是課藝於邑之槐堂，則象山陸先生之講室在焉。又十年有龍光之社，又三年有倅魁之社，又三年有畹香之社。丁卯（天啟七年，1627）結社於疎山，則吳文莊公（按：吳悌）讀書之故址。先後社刻皆載茲編，而得之寶山、疎山者為多，因名曰《二山課藝》。[74]

王化澄約萬曆三十三年（1605）左右讀書寶山，[75]天啟七年（1627）結社於疎山，而引文所說的龍光社、倅魁社、畹香社，應都是制藝文社。寶山與疎山原本各是聶廷璧與吳悌的講學地，但僅僅一代左右的時間，都變成制藝文社所在。

73　胡釗、松安等纂修，《（道光）金谿縣志》，卷10，〈儒林〉，頁13。

74　艾南英，《天傭子集》（新北：藝文印書館，1980），卷4，〈王登水二山課藝序〉，頁30。

75　艾南英的序文中說王化澄只小他兩歲，可知王化澄生於萬曆十三年（1585），而弱冠時讀書寶山，故推知是萬曆三十三年（1605）左右事。聶廷璧是萬曆十三年（1585）致仕，卒於萬曆四十年，而聶良杞則是萬曆四十一年（1613）方始致仕居鄉，所以大部分的時間，都是聶良杞在講學及教導子弟。聶廷璧及聶良杞的致仕年份，見聶友于等修，《崇陽聶氏族譜》，卷4，〈外集誥封〉，頁347-348。

3. 黃坊黃氏

黃坊黃氏是地方小族，功名、文教皆不盛，但因有黃宣而使該族為人所注目。但該族學風到黃榜開有變。黃榜開是黃宣的長孫，崇禎六年（1633）副榜，少時習於臨川李東明門下，從相關記載如李東明「每呼乳名，盤駁性理諸書，辨答如響」，可知黃榜開初期所習的是性理之學，但在明末制藝風潮的影響下，黃榜開很快亦用心於制藝，並在靈谷山房結社，黃榜開的著作《靈谷社草》初集二集三集，推測應即靈谷社的社稿。[76]此社成員還有劉星耀（1634年進士）、[77]王騰龍（1660年舉人）、唐時英（不詳）等人。[78]

舉林車氏族人也是靈谷社的成員。明初舉林車氏族人與吳與弼交遊，明中期車會同習於羅汝芳門下。明末車夢瑤（1622年進士）、車殿彩（1621年舉人），則與靈谷社有關，據載車夢瑤曾命其諸孫與門下弟子受業黃榜開門下，而車殿彩對黃榜開自稱社弟，可知他也在靈谷社中。

---

76 除了社稿以外，黃榜開亦操持選政，據載他「操選政，海內鉅作名篇，咸憑搦管出入」。見劉星耀，〈清故鄉副進士黃墨鮮先生墓表〉，在《黃氏十修族譜》（金溪滸灣鎮黃坊黃福堂家藏，民國十年修），卷6，頁13。

77 胡釗、松安等纂修，《（道光）金谿縣志》，卷11，〈宦業〉，頁38。

78《黃氏十修族譜》中有劉星耀為黃榜開作的墓表，劉星耀、唐時英、車殿彩皆自稱社弟，見《黃氏十修族譜》，卷6，頁14。徐鵬起為黃宣所作墓誌銘中，徐鵬起、張有儀自稱社姪，推測二人亦在此社中。見同前書，卷6，頁12。

四、艾南英與明末金溪士人

　　金溪本地雖有制藝文社，但能夠跨出家族以外，帶動風潮並擁有跨地域聲名，則跟江右四大家所帶起的制藝風潮，以及艾南英的介入有關。

　　四大家中，陳際泰、艾南英二人跟金溪的聯繫較多。陳際泰曾為禹門社作序，而其《大乙山房文集》也是由金溪士人李士奇校對。艾南英則跟金溪的淵源更深。艾南英是東鄉人，生於萬曆十一年（1583），萬曆三十四年（1606）入府學，與臨川的陳際泰、章世純、羅萬藻等人齊名，日後四人刻制藝行世，於是有江右四家之稱。[79] 在學術上，艾南英的祖父艾挺，師事金溪印山楊氏家族的楊用翔，楊用翔並無著作傳世，而據其族人所述，他「淬志古學，凡先秦兩漢八家之文，無不精心研究」，可知其學術傾向唐宋文，而從楊用翔而艾挺，於是「開天庸古學，卓然名家，源流皆本於公（按：楊用翔）」。[80] 艾南英在所作的墓誌銘中亦佐證此事，說：

　　　　石溪公為當時文章宗匠，予家世其學，源流與共，知之獨
　　真。[81]

79　張廷玉等撰，鄭天挺點校，《明史》（北京：中華書局，2003），列傳176，文苑4，頁7402。

80　《楊氏宗譜》（金溪琉璃鄉印山楊軍輝家藏，2005年重刊本），卷1，〈傳〉，頁6-7。

81　艾南英，〈別駕午亭楊公暨黃安人合葬墓誌銘〉，在《楊氏宗譜》，卷1，〈藝文〉，頁17。該譜雖說此文是錄自《天傭子集》，但查《天傭子集》，未收錄此文。

　　艾南英所在的東鄉文教不盛，而其族亦不以文教見長，[82]不知是否這個緣故，所以艾南英常跨縣與金溪士人——先有連城璧，後有吳堂、陳畫，共同編纂房選。

　　崇禎元年（1628），艾南英在蘇州，與金溪連城璧、揚州鄭元勳（1603-1644）幾人合閱房稿，選文800多篇，刻為《玉虎鳴》一書。[83]艾、連二人是天啟四年（1624）同榜舉人，二人的合作紀錄僅此一則而已。連城璧的事蹟不顯，他所留下的《蹇愚集》多半是任官時的書信，所以難以從中窺知他在金溪的事蹟。

　　吳堂屬於大塘吳氏，但同樣未能訪得其族譜，他亦無著作傳世，但他人的文集及地方志上載其事蹟較多，顯示他頗受當時人所重，如康熙年間有人歷數江西制藝名家，便有吳堂之名——

　　　　子鄉先輩，如文止（按：羅萬藻）、大力（按：章世純）、千子（按：艾南英）、仲升（按：吳堂），固與大士（按：陳際泰）、毛伯（按：丘兆麟）齊聲並價，安在其必以甲科重哉！[84]

陳際泰與丘兆麟皆有進士功名，所以列首，而其他幾人則是與陳際泰並列江右四大家的羅、章、艾三人，而吳堂亦與幾人並列，

---

82 據其族譜所述：「艾為東邑望族，自天備子來，多知名士。」可知在艾南英之前，該族文教不盛，所以清雍正年間鄭長瑞為其譜所作序時說：「艾氏宗譜有此一人，已足以光昭宇宙，而垂裕後昆。」見艾秉和修，《艾氏重修宗譜》（金溪琉璃鄉雙塘村艾氏家藏，1944年修），不分卷，頁56，以及鄭長瑞，〈艾氏族譜序〉，在艾秉和修，《艾氏重修宗譜》，不分卷，頁26。

83 艾南英，《天備子集》，卷3，〈玉虎鳴〉，頁26。

84 張蔭階、張啟元等修，《橫渠張氏宗譜》，卷8，〈仁庵公序〉，頁169。

可見其聲名之高。清初王有年（1659年進士）也指出吳堂之聲名不被江右四大家之盛名所掩——

　　有明天啟、崇禎間，以制舉義相雄長者，章世純、陳際泰、羅萬藻、艾南英，天下號為四大家，四子皆撫州人，顧尤推吳公仲升，爭延致其家課諸子弟。是時仲升之文，孤行于世，不為四子所掩，至今學者奉之若高曾規矩。[85]

此處雖泛指四大家「爭延致其家課諸子弟」，其實吳堂主要擔任艾南英子弟的西席，[86]而且崇禎六年（1633）還與艾南英共編房選，此見艾南英所述，他說：

　　予既評定當代之制舉藝，分為二選，而或以丁未（萬曆三十五年，1607）迄戊辰（崇禎元年，1628）為近時流而便進取，因摘為八科房選；又因其去留頗嚴，復廣其所存而錄之，屬友人吳仲升訂其是否。[87]

艾南英已評的房選是《戊辰房書刪定》與《辛未房稿選》二本，[88]吳堂所協助修訂的則是《八科房選》這個選本。

　　崇禎九年（1636）吳堂中舉，他跟隨艾南英的腳步，繼續從事編纂房選的工作，只是此次改與陳畫合作。推測吳堂在崇禎十

85　王有年等纂修，《（康熙）金谿縣志》，卷8，〈人物〉，頁24-25。

86　艾南英，《天傭子集》，卷4，〈吳仲升稿序〉，頁36。此序作於崇禎九年，當時吳堂仍任艾南英二子西席，而吳堂也是在此年中舉。

87　同上注，卷1，〈八科房選序〉，頁17。

88　同上注，頁9-11、15-16。

年（1637）、十三年（1640）兩次入京應進士試，所以作崇禎十年、十三年的丁丑、庚辰科進士的房選選本。[89]在崇禎皇帝崩殂次年，1645年，乙酉，吳堂隨同艾南英入閩，謁見唐王，授福建仙遊知縣，遂逗留該縣達8年之久，方才歸鄉。期間艾南英已卒，金溪亦已人事全非。

　　陳畫屬於義門陳氏，這個家族聚族而居，嘉靖朝以降功名表現十分顯赫。陳宗慶（1540年舉人）、陳鏜、陳鉦兄弟（1537、1546年舉人）皆有舉人功名，而陳一夔（陳鏜子）與陳所敏（陳一夔姪）更是隆慶二年（1568）的聯榜進士。以下陳于京（1603年舉人）、陳三俊（1615年舉人）、陳應斗（1618年舉人）、陳自挺（1636年舉人）亦科第簪纓不絕，如其譜所說——「金邑言家法，必推陳氏。」[90]

　　該族的理學淵源初啟於陳宗慶，如其墓誌銘所述——「自青衿、孝廉時，即交游海內宿儒耆德」，所以前述黃直舉行翠雲講會時，陳宗慶亦在會中，而且與鄒守益、唐樞等人往來交遊，而其學大要以「象山、陽明為宗」。[91]吳悌卒後，陳宗慶上書提學使，促請照顧吳悌後人。[92]

　　陳三俊以時文著稱，他在萬曆四十二年（1614）先以歲貢入

---

89 傅占衡，《湘帆堂集》（收入《四庫禁燬書叢刊》，集部，第165冊，北京：北京出版社，2000，據北京大學圖書館藏清康熙六十一年活字本刻本影印），卷8，〈吳陳二子選文糊壁記〉，頁8。

90 （義門）《陳氏宗譜》，不分卷，〈列傳〉，頁3。

91 同上注，〈列傳·岳州公〉，頁3；朱之蕃，〈勅授承直郎湖廣岳州府通判六山陳公墓誌銘〉，同前書，不分卷，〈墓誌〉，頁3。

92 陳宗慶，〈六山公上督學使者書〉，在（義門）《陳氏宗譜》，不分卷，〈書〉，頁1-5。

京，以其時文名震京師。據其族譜所述，陳三俊的制藝似歸有光古文，當時駙馬都尉楊春元之子楊光夒亦讀其文，並得到萬曆皇帝的稱許，據載：

> 光夒入宮，奉神宗皇帝起居。上問：「兒今讀何書？」對曰：「方讀貢元陳三俊時文也。」上曰：「文佳，兒宜以為法。」都尉（按：楊春元）即修書幣延為子師，禮遇甚隆。[93]

明末該族最知名者即陳畫，陳畫雖無功名，但以學術而為族人所尊，稱其「儒林公」，而他在金溪當地的聲名，也被比擬為「與陳、羅、章、艾相伯仲」。[94]陳畫應是在吳堂的介紹下而識艾南英，艾南英讚許其「於理學澄凝堅定，抱負海涵」，[95]並稱陳畫、陳疇兄弟是「理學萃於一門」。[96]但他不像吳堂隨從艾南英前往福建，而是始終居鄉在家，所以以他為中心，在金溪當地形成理學與制藝的群體圈。他的講學處是五柳軒，從遊者達數百人之多，若據族譜載其講習理學的情景——

> 講學於五柳軒，從遊者數百人，惓惓然以孝弟為重。[97]
> 嘗講學于五柳園，從遊者皆衰衣大袖，歌詩揖讓，有儒者氣象。[98]

93 同上注，〈列傳‧蒼梧公〉，頁7。
94 同上注，〈列傳‧儒林公〉，頁9。
95 同上注，〈列傳‧儒林公〉，頁9。
96 同上注，〈列傳‧隱逸公〉，頁10。
97 同上注，〈列傳‧儒林公〉，頁9。
98 同上注，〈列傳‧隱逸公〉，頁10。

另一方面，陳畫也教授門人與族人制藝，只是書房名卻作「重樂軒」。據《戌元櫟林周氏族譜》載其族人周居仁在此學習事：

> 時陳（畫）負重名，從遊者多名宿，每課文，必擇其尤精者付梓，公（按：周居仁）文與者十數，而試不售。[99]

大約等到崇禎十七年（1644），[100]陳畫集結諸父昆季同人友生之文，合為《重樂軒初選》，艾南英為其作序，說：

> 陳子惟易，取朋友之義，題其軒曰重樂，且集錄弟子課藝，合於文章法，與其諸父昆弟較習之作，以行於世，蓋憤近日之為舉業者，怪妖龐雜，思所以正之，而為是編也。[101]

陳畫的講學對家族及地方的影響頗大，所以直到他卒後，族弟陳甸仍繼續講學活動，後詳。

金溪年輕一輩的知名士人，除了吳堂、陳畫以外，還有孔大德，但因其相關資料甚少，所以附見於此。孔大德屬於聖裔孔氏，該族在金溪的其中一支位於河源鎮朱坊孔家村，該村至今仍

---

99 周穆菴修，《戌元櫟林周氏族譜》（金溪合市鎮冀家戌元村周新友家藏，道光二十四年重修本），卷1，頁77。

100 艾南英，《天傭子集》，卷首，《年譜》，頁4：「〈重樂軒序〉疑在是年。」但考其序文前後文意，實難想像值此明亡之際，陳畫仍編此書，且艾南英亦有暇作此序文。加上陳畫在崇禎十三年（1640）編《庚辰房選》，然後息影5年，若把崇禎十三年亦計算在內，則從崇禎十三到十七年正滿5年之數，所以推測該序作於崇禎十七年左右。

101 艾南英，《天傭子集》，卷4，〈重樂軒初選序〉，頁61。

存「聖裔」牌坊一座，[102] 以及《聖裔孔氏宗譜》一部。孔大德屬於繡谷分支，居住在縣城內，該分支的族譜今已難以尋訪，加上孔大德亦無著作傳世，所以相關的資料很少，僅《聖裔孔氏宗譜》中載其考取天啟丁卯科（1627）解元，[103] 未載其他言行事為。

　　此外，翻檢各族族譜，另有金紫何氏的文社，相關資料極少，推測是家族內部的社集，亦附錄於此。金紫何氏的知名人物有何自學與何清，何自學是宣德二年（1427）進士，曾薦吳與弼於朝，[104] 何清是弘治八年（1495）舉人。但此後便無族人考取舉人以上功名。直到萬曆年間的何學虁與何學孔兄弟，這兩位是該族較知名的士人，他們負責祠堂祭儀的修訂，但也只是邑庠生而已。[105] 也因此，萬曆三十二年（1604）何學孔發起金紫文會，鼓勵族中子弟用功考取功名，與會者應都是何氏族人。[106]

五、清初以金溪為中心的集會

　　明清鼎革之際，江右四大家中，除了陳際泰早卒，其他三家亦在此變亂之際亡故。章世純時任廣西柳州知府，在得知京師陷落後抑鬱而卒。艾南英先應羅川王之邀，起兵抗擊清軍於金溪，

---

102 此牌坊的記載，亦見於《聖裔孔氏宗譜》（金溪河源鎮朱坊孔家村孔國珍管譜，年份不詳），卷尾，〈坊額記〉，頁1。

103 《聖裔孔氏宗譜》，卷首，〈坊額記〉，頁1。

104 胡釗、松安等纂修，《（道光）金谿縣志》，卷11，〈宦業〉，頁7-8。

105 何清的傳，見羅垣，〈希軒公傳〉，在《金紫何氏重修合譜》（金溪左坊鎮后車何家何榮華管譜，民國三十一年版本），後卷，無頁碼；何學虁的傳見何容，〈賓虞公傳〉，同前書，後卷，無頁碼。祠堂祭儀事，見何學虁，〈修祠堂祭儀序〉，《金紫何氏重修合譜》，後卷，無頁碼。

106 何學孔，〈金紫文會序〉，《金紫何氏重修合譜》，後卷，無頁碼。

待江西陷落後，入閩見隆武帝，次年，即順治四年（1646）病卒。[107]羅萬藻則在料理完艾南英的喪事數月後亦卒。

明末江右四大家聲名最盛時，臨川年輕一輩的士人亦起而集結文社，較知名者即天啟七年（1627）的金石台大社，此社最初由陳際泰倡議，中間一度衰微，當張采（1596-1648）來任臨川知縣時復振而作之。陳際泰的二子陳孝威、陳孝逸，以及傅占衡（1606-1660）、吳程、曾有矩、舒紫芬、管子敬、游公大、劉鐘秀、郄六奕等人皆在社中，成員共18人。[108]

明清之際，該社成員不少亡故，即連陳孝威也在廣東病卒。一如傅占衡說：

> 曾上平（按：曾有矩）、吳先民（按：吳程）、舒紫芬、管子敬、游公大、劉文伯（按：劉鐘秀）、陳興霸（按：陳孝威），平生在六七知己中，謂之最貴矣，然壽亦不至中。[109]

---

107 艾南英的生平，見胡業恒，〈天傭公事略〉，在艾秉和修，《艾氏重修宗譜》，不分卷，〈傳〉，頁44-46。

108 社集成員之名，請分見陳孝威，《壺山集》，卷1，〈曾上平傳〉，頁8，以及陳孝逸，《癡山集》（收入《四庫禁燬書叢刊》，集部，第49冊，北京：北京出版社，2000，據北京大學圖書館藏清初刻本影印），卷3，〈虛葬亡友劉文伯墓誌銘〉，頁1。也有說14人，見陳孝威，《壺山集》，卷1，〈祭管子敬文〉，頁15：「上平（按：曾有矩）、紫芬、先民（按：吳程）、謝子、平生（按：陳奇才）、貞一、陸奕、厷止、文伯（按：劉鐘秀）、平叔（按：傅占衡）、威（按：陳孝威）、逸（按：陳孝逸），暨爾（按：管子敬），合為一社一四人。」

109 傅占衡，《湘帆堂集》，卷6，〈陳平生別傳〉。陳孝逸也談及此事說：「壬午（崇禎十五年，1642），吳先民（按：吳程）死；不半歲，曾上平（按：曾有矩）又死；乙酉（順治二年，1645）冬，李君揚死，其年，北大將劉某掠豐城隱溪、文伯乃遇害死。」見陳孝逸，《癡山集》，卷3，〈虛葬亡友劉文伯墓

於是此時遂以陳孝逸與傅占衡成為社群的領袖，陳孝逸是陳際泰之子，早有文名，而傅占衡亦頗受一些士人的推崇肯定。[110]

一方面是同社的臨川士人亡故，陳孝逸、傅占衡二人在清初所經常往來的，反而不少是金溪、南城士人，如陳孝威自述——

> 敝邑曾上平、吳先民、劉文伯、管子敬，後先雕謝，痛我同盟。於今崔嵬靈光，獨平生（按：陳奇才）、亦人（按：李國昌）、伯子（按：涂柏）、惟易（按：陳畫）、玄近（按：鄭邑雋）、大千、平叔（按：傅占衡）輩數人耳。[111]
>
> 肝江徐仲光（按：徐芳，1618- ？）、金谿吳仲升（按：吳堂）、孔登小（按：孔大德，？ -1660）、家惟易、鄭玄近（按：鄭倩），或遠或邇，然志同道合，跡疏心般。[112]

曾、吳、劉、管四人皆與陳孝逸同社的臨川士人，而幾人卒後，陳孝逸所引以為友的幾人，除了傅占衡、陳平生是臨川人，涂柏來自宜黃，以及徐芳出自南城以外，其他幾人——吳堂、陳畫、孔大德、鄭邑雋、李國昌，都是金溪人。

誌銘〉，頁1。吳程、曾上平、陳孝威三人交情有如鼎之三足，三人間的往來，請見陳孝威，《壺山集》，卷1，〈吳先民傳〉，頁7；卷1，〈曾上平傳〉，頁8-9。

110 如彭士望（1610-1683）推崇傅占衡的文章非湯顯祖與江右四大家所能及。見彭士望，《恥躬堂文鈔》（收入《清代詩文集彙編》，第32冊，上海：上海古籍出版社，2010，據清咸豐二年重刻本影印），卷3，〈復王元升書〉，頁11；〈與魏善伯書〉，頁14。

111 陳孝逸，《癡山集》，卷6，〈寄歐無奇蕭繡虎〉，頁9。

112 陳孝逸，《癡山集》，卷6，〈答溫伯芳〉。鄭倩，字玄近，地方志上未載其人，請參考陳際泰，《已吾集》，〈鄭玄近新刻序〉。

　　陳、傅二人在清初看似消極困頓，但細察其行跡，卻似常前往他縣與該縣士人集會，如與南城徐芳，據載：

> （傅占衡）與南城徐芳、鄧旻相契合，往來建武，留寓景雲、大平諸剎。[113]
> （陳孝逸）常寓南城章山寺，與徐拙菴（按：徐芳）、鄧止仲（按：鄧廷彬）、蕭明彝（蕭韻）友善。[114]

由於都是在寺院聚首，所以幾人在此集會的可能性很大。如與貴溪張雲鶚，據載：

> 貴溪張雲鶚，字次飛，一字鐵公，……明亡，絕意仕進，築室章源山中，焚儒冠，髮鬖鬖不薙，裹頭，自製一氈帽，雖盛暑燕私不脫去，……與同里周鳳儀、金谿孔大德、臨川陳孝逸，訂煙霞交，秋暑雪餘，涼月在地，經營慘澹，詩趣蜿蟺，引觴互酌，陶然就醉。[115]

張雲鶚的態度應是反清的，而陳孝逸則經常與其集會。

---

113 李人鏡等修，梅體萱等纂，《（同治）南城縣志》（收入《中國方志叢書》，第818號，台北：成文出版社，1989，據清同治十二年刊本影印），卷8之1，〈流寓〉，頁20。

114 李人鏡等修，梅體萱等纂，《（同治）南城縣志》，卷8之1，〈流寓〉，頁15。陳孝逸，《癡山集》，卷6，〈與鄧止仲〉，頁9：「客夏數度入貴郡，一寓章山寺。」

115 楊長杰等修，黃聯珏等纂《（同治）貴溪縣志》（收入《中國方志叢書》，第873號，台北：成文出版社，1989，據清同治十年刊本影印），卷8之9，〈隱逸〉，頁7。

　　陳、傅二人也確實不斷出現在清初金溪士人的交遊及社集記述中，如疎溪吳玠爾的交遊圈中便有陳、傅二人——

　　（吳）玠爾，字珍軒，……以書經中崇正癸酉（六年，1633）鄉試第十一名，……豻坪徐登龍先生，公之故人也，道義相尚。當懷宗時，高隱不仕，與公及臨川傅占衡、陳孝逸，本邑吳堂、陳疇、陳畫、聶文麟諸先生唱和。[116]

徐登龍談易代之際聶文麟在鄉交遊事則說——

　　涉亂以來，惟同二三聲氣，及方聞布衣士，論文賦詩，此外杜門匿影，自當世諸新貴求聖見顏色不可得。[117]

文末有編者補充說：

　　此二三聲氣，蓋指臨川傅公占衡，字平叔；縣右孔公有德，號秀野；大塘吳公堂，號通隱；市心陳公畫，字惟易；陳公疇，字惟範；瑤溪傅公振鐘，字義然；大衍鄒公定本，

116《疎溪吳氏宗譜》，卷8，〈御史公傳〉，頁4。徐登龍是天啟四年舉人，相關事跡不詳，所引文雖說徐登龍是豻坪徐氏，但查該族族譜，未列徐登龍之名，不知何故。此段說徐登龍與吳玠爾二人是故交，高隱不仕，亦不盡然。吳玠爾在考取崇禎六年舉人以後任官，明亡則奔走王事於閩、浙間，最後悲憤絕粒，殉難於閩。「高隱不仕」有可能是族譜編者因政治忌諱而曲隱吳玠爾殉難的用詞。吳玠爾殉難事反而見諸地方志上，見胡釴、松安等纂修，《（道光）金谿縣志》，卷11，〈宦業〉，頁38。
117 聶友于等修，《崇陽聶氏族譜》，卷5，頁19。

及徐公諸人也。[118]

吳玉爾是吳悌的族人，崇禎六年（1633）舉人；徐登龍的事蹟不
詳，僅知他是天啟四年（1624）舉人。若先不談吳、徐二人，金
溪當地應以吳堂、陳畫、孔大德等人為中心，加上崇陽聶氏的代
表人物聶文麟。[119]這些人應會有集會或社集，所以陳畫傳記中的
這段話便很值得注意——

> （陳畫）與平叔傅公、蘇門聶公（按：聶文麟）、通隱吳
> 公、秀野孔公，及弟惟範（按：陳疇）先生隱居講道。[120]

前文談到陳畫在五柳軒講學，從遊者達數百人之多，此處亦
指稱以陳畫為中心，隱居講道。另據臨川黃石麟所述，他與陳畫
在金溪論學，而論學處應即五柳軒。[121]五柳軒的講學活動直到陳
畫卒後，其族弟陳甸仍延續之，據載：

> （陳甸）少從族兄惟易先生遊，潛心味道，臨川陳少游、
> 同邑傅平叔、孔秀野諸先生，交相引重，往復切劘，益肆力
> 關閩濂洛之學，大有所得。絕意仕進，繼惟易先生講學五柳

---

118 同上注，頁20。

119 聶文麟是聶良杞之子，萬曆四十七年（1619）進士，崇禎十五年（1642）致
仕。致仕的年份請見聶友等修，《崇陽聶氏族譜》，卷4，〈外集貤封〉，頁
349。

120 （義門）《陳氏宗譜》，〈列傳‧儒林公〉，頁9。

121 黃石麟，《半燕園集》（收入《四庫禁燬書叢刊》，集部，第150冊，北京：北
京出版社，2000，據復旦大學圖書館藏清康熙六十一年黃承昺等刻本影印）。

軒，遠近來學者踵趾相錯，每會講，鄰師率學子環而諦聽者
常百十人。公學以主靜為本，行以孝弟為基，……門弟子多
騰踔于時，而馮夔颺太史（按：馮詠，1672-1731）兄弟受業
沈深，名亦愈著。[122]

也因此，「隱居講道」四字應該不是沒有實指。陳畫的五柳
軒，很有可能是眾人往來聚會之處。而且相較於南城、貴溪兩地
的集會，五柳軒可能才是最重要的集會中心。文中的馮詠是金溪
人，康熙六十年（1721）進士，是下一輩與李紱（1673-1750）並
列，同於撫州最知名的士人。[123]

陳孝逸、傅占衡往來金溪、南城、貴溪等地與人集會，原因
為何，今已不得而知，從陳孝逸與彭士望、錢謙益、方以智
（1611-1671）等人的往來，[124]我們固然懷疑可能跟反清活動有關，
只是苦無證據。但可確定的是，陳、傅二人，尤其是陳孝逸，隱
然承續其父陳際泰的角色，成為撫州地區的士人領袖。也因此，
當江南陳濟生在順治年間著手編纂《天啟崇禎兩朝遺詩》一書，
諮詢陳孝逸的意見，而陳孝逸推薦予陳濟生的，除了江右四大家
的作品以外，便是金溪陳畫與孔大德二人的著作。陳孝逸說：

宗兄名山之羅，所願任其驅役，第敝地諸先難，如帖上諸

---

122 （義門）《陳氏宗譜》，〈列傳・淑度公〉，頁15。

123 李紱，《穆堂初稿》（收入《清代詩文集彙編》，第232冊，上海：上海古籍
　　出版社，2010，據清道光十一年奉國堂刻本影印），卷34，〈馮李合稾序〉，
　　頁25。

124 陳孝逸，《癡山集》，卷6，〈又柬卓庵〉，頁12；同前書，〈答彭躬庵〉，頁
　　17-18。

公，古文字特少，即有之，微索不易。又其文字，或使人以不見為恨，其人更重。然已為布檄，得便續致。至於《章柳州》、《天傭子》、《小千圍》等集，苦無貳本，不敢付，倘有閒力，卻抄寄也。孔登小《秀野廬樑詩》併《和陶詩》、家惟易《笠攷》，偶在几間，敬納去。二兄皆林廬徐無中人，吾黨之最嶽嶽者，頗有他著，會須宗兄見之。[125]

《章柳州》、《天傭子》、《小千圍》分別是章世純、艾南英、羅萬藻三人的著作，而陳孝逸因無三人著作的副本，擔心遺落而不敢寄送。[126]而他所大力推薦的同輩士人，即金溪陳畫與孔大德二人著作。

陳孝逸、傅占衡，以及諸多金溪士人，以五柳軒為中心所形成的群體，他們在清初是不應科舉亦不任官的。前引貴溪張雲鶚的個案，他最極端的行為是不薙髮，其他人雖未如此，但亦自放於政權之外。這些士人在明末皆以制藝聞名，但入清以後，便不再殫心於此，傅占衡的話最可生動說明：

時文衰則師座廢，雖金谿人如無家人，兩生（按：吳堂、陳畫）效如是，安得不泥諸壁。自洪武辛亥（1371）以來，名儒鉅公、照史碩老皆專出於是。成弘間始微標名目，如王唐薛瞿。到崇禎末，房如蝶，社如螳，言理學則周程張朱之

---

125 陳孝逸，《癡山集》，卷6，〈寄陳皇士太僕〉，頁17。

126 後來似是陳畫將《天傭子集》刊刻出版，有易學實作序，見易學實，《犀厓文集》（收入《四庫全書存目叢書》，集部，第198冊，台南：莊嚴文化事業有限公司，據江西省圖書館藏清康熙刻本影印），卷5，〈天傭子敘〉，頁8；卷18，〈寄陳惟易〉，頁5。

嫡派在是，談文采則左丘明、司馬遷、劉向、楊雄，衛官奔
走其助朝算禅世用則二十一史治亂成敗耆列，未嘗不似。然
其末也，上不能當一城一堡之衝，次不足備一箭一砲之用，
最下不可言。由此論之，糊壁為幸。[127]

所以我們另一方面也看到臨川李來泰（1631-1684）這個名
字。李來泰，字仲章，號石臺，順治九年（1652）進士，他的官
運並不亨通，因與上司不和被革職，還鄉後又被誣陷與耿精忠部
屬勾結叛亂而下獄，直到康熙十八年（1679）獲舉薦參加博學鴻
詞科考試，才又入朝為官，並參與纂修《明史》。但他卻是康熙
年間撫州地區的士人領袖，所以在這段時期的文獻資料中，都不
斷看到士人提及李石臺這個名字，一如黃石麟所說——「學者莫
不仰其言行以為當世之師」。[128]這也凸顯，入清以後，大約一代的
時間，陳孝逸、陳畫等人的社集活動便難再持續下去，所以樂安
李煥章談及臨川、金溪入清以後社集活動之蕭索，說：

金溪，西江之名區，……即陳、章、羅、艾四家，洎陳興
霸（按：陳孝威）、少游（按：陳孝逸）、傅平叔（按：傅占
衡）諸君子，文章交遊之盛，今壇社寂寞，流風莫續，至於
唏噓嘆息，泣下沾襟，舉坐為之罷懼。[129]

---

127 傅占衡，《湘帆堂集》，卷8，〈吳陳二子選文糊壁記〉。

128 黃石臺，《半蕪園集》，卷6，〈李石臺先生傳文苑〉，頁15。

129 李煥章，《織水齋集》（收入《四庫全書存目叢書》，集部，第208冊，台
南：莊嚴文化事業有限公司，據江西省圖書館藏清乾隆間鈔本影印），〈方叔
衡詩草序〉，總頁773。

李煥章所舉雖都是臨川士人，但仍可想見臨川、金溪兩地流風莫
續的景象。

六、結論

本文主要利用族譜資料以重構地方小讀書人的交遊與社集活
動。很多地方上的小讀書人因無著作傳世，所以往往只有地方志
上簡短的幾行敘述，但這些人卻可能是地方社集活動的要角，如
車泰來、張應雷、聶良杞、黃宣、吳堂、陳畫，這些人雖然不是
當世第一流的人物，但在金溪當地都有舉足輕重的地位。過去這
些人的身影不曾出現在任何討論中，但少掉這些人，其實很難了
解明中晚期金溪的思想文化發展，及其講會或社集活動。

利用族譜資料，配合文集、地方志，我們不僅重新認識這些
人，也看到明中晚期金溪從心學講會轉向制藝文社的發展，以及
江右四大家中的艾南英，加上吳堂、陳畫等人所主導的明末制藝
文社。明亡清初，臨川陳孝逸、傅占衡二人與金溪士人之間的關
係密切，而陳畫的五柳軒很可能是整個撫州地區的集會中心。

過去對清初江西往往較注意江右三山的謝文洊（1615-1681）、
寧都九子等人，然而，謝文洊、寧都九子，其實跟明末的文社群
體關係不深，這也使得從明末到清初對江西思想文化史的敘述呈
現斷裂而不連續的現象，似乎明亡以後，明末曾經活躍的一批人
就此退隱淡出，而由另一批人走上主舞台。這個敘述固然不能說
毫無道理，但仍不免太過粗略或簡化之嫌。

本文所做的，正是藉由不同性質的史料，復原金溪地方小讀
書人的言行事為，進一步了解臨川與金溪士人群體的社集活動。
若以臨川與金溪為基礎，應該有可能更大範圍掌握整個撫州地

區，從明末到清初的地方小讀書人的動態。清初江右三山之一的
謝文洊，他所在的南豐，亦屬於廣義的撫州地區，而他與這些士
人群體之間的關係如何？也許會是很值得繼續深入的課題。

社集與身分／階層

明末清初秦地文人在揚州的結社活動

王昌偉 ─────────────────────────────

新加坡人，哈佛大學東亞語言與文明系博士，新加坡國立大學中
文系教授。研究領域為中國思想史。著作包括 *Men of Letters
within the Passes: Guanzhong Literati in Chinese History, 907-1911*
（2008），*Li Mengyang, the North-South Divide and Literati Learning
in Ming China*（2016）以及中英文論文十幾篇。

一、前言

崇禎十五年（1643）10月9日，寓居揚州的陝西文士雷士俊（1611-1668）的原配趙氏卒，年僅30。[1]居喪期間，雷士俊數致書函於社友張問達（生卒年不詳，1666年舉人），就有關如何祭奠朋友亡妻一事進行討論：

> 士俊白：祭朋友妻，俗例用文。亡妻之喪，吾社諸兄醵金為奠，足下獨考古文集中無祭朋友妻之文，欲罷其文。不惟古人自視，兼以古人視弟，誠愛人以德者矣。弟見古文之傳者，婦人獨略，即墓誌銘纔一二耳。足下博學，或持之有故也。厚貺弟姑領之，弟意禮既不當用文，奠亦不可，議定然後拜還也。足下如有所見，復以誨我。士俊白。[2]

這封書信所涉及的祭祀內容，無疑是禮制史研究的好題目，但本文所關注的，卻是其中所透露的士人交遊網絡。信中所謂的「吾社諸兄」，指的是雷士俊與張問達於1635年所參與的文社「直社」的其他成員。自從謝國禎在1930年代發表《明清之際黨社運動考》[3]以後，學者對明末清初士人結社的活動多有留意，其中以東林黨、復社等在全國範圍內具有廣泛影響的結社運動最引人注目，而許多像「直社」這類規模較小，成員又不是士大夫圈子中

1 雷士俊，《艾陵文鈔》（收入《四庫禁燬書叢刊》，集部第90冊，北京：北京出版社，1997）卷13，〈亡妻趙氏權厝誌〉，頁150下-152上。

2 雷士俊，《艾陵文鈔》，卷10，〈答張天民論祭朋友妻禮書〉，頁123上。

3 謝國禎，《明清之際黨社運動考》（上海：商務印書館，1934）。

的領軍人物的文社,則一般乏人問津。[4]實際上,這一類「名不見經傳」的文社所在多有,而在揚州,以陝西人為主要成員的文社除了直社以外,還有成立於明亡後的丁酉詩社。本文要做的不僅是鉤沉的工作,而是希望通過這兩個個案,探討各地文社在16至18世紀如雨後春筍般出現的歷史現象,並以此為基礎,把中國明清之際文人結社的現象放置在跨地域與跨文化的比較視野中考察。

　　歷史社會學家池上英子在研究德川時代日本的社會網絡及組織時,提出了所謂「審美的網絡」(aesthetic networks)的概念。她指出,日本在近代以前,就已經出現了由跨階級和跨地域的人際網絡所形成的社會空間。這個空間類似於西方的公民社會(civil society),都是成熟的市場網絡和蓬勃的出版業的產物。同樣的,維繫日本的審美網絡的集體意識,也和西方一樣,是以區分成員與非成員的文明程度為核心的,而文明與否的差別在於是否能遵循既定的,優雅的禮儀,同時能否欣賞優美的詩文與藝術。雅／俗的判定成為衡量某個人或某個群體(無論其階級和地域背景)是否有資格進入「我們日本人」這個共同體的標準。而且,和西方公民社會不同的是,日本的審美網絡並不以挑戰封建政權的姿態出現。因此,池上英子認為,德川時代日本的結社現象,所產生的是一個沒有公民社會的禮儀空間(civility without

---

4　如何宗美有關明末清初文人結社的近著兩大冊,是近年相關研究中篇幅最大,資料最詳實的成果,但復社的內容始終還是占了一大半,而對於一些規模較小的文社的個案選擇,則任意性比較強。見何宗美,《明末清初文人結社研究》(天津:南開大學出版社,2003)、《明末清初文人結社研究續編》(北京:中華書局,2006)。

civil society）。[5]

　　池上英子對日本的研究，為我們考察同一時期中國的社會網絡和組織提供了比較的平台。直社和丁酉社的人際網絡的階級性與地域性究竟為何，與池上英子所言日本德川時期的「審美網絡」有何異同，是本文希望能回答的問題。通過比較，我們就能夠更為清晰地勾勒出16至18世紀漢字文化圈內知識人網絡的發展脈絡。

　　除了橫向的比較，本文也會通過縱向的對比，討論從直社到丁酉社所揭示的政治、社會和文化變遷。儘管兩社的重要成員都包括寓居揚州的陝西文人，私下也互相有往來，但成立於明末的直社和成立於清初的丁酉社在性格上卻有很大的不同。明亡所帶來的衝擊固然是造成丁酉社走上一條不同的道路的主因，但明清鼎革究竟如何改變了知識分子的網絡與社群的建構，還有待進一步的釐清。

二、復古：直社對士大夫文化的界定與維護

　　在直社以前，雷士俊曾於18歲回陝西涇陽娶親時參與其妻趙氏的叔父所組織的文社，後來也曾與人在揚州組織了名為「見社」的社團，但我們對這些社集都一無所知。[6]直社諸子除了雷士俊、張問達外，可考的還有王巖、鄭元弼、談震德、申維翰、汪蛟、閔鼎、金懷玉、許承宣、劉梁嵩、許承家等人，但材料零

5　Ikegami Eiko, *Bonds of Civility: Aesthetic Networks and the Political Origins of Japanese Culture*（Cambridge: Cambridge University Press, 2005）.

6　雷士俊，《艾陵文鈔》，卷7，〈壽克念趙公八十序〉，頁82下-83上；卷5，〈直社分義序〉，頁64下。

散，而目前筆者只掌握到雷士俊和王巖（生卒年不詳）的文集，故下文以二人所述為主。當然，直社成員的想法未必一致，而僅根據一兩個人的文字自然無法完整呈現直社的歷史，但本文的目的，主要是從秦地文人的視角出發重構直社的活動，因此雷士俊和祖籍長安的王巖的觀點還是有代表性的。

明清之際揚州的文人集會，最著名的莫過於以王士禛（1634-1711）為核心的「紅橋修禊」，但雅集不等於結社，「紅橋修禊」顯然不具備嚴格意義上的文社詩社那樣的組織性。[7]這類比較有組織的文人結社，至少在原則上是希冀結合一群志同道合的朋友共同進行某種思想或學術上的追求，有些更是受到某種使命感的驅使，以直社為例，「諸子志偉氣雄，……相與論議，皆有樹立不因循，砥礪切劘，以進於古人之意，而其大指，則確守程朱之傳註，以達於孔孟。……吾社之始為文，縱橫奔放者多有，而猶蹈於規矩，庶幾先民之軌。至是出入左馬韓歐，雖孔孟之微言預焉，滋弘肆矣。」[8]

由此可知，直社是以「進於古人之意」為立社原則的。但尊古崇古，在中國文化史上至少從孔子以來就是如此，因此要掌握直社的追求，我們需要進一步分析他們所謂的「古」的內涵。確切而言，直社復古的主張包含理學與文學兩個層面，論議方面尊程朱，作文方面則向《左傳》、《史記》、韓愈、歐陽修等學習，而其終極目標，則是重新樹立以孔孟為宗的士人學術。在這種高度原則性的闡述之外，直社成員的自我期許也可以從雷士俊寫給

7　朱則傑，〈王士禛「紅橋修禊」考辨：兼論結社、集會、唱和三者之關係〉，《江蘇大學學報（社會科學版）》，17：1（鎮江，2015），頁51-58。

8　雷士俊，《艾陵文鈔》，卷5，〈直社分義序〉，頁64下。

社友鄭元弼（生卒年不詳）的信中看出來：

> 　　吾輩作古文，當即於其古人之可師者，揣摩觀玩，務求政
> 精盡變，以至夫古人之域而止，不可枉道以要近譽。今之知
> 名者，調停於古人肥瘠之間，為一種似秦漢、非秦漢，似魏
> 晉、非魏晉之文。其人自謂集大成，遠過古人，而叢雜濃
> 濁，實不成章。雖時流共推，數年之後與腐草同滅。弟所謂
> 古文，務求至夫古人之域者，神氣態度當一一似古人，不必
> 陽尊秦漢，陰又少之，而欲取魏晉之浮華以補其未足。如
> 此，時流雖未必盛稱，或群相誹謗，終屬一家之言。[9]

在作文方面，雷士俊認為時下之「知名者」所謂的尊古，是陽秦
漢而陰魏晉，文筆流於浮華，盡失古人之意。反對六朝文的觀點
在明代相當普遍，但尊秦漢與尊唐宋，卻可以被總結為兩條不同
的文學道路，如錢謙益（1582-1664）論後來被列入所謂的「唐宋
派」的茅坤（1512-1601）曰：

> 　　為文章滔滔莽莽，謂文章之逸氣，司馬子長之後千餘年而
> 得歐陽子，又五百年而得茅子。疾世之為偽秦漢者，批點唐
> 宋八大家之文以正之。[10]

錢氏在「秦漢」前標示「偽」字以指明他所批評的不是真正的秦
漢文，而是明中葉以來以李夢陽（1473-1530）為首的尊秦漢反唐

9　雷士俊，《艾陵文鈔》，卷10，〈與鄭廷直書〉，頁117下。

10　錢謙益，《列朝詩集小傳》（上海：上海古籍出版社，1959），丁集上，頁404。

宋（尤其是宋）的文學思潮。過去學界把李夢陽等人視為尊秦漢
的代表而把唐宋派視為尊唐宋的代表，並把兩者完全對立起來的
直線型文學史的敘述方式存在許多問題，不過錢氏的意見說明這
也是明人思考本朝文章流派的一種思考方式。[11]比錢氏稍晚的雷士
俊論文則不分秦漢唐宋，而是視其中的大家為文章的規矩，藉此
批評當時的士風，如論其友孫金礪（生卒年不詳）之文曰：

> 嗚呼！介夫（筆者按：即孫金礪）之文，不離古，不泥
> 古，《史》、《漢》、八大家之文而亦介夫之文也。文逮司馬
> 遷、班固，規矩方員之至至。韓愈、柳宗元、歐陽修諸人起
> 窮討，而為疏狀、論議、序記、碑誌，陳事闡理，明是非，
> 辯得失，條分縷析。其神氣，其風度，無不本於《史》、
> 《漢》者，而布置益嚴密，文之有法，方圓之有規矩也。世
> 之好義之士，乃倡說曰：「堯典羲畫，彼則安放，古自我
> 作。」空疏寡學之徒，幸其言之便利也，群而和之。目未觀
> 古人之譔著，私智妄造，誑瞽聾，詐蒙稚頒白。閉戶習舉業
> 者，即以制舉之藝，去承破，改比股而充代，咸嘐嘐示人
> 曰：「此疏狀也，此論議也，此序記碑誌也。」斷木為棋，梡
> 革為鞠，莫不有法，六經之餘文僅在茲，而荒繆無所準，但
> 自我圖之，高於寓託，以餙其空疏，何其無忌憚而不恤人之
> 笑也。世之博學者，矯枉過正，曰辭貴爾雅，每構一文，罔
> 羅舊聞，掇拾成語，鰓鰓某字依於某篇，某句採於某篇。所

11　當然，身為蘇州人的錢氏大力抨擊李夢陽的文學主張，有很明顯的為蘇州文
　　學傳統張目的意圖。見簡錦松，〈論錢謙益《列朝詩集小傳》之批評立場〉，
　　《文學新鑰》，2004：2（嘉義，2004），頁127-158。

謂疏狀，所謂論議，所謂序記碑誌，浮華盈牘，無一由己
出，公相剽襲，卒歸於臭腐。兩者鈞病也。寡學者其文病；
博學者其文病，已矣乎，文終難復古乎？[12]

雷士俊把孫金礪與秦漢唐宋大家相提並論，從正面充分肯定其文
之法度，另外也從反面通過批評時下四類人之失以突出孫氏的卓
越不群。「好義之士」為了彰顯自我而輕視古典，「空疏寡學之
徒」則為了走捷徑而拾其牙慧，不讀古人書還大言不慚。聯繫雷
士俊對程朱學統的推崇，他對這兩類人的描述難免讓人聯想到王
陽明（1472-1529）及其後學。「閉戶習舉業者」指的是天下為了
科考專攻八股文而不及其他的士子。最後的「世之博學者」，這
類人作文，文字華麗，旁徵博引，乍看之下似乎博學多聞但實際
上一味抄襲，缺乏個性。如此尊古，實難復古。

　　另外，從開篇所引雷士俊致張問達的信中亦可知，直社的其
中一個宗旨是要挑戰不合古禮的「俗例」。雷士俊為此還特別撰
寫三篇議論文章，討論喪禮世俗化的種種謬誤，其一曰：

　　世俗浮屠破獄之文，布穀於地為獄，門墻皆具而文，畫紙
為厲鬼，四立而環之，乃置人父母之重其間。眾僧誦讀佛
說，一僧手錫畫破其獄。為子者號泣辟踊，奉重而出，如從
獄之見其父母也而救之者。……學者不幸而不得遊孔孟之
門，聞性命之語以得道之正傳。一見其書，樂其言之堅而辯
也，雖賢智亦惑之矣。至於所謂破獄，陋繆無義理而同於
戲。世之薦紳之徒，莫知其所非，亦從而行之，則可笑也。

---

12 雷士俊，《艾陵文鈔》，卷6，〈孫介夫文鈔序〉，頁74上-下。

　　始創為此者誰乎？誠不仁者哉！[13]

在雷士俊看來，佛教「破獄」的喪葬儀式嚴重妨礙了孔孟正道的流傳，罪魁禍首固然是始作俑者，但士大夫無法分辨是非，受其蠱惑，也難辭其咎。以上例子說明，除了詩文酬唱和確立正確的學術之外，直社的成員也希望能通過互相勉勵和提醒，負起移風易俗的社會責任。這種觀點除了為正統異端劃清界線以外，也充滿濃厚的階級意識。直社成員所欲建構的，是他們理想中的，以孔孟為代表但受到世俗挑戰的士大夫文化。

　　直社對正統士大夫文化的堅持，也促使他們對於由商業所驅動的社會風俗不以為然，例如雷士俊在明亡後曾嘗試經商，但內心實感厭惡。[14]安東籬（Antonia Finnane）在討論明清之際揚州的社交圈子時，就指出儘管兩淮地區的巨賈（主要是鹽商）和士大夫這兩個群體之間實際的界線十分模糊，士人從商以及商人轉換身分躋身士人階層的例子層出不窮，但士大夫身分和文化的獨特性和優越性，卻還是在上層社會（包括士與商）的交際網絡中不斷被複製和強調。她同時也注意到，主導揚州文人網絡及文化的並不是嚴格意義上的本地人，而是有著鹽商背景的移民家族。[15]直社的個案，正好印證了安東籬的這個觀察。從祖籍判斷，參與直社的文士來自大江南北，但在結社的時候都定居於揚州江都。許多是因為家族在揚州經商，並以商籍在此參加科考。所謂「當是時，士喜建社，各有名號，而四方之士在江都者，相與鳩合，講

13　同上注，卷1，〈喪禮論上〉，頁15上。

14　王霞，《雷士俊研究》（揚州：揚州大學碩士論文，2012），頁16-17。

15　Antonia Finnane, *Speaking of Yangzhou: A Chinese City, 1550-1850*（Cambridge MA: Harvard University Asia Center, 2004）.

習藝術，謂之直社」。[16]

　　雷士俊、王巖的家族原籍陝西，二人的家族至晚在他們的祖父輩就已經到揚州經商，[17]但時人在提及二人時仍然會提及他們的祖籍，如計東（1625-1676）言「雷子伯籲、王子築夫俱秦中人，僑居揚州，……」，[18]他們在寫文章時，也偶爾以祖籍落款，如「涇陽雷士俊」等。不過在和其他社友的文字來往中，並不見雷、王二人突出其秦人身分，反而見到隱約針對江南的言論，如上引雷士俊寫給鄭元弼的信中曰：

> 兄寄寓山水勝地，畢交江南英豪，智識充廣，日有增益，如弟窮年甕牖，孤陋孰甚，然弟之素志，亦有不欲改者。嘗笑今知名之士，日投刺拜謁，飲酒高會，其人奇傑者，初亦博學雄才，升古人之堂，而奔走馳逐既久，平生舊所記誦，悉皆遺忘。新者無一字入眼，遂錄錄空疎，無異天下之庸人。弟近者謝卻賓客，自恐蹈此，更欲以為吾社兄弟之戒。吾輩相與十餘年矣，雄姿偉略，信非偶然。每一宴聚，疾呼橫說，其於歷代事勢，得失治亂，群賢著述，奇正工拙，有倫有要，皆可聽採。他若親戚鄉黨，竟日聒聒，不外佚遊盤樂，甚至里巷鄙俚之辭不離於口，其中有能讀房稿千篇，欲僥倖於春秋二榜者，則矜佇不置卑視一切，弟頗厭之，或吐

---

16 雷士俊，《艾陵文鈔》，卷9，〈鄭廷直傳〉，頁102下。

17 李麟，《虹峰文集》（收入《四庫禁燬書叢刊》，集部第131冊，北京：北京出版社，2000），卷16，〈雷艾陵先生傳〉，頁499上；雷士俊，《艾陵文鈔》，卷9，〈王高州傳〉，頁110上-111上。

18 計東，《改亭文集》（收入《續修四庫全書》，集部第1408冊，上海：上海古籍出版社，1995），卷4，〈贈雷伯籲王築夫序〉，頁132上。

其所懷以示彼，亦不願聞，如捕捉魚鳥，告之毛嬙麗姬之美，不惟不曉，且恐去之不速也。舉以相比吾社兄弟，魁梧卓絕，真不可及。[19]

信中雷士俊提及鄭元弼多次往來無錫，遍交江南名士，而自己則獨居陋巷，拒絕見客。雖然信中似乎對鄭元弼因交遊廣闊而「智識充廣，日有增益」表示豔羨，然而筆鋒一轉，通篇毫不保留地批評時下士人競奔的風氣，並希望鄭元弼能謹記直社立社的宗旨。根據前後文推斷，此書對「今知名之士」的批評，和前引〈孫介夫文鈔序〉中對「世之博學者」的批評有高度的相似之處。雷士俊並未言明，但他對這類「博學者」學術之否定，對士人「投刺拜謁，飲酒高會」的不滿，以及借鄭元弼在江南的遊歷指出「吾社」和「今知名之士」人品和學術上的高下區別，很難不讓人聯想到當時江南勢力最強大的復社。後來的揚州士人更把直社視為地方上的驕傲。如19世紀初劉寶楠（1797-1855）在編纂寶應（寶應在清代屬揚州府）地方志書時，就特別強調直社的重要性：

王巖，字築夫。……時復社、幾社社稿盛行，巖與同郡雷士俊、張問達、汪蛟、申維翰、談震德、閔鼎、金懷玉、許承宣、承家、劉梁嵩等立直社，皆一時儁才，聲名與二社等。[20]

---

19 雷士俊，《艾陵文鈔》，卷10，〈與鄭廷直書〉，頁117上。
20 劉寶楠，《寶應圖經》（哈佛大學圖書館藏清道光二十八年〔1848〕刊本），卷6，頁62上。

為了突出直社的揚州屬性，劉寶楠還特別強調王巖的家族在其高祖時就已從長安遷至揚州，因此王巖不得為長安人，為揚州爭勝的態度溢於言表。[21] 無論雷士俊的原意是不是為了抬高直社而貶低復社和幾社，或者為了凸顯揚州的優越性，他在字裡行間透露出的對江南士風的抗拒還是顯而易見的。

可是廣陵畢竟不是江南，無論揚州人士如何強調，直社的影響力始終無法和復社、幾社等相比，所謂「聲名與二社等」只不過是揚州人一廂情願的說法。明亡以後，直社成員死的死，逃的逃，散落四方，雷士俊和王巖則避地興化（今屬江蘇省）。雷氏難中作詩懷念同社友朋，情真意切：

> 鄉園昨遇亂兵鈔，海邑常思總角交。握筆文成心獨喜，停杯耳熱語相嘲。
> 憂時抵掌悲榛燕，壯志彎弓欲射鮫。腸斷蕭條人事日，蓬門幾處掛蟏蛸。
> 屈指交遊已十春，一朝散竄逐風塵。山陽有賦誰堪作，邗上相知只幾人。
> 絕客杜門還展卷，吞聲息事且垂綸。從來世變真如奕，勝負須臾亦已頻。[22]

亡國對雷士俊所形成的衝擊不可謂不大，「時勢多故」，為了營生他不得不從商，甚至因此易名「蠹」，字「陶公」，那是因為他現

---

21 劉寶楠，《寶應圖經》，卷6，頁62上。

22 雷士俊，《艾陵詩鈔》（收入《四庫禁燬書叢刊》，集部第90冊，北京：北京出版社，1997），卷下，〈寄同社諸子〉，頁220下-221上。

在的處境與「（范）蠡隱姓名而候時逐利有相類者」。[23] 按照這樣的解說，易名似乎是避世心態的體現，實際上，巨變反而深化了他的文章的政治主題。他在喪亂後為兵革中死節的婦女作傳，借女子的貞烈批評男子平日飽讀詩書，非孔孟不道，一旦事變則「覬覦祿爵，乞活旦夕，不以為怪」，[24] 這麼做無非是希望能喚起士人的羞恥之心，以激勵士風。[25]

雷士俊在興化時結交了當地名士李沂（生卒年不詳）、李沛（生卒年不詳）及其族人。李氏為明代隆慶初年閣首輔李春芳（1510-1584）的後人，家世顯赫，不過李沂、李沛等人卻「讀書自好」，[26] 不求仕進，甚至有學者以「興化李氏遺民群」稱之。[27]回到江都以後，雷士俊聽聞李沂建了一個草堂，於是也於今樊漢鎮附近建一草堂，名為「莘樂草堂」，取伊尹自勉，並自比諸葛孔明，謂孔明隱居草堂，「耕隆中，吟梁父，蓋伊尹之流也。其後超吳並魏，再復漢室，以有天下三分之一者，皆基於此」，甚至說「彼丈夫也，我丈夫也，伊尹之事，亦為之而已矣」，用世之意十分明顯，也似乎暗含復國的決心。[28]不過這時候雷士俊不再是通過結社的方式試圖推動社會改革。鼎革後的揚州迎來另一批秦

23　雷士俊，《艾陵文鈔》，卷 8，〈易名記〉，頁 92 下 -93 上。

24　同上註，卷 9，〈里中婦女死節傳〉，頁 107 上。

25　關於清初文學作品中對婦女危難中堅守節操的書寫的政治意涵，見李惠儀，〈性別與清初歷史記憶：從揚州女子談起〉，《臺灣東亞文明研究學刊》，7：2（台北，2010），頁 289-344。

26　雷士俊，《艾陵文鈔》，卷 11，〈再答李平子書〉，頁 126 下。

27　鄧長風，《明清戲曲家考略三編》（上海：上海古籍出版社，1999），〈晚明戲曲家李長祚與興化李氏遺民群〉，頁 65-91。李長祚（1639 年舉人）是李沂的叔父。

28　雷士俊，《艾陵文鈔》，卷 8，〈莘樂草堂記〉，頁 94 上。

地文人，包括李楷（1603-1670）、孫枝蔚（1631-1697）等。雷士俊和這些人都有往來，更和孫枝蔚聯姻，在寫給他們的書信中也曾提及直社對古禮的堅持，[29]但卻沒加入他們所組織的「丁酉社」，也不見再有任何參與社團的紀錄。

三、振秦風：丁酉社復國意識的文化地理論述

「丁酉社」顧名思義是丁酉年（順治十四年，1657）成立的文人社團，地點在與揚州隔江相望的鎮江府丹徒縣，[30]創社成員包括孫枝蔚、李楷和潘陸（生卒年不詳）。[31]潘陸本蘇州府吳江人，原為諸生，「遭亂棄儒，轉客江湖，僑居鎮江，時往來故土與邑中。」[32]李楷，陝西朝邑人，天啟甲子年（1624）舉人，之後卻屢試不第，無緣仕途。崇禎十一年（1638）李楷遊江南，在南京和復社成員多有來往。同年吳應箕（1594-1645）、黃宗羲（1610-1695）、冒襄（1611-1693）等人起草著名的〈留都防亂公揭〉聲討阮大鋮（1587-1646），李楷亦名列其中。明亡後於順治二年（1645）任寶應知縣，但不久據說因恃才傲物，被忌者中傷而罷官。之後流寓揚州，同時廣遊江南各地，繼續與當世名士交往。

---

29 雷士俊，《艾陵文鈔》，卷11，〈與孫豹人〉，頁131下。

30 孫枝蔚〈春日懷友〉詩云：「丁卯橋邊丁酉社，別來江水只東流。」丁卯橋位於丹徒縣，可知此為丁酉社諸子結盟之處。見孫枝蔚，《溉堂前集》（收入《清代詩文集彙編》，第71冊，上海：上海古籍出版社，2010），卷9，頁436下。

31 孫枝蔚，《溉堂前集》，卷7，〈與李岸翁潘江如初訂丁酉社喜醫者何印源招飲〉，頁406上。

32 宋如林修、石韞玉纂，《蘇州府志》（哈佛燕京圖書館藏道光四年〔1824〕刻本），卷100，頁6下。

在與孫枝蔚等人訂盟丁酉社的次年回返陝西，多與關中和寓秦名士遊，並受陝西巡撫賈漢復（1605-1677）之邀編纂多部陝西地方志書。[33]

　　跟李楷比較，孫枝蔚的生平更富傳奇性。孫枝蔚字叔發，號豹人，陝西三原人，祖上以販鹽起家，故其家族網絡從明末開始就延伸到揚州。他幼年受科舉教育，十來歲隨父親到揚州，後返三原，於崇禎七年（1634）成諸生。李自成亂起，孫枝蔚散家財組織地方武裝抵抗，事敗瀕死，後幸逃脫，避走廣陵投靠兄長，從事販鹽生意，不到幾年的時間就成為大賈，但他對從商始終感到不自在，甚至在同鄉李念慈（順治十五年〔1658〕進士）來訪時寫下「廣陵不可居，風俗重鹽商」這樣的詩句。[34]康熙十八年（1679）被薦舉參加博學鴻詞科，以疾辭不果，最後選擇不終幅而出，授中書舍人銜，歸揚州終老。[35]在成立丁酉社之前一年端午，孫枝蔚曾於山陽（今江蘇淮安市）參加一名為「舟社」的雅集，但社主不是他，而是當地名士范良（生卒年不詳）。[36]

33　冉耀斌，《清初關中詩人群體研究》（北京：中國社會科學出版社，2017），頁257-258。

34　孫枝蔚，《溉堂前集》，卷2，〈李屺瞻遠至寓我溉堂悲喜有述〉，頁350下。

35　汪懋麟，《百尺梧桐閣集》（哈佛燕京圖書館藏康熙乙未年〔1715〕汪荃、費錫璜續刊本），卷8，〈徵君孫豹人先生行狀〉，頁1上-4下；楊澤琴，《孫枝蔚與清初揚州詩群研究》（北京：中國社會科學出版社，2015），頁48-49；冉耀斌，《清初關中詩人群體研究》，頁216-217、224；Chang Woei Ong, "Men of Letters within the Passes: Guanzhong Literati from the Tenth to the Eighteenth Centuries" (Ph.D. dissertation, Harvard University, 2004), 305-306.

36　孫枝蔚，《溉堂續集》（收入《清代詩文集彙編》，第71冊，上海：上海古籍出版社，2010），卷4，〈與張虞山趙天醉飲丘曙戒季貞家夜歸同坐野航〉，頁510下。其詩云：「舟社初開即此湖，風流人去月明孤。誰知送酒舟仍在，容受今為老釣徒。」「舟社初開即此湖」一句下有註云：「范眉生曾集四方名士

在孫、李、潘三人之外，丁酉社其他成員的身分見於李楷為一組他參與社集所寫的詩所作的序中：

> 不佞萍飄潤浦，常懷用晦之詩；褐被殘冬，偶作臨鄧之客。主人好我（康侯時為令），力振秦風。良友切磋（豹人先予至），頓澤大雅。惜寸陰於陶侃，每附填胸；師至慎於嗣宗，不談時事。乃有潘、姜琬談（江如、山公），劉、李龍鷔（原水、木仙）。謂難得者三山，宜賢豪之鼎立。姑相邀於萬杏（印源堂名），聊雞黍以同歡。大舉葵丘，先狃盟以胥命；用章〈騷楚〉，繼〈白雪〉於〈陽春〉。遂及諸何（林玉、青綸、公年），眷言卜夜。屬飽刻燭，閩韻分哦。或感嘆於梅邊（宋遺民號梅邊），或托情於廡下。莫不淋漓酒況，沉著詩腸。予豈敢曰執牛，顧亦願言附驥。思王恭之往跡，適當還鎮之牛（晉安帝丁酉年〔342〕王恭舉兵，帝誅王國寶、王緒，恭乃還鎮京口）；從靖節之遺風，略效義熙之例（陶淵明詩書甲子）。錫名丁酉，廣集唐聲。猶念浣史於林丘（陽羨實庵翁），將尋仙班於句曲（句容在辛，侍御自豫章歸）。庶幾南村晨夕，但析奇書之疑；九老壺觴，不厭真率之會云爾。[37]

這篇僅三百多字的序文是目前已知對丁酉社的成立過程、宗旨和成員最詳盡的敘述。引文中的「主人」即時任丹徒縣令的張晉

___

舉社于舟中，因名舟社。歌管聲聞數里，岸上觀者如堵，前此所未有也。丙申五日事。」

37 李楷著，李元春選，《河濱詩選》（收入《清代詩文集彙編》，第34冊，上海：上海古籍出版社，2010），卷7，〈丁酉社詩序〉，頁489下。

（字康侯，1628-1658）。他的家鄉臨洮現隸甘肅省，但甘肅是在
康熙五年（1666）才建省。有明一代至清初的20年間，這個區域
行政上都屬陝西，因此，當地的士人經常會援引「秦」和「關
中」等概念，從歷史和文化的角度建構身分的認同，所以才有
「力振秦風」一說。此次聚會在萬杏堂舉行，萬杏堂是何印源的
產業，據前引孫枝蔚〈與李岸翁潘江如初訂丁酉社喜醫者何印源
招飲〉一詩，可知何印源是名醫者。與會者另外還有潘陸、姜山
公、劉原水、李木仙、何林玉、何青綸和何公年。除了潘陸，我
們對其他成員一無所知，甚至無法掌握他們的全名，只能推測詩
社成員是以居住在鎮江一帶或鄰近州縣的文士為主，但從祖籍而
言，卻不局限於某一特定地點，這跟直社成員祖籍遍布各地，但
立社時都寓居江都的事實有相近之處。

　　至於丁酉社的立社宗旨則和直社大相逕庭，從李楷的序文判
斷，復古不是丁酉社諸子所共同關心的問題，而對前朝的懷念
（「或感嘆於梅邊」）、隱逸的選擇（「從靖節之遺風」）、抗清的隱
晦意圖（「思王恭之往跡，適當還鎮之牛」）和發揚故鄉文化的企
圖心（「力振秦風」）等等，才似乎是促使丁酉社文士聚在一起以
文會友的原因。[38]這時距離明亡已有13年，雖然李楷表明要效法
阮籍（210-265）謹言慎行，不談時事，但文章的政治意識卻相當
明確，其中最耐人尋味的是「力振秦風」之說。那或許是為了突

---

38 對李楷文中的這些隱喻的分析，見冉耀斌，〈丁酉科場案與清初秦隴文人心
　　態〉，《西北師大學報（社會科學版）》，49：6（蘭州，2012），頁64-69。冉
　　耀斌認為，王恭的典故是李楷用來寄託他對鄭成功的海上義師恢復故國的期
　　許，甚至暗中為其奔走，筆者對此結論有所保留。李楷對清朝統治的不滿比
　　較容易確定，至於他是否對鄭成功的部隊有任何的期許或瓜葛，則比較難以
　　證明。

出主人張晉的身分以及秦地文人的共同使命和互相勉勵，但把不限於秦地文人的結盟和「秦風」掛鉤，不能不說是一種相當突兀的論述方式。李楷在另外一篇為越中一個名為「夏聲社」所作的詩集所寫的序文中，為「秦聲」做了十分詳盡的闡釋：

> 詩樂同源，予于詩志略言之。豹人氏（筆者按：即孫枝蔚）以越中夏聲社相□，讀而異之曰：「夷裔公子所觀之樂，故不止于夏聲。夏者，大也，惟秦有之。勾踐之邦，何取乎非子汧渭之間？吾聞越之山，亦有稱秦望者。〈采葛〉之篇，其或有懷于〈小戎〉、〈駟驖〉。君子軍六千人，尚念夫溫其如玉。不然則海邦明秀，皆具溯洄伊人之思乎？天下將治，地氣自北而南。于越而聞秦聲，殆亦氣之先與？已而觀其作者之人，則非秦也，非越也，合四方之聲而一之，若不安于一鄉一國之詩者。吾聞之師乙子貢之論歌也，有商有齊，不聞有夏。夏為大禹之樂，孟子時僅追蠡之論越為禹後，亦不聞傳其音詩。《周禮》之所謂九夏者，為王夏、肆夏、韶夏、納夏、掌夏、齊夏、族夏、咳夏、驁夏，皆鐘師之所奏，然多不可復見矣。以代言介于虞商，以時言中于春秋，以地言辨乎中外，其以大訓者，〈周語〉、《穀梁》、〈律歷志〉諸註皆然。禹樂之名大夏，于義似複，〈漢志〉釋之曰：『夏，大承帝也。』夫然則諸君子之命詩也，何不直謂之夏，而謂之為夏聲乎？」或謂河濱子曰：「〈秦風〉十篇止耳，季札之許以大者，有大變焉，有大幸焉。文武豐鎬，漢唐因之，斯故天下之首建瓴，而下可以扼天下之吭。秦之勢故無有匹其大者。汾王在共和之時尚可以□宣王之中興，惟平王自棄之而秦得之，非秦得之也，故曰大變。祖龍能一天

下之分，作長城以成萬世之利，天下之賴，有秦也。由秦而
漢，實始基之，豈非大幸乎？今夫詩之為道也，盛衰倚伏，
代有變革，譬之于樂，金以始之，玉以終之，譬之于兵，前
驅後勁，並有其功。觀於夏聲而知諸君子之于詩也，不欲其
土崩瓦解，爭為雄長也。且以季札為東南之人，可以定六代
之禮樂，使其名常存于中國。越之同聲牛耳者，蓋如此矣。」
夫六代則咸英韶護，可以意會。以季札之賢，豈不知周之必
改而為秦也？禹之聲可以不尚，而秦之獨許以大也，誠察其
變而幸之也。河濱子曰：「予秦人也，乃不知秦之為夏聲
也，吾將以吾詩，請正于今之為季札者。」[39]

為何一個地處東南的文社會以「夏聲」命名？「夏聲」與「秦聲」
的關係為何？這是這篇序文試圖回答的問題。如果按照《周禮‧
春官‧大司樂》鄭玄註的說法，「大夏，禹樂也」，[40]那和秦地就
沒什麼關係，但為什麼夏聲社諸子不直接名社為「夏」，而必須
加一「聲」字？李楷於此借用春秋時吳國季札觀周樂的典故說明
秦地與夏聲的關係。據說季札奉命出使魯國，魯人請其鑑賞周代
朝野和各地詩樂，當秦地的音樂響起時，季札評曰：「此之謂夏
聲。夫能夏則大，大之至也，其周之舊乎？」[41]

　　季札以秦聲為夏聲的正傳，指出一個社會唯有以「夏」為榜

39　李楷著，李元春選，《河濱文選》，卷4，〈夏聲社詩序〉，頁134上-135上。
40　鄭玄註，賈公彥疏，《周禮註疏》，收入《十三經註疏》（新加坡國立大學圖
　　書館藏明崇禎年間〔1628-1639〕古虞毛氏汲古閣刊本），卷22，頁11下-12
　　上。
41　司馬遷，《史記》（北京：中華書局，1959），卷31，〈吳太伯世家〉，頁
　　1452。

樣才會偉大並臻於周文化鼎盛時期的規模。李楷更進一步通過秦
最終實現大一統並成為漢唐盛世的基礎的事實，說明中國的基業
是由秦地創建的。季札為東南人士，卻能指出秦地音樂的淵源，
也似乎預見了「周之必改而為秦」的歷史發展，如今身為「今之
為季札」的夏聲社諸子身處越地卻得聞秦聲，也似乎是受到「地
氣自北而南」的氣運的影響，預示了「天下將治」的未來。從李
楷的政治立場可知，他所謂「天下將治」，不是指剛入主中國的
清朝會越來越強盛，而是寄望華夏在經歷過清兵入關、改朝換代
的大亂大變之後能重新振作，效法秦始皇（祖龍）建長城抵禦外
敵，再創輝煌。若能如此，則是歷史的大幸。這有賴於「于越而
聞秦聲」的各方有志之士摒棄狹隘的鄉國觀念，「合四方之聲而
一之，若不安于一鄉一國之詩」，展現多元性和包容性。

　　「秦聲」在李楷這樣曲折的論述中是天下一統，萬世太平的
基礎。孫枝蔚在為張晉的詩集所作的序中，則對「秦聲」的普遍
被接受提供了更詳細的說明：

　　　康侯成進士後，蓋嘗以詩得盛名於京師矣。及筮仕令丹
　　徒，丹徒固顏謝風流、殷許輝映之地也，而康侯乃漸不欲有
　　其詩名，予聞而竊異之。……然予與康侯皆秦人，而東南諸
　　君子頗多觀樂采風如吳季子者，能審聲而知秦為周之舊，又
　　數年來詩人多宗尚空同，而吾秦之久遊於南者，如李叔則、
　　東雲雛、雷伯籲、韓聖秋、張稺恭諸子，一時旗鼓相當，皆
　　能不辱空同之鄉。吳越間頗向往之，則因所已見者思所未見
　　者。既而聞康侯京師之名，無不以陳拾遺待之矣。則謂予
　　曰：「獨奈何不得見其碎胡琴之作乎？康侯非子之友與？天
　　下，一鄉之推也。鄉有實而自私之，人將謂子何？」予卒無

以應也。乃於其為令之二年，力勸之出其集授之梓。[42]

孫枝蔚從張晉作詩名滿京師，到丹徒這個人文薈萃之地為官卻不
願出版詩集說起，再以吳越人士因聽聞其詩名，欲求其詩而不可
得來突出張晉身為秦人的地域屬性，繼而帶出當時僑居大揚州地
區的幾名重要的秦地文士，包括李楷、張恂（穉恭，1617-
1689）、雷士俊、韓詩（聖秋，生卒年不詳）以及連本名也不可
考的東雲雛。文中的「空同」指的是李夢陽。孫枝蔚曾與姚佺
（生卒年不詳）刊印李夢陽、何景明（1483-1521）、李攀龍（1514-
1570）、王世貞（1526-1590）四人的詩集，名為《四傑詩選》。
這是一種文學立場，表明孫枝蔚對16世紀盛行的前、後七子的復
古主張的推崇。[43]而根據李天馥（1637-1699）的記述，孫枝蔚卻
選擇跟當時數十年間占據主流的詩風保持距離：

> 豹人之為詩，當竟陵、華亭互相興廢之際，而又有兩端雜
> 出，旁啟徑竇如虞山者，而豹人終不之顧。則以豹人之為
> 詩，固自為詩者也。夫自為其詩，則雖唐宋元明昭然分畫，
> 猶不足為之轉移，況區區華亭、竟陵之間哉？[44]

---

42 張晉，《戒庵詩草》（收入《清代詩文集彙編》，第105冊，上海：上海古籍出
　　版社，2010），卷首，孫枝蔚，〈張戒庵詩集序〉，頁359上‑下。參閱陸遠
　　夫，〈孫枝蔚的一篇佚文與清初寓居江南的秦地詩人〉，《漢中師院學報（哲
　　學社會科學版）》，1983：3（漢中，1983），頁76-79。

43 汪懋麟，《百尺梧桐閣集》，卷8，〈徵君孫豹人先生行狀〉，頁2上。有關姚
　　佺與《四傑詩選》的研究，見張鵬，《姚佺選評《四傑詩選》研究》（南京：
　　南京師範大學碩士論文，2014）。

44 孫枝蔚，《溉堂前集》，卷首，李天馥，〈溉堂詩集序〉，頁323上。

我們很難根據目前所能掌握的材料來判斷丁酉社是否有一比較一致的詩文主張，但丁酉社諸子對竟陵派的不滿似乎是比較明顯的。如潘陸「論詩慷慨，謂鍾、譚興而國亡」。[45]孫枝蔚雖不見如此激烈的批評，但他對竟陵派，以及後來對竟陵形成巨大挑戰的詩壇宗主陳子龍（華亭，1608-1647），和在這兩者之間另闢蹊徑的錢謙益（虞山）的詩歌都不置可否，這或許是他回歸前、後七子的原因。

雖然後來孫枝蔚與方文（1612-1669）論詩時曾表示對當初另外選評四傑詩感到後悔，並編輯了一部名為《詩志》的集合「天下名人詩」的選本，[46]但李夢陽對其而言還有另外的一層意義。前引序張晉詩集有言，當時詩人多崇尚李夢陽，而流寓於南方的秦地文人皆能賡續李夢陽的傳統。從東南諸君子的角度而言，崇尚李夢陽是一種觀樂采風的行為，和春秋時季札為秦聲的知音是相同的。從「吾秦」的角度而言，「不辱空同」則是一種文化使命，秦地文人圍繞「空同」這個歷史和文化符號建構身分認同的依據，同時也把實際上處於邊緣的秦地擺到士人文化的中央位置。「天下，一鄉之推也」，透露的是孫枝蔚對政治文化地理的思考。天下是由一個個的鄉國結合以後共同塑造出來的，是一個複合體，因此自然是多元的，這和前述李楷對夏聲社展現的包容性和多元性的描繪如出一轍。

45　朱彝尊，《明詩綜》（哈佛大學燕京圖書館藏乾隆四十四年〔1705〕白蓮涇刊本），卷77，頁8上。

46　汪懋麟，《百尺梧桐閣集》，卷8，〈徵君孫豹人先生行狀〉，頁2上。有關孫枝蔚與方文的交遊，參閱馬智忠，〈方文與孫枝蔚交遊考述〉，收入周生傑主編，《古典文獻學術論叢》，第1輯（合肥：黃山書社，2010），頁261-272；楊澤琴，《孫枝蔚與清初揚州詩群研究》，頁63-73。

　　李楷和孫枝蔚對秦地文化的強調與推崇，不僅僅是秦人之間的相互打氣，亦是部分遊揚州的各方名士對秦人的期許，如陳維崧（1625-1682）在廣陵結識孫枝蔚後，論其詩時就把《詩經》中的「秦風」和《楚辭》做比較：

　　余少讀詩喜〈秦風〉，每當困頓無聊時，輒歌〈車轔〉、〈駟鐵〉以自豪也，繼又自悲，悲而至於罷酒。厥後讀《楚辭》，傷其辭義悱惻，不自振拔，又輒掩卷而歎。夫南風不競，而章華鄢郢之鞠為蔓草也，詎必於子蘭鄭袖諸君卜之乎？抑於〈離騷〉、〈九辨〉之衰颯覘之矣？以故讀〈秦風〉、《楚辭》二書，知嬴氏興而芊氏廢也。……余世家吳中，吳中諸里兒弟能歌〈西曲〉、〈尋陽〉諸樂府耳。烏衣青溪之地，被輕紈而謳〈房中曲〉，其聲靡靡不足聽也。即向者綿駒、王豹之徒所罵為不值一錢矣。夫聲音之際，抑揚抗墜之間，其關人性術者，豈微渺哉？……今年孫子年四十餘，……然猶時時為秦聲，其思鄉土而懷宗國，若盲者不忘視，痿人不忘起，非心不欲，勢不可耳。孫子詩數十卷，名《溉堂集》，溉堂者，即董相祠旁孫子僦居處也。詩不云乎？「誰能烹魚？溉之釜鬵」，孫子以是名其堂也，其猶秦人之志也。夫昔人云，吳音妖而浮。余吳人也，媿不能詩，然竊附於延州觀樂之義，因書以報孫子，為〈溉堂詩集序〉。[47]

讀《秦風》和《楚辭》就可明白為何最終一統天下的是秦而不是楚，因為歌詩能準確地反映人的性情與地方的風俗。秦地文化所

---

47 孫枝蔚，《溉堂前集》，卷首，陳維崧，〈溉堂前集序〉，頁324下-325上。

代表的奮發激越的精神，在陳維崧看來或許正是扭轉導致前朝覆亡的南方萎靡世風的良藥。身為吳人，陳維崧對吳音的排斥十分徹底，只希望能夠像季札一樣成為秦聲的知音，而他對孫枝蔚的讚譽，主要是因為後者雖客處他鄉仍能不忘故土，時時為秦聲。對秦風的推崇和對秦地文士的肯定，已不僅僅是一種文學上的欣賞，更寄託了作者在鼎革之後尋求救世方案的悲涼情懷。在這樣的背景下，李楷在敘述成員不限於秦地文人的丁酉社的活動時以「力振秦風」起始，繼而隱約透露背後的政治意涵，就不讓人覺得突兀了。

　　但涉入政治始終是危險的。丁酉社成立後不久，就爆發了牽連極廣的丁酉科場案。秦籍官員張恂、張晉都被整肅。張晉甚至被處死，妻子、財產沒官。[48]順治十七年（1660），清廷在之前禁止生員立盟結社的基礎上，再次頒布禁社令。在這樣嚴峻的形勢下，丁酉社就不見再有公開的活動和文字傳世，但一般性的文人雅集卻不受影響。梅爾清（Tobie Meyer-Fong）在討論清初揚州地區文人圍繞著名勝建構的網絡時，特闢一章討論紅橋修禊。和安東籬一樣，她發現清初主導建構揚州地方特色的主要是外地人，包括官員和流寓揚州的文士，其中最具代表性的就是王士禎。王士禎是山東人，也是朝廷官員，但他在揚州的士人網絡中卻是以晚明江南名士的形象登場的。諸如紅橋修禊這類的文人雅集，也是以晚明江南的文化活動為模仿對象的。儘管文人文化的歷史短淺，但在王士禎與一大批聚集在揚州的各地文士（包括官員和遺民這兩個過去認為是水火不容的群體）的共同塑造下，清初揚州被成功賦予晚明江南文化名城如南京、蘇州、杭州同等的

48　冉耀斌，〈丁酉科場案與清初秦隴文人心態〉，頁64-65。

價值與地位。從空間上說，揚州在清初文人的作品中更多是以大江南地區的文化重鎮之一的面貌出現；從時間上說，圍繞著揚州的名勝進行的文化活動則基本上是晚明繁榮高雅的文人文化的延續，儘管論述中夾雜了20年前城破所帶來的傷痛和哀思。這種情況一直要到盛清時期鹽商崛起並掌握定義揚州文化的話語權之後才發生變化。乾隆時期的揚州作為皇帝南巡的一個重要地點，在贊助接駕的鹽商的主導下被建構為京城皇家消費品味的延伸。清初文人對晚明江南文化的懷念與再現自此告一段落。[49]

　　揚州作為王世禎的「揚州」，是順治十六年（1659）王世禎選授為揚州府推官開始。在那以前的十幾年間，揚州是李楷、張晉、孫枝蔚、李念慈等人的「揚州」。這些秦地文人在鼎革之後的揚州致力於凸顯「吾秦」的文人傳統，並得到東南文士的普遍認同。這樣的文化建構，並不以晚明江南為追求的對象。相反的，晚明江南浮華的文人傳統是被質疑的。王世禎以前的揚州士人圈子內瀰漫著對前朝的懷念，其中甚至還暗含勵精圖治，重新收拾舊山河的決心，因此才會在結社時提出重振鏗鏘有力的秦聲的口號。可是到了康熙朝，經歷過一連串的打擊，揚州文人文化即使還包含對前朝的懷念，其中傷痛、懷舊的成分似乎更多一些，士大夫緬懷的是晚明江南名士風流的雅韻，而反抗的話語則逐漸從他們的作品中消失。

49　Tobie Meyer-Fong, *Building Culture in Early Qing Yangzhou*（Stanford: Stanford University Press, 2003）, pp. 25-74.

四、結論

從直社到丁酉社，甚至到紅橋修禊，秦地文士一直都是明末清初揚州的各種文人網絡和活動的重要參與者，不過在這短短的30年間變化不可謂不大。雷士俊和王巖等人在成立直社的時候，重點放在重振他們心目中正統的士大夫文化。除了通過重新詮釋古禮來跟流行的社會風俗劃清界線，直社諸子也提倡有別於時下文風的古文來定義士大夫文化的真諦。雷士俊在寫給社友的信中，一再重申堅持「吾社」宗旨的重要性，也間接規勸社友跟江南的士風保持距離，但卻沒見他援引秦人的身分立論。

比照江戶時期日本所出現的跨階級與跨地域的「審美網絡」，當直社成員以詩文為交流媒介，並在「古」與「俗」之間劃上一條界線，他們實際上也是在建構一個以禮儀和文學藝術為基礎的審美網絡。不同的是，直社具有明顯的階級色彩。儘管成員當中許多的家族有鹽商背景，有的如雷士俊甚至為了生計也曾經商，但他們的士大夫情結始終濃厚，至少在理念上具有強烈的排他性。不過此時直社的地域色彩並不明顯。雷士俊固然對江南士人風尚有所批評，但卻沒有因此從正面為直社建構一特定的地域身分。

明亡之後，雷士俊等人仍然活躍於揚州的文人圈子，但新到的秦地文人如李楷、孫枝蔚等開始主導話語權。他們在結社的時候關心的不再只是如何改正社會上的不良風俗和士人的習尚，而是浩劫過後如何重振旗鼓。整頓士風仍然是他們最關心的問題，但此時論述的重點已轉向如何發揚秦聲以掃除江南浮華萎靡的風氣。秦地文士的身分使他們成為雄健的「大禹之樂」，同時也是正統華夏文化的最佳代言人。相較於紅橋修禊時對晚明江南的追

憶，丁酉社時期的揚州，對西北的嚮往是文人的地域想像空間一個重要的組成部分。

　　根據現有的史料，我們無法掌握丁酉社所有成員的身分。能夠確定的是，成員基本上都以居住在鎮江及其周圍的文人為主，但從籍貫而言，卻不局限於某一特定地點。可是李楷、孫枝蔚等人在結社時，卻把社集的淵源與對秦地的認同結合起來。我們應該如何理解這樣的論述？首先，「秦」作為一種地域和文化概念的意義，必然得在人群進行跨地域交流的過程中才能彰顯，例如「力振秦風」這樣的說法，只有在作為「我們」秦人和「他者」接觸的過程中，其中一方或者雙方為了建構某種文化想像或理想才有意義。換言之，像丁酉社這一類的士人團體，雖然和日本德川時期的審美網絡一樣，具有打破地域限制，促成跨地域社會空間形成的功能，但同時卻也展現強烈的地域色彩，甚至從理念上強化了地域性的差異。

　　具有相同背景的秦地文人在揚州的結社活動，在改朝換代的前後20年間就呈現了兩種不同的型態，因此我們在研究這些士人組織時必須特別留意每一個個案的特殊性，但這並不表示我們不應該從這些不同的個案中尋找共性。例如直社和丁酉社就有一定的相同之處。兩社都是揚州以鹽商為主的移民社會中特定的政治、經濟和人文環境下的產物，有一定的地域特殊性，且無論是復古以整頓士風，或是振秦聲以圖用世，兩社的宗旨都相對明確，不是一般的文人雅集。另外，兩社也缺乏像王士禎這樣影響力遍布大江南北，能讓紅橋修禊升格為一種具有指標意義的全國文人網絡的新型士林領袖。在17世紀上半葉，這些小型的，宗旨、歷史各異的地方性士人社團遍布各地，我們要了解明清之際的士人網絡和組織，或者就得認真看待孫枝蔚所謂「天下，一鄉

之推也」這樣的意見，從這一個個的個案入手，自下而上探討其中的分歧與在某些情況下（如復社）整合的過程。

近世日本知識人的遊學與社集

以柴野栗山及其交遊網絡為例的探討 [*]

田世民

台灣南投人，京都大學大學院教育學研究科博士，國立臺灣大學
日本語文學系副教授。研究領域：日本文化思想史、東亞比較思
想史。代表作：《近世日本における儒礼受容の研究》（2012）、
《近世日本儒禮實踐的研究：以儒家知識人對《朱子家禮》的思
想實踐為中心》（2012）、《詩に興り礼に立つ：中井竹山におけ
る『詩経』学と礼学思想の研究》（2014）。譯作：清水正之著
《日本思想全史》（2018）。

---

[*] 本文係科技部專題研究計畫（MOST 105-2410-H-032-053-MY3）【近世日本遊
學思想史：以儒者醫家的學問資訊互動及經世思想、海防論述形成為視角的考
察】的部分研究成果。

一、前言

　　近世（1600-1867）日本德川幕府配合禁教措施施行嚴格的「鎖國」政策，除了禁止西班牙、葡萄牙等天主教國家來航通商之外，也將與荷蘭、中國的貿易限制在長崎一港。人民被嚴禁渡航出海，但在日本國內卻是人事物往來互動頻繁的社會。近世初期，中國正值明清鼎革、動盪不安之際，有不少儒家知識人及僧侶東渡日本，主要落腳長崎並與日本儒者、文化人有密切的互動。例如，抱著反清復明之志、並有向日本幕府乞師之舉的朱舜水（1600-1682）初來乍到長崎，生活並不容易。柳川藩（今福岡縣柳川市）的安東省菴（名守約，1622-1701）為了親炙學習中國正統之學，特地慕名赴長崎入舜水門下、並與戴笠（獨立性易，1592-1672）等人有所交流。[1]而且，將自己的俸祿相贈以半，侍奉舜水無微不至，蔚為中日文化交流史上之美談。[2]省菴的時代也許尚無「遊學」之名，但從近世日本廣義的遊學史來看，省菴的師事舜水不失為好學學子遊學長崎的先驅。當然，這個與近世中後期以學習荷蘭語及西洋醫科學（蘭學）為目的的長崎遊學不可同日而語。

　　近世日本的學子抱著滿腔學習最新學問知識的熱誠、以及背

1　有關戴笠的生平、思想與著作、以及與時人的交流，可參看徐興慶編著，《天閑老人獨立性易全集（上）（下）》（台北：國立臺灣大學出版中心，2015）。

2　青山延于《文苑遺談》曾提及：「初先生之在長崎，貧困，衣食不能周，富商或以金餽之，不受（《外集》與何二使書）。柳川人安東守約（字魯默，號省菴，仕柳川侯）師事先生，析俸之半而餽之，先生甚德之。」引自徐興慶編，《新訂朱舜水集補遺》（台北：國立臺灣大學出版中心，2004），卷4，〈跋、詩、題、贊、祭文〉，頁257。

負著家族或自藩的期待，離鄉背井遠赴前往學問的先進地遊學，
其箇中的甘苦和實際的出遊感受與近代以後赴海外留學相比，其
實並無太大的差異或更甚之也不一定。但是，以當時一般的用語
或制度化之後的名稱來說，「遊學」一詞還是較適切的用語。研
究藩校教育史及遊學制度的高木靖文對於「遊學」一詞，根據津
山藩（今岡山縣津山市）的史料《建學奏議》將在校內寄宿修行
者稱為「留學」（即留校學習——筆者按，以下同），而赴他地修
業者稱為「遊學」的用例，將學子赴三都（京都、大坂〔大阪在
近代以前的通稱〕、江戶）、長崎學習者稱為「遊學」。[3]

　　初期的遊學通常是個人為了在京都等文化的先進地學習最新
的學問技藝，攜束脩扣某位儒者或師匠之門，在其門下學習修
業。遊學蔚為風氣之後，為了提供來自日本各地至京師拜師學藝
的學徒選擇合適的師門，遂有記載醫家、儒者、書家等各類師傅
住所錄的刊物出現。竹下喜久男指出，播磨（今兵庫縣）一帶的
學子為了學習先進的漢學、醫學知識以及地利之便等原因，有多
數人選擇遊學京都。寶曆期（1751-1763）以降，上方（京坂一
帶）的學界大放異彩，來自各地的遊學生激增，不久即「為他邦
人遊學京師者」而出版居住在京都之藝文家的住所錄《平安人物
志》，而這樣的住所錄一直到幕末為止共改版了9次之多。[4]當然，
播磨出身的學子未必均遊學京都，除了三都之外，遊學九州日田
廣瀨淡窗（名建，字子基，1782-1856）的咸宜園等學塾的也不
少。學習的內容主要是漢學及醫學（包括蘭醫方），亦有漢蘭折

3　參見高木靖文，〈近世における藩校來学と遊学制度〉，《名古屋大学医療技
　術短期大学部紀要》（名古屋，1995），卷7，頁63。

4　竹下喜久男，《近世の学びと遊び》（京都：思文閣出版，2004），第II部第
　一章，〈播磨の遊学生たち〉，頁103。

衷的情形。

　　根據竹下製作的近世日本學塾播磨出身學生數統計表，儒學方面聚集最多播磨出身學子的是京都的皆川淇園（名愿，1734-1807）弘道館69人；其次是大坂的篠崎小竹（1781-1851）57人；以及京都古義堂的伊藤東涯（名長胤，1670-1736）54人。醫學方面聚集播磨學子最多的是紀伊國（今和歌山縣）的外科醫、在1804年締造世界最早全身麻醉手術（乳癌）壯舉的華岡青洲（名震，號隨賢，1760-1835）的春林軒51人；其次是京都的賀川有齋（名滿卿，字德夫，1733-1793）46人；以及青洲之弟、在大坂開設家塾合水堂的華岡鹿城（名文獻，字子徵，1779-1827）39人。[5]為何播磨的遊學風氣會如此興盛？竹下認為，播磨附近有多所私塾，可以提供在地子弟手習塾（京坂一帶稱「寺子屋」）基礎教育以上之中等程度的學習內容，成為往後年輕人有志遊學的一項重要契機。例如，赤穗（今兵庫縣赤穗市）有赤松滄州（1721-1801）的靜思亭、滄州弟子神吉東郭（1756-1841）的觀善舍。龍野（今兵庫縣龍野市）有股野玉川（1730-1806）的幽蘭堂。播磨附近的備前（今岡山縣）則有閑谷學校。以上所介紹是遊學京都之播磨出身者的例子，其他還有許多來自日本各地的學子自不待言。

　　除了個人為了精進學問醫術、拓展視野人脈而赴三都、長崎等地遊學之外，近世諸藩也認識到培育人才的重要性，陸續有將遊學制度化、提供一定的經濟支援，派遣藩士、藩醫出外遊學，吸取新知並蒐集各地的先進資訊。研究近世諸藩遊學史的渡邊實指出：「近世諸藩設計遊學制度的目的，是為了培育家業世襲者

5　前揭竹下喜久男，《近世の学びと遊び》，頁101。

的侍講、師講、師匠、教授、助教等師範役以及藩醫等為政者，此時會給予遊學生擱置家祿或二人扶持、三人扶持的藩費或私費，以及一般約三年的研修期間。」以全日本來說，遊學制度見於諸藩，尤其集中分布於關東、中部、近畿等區域的各藩，但以制度成立較早、內容充實度來說，東北及九州諸藩居於先驅的地位。東北的盛岡藩及九州的大村藩早自寬文年間（1661-1673）即有派遣藩士遊學的例子。渡邊分析指出，近世諸藩的遊學制度首先發生於日本南北的偏遠地區，之後延伸至當時的文化地帶的周邊區域，到了幕末明治時期則普及至全國。[6]有趣的是，在近世諸藩之中，薩摩藩（今鹿兒島縣）最為輕視遊學。這並非代表薩摩藩不重視學問，毋寧相反。江戶末期的薩摩藩主島津齊彬（1809-1858）致力於殖產興業，自天保（1830-1844）以來與戶塚靜海（1799-1876）、高野長英（1804-1850）、伊東玄朴（1801-1871）、坪井信道（1795-1848）、箕作阮甫（1799-1863）等著名的蘭學者建立如同家臣般的關係，積極招聘優秀的洋學者。渡邊分析指出，近世諸藩的遊學開始期與藩校的創設期同步，以寬政（1879-1801）和天保為二大頂點，而集中於天明（1781-1789）至天保年間。[7]

即使到了明治時期，仍有藩校派遣學生到外地遊學。例如，尾張藩（今愛知縣）的藩校明倫堂在明治元年（1868）9月派遣句讀授高田飯次郎赴「京都吉田學習館寄宿」。而明倫堂正式開始選考「遊學生」則是在同年11月底以後。最初的選考有9名應

6　渡邊實，〈近世諸藩に於ける遊學〉，《日本歷史》，第54號（東京，1952），頁2。

7　前揭渡邊實，〈近世諸藩に於ける遊學〉，頁3。

試，最後選出5名，其中海部辰次郎、丹羽清五郎二人赴肥前平
戶藩師事山崎闇齋（崎門）學派的楠本忠藏（端山）；豬飼桂次
郎、高木鈴松、小野竹三郎三人赴長崎師事長川退藏。另外，根
據端山弟、碩水所撰之《崎門學脈系譜》，端山門下尾張藩出身
的弟子共有7名。[8]

　　此外，日本近世是各種學問及文藝蓬勃發展的時代。在儒學
方面，近世初期以朱子學為主流，繼而有陽明學以及批判朱子學
的伊藤仁齋（1627-1705）古義學、荻生徂徠（1666-1728）古文
辭學等學問的出現，隨之呈現百家爭鳴的盛況。除了儒學之外，
還有對峙於儒、佛等外來思想，藉由研究《古事記》、《日本書
紀》、《萬葉集》等日本古典以闡揚日本固有文化精神的國學、以
及透過荷蘭文以研究西洋學術的蘭學等學問。相對於部分朱子學
者重視儒學甚於漢詩，主張詩是了解人情之重要手段的徂徠學尤
其鼓勵門人進行詩文的創作。因此，徂徠學的流行也帶動了漢詩
社集的大量出現與發展。還有，在政治昇平經濟穩定發展之下，
民間亦興起了各種文藝活動並形成了文人（知識人）同好聚會、
吟詠詩歌俳諧為樂的各類社集。這些社集除了具有提供文人交
遊、切磋文藝等功能之外，也跨越了武士、町人等身分的藩籬，
讓不同身分的人士能在此自由交流並忘情於風雅的世界之中。

　　本文以如上的社會文化背景為前提，擬以高松（今香川縣高
松市）出身的朱子學者柴野栗山（1736-1807）為中心，探討其遊
學江戶及京都的歷程中與知識社群之間的互動。再者，探討栗山
出仕阿波德島藩（今德島縣）以及幕府儒官之後，如何在學政事
務冗忙之餘透過舉辦詩會與文人墨客交遊，並且與諸藩儒士建立

8　前揭高木靖文，〈近世における藩校來学と遊学制度〉，頁73-75。

密切的往來關係。最後，考察栗山的學問觀及其以「異學之禁」
為中心的學政改革。

二、近世日本主要遊學地——三都、長崎與水戶

　　在探討柴野栗山的遊學歷程之前，先就近世日本主要的遊學
地做一說明。如上所述，有志學習先進學問技藝的學子，會選擇
前往三都的京都、大坂、江戶以及長崎。近世初期，文化的中心
地在京都，之後漸及商業經濟重鎮大坂、乃至德川幕府的政治中
心江戶。出版業也有同樣的情形，商業出版興起於1630年代，漸
次及於大坂及江戶。筑前國（今福岡縣）福岡藩士貝原益軒
（1630-1714）早年遊學京都期間結識了京都書肆柳枝軒，在晚年
為眾多缺乏漢學素養而想自學提升自己的平民百姓，出版了《大
和俗訓》、《和俗童子訓》、《養生訓》等多部以通俗語言撰寫的
教訓學習書，而這些教訓書大多都由柳枝軒出版。遊學期間所建
立的人際關係的重要性可見一斑。在京都，除了著名的朱子學者
山崎闇齋（1618-1682）及其弟子淺見絅齋（1652-1712）分別開
設的學問塾、古學派伊藤仁齋（1627-1705）、東涯（1670-1736）
父子主持的古義堂，以及蘭方醫新宮凉亭（1787-1854，遊學長
崎，師事吉雄權之助、荷蘭人醫師）所主持的順正書院之外，如
前所述各種學問技藝的學塾提供各方的學子遊學修業的選擇。
　　鄰近京都的大坂也是人文薈萃、眾多學子選擇遊學的都市。
例如，享保九年（1724）由大坂在地商人出資，延攬三宅石庵
（1665-1730）等名儒擔任教授的懷德堂書院，在中井甃庵（1693-
1758）的奔走努力下，於享保十一年（1726）獲得幕府「官許」
的認可，成為與江戶昌平黌匹敵的學塾。特別是在第四代學主中

井竹山（1730-1804）的主持之下，校務蒸蒸日上，全國各地的學子慕名而來遊學寄宿於此，各方的俊材名士途經上方一帶時也必定會到此一遊、與竹山等諸儒交流切磋。這裡與近世後期由漢學者藤澤東畡（1794-1864）成立的泊園書院、以及蘭學醫者緒方洪庵（1810-1863）成立的適塾等著名的學問塾成為大坂重要的知識資訊交流網絡，聚集了來自全國各地的遊學生。

　　江戶除了有許多儒者、蘭學者所開設的私塾之外，幕府的學問所昌平黌更是江戶的學問重鎮，有來自全國各地的菁英才子遊學修業於此。昌平黌原本是林羅山（1583-1657）得到幕府的援助以家塾的方式經營，之後擴建成為幕府學問所並由林家世襲主持的學校。東京大學史料編纂所現藏自寬永七年（1630）至明治二十年代中期約260年期間入門林家的學生名冊《升堂記》（共2,786名）。根據參與翻刻這份史料並撰寫解說文的橋本昭彥引述石川謙《日本学校史の研究》的研究指出，林家塾的門人從旗本、御家人等幕府關係者，乃至藩主及其一族、藩士等諸藩關係者，還有浪士、鄉士、町儒者、町醫、社家（神社神職者）、農民、商人、藝能者等庶民，包含的階層非常廣泛。門生出身的地區自北方的松前（今北海道）到南方的薩摩，共有60國之多。[9]《升堂記》雖然只是入門林家學生的名冊，但是除了有學生本人的姓名、身分職稱之外，大部分還附記有介紹人的名字，對於了解來自外地的遊學生是透過何種管道及人際關係入門林家一事是非常重要的史料。此外，因為該史料是依入學年分記載，故可以藉此了解同期入學的遊學生有哪些人、以及其橫向連結的情形。

9　關山邦宏編，《「升堂記」（東京大学史料編纂所所蔵）翻刻ならびに索引》（千葉：和洋女子大学関山研究室，1997），橋本昭彥，〈解說〉，頁166。

橋本也指出：「《升堂記》光是入門者就接近二千八百人，加上介紹者及入門者的父兄、上司、主家等則記載了超過五千個人名，其利用價值無可限量。今後期待以《升堂記》的利用為主軸，透過比較檢討入門江戶林家之遊學者的出身地、以及與其他有名學舍（例如日田的咸宜園或大坂的適塾等）的門人做比較，還有調查與其他教育機關的聯繫關係等，能夠輩出具有文化交流史視角的基礎研究。」[10]

　　除了三都之外，長崎是另一個遊學的中心地。如前所述，流亡或因特定目的渡海來日的中國人皆先落腳長崎，此外長崎也是葡萄牙、荷蘭等諸國商人聚居之地，欲學習唐話（即當時的中國話）或荷蘭語的人會到這裡向精通外國語言、專事翻譯的「通事」學習。不過，以漢學來說，比起三都，長崎並不是最主要的遊學要地；但在近世中後期蘭學學習熱潮興起後一躍成為重要的遊學聖地。研究近世中期著名的博物學者、戲作家平賀源內（1728-1779）的芳賀徹指出，源內算是以學習蘭學為目的遊學長崎（寶曆二年〔1752〕）較早的例子，開風氣之先。江戶的蘭學者、特別是多數初期的學者，並沒有親自赴長崎遊學，而是與每年（寬政二年〔1790〕以後改為5年一次）赴江戶參府的荷蘭商館長一行人、以及隨行的長崎通詞在江戶的旅宿會面，並且與他們「對話」來獲得新知。不過，在源內之後也出現像仙台的林子平（1738-1793）這樣有行動力的學者，分別在安永元年（1772）、安永四年（1775）、安永六年（1777）、天明二年（1782）先後4次下長崎，探求最新的海外資訊而撰就《海國兵談》這部名著。安永七年（1778），豐後國（今大分縣）哲人三浦梅園（1772-

---

1789）本人偕同長男以及 11 名塾生，赴長崎進行為期 1 個月的修學旅行。而與平賀源內交往密切的司馬江漢（1747-1818）則是在天明八年（1788）沿途得意地展示自製的銅版江戶風景，並前往長崎遊歷。[11]芳賀甚至認為，平賀源內如果沒有遊學長崎經驗的話，也許終其一生只是讚岐（今香川縣）的才子、地方上的一介名士而已。[12]可見遊學對於地方出身的優秀學子在拓展視野及人脈、增廣見聞，以及深化學問知識上所發揮的重要作用。

此外，水戶自好學的德川光圀（1628-1701）就任二代藩主以來，禮聘朱舜水（1600-1682）為賓師，並在其協助之下致力施行儒家禮制。同時，設置史館編修國史（即之後的《大日本史》）、編撰《禮儀類典》、《神道集成》等禮儀制度史料，奠定水戶藩的文教基礎，使其成為江戶之外東日本另一個學術重鎮。特別是在立原翠軒（1744-1823）等人恢復編撰《大日本史》，並在藤田幽谷（1774-1826）、青山延于（1776-1843）等人主持彰考館的編史事業之下，使水戶的學問有更堅實的發展。後期水戶學的會澤正志齋（1782-1863）標舉尊王攘夷、一君萬民的政治神學著作《新論》更是馳名全國、學者爭相謄抄，讓各方有心救亡圖存的志士豪傑紛紛遊學水戶，入正志齋門下，並與九代藩主德川齊昭（1800-1860）乃至藤田東湖（1806-1855）等尊攘派人士有密切的交遊互動。

例如，出身筑後國久留米藩（今福岡縣）的村上量弘（1819-1850，字士精、通稱守太郎）隨藩主有馬賴德赴江戶後，在昌平黌學習外亦師事松崎慊堂（1771-1844）。之後在天保十三年

---

11 芳賀徹，《平賀源內》（東京：朝日新聞社，1989），頁43。

12 同上注，頁41。

（1842）至翌年遊學水戶、入正志齋門。之後將此間的見聞撰為
《水戶見聞錄》。[13]量弘除了師事正志齋外，也從學於藤田東湖，與
二人門下有密切的交流。並且，在這段期間內遊歷東北、北陸，
調查諸藩的藩政。在量弘結束遊學欲歸國時，正志齋特撰〈送村
上生序〉一文以作為餞別。文中曰：

> 久留米村上生，名曰量弘，字士精，在余門兩歲，探奇奧
> 羽數月，今江西歸。安饞之以言曰：吾子離鄉遠遊，而余則
> 眇然一病夫，老懶日甚，何足以副子之望。然子之來，其所
> 以覽物之意，於前數者，必有一二焉。（中略）今以其立志
> 之篤，求道之銳，於經世之務，故既致思焉。而跋涉山川、
> 追念古人，以自奮勵，則其所以報國家者，豈與尋常遊歷，
> 徒獎劍屨費日月，以逆旅為家而止者同哉。談至於此，安也
> 雖老矣，伏櫪志存，猶將攘臂而神交於數千里外也。今夫仕
> 於國者，各盡忠其君而足矣。然天下之士固友天下之士，苟
> 為日域之民，則固仰日胤之照臨，而共奉大將軍之政令。至
> 於若其息邪之言、膺懲之策，戮力以擯猲夏者，則同袍之義
> 固為一國，蒼海即天池，八洲即一城，東西雖懸，勢齊同
> 舟。踏大義以報天祖，何別彼此也。此可以送子之行矣。
> （後略）[14]

13　收入久野勝彌編著，《他藩士の見た水戶》（水戶：水戶史學會，1991），並
　　參同書解說，頁201-205。

14　會澤正志齋，《正志齋文稿二》（東京：無窮會神習文庫藏寺門誠寫本，抄寫
　　年不詳），頁106-107。亦見前揭久野勝彌編著，《他藩士の見た水戶》，頁
　　202-204，文字少異。

由此可見，村上量弘遊學水戶的目的除了師事正志齋、東湖等人之外，致思經世之務、遊歷諸藩以求報效藩國亦是他所懷抱的志向，這點得到了正志齋的肯定及鼓勵。

　　大體而言，近世日本學子移地遊學的修業內容主要是漢學（包含各學派的儒學）、醫學及蘭學。尤其到了近世後期，蘭學的學習熱潮甚至有凌駕漢學之勢。渡邊實指出，幕末的江戶和大坂的私塾聚集了許多遊學生。自天保期以降有「江戶的三大蘭方家」之稱的坪井信道的日曌堂門人前後有數百名。伊東玄朴的象仙堂，根據其傳記所收的門人姓名錄有門人406名，大坂緒方洪庵的適適齋塾（又稱適塾）據說從天保九年（1838）至文久二年（1862）為止的24年間，前後共計有三千餘名弟子（較可靠的數字是636名）之多。[15]

　　此外，到了幕末，鑑於充實國防體制有必要「知彼之學術」，遊學修業的主軸由蘭學轉移至兵學。當時，即使藩命遊學的目的是「醫學修行」，其實質卻往往是研究西洋的兵學。例如，南部盛岡藩（今岩手縣）的大島總左衛門（高任）最初遊學江戶，師事箕作阮甫、坪井信道、伊東玄朴等人研究蘭醫學，之後轉為遊學長崎，鑽研西洋兵法、砲術採礦、製煉等學問技術。在嘉永二年（1849）4月歸藩後於同四年（1851）任「御鐵砲方」，並在水戶藩興起鑄造大砲之議時，自嘉永六年（1853）至安政六年（1859）正月，受雇於同藩、完成了吾妻台的兩座反射爐。其間，為盛岡藩建設製鐵用高爐，為水戶藩開拓反射爐用鐵材供給之道，開創了水戶藩幕末活動的泉源。[16]

15　渡邊實，〈近世諸藩に於ける遊學〉，頁7。

16　同上注，頁5。

三、柴野栗山遊學江戶與京都

　　柴野栗山是活躍於18世紀日本的朱子學者，生於讚岐（現香川縣）三木郡牟禮村，名邦彥，字彥輔，別號古愚軒。10歲時入高松藩儒官後藤芝山（1721-82）門學習儒學，18歲時隨同藩藩士中村君山（1701-63）赴江戶遊學，入林鳳谷（1721-74）門並在昌平黌學習。根據林家塾的入門者名簿《升堂記》，在寶曆三年（1753）條下記載：「五月十九日入門／後藤彌兵衛口入／柴野彥助」[17]，可知栗山是在後藤芝山的斡旋之下進入林家學習的。值得一提的是，栗山受學於後藤芝山，芝山之子日後亦受學於栗山，而且栗山的門人也教導栗山之子，兩代之間建立起濃厚的師生情誼。栗山養子允升（1773-1835，號碧海，栗山弟貞穀之次男）所編纂的《柴野家世紀聞》寫道：「先君受學于芝山先生，而嗣子元茂，來學于先君。先君於藤氏兩氏可謂為師為弟矣。菊池萬年、橫野子與、山田政輔、後藤元茂，受學于先君，而訓導升（指允升）等，亦於柴氏兩世可謂為師為弟矣。」[18]

　　在江戶，栗山雖然是林家的門人，主要則是師從室鳩巢（1658-1734）門下的中村蘭林（1697-1761）學習《書經》等學問。《柴野家世紀聞》寫道：

　　　　先君（指栗山）於先儒，經術推鳩巢，典章推白石。其序

---

17 關山邦弘等編，《「升堂記」（東京大学史料編纂所所蔵）翻刻ならびに索引》，頁44。

18 柴野碧海，《家世紀聞》，收入駒井乘邨編，《鶯宿雜記・別錄》（國立國會圖書館藏抄本，抄寫年及抄手不詳），卷14-15，無頁碼。以下引《家世紀聞》，不另標註。

《錦里集》，粗言之矣。故在昌平，又嘗事中村蘭林先生。先
君嘗言：「聽其講《書經》，初間聽者頗多，經久寖少，比至
卒業，則唯先君一人。初先生亦不過庸眾視之，及至一人，
始奇而語之。」

亦即栗山在蘭林門下聽其講授《書經》，一開始人數頗多而逐日
遞減，最後僅剩栗山一人待至卒業。可知栗山在眾多門生之中的
好學精神逐漸受到中村蘭林先生的注意，而有進一步的指導。

栗山遊學江戶期間結識諸多師友，並在此建立起良好的學問
基礎。之後，栗山在30歲時遊學京都，師從高橋圖南[19]（1703-
1785）學習國學，並且與皆川淇園（1734-1807）、富士谷成章
（1738-1779，淇園胞弟）、清田儋叟（1719-1785）等儒者、國學
者交遊，為日後（32歲）受聘為阿波德島藩儒官並且擔任駐京儒
者、進一步在京都拓展交遊網絡奠定了基礎。有關高橋圖南，碧
海曾在《柴野家世紀聞》中提到：「圖南先生，升猶及事之。時
年八十餘，精神充溢，氣貌渾厚。先君嘗言：『先生所事，典章
之末耳。性命之學則未有所聞。然操履之嚴正，持守之堅定，求
之學者中，未見其比，蓋天分高也。』」

在京都遊學期間，栗山與皆川淇園等人交遊密切，之後更與
淇園及赤松滄洲（1721-1801）等人組織「三白社」。（後述）柴
野碧海《家世紀聞》記錄栗山與淇園的交友，說：「在京，唯皆
川淇園先生最舊。先生學術詭異，操行不檢，然先君不失其為

---

19 有關栗山對高橋圖南的記述，參見柴野栗山，〈故御厨子所預從四位上行若狹
　守紀府君墓誌銘并序〉，收入《栗山文集》（國文學研究資料館藏天保十三年
　（1842）桐陰書屋鋟板），卷4，頁11b-14a。

故。」此外，栗山曾為淇園所著的《淇園詩話》作序，曰：

　　余嘉時人稍知惡明人王李七子之輕佻牽強焉，而病其纖弱
　　鄙細，日趨於衰晚之氣也。（中略）此歲冬得暇歸京，友人
　　皆川伯恭，首示《詩話》一卷。其談詩，特於精神格調，繾
　　綣致意，而一以盛唐為標準，錢劉以下，則不屑。其論四唐
　　之品，及明人之失，衡懸度設，不失平量。其他篇章之體
　　裁，與字句之法局，至乃證引解故之細，皆鑿鑿可據。其於
　　詩道，蓋亦盡矣。而伯恭詩高古雅健，以領袖後進，其所言
　　乃其所能，則非如余之取哂比也。則余知此編出，而夫惡王
　　李而不得門者，知方向矣。而向哂余者，亦知其言之不大悖
　　矣。余是以喜伯恭此書非淺淺，故於其屬序也，不復辭云。[20]

　　出身讚岐農家的栗山為了精進學問而先後前往江戶及京都遊
學，並在兩地建立起穩固的學問基礎與厚實的人脈。這些都為他
日後歷任阿波德島藩及幕府儒官的仕途奠定了重要的基礎。更進
一步說，遊學在近世日本不僅僅是莘莘學子追求先進學問、充實
自我學識的管道，更是突破身分限制、力爭上游的一大途徑。近
世日本沒有如中國或朝鮮的科舉制度（但是儒學在近世後期有一
定的制度化），因此日本的學者沒有因科舉及第而躋身仕途此一
明確的仕宦管道。[21] 不過，即使非武士身分而出身低微的知識人，

────────────

20　參見〈淇園詩話序〉，收入前揭《栗山文集》卷之2之上，頁2b-3b。根據新潟
　　大學附屬圖書館佐野文庫藏皆川淇園《淇園詩話》刊本（刊年不詳）卷首所載
　　柴野栗山的序，紀年為「辛卯十二月」，可知此序寫於明和八年（1771）。
21　有關近世日本儒者的地位與儒學的制度化，可參看辻本雅史著，田世民譯，
　　〈談日本儒學的「制度化」──以十七至十九世紀為中心〉，《臺灣東亞文明

亦有因其學識能力獲得上位者肯定而破格錄用的情形。栗山便是憑著他的學識與人品，並在豐富人脈的奧援之下獲得了執政者的青睞，而得以平步青雲，在出仕阿波德島藩之後更上層樓，出任幕府的儒官。

四、出仕阿波德島藩及幕府儒官

1.三白社

　　栗山在明和四年（1767）32歲時出仕阿波德島藩，並在皆川淇園義兄合田如玉（1725-1781，阿波德島藩儒官。淇園是如玉妻之弟）的推薦下，擔任阿波藩的儒官，祿150石，後升至400石。[22]栗山主要駐在江戶，擔任阿波侯（峰須賀重喜）及二公子的侍讀。36歲時，栗山擔任駐京儒者，並在堀川一帶開塾授徒。41歲，再度派駐江戶的栗山，在侍讀學務之餘，與後藤芝山、大塚頤亭、久保盅齋、村山仲忍[23]、黑澤雉岡等人頻繁舉辦詩會。

　　栗山在45歲時回到京都，並與赤松滄洲、西依成齋（1702-1797）、皆川淇園等人組織「三白社」，切磋詩文。「三白」一詞源自宋代文豪蘇東坡之語。根據南宋朱弁《曲洧舊聞》記載，東坡嘗與好友劉貢父言：「某與舍弟習制科時，日享三白，食之甚美，不復信世間有八珍也。」貢父問三白何物？東坡答曰：「一撮

　　研究學刊》，3：1（台北，2006），頁257-274。

22　以下有關柴野栗山的事蹟，主要參見太田剛，〈阿波と柴野栗山〉，《書道文化》（四國大學書道文化學會，2016），第12號所附「柴野栗山年譜」，頁78-81。

23　栗山有〈與邨山仲忍〉一文，收入前揭《栗山文集》，卷3，頁9b-10a。

鹽，一楪生蘿蔔，一盌飯，乃三白也。」貢父大笑。[24]赤松滄洲在
為皆川淇園的文集《淇園集》所寫的序文（1792年序）中，也曾
提到三白社名的由來，他說：「曩余來寓都下也，與伯恭（筆者
按：淇園之字）及柴彥輔相得而歡。遂相與結社，名曰三白，蓋
取諸蘇子言也。」[25]

此外，栗山與大坂著名漢詩結社混沌社的片山北海（1723-
1790）、賴春水（1746-1816）、木村蒹葭堂（1736-1802）等成員
都有良好的交情。栗山在出仕阿波藩長達20年後，在天明八年
（1788）53歲時獲得幕府的拔擢，成為幕府儒者並且擔任將軍及
大奧的侍講。之後，栗山不管在「寬政異學之禁」的頒布、或是
幕府學政的改革中都扮演了重要的角色，並且與來自四面八方的
名儒雅士都保持良好的交流與互動。栗山個人極為重視在京都透
過三白社與眾多文人社集之間所建立的人際關係，而且這樣的關
係在栗山進入幕府之後也一直持續下去。

2. 雙玉樓詩會

「雙玉樓」是栗山升幕之後的書齋之一，重視交遊的栗山在
有客人來訪時，都會延請至此並一起飲食歡談，或是在此進行詩
文的應酬、書畫的鑑賞等。在雙玉樓，栗山會請來客提筆揮毫，
而這些文字的集子便是《雙玉樓帖》全4冊。但遺憾的是該集子
的原本已散佚。根據阿河準三指出，位於坂出市（香川縣）的財
團法人鎌田共濟會鄉土博物館收藏了集錄《雙玉樓帖》跋文的

---

24 參見朱弁，《曲洧舊聞》（中央研究院歷史語言研究所漢籍電子文獻，清乾隆
　　鮑廷博校刊本，《知不足齋叢書》），卷6，頁86。

25 參見皆川淇園，《淇園集》（奈良女子大學學術情報センター藏寬政十一年
　　〔1799〕刊本），頁1a。

《柴栗山先生雙玉樓帖書尾記文》抄本一冊（抄手是荻田元廣，
曾在明治三十九年〔1906〕舉行栗山先生百年祭時擔任工作人
員）。從這冊抄本所出現的人名可以得知栗山的交遊對象相當廣
泛，其中包含了藩國大名、旗本武士、儒者、國學者、書法家、
畫家、醫生以及僧侶等。[26] 該抄本記錄了訪問雙玉樓的文人墨客，
可以視為是栗山各方文友們的交遊錄。時間自寬政元年（1789）
至文化三年（1806）的17年間，正值栗山出任幕府儒官後國事鞅
掌、極為忙碌的時期。[27]

　　「雙玉樓」一名源自兩只名硯。賴春水《霞關掌錄》載：「栗
山先生有雙玉樓一硯，長六七寸，闊二寸許。鎸雙龍，有古色。
又得一硯，圓也。徑七八寸，成虯形。謂圭字伯玉，璧字叔玉，
故名雙玉樓也。皆名硯也。」[28] 碧海在《家世紀聞》也曾提到雙玉
樓：「先君書，初年摸趙松雪，稍變而李北海。中年以後，則意
在晉人。深喜閣帖，有手摸二王帖。每遇善本，一波一撇，一一
對照，注異同其旁。伊勢韓大年天壽，有家刻法書數十種。及其
他四方各家刻本，多方求致，手自裝褫為帖。雙玉樓帖若干函，
實皆出手澤。」由此可知，栗山善於書法，早年喜摹趙孟頫
（1254-1322，號松雪道人），後改摹李邕（674-746，曾任北海太
守，故人稱李北海）。中年以後，則鍾情於晉人的書法。不僅如
此，還收集四方各家刻本，自行裝褫為帖。[29]

---

26 阿河準三，〈『雙玉樓帖』遺聞——柴野栗山をめぐる人々—〉，《藝林》，
　　40：3（石川，1991），頁36。

27 同上注，頁39。

28 同上注，頁38。

29 有關栗山的書法，可參看東國惠，〈柴野栗山と書——栗山文集・栗山堂詩集
　　等からの考察〉，《德島大學學藝紀要》（人文科學）（德島，1984），卷34，

　　寬政元年（1789），栗山54歲，此年9月旗本（將軍直屬家臣）岡田寒泉（1740-1816）獲拔擢為昌平黌儒官，輔佐栗山共理學政。《書尾記文》以此年9月、並且以《楚辭》的篇名為始，推測栗山在這年9月某日邀集諸友齊聚雙玉樓，在此追思詩人屈原。例如，起首記曰：「九章　己酉秋九月　田器（印）」。田器是蒔田必器（1737-1801），號暢齋，通稱龜六。伊勢山田人，以書法家聞名。栗山在〈集古妙蹟序〉（《文集》卷2）寫道：「伊勢田必器，筆禮，妙絕一時。（中略）安永己亥，來訪余於東都客舍。」己亥是安永八年（1779），所以兩人已是10年以上的交遊。[30]除了必器之外，此處留名的還有安藝廣島藩儒賴春水、幕府奧醫師篠崎樸庵、讚岐高松藩儒岡井鼎（號赤城）、京都的國學者藤原貞幹（號蒙齋、或無佛齋）等人。

　　寬政七年（1795，干支乙卯）正月28日，栗山在雙玉樓舉行詩會。《書尾記文》記曰：「乙卯首春廿八日，塾生，詩社開席。邀倉成善卿、樺島世儀、安野公雍同飲。鈴木文熙來，作山水花卉數幅。」[31]倉成善卿（1748-1813），名至，號龍渚，通稱善司，

頁25-39。

30 阿河準三，〈『雙玉樓帖』遺聞──柴野栗山をめぐる人々─〉，頁40。有關蒔田必器這號人物，另可參見栗山京遊時代以來的友人皆川淇園為必器所收集的書畫帖寫的序〈田必器集書畫帖序〉，文中提到：「伊勢田必器，素以善書名于世，數來京師，廣與諸名流交。請獲其書畫甚多，而江阪及他四方諸名家亦求之。日積月蓄而物既甚夥，乃遂以為帖，請余作之序。嗚呼，後之觀此帖者足以徵。方今天下，文風之盛焉矣。夫文辭其得繼之以盛焉矣乎。但如文辭與書畫，庶人可與之也。至如嘉政與禮樂，非君子不可以作為也。則君子觀此帖，豈其可以無所興志乎哉？可以無所興志乎哉？」參見皆川淇園，《淇園文集》（國文學研究資料館藏刊本，刊年不詳），卷2，頁13b-14a。

31 前揭阿河準三，〈『雙玉樓帖』遺聞─柴野栗山をめぐる人々─〉，頁44。

豐前中津藩（今大分縣中津市）儒者。《栗山文集》卷2〈送倉成善卿序〉寫道：「倉成善卿，豐前產也。予識之於紀若州之坐。溫雅易良，君子人也。遊學四年，其師某先生，在鄉教授。今將以其召還代其勞，來吾廬告別，且請言。」紀若州是栗山的國學之師高橋圖南，可見善卿是栗山在京時代的門人。另外，樺島世儀（號石梁）是筑前久留米藩（今福岡縣久留米市）儒者，安野公雍（號南岳）則是肥後熊本藩儒。[32]

前面提到三白社的社名來自蘇東坡之語，栗山本人非常仰慕東坡，會在東坡遊赤壁的10月15日舉辦詩會，與詩友以〈後赤壁賦〉的文句分韻吟詩同樂。《書尾記文》記曰：

> 十月望，以後赤壁夕宴諸子。古賀淳風、辛島、倉成、萬波、樺島同會。谷文晁，來寫坐客真。分「江流有聲、斷岸千尺、山高月小、水落石出」十六字得詩。尾藤、岡田、赤崎，以疾。賴千秋，以伯父服，皆期不至。畫間小雨，薄暮忽明景。西嶺，霞彩如錦，月色皎然，不負霜露既降，木葉盡脫，人影在地，仰見明月之句。三更而散。[33]

在栗山自邸舉辦的這場風流之會，客如雲集，齊聚雙玉樓吟詩作樂，盛況非凡。

文中的辛島是辛島鹽井，名憲，字伯彝，通稱才藏，熊本藩儒。《栗山文集》卷3〈與辛伯彝〉寫道：「十月望，欲屈諸君以一醉。是長公後赤壁夕也。幸勿以忽之。公事之外，萬有推托遷

---

32 同上注，頁44-45。

33 同上注，頁52。

延，則恐古人咲人也。幸以此意督赤崎以外貴寓近側諸彥，勿教一鱗漏網是祈。」[34]由此可見栗山對蘇東坡傾倒的程度。萬波是萬波醒廬，名俊成，字伯信，通稱甚太郎，備前岡山藩儒。另外，與此時詩會有關的記載又見賴春水的《春水遺稿》卷5，其中收錄一首題為「十月望，栗山堂雅集。余有幹不能赴。諸子分『江流有聲，斷岸千尺』八字為韻。主人見付余尺字」的五言詩，曰：「赤壁非陳迹，良夜此會客。風月隨懷抱，幽興無今昔。柴子乃蘇子，高風通仙籍。攜客踞虎豹，對尊斟琥珀。逸逸咸既醉，忽聞長嘯劃。嗟予阻塵事，跂望渺咫尺。我願為孤鶴，從君終一夕。」[35]這裡記錄了春水當日因有事無法赴會，但分韻得「尺」字而有此詩之作。詩中言：「柴子乃蘇子，高風通仙籍。」可謂深知栗山之志也。

　　11月15日，缺席後赤壁會的賴春水與赤崎元禮造訪栗山。春水在書尾記曰：「十一月望，與海門老兄過柴先生雙玉書樓。酒膳豐富。尾學士及萬波伯信亦至。晤語及夜。前月之會，余與海門有事不能至。今日之宴，實罄幽懷。何勝抃喜。／賴惟完拜題。」[36]還有，春水更寫道：「是時，惟完，袖蕉布數幅而至。以丐先生揮灑。先生一掃以賜。余亦書剡藤數張。亦足以暢幽懷耳。」[37]

　　栗山擔任幕府儒官之後，在岡田寒泉（之後還有尾藤二洲及古賀精里）的協助之下大刀闊斧實行學政改革，此外還有固定的

34　前揭《栗山文集》，卷3，頁9b。

35　參見賴春水，《春水遺稿》（國文學研究資料館藏刊本，全8冊，刊年不詳），卷5，頁5a。

36　阿河準三，〈『雙玉樓帖』遺聞—柴野栗山をめぐる人々—〉，頁54。

37　阿河準三，〈『雙玉樓帖』遺聞——柴野栗山をめぐる人々—〉，頁52-54。

講課以及幕府交派的事務等，格外冗忙。但是，栗山仍會在自己
的書齋「雙玉樓」舉辦詩會，邀請各方文人雅士前來赴會，並且
準備酒餚與文友們應酬飲樂。有時，栗山會在雙玉樓設席為知交
餞行，[38]或是好友會借用此樓擺席宴客，[39]雙玉樓儼然成為文人名士
們在江戶聚會的沙龍。

3. 與賴春水、山陽父子的交遊

在《書尾記文》裡經常出現的賴春水是栗山眾多知交中，頻
繁詩文往來的人物。春水在天明元年（1781）出任安藝廣島藩
（今廣島縣）的儒員，並且因擔任世子侍讀的關係，駐在江戶的
期間猶長。栗山在天明八年（1788）出仕幕府，此後兩人便有頻
繁面晤的機會。之後，寬政十二年（1800）在栗山上書推薦之
下，春水與鹿兒島藩儒赤崎元禮出任幕府學問所的講官。栗山的

---

38 例如寬政九年（1796，干支丁巳）《書尾記文》記曰：「丁巳四月初二日，設
　酒，餞赤崎元禮槙幹。同舍者，岡田子強恕、尾藤志尹孝肇、古賀淳風模、
　倉成㠀善卿、中島潛夫漁、鈴木文凞雍。文凞作畫，潛夫摻明曲及平語數
　闋。座客贈別畫題之作。亦得數幅。頗酣暢。三鼓，未散。西岡、堀二子不
　至，獨為可恨。」赤崎元禮，名槙幹，號海門，通稱源助，鹿兒島藩儒。《栗
　山文集》卷2收錄栗山為元禮著《琉客談記》的〈琉客談記序〉。阿河準三，
　〈『雙玉樓帖』遺聞──柴野栗山をめぐる人々─〉，頁45。
39 文化元年（1804）4月14日，栗山京遊時代以來的門人菊池繩武借栗山邸內
　三年前竣工的「對岳台」設宴留別。《書尾記文》記曰：「將南歸，借對岳
　台，薄設留別。會者，二洲先生及黑澤？、賴萬祺、倉成善卿、菅禮卿、磐
　子言并台主先生凡八人。畫生谷文晁、文一、鈴木凞、吳主善、釧雲泉、文
　泉，同歸人長徵亦來醉。詩畫紛作，乙夜而散。頗盛興也。／文化元年四月
　十四日，菊繩武記。」菊池繩武，字萬年，號守拙，通稱八太夫，高松藩
　儒。阿河準三，〈『雙玉樓帖』遺聞──柴野栗山をめぐる人々─〉，頁57-
　58。

詩集《栗山堂詩集》收錄多首栗山致春水的詩，同樣的，山陽為其父春水所編集的詩文集《春水遺稿》也收錄了十餘首春水致栗山的詩文。

例如，寬政十二年（1800）春水訪栗山宅，因栗山出示栗石一顆並有五言詩前二句，請春水繼之，故有以下〈栗假山并序〉一詩：

> 栗翁之物也。蓋其鄉栗山之栗，化而為石。其形槎枒，其質玲瓏，真可把玩。翁口占「栗栗栗山栗，化為五劍一。」二句，命余繼之。栗山一曰五劍山云。
>
> 栗栗栗山栗，化為五劍一。能移千仞山，忽方丈室。鋒鍔割憂愁，光芒照卷裒。造物似私君，非關縮地術。[40]

栗山在給春水的書簡〈答賴千秋〉一文中，答謝春水為其所作的「栗假山」詩。栗山寫道：「仰俯領栗化石盛作，奇韻奇語，頓使人目明耳聰。一塊頑石，更生一段光耀。榮感榮感。」[41]

春水曾作〈探梅〉詩[42]贈栗山，並請益栗山尋梅之詩該如何？故栗山有〈探梅〉、〈尋梅〉之作：

---

40 前揭賴春水，《春水遺稿》，卷5，頁2b-3a。另參見藤川正數，〈柴野栗山三考〉，《香川大學教育學部研究報告第Ⅰ部》，第40號（香川，1976），頁20-21。第六句的「卷裒」藤川文作：「卷怏」。

41 《栗山堂文集，書牘》，參見藤川正數，〈柴野栗山三考〉，頁21。

42 賴春水〈探梅分韻得斜字〉：「探梅出郭二三里，不厭江風取路賒。數畝林園鳥啼處，一間茅屋水流涯。思八驛使春光遠，報客逋仙鶴影斜。歸入都門軟塵裡，唐花多在賣花家。」《春水遺稿》，卷5，頁14b。

千秋詞伯見示探梅作，云探梅之作則如此矣，其尋梅乃何若？因次其韻，吟得探尋二首，不知其合否？且錄去請教。

探梅

探春未識春何處，林巷林蹊不厭賒。認雪迷來幽谷底，聽鶯誤到小橋涯。淡香將待吟風放，瘦影應橫落月斜。隔水柴門雙鶴護，生憎遠韻逼仙家。

尋梅

相思逢著瑤台下，不厭十千酒重賒。猶謂怯寒睡粧閣，誰知竊暖咲陽涯。微唫須伴鶯聲狎，醉倒好同龍臥斜。落月橫參牢牢記，重尋可誤美人家。[43]

春水得到栗山探尋二作之後，更有〈尋梅傚栗翁體〉一詩之作：「梅花尋得如逢友，契闊周年月日賒。數點分明橫竹外，一枝恰好寄天涯。佳人淡月鈿光直，高士微風巾影斜。豈與群芳爭殿最，品題秖合屬詩家。」[44]

享和三年（1803）春水即將西歸藝洲之際，有詩贈栗山作為留別之作：

留別柴先生

將歸數來訪，每訪濫君庖。銅鼎煮茶蓝，瓦鑪煨竹苞。琴書作良伴，風月又佳肴。縱使如萍遇，安知非石交。[45]

---

43 柴野栗山，《栗山堂詩集》，收入富士川英郎、松下忠、佐野正巳編，《詩集日本漢詩》（東京：汲古書院，1987），卷7，卷3，頁47；《春水遺稿》，卷5，頁15a-15b亦收錄栗山的詩，文字稍有不同。

44 《春水遺稿》，卷5，頁15b。

45 同上注，卷5，頁17b。

對此，栗山亦以一首和韻之詩相贈：

> 病中迎千秋敘別，適廚中寒儉無可以為禮，漫言此以俯
> 觴。慚愧慚愧。
> 力病相迎入，回頭問宰庖。叩尊縱有酒，倒屐恐無肴。殘
> 豉纔存碟，香柑只遺苞。幸能歡醉別，始可稱心交。[46]

從栗山與春水兩人詩文往來的字裡行間之中，可以窺見二人相知
相惜，互為「心交」之情。

賴山陽（1781-1832）自幼即善作詩，給常駐江戶的父親春水
的家書裡經常有詩，父執輩們看到之後也都頗為讚賞。薩摩藩儒
赤崎彥禮將此事告訴栗山，栗山認為春水應該培養嗣子為「實
才」而不應以「詞人」為志，勸春水讓山陽讀史，並以《通鑑綱
目》為首。山陽在多年後重讀《通鑑綱目》時，憶起這段往事，
在〈讀通鑑綱目〉一文中留下這樣的文字：

> 正史，一事散見數處，欲觀治亂，莫若《通鑑》。而綱目
> 可以晰其條緒，不必拘義例。襄十三歲時，先人祗役江門，
> 家信中時有襄詩，諸老人偶見獎賞。薩藩赤崎彥禮先生，語
> 之柴野博士。博士曰：「千秋有子，不教之成實才，乃欲為
> 詞人手？宜使先讀史知古今事，而史自《綱目》始。」赤崎
> 先生西歸，過藝論襄，襄乃發憤讀之。後十八歲東遊，過謁
> 博士。博士問讀《綱目》否？曰：「雖不能盡讀，領大意

---

46 柴野栗山，《栗山堂詩集》，卷4，頁51；《春水遺稿》，卷5，頁17b亦收錄栗
　　山此詩，文字稍有不同。

耳。」博士曰：「可矣。」因語昔勸某侯讀此，侯後當路職
劇，嘗歎謂我曰：「吾熟《綱目》，其書法發明，亦諳記不
失。今則忘之矣。」余對曰：「佳忘也。」裏唯唯而退。當時
恨不數詣聽其緒論，今雖碌碌如此，學知所嚮者，博士之賜
也。今偶讀《綱目》，記起此事。距今三十餘年矣。憶博士
大聲笑談，口角出沫，猶在眼也。己丑（文政十二年，
1829）九月四日。[47]

　　眾所周知，賴山陽不但精於詩文，更善於修史，有《日本外
史》、《日本政記》等著。從以上這段往事看來，栗山可謂山陽在
讀史方面的啟蒙之師。山陽本人也對栗山心存感懷之情，有〈望
五劍山，有懷故柴栗山先生〉的詩作，曰：「南望讚岐州，遙指
五劍山。山峰如列劍，峭立眾領端。正襟遙拜之，非山思其人。
柴公吾父執，實產出其間。應運振頹俗，天意秀氣攢。吾少瞻其
貌，有似此孱顏。雖非甚魁梧，自拔群賢班。談論挺鋒鍔，文辭
癉不寒。顧吾謂可教，朽木庶雕剡。當時貪嬉樂，悔不屢往還。
前輩日已遠，從誰鞭駑頑。典刑今安在，山容獨巑岏。」[48]如上種
種，均明顯可見栗山與賴氏父子之間深厚的情誼。

4. 與水戶藩主及藩士立原翠軒的交遊

　　栗山出任幕府儒官之後，與諸藩藩主及儒士均有往來。尤

---

47 賴山陽，〈讀通鑑綱目〉，收入若山屋茂介出版《山陽先生書後》（國立國會
　　圖書館藏天保七年〔1836〕刊本），卷中，頁21a-22a。另參見藤川正數，〈柴
　　野栗山三考〉，頁16。

48 藤川正數，〈柴野栗山三考〉，頁17。

其，與水戶侯（德川治保）關係密切，[49]與該藩藩士、之後出任彰考館的立原翠軒（名萬，字伯時）更是經年的好友，時常書信往來。

寬政三年（1791）3月26日，翠軒訪問雙玉樓，《書尾記文》記曰：

> 寬政三年辛亥三月廿六日，為栗山先生書
> 　　（悲時俗之迫云云）
> 　　　　　　水戶　立原萬（印）。

與栗山同為善書者的翠軒應栗山之請，寫下了《後漢書・馮衍傳》裡「悲時俗之險阨兮，哀好惡之無常」等的字句。[50]

栗山是透過同樣出身高松、之後出任一橋家儒者的好友久保仲通（1730-1785，號盅齋）認識翠軒。栗山在〈送長久保子玉序〉一文中曾說：「伯時余得之我友保仲通。仲通性識精嚴，少所許與，而於伯時稱之不舍。則吾未識伯時面，然於其為人與學，固信不疑也。」[51]指出盅齋個性嚴謹，極少稱許他人，但對翠軒卻極為讚譽。因此，栗山在尚未親晤翠軒之前，已對其為人及學問深信而不疑。

栗山與翠軒經常透過書信的往來，彼此問候並交換意見。九

49　《家世紀聞》亦記曰：「列侯之招致先君者，仙台侯、荻侯、水戶侯、林田侯。就家而見者，大淵侯、小田原侯、三田侯。而水戶侯最為親密，至賜親書手簡。」

50　以上參見阿河準三，〈『雙玉樓帖』遺聞――柴野栗山をめぐる人々―〉，頁43。

51　《栗山文集》，卷2之上，頁10a。

州大學中央圖書館藏有兩人往來的書信《柴立書簡》乾坤2冊，根據翻刻此書簡的秋山高志所言，兩人的書信往來自明和七年（1770）至文化二年（1805），亦即自栗山35歲、翠軒27歲至栗山70歲、翠軒62歲，總計97封之多。[52]兩人的書簡主要涵蓋（1）和漢書籍的照會及借貸；（2）典章制度的考證；（3）書肆及學者的動向；（4）法帖的刊刻；（5）久保虫齋的墓碑等內容。[53]

以（4）法帖的刊刻為例，書簡集裡散見兩人互相提供碑帖的資訊以及託付刊刻的內容。栗山會請翠軒揮毫，並且提供翠軒所需要的「紙絹」。[54]同時，知道翠軒愛好收集碑帖，栗山有發現較稀奇的碑額時，也會摹寫寄示。例如：栗山在一封7月18日的信後追記曰：「二白　日前摹寫東福寺藏東坡、宸奎閣碑額，寄呈尊覽。」[55]《宸奎閣碑》全名為《明州阿育王廣利寺宸奎閣碑》，是東坡為阿育王廣利寺中懷璉收藏皇帝所賜頌寺詩17首的宸奎閣所寫的碑文。據傳宋拓孤本早年流入日本，是東福寺開山祖師圓爾弁圓（1202-1280）入宋歸國時帶回的重要文獻。所以，栗山摹寫的應即是此碑文。

52　秋山高志，〈立原翠軒宛柴野栗山書簡集（一）〉，《目白大學人文學部紀要　地域文化篇》，第8號（2002），頁65-84；秋山高志，〈立原翠軒宛柴野栗山書簡集（二）〉，《目白大學人文學部紀要　地域文化篇》，第9號（東京，2003），頁61-76。但是，如同秋山所言，兩人的書簡集因為只有月日而無紀年，故能夠確定這97封書簡個別年代的非常少。參見秋山高志，〈立原翠軒宛柴野栗山書簡集（一）〉，頁69註3。

53　秋山高志，〈立原翠軒宛柴野栗山書簡集（一）〉，頁66。

54　7月18日栗山給翠軒的書簡裡寫道：「遠路往來，如果寄呈之物不符尊意的話，既無益又成驛便之費。故將寄呈吾兄所好紙絹之類。」（原日文）秋山高志，〈立原翠軒宛柴野栗山書簡集（一）〉，頁73。

55　同上註。

　　文化三年（1806，干支丙寅）5月19日，翠軒從水戶至熱海泡溫泉，歸途經江戶，訪問栗山邸，《書尾記文》記曰：「文化丙寅夏，予浴熱海溫泉。歸路，留江戶數日。五月十九日，攜男任訪栗山先生。闊別之後，已阻十年餘。晤言暢懷，此生之一樂也。先生，眉壽七十一，予馬齒六十三，自此後再會難期。回想悵然。翠軒居士立原萬。」睽違10年，翠軒再次得晤栗山，並帶著嗣子任（字子遠，號杏所，水戶藩儒，以善畫聞名）前來拜見。想起兩人年事漸高，恐怕此後再會難期，不免有些感傷。果如翠軒所擔心的，栗山於翌年10月起即臥病在床，並在12月1日於江戶駿河台私邸辭世。順帶一提，同行的翠軒嗣子任也留下手記，《書尾記文》記曰：「是日，先生出宗藏法書數筐示。予展觀終凪，真大快也。其內借二三帖而還。立原任。」另外，《書尾記文》終於此記事。[56]

五、栗山上書幕府施行寬政異學之禁與推行學政改革

　　寬政二年（1790）幕府（老中首座松平定信）下達「異學之禁」，亦即禁止幕府的學問所裡講授朱子學以外的異學。眾多研究已指出，此禁令是栗山京遊時代的好友西山拙齋（1735-1798）建議栗山，並由栗山上書幕府而斷然實行的。[57]其實栗山在這之前，即對異學興起，《論語》之解多達20餘家，經義解釋紛紜的情形有很深的危機感。這在他給友人的書簡論著中可以清楚地看

---

56 阿河準三，〈『雙玉樓帖』遺聞──柴野栗山をめぐる人々─〉，頁62。

57 參見辻本雅史，《近世教育思想史の研究：日本における「公教育」思想の源流──》（京都：思文閣出版，1990），第五章，〈寬政異学の禁をめぐる思想と教育〉，頁258。

得出來。例如：栗山在〈送長子玉序〉一文中曾寫道：

> 既而伊藤源助者出，始出意見，駁先儒，議聖經，自謂得
> 孔孟血脈，其言行頗足取信於人，學者於是始惑。繼而文人
> 物茂卿者，妬被源助先鞭，欲超而出其右，強拗戾穿鑿附
> 會，肆其怪僻夸誕之說，以罔一時。而其徒太宰純者，又反
> 噬其師，自為說，尤謬妄，遂至于謂孟子迂闊不如淳于髡之
> 徒。嗚亦甚矣！自此其後，學者無復所畏忌，師心妄作，日
> 新月變。苟異古說者，指為豪傑才辨，一經先輩口舌者，為
> 腐陳，為糟粕。為甘為之奴隸，虛驕相尚，競欲出奇相壓。
> 日以穿鑿六經，詆訶先儒，頹瀾橫被，天下如狂。至新進黃
> 口初開卷，輒以欲決摘古人瑕纇為心。奴視老成，輕蔑聖
> 經，其弊至于以經語為戲慢之資，壞敗風俗，充塞仁義，其
> 謂之何？竊為天下懼焉。[58]

栗山在文中批判伊藤仁齋、荻生徂徠、太宰春台等人，認為他們
是造成後進無所忌憚地詆毀古人、輕蔑聖經的始作俑者。栗山在
一封於3月2日寄給立原翠軒的信中即曾寫道：「仁齋茂卿始作俑
者以來，天下競唱新說。右兩儒實可謂名教之罪首。」[59]

在〈送倉成善卿序〉一文中，栗山沉痛地寫道：

> 去聖日遠，道術分裂，人出意見，家異其說。循守舊義，
> 見謂曲陋，詆呵先儒。指為才辨，本無見解，強鑿空傅會立

58《栗山文集》，卷2之上，頁9a-10a。

59 秋山高志，〈立原翠軒宛柴野栗山書簡集（一）〉，頁70。

異，各名門戶。日以口說文字，更相排相軋，《論語》說至乎有二十餘家。其甚者怪妄奇僻，於文義言語既不顧順逆向背，況於人心世道，其貽害不深者幸矣。郡國士子入學于京者，習聞其說也，亦謂如此而足以高於一世矣。乃亦輕蔑先哲，妄意聖經，其歸而道說其鄉里者，往往謬戾乖剌，虛驕輕佻，以壞其風俗。間有一二者德知古道而守舊學者，亦見斥以迂腐，不得復作聲也。嗚呼！道德散無紀，其無今日為甚矣。

倉成善卿，豐前產也，予識之於紀若州之坐，溫雅易良君子人也。遊學四年，其師某先生在鄉教授，今將以其召還代其勞，來吾廬告別，且請言。吾與善卿日淺矣，其學與行不得而詳言也。但與之語，每稱其師，今又赴其召，猶趨君父之命，則善卿設心制行，其不倍本，大非嚮輕佻者之比可知矣。某先生者，其所謂耆德知學之方者耶！於其行也，聊復道予之所常憂者以贈之，使歸問之。[60]

栗山指出，時下異說興起、詆毀先儒舊義，甚至《論語》之說多達20餘家的情形。[61]尤其，他舉「輕蔑先哲，妄意聖經」等輕佻

---

[60]《栗山文集》，卷2之下，頁3b-4a。

[61] 栗山在〈論學弊〉一文中也曾提到：「近世立新說凡有數途焉。其上者，資質聰明，厭舊學之固陋纏縛。其次，局量卑狹，苦古說之有所窒礙。其次，驕傲僭越，尊大自處。最下者，急惰自便。（中略）近世之弊，大抵不出此數端，而展轉反覆，日新月異，怪妄詭誕，《論語》解至于有二十餘家，道術無紀之甚，言之傷心。善哉鳴巢氏曰，如與醉人言，不可與辨是矣。」《栗山文集》，卷1，頁8a-9a。換言之，栗山指摘當今學問之弊蓋此數端，並直指怪妄詭誕之說日新月異，《論語》的解釋竟然多達20餘家。最後，引室鳴巢之語：「如與醉人言，不可與辨是矣。」以為結論。

學者之行徑，以凸顯倉成善卿與彼等有所別也。

辻本雅史分析西山拙齋等正學派朱子學者的特質時曾指出，他們多半在早年有一段徂徠學的經歷，因為理解徂徠學，更能知其不足之處而秉持朱子學的立場來加以批判。此外，「他們多數出身自西國的鄉村，而且是較上層的庶民階級，因有志於學而遊歷於京坂。但不久後，他們便對京坂的都市文人們的學問型態感到失望，透過對它的排斥而『發現』了『正學』，亦即朱子學正是他們經過思想上的摸索，自發選擇的思想。」[62]栗山雖無徂徠學的經歷，但是他從京遊時代以來即與尾藤二洲、賴春水、古賀精里等人有密切的交遊，故與他們對於異學的弊害抱持著同樣的危機感。因此，與其說栗山是被動地接受拙齋的建議而實行異學之禁，不如說他是受到對異學興起、道德散漫無紀所抱持的強烈危機感所驅使，並且得到舊友的支持之下，而上書幕府加以實行的。

栗山在異學之禁發布之後，與岡田寒泉以及在寬政五年（1793）受松平定信之命出任第八代大學頭的林述齋（名衡，字德詮，美濃岩村城主松平乘蘊之第三子），一同推動學政改革。碧海在《家世紀聞》寫道：「安永以後，昌平學舍，員長不得其人。綱紀頗弛。寬政二年（1790），先君同岡田寒泉先生，奉旨督其事。潤色舊章，頗有條緒。及今祭酒林公出也，學政又大振。蓋前專以待諸州遊學之士。今專以教幕中大夫士之子弟。其遊學之士，則別設諸生寮以受之。前猶疑為林氏之私塾，今則儼

---

62 辻本雅史著，田世民譯，〈十八世紀後半期儒學的再檢討：以折衷學、正學派朱子學為中心〉，收入張寶三、徐興慶編，《德川時代日本儒學史論集》（台北：國立臺灣大學出版中心，2004），頁188及註20。

乎幕朝之黌宮。庙舍門廡，煥巍一新。實為近世盛事。而其端則
自寬政二年發之。」

　　對於栗山上書幕府實行異學之禁，昔日三白社的知己赤松滄
洲寄信給栗山，批判異學之禁。栗山沒有回應，但是拙齋代替栗
山寫了〈與赤松滄洲論學書〉加以反駁。就栗山沒有直接回應反
駁的這一點來說，可以看出栗山頗為重視過去同為三白社成員的
情誼。滄洲似乎也對此了然於心，在寬政四年（1792）為皆川淇
園的文集《淇園集》所寫的序裡，提到他與淇園、栗山等人的交
遊是「和而不同」。滄洲寫道：

　　　然而人心如面，好尚各殊，在所謂三白社中也，交情雖厚，
　　持論不同。彥輔專尊崇程朱，而江都講官唯宋注是用焉，乃
　　徽命所以及也。伯恭不恃不喜宋學，自發一識，其所著論，
　　人咸莫不駭其奇，而服其盛。余亦自幼不好性理家言，而所
　　見又與伯恭不同。要之，各自謂丈夫，不為則已，苟從事乎
　　斯文也，亦各從吾所好，何必與世浮沉，奄奄如無氣人。世
　　之知否，不足顧焉。身之窮達，不足論焉。夫是之謂丈夫
　　志，則吾三人和而不同，亦可知已。非世人不比而暗，則角
　　而嫉者類焉。乃同之所以不同，而不同之所以同也。[63]

　　由此可見，昔日三白社的成員並不因持論之不同而影響到彼
此間的交情。更重要的是，栗山在遊學時代所建立的交遊網絡及
豐沛的人脈一直延續至其升幕以後，並且成為其推行學政改革的
堅實後盾。

63　前揭皆川淇園，《淇園集》（奈良女子大學學術情報センター藏），頁3a-4b。

六、結論

　　栗山的摯友賴春水曾在著作《師友志》中評栗山這個人是：
「愛客容眾，風流好事。而談笑間事涉節義，音詞激烈如風
雨。」[64]的確，如上所述，栗山不僅個性好客，還樂於舉辦風流詩
會、邀集文友墨客至自邸吟詩飲樂。而身為儒官、學問所的教育
者，對於學問之道及後進的指導必然也有其堅持之處。雖然出於
苦口婆心，但對年輕學者來說，或許也會有不易親近之感。賴山
陽在文政二年（1819）寫給菅茶山的信中曾說：「往事在東，栗
翁先生雖頗為見顧，但感覺嚴肅而未曾親近。如今後悔莫及。」[65]
前引〈望五劍山，有懷故柴栗山先生〉（山陽51歲之作）的詩
句：「當時貪嬉樂，悔不屢往還。」同樣也是山陽在時過境遷，憶
起栗山先生的諄諄教誨時，對於自己年少輕狂不懂得親近討教所
表露出來的懊悔吧！

　　柴野碧海在《柴野家世紀聞》裡對於栗山的經義詩文有以下
的評述：「先君為學，務在適用，其解經切近平實，妙有獨詣。
下一兩語，理義躍然。諸生輩有談涉高妙者，必務斥之。常言：
『學以躬行為要，若唯紙上空談，說得窮精極微，何干己事？』先
君平生喜東坡，言：『黃州儋耳，困厄極矣，而未嘗有一毫怨懟
不平之色，胸中何等灑脫！《近思錄》之書，固四子精義所在。
然學者須有如此襟懷，方始讀得。不則耽利嗜名，營營擾擾，齷
齪胸中，如何受得此精微義理。』是常教門人子弟之語也。」栗

64　參見《春水遺稿別錄》（國文學研究資料館藏刊本，刊年不詳），卷3，頁
　　12a-12b。

65　藤川正數，〈柴野栗山三考〉，頁16。

山本人沒有留下經學方面的著作，這似乎與他平生以實踐為要，不喜高遠空泛的議論，同時又傾倒於東坡的灑脫胸懷有著若干的關係存在。

　　本文以高松出身的朱子學者柴野栗山為中心，探討其遊學江戶及京都的歷程中與眾多儒者文士有著密切的互動。再者，探討栗山出仕阿波德島藩以及幕府儒官之後，在學政事務冗忙之餘仍頻繁舉辦詩會與文人墨客交遊，並且與諸藩儒士建立密切的往來關係，其書齋雙玉樓成為江戶盛極一時的人文沙龍。最後，考察了栗山對異學興起所產生的危機感，以及建立在此基礎上所實行的異學之禁和一連串的學政改革。從栗山身上，我們可以看到遊學與社集不僅對近世日本知識人前往學術重鎮追求學問，以及與各方文人雅士交流互動、建立良好人際關係具有重大的意義，對於出身寒微的學子力爭上游、甚至提升身分地位亦有莫大的幫助。

「騷壇會」和「騷壇招英閣」
15世紀末及18世紀的越南士人社集

馮　超 ─────────────────────────

河北唐山人，復旦大學歷史系博士結業，現任上海外國語大學東方語學院副教授。研究領域：越南語言文化、中越關係史、東南亞文化。代表作：〈論越南高台教產生的原因〉（2005）、〈論李陳時期越南偈頌與禪詩中的佛理禪趣〉（2017）、〈阮朝越南官方及使者眼中的清帝國（1820-1850）──以越南如清使團為視角〉，（2017）。

　　15世紀末黎朝越南和18世紀南河越南文壇活躍著兩個士人社團「騷壇會」和「騷壇招英閣」。1494年，「騷壇會」依附皇權而立，被譽為越南歷史上「英雄才略之主」的黎聖宗[1]自封騷壇大元帥，與28位文臣宿將吟詩唱酬，頌讚君主及朝廷的政績，帶有強烈的政治色彩。18世紀30年代在越南的河仙明末遺臣鄭玖之子鄭天賜與廣東、福建的客商和文人聯合成立了騷壇招英閣，鄭天賜[2]任騷壇元帥。該社團組織形式仿黎聖宗的騷壇28宿，其宗旨除了以詩歌唱和形式歌頌「海上樂土」河仙之富庶與繁榮，還祭祀孔子，招賢聚才，創辦義學。騷壇會的創作活動體現了15-16世紀黎朝越南文人社集的政治傾向和宮廷色彩，而騷壇招英閣的跨國創作團體則實踐了其作為18世紀投靠南河越南的河仙政權（清朝文獻稱之為海港國）與嶺南文風和順廣、嘉定等地士人的詩文交流和思想碰撞。

一、引言

　　東亞地區士人早有以文會友的傳統，這種以社或會為名的聚集，稱為社集。從結社宗旨目的上可分為二大類，一類為詩社，一類為文社。詩社往往起於詩人之間的詩酒興會，互相酬唱，抒發意氣，多為意趣相通、情懷相諧的浪漫結合。文社則不同，文社說起來似乎更近於「以文會友，以友輔仁」，但其實不然，文社的設立，原只為科舉制業而結合，專研時藝，揣摩風氣，最終

1　黎聖宗（1442-1497），諱黎思誠，又名黎灝，越南後黎朝第四代君主。
2　鄭天賜（1700-1780），曾名天錫，又名琮，字士麟，號樹德軒，明鄉人。1736
　　年繼承父親鄭玖任河仙鎮總兵一職，成為18世紀越南河仙（今越南堅江省）
　　的實際統治者，被中國史籍稱為港口國國王。

目的多為求取功名。文社也作詩，詩社也著文，作詩作文不是詩
文社之間的根本差別，其差別往往在於，一為純粹的意趣結合，
一為實際功名之圖的結合。

越南歷史上曾有兩次規模較大的文人社集，一次是越南後黎
朝時期黎聖宗創立的騷壇會，另外一次是越南南北朝時期河仙政
權鄭天賜主持的騷壇招英閣。從性質上說，二者都屬詩社，均是
以酬唱、評論詩品為主要目的的社集。

二、騷壇會——15世紀末越南黎朝宮廷發起的文人社集

1. 黎聖宗創建騷壇會的幾點爭議

騷壇會又名「騷壇28宿」，是黎聖宗洪德年間牽頭創立的詩
文社。黎聖宗諱思誠，又名黎灝，是越南後黎朝第四代君主。越
南黎朝編修的現存最早官方正史《大越史記全書·本紀實錄》稱
他「惟以古今經籍聖賢義理為娛，天性生知，而夙夜未嘗釋卷，
天才高邁，而製作尤所留情，樂善好賢，亹亹不倦」。黎聖宗重
視文教，黎貴惇《黎朝通史．藝文志》說：「聖宗皇帝雅好古籍
文學。光順年間詔求遺佚史籍及私家所藏筆記，進呈內府。洪德
年間再詔天下，宏加獎披，凡報告進獻未見之善本，均厚加賞
賜。佈告之後，古書大部復出。」史臣武瓊曾評價黎聖宗：「帝天
資高邁，英明果斷。有雄才大略，緯武經文，而聖學尤勤。手不
釋卷，經史篇集，歷數算章，聖神之事，莫不貫精。詩文夐出詞
臣之表，與阮直、武永謨、申仁忠、郭廷寶、杜潤、陶舉、覃文
禮為《天南餘暇》，自號天南洞主、道庵主人。又崇尚儒術，振

拔英才，取士之科不一而定，三年大比之舉，自帝始之。」[3]

關於騷壇會成立的時間和成員，歸納起來，目前學界主要有三種觀點：一種觀點認為，騷壇會的誕生時間應為1494年，《瓊苑九歌》成書標誌著騷壇會的成立，而對騷壇會這一名稱的來源未做深究。從《瓊苑九歌》自序和跋文可知，黎聖宗自序和陶舉的跋文均完成於洪德二十五年（1494），後世文人據此判斷，1494年，安南國王黎聖宗晚年和近臣組成了一個作詩和評詩的文人社團——「騷壇會」，並將其定性為晚年組織了越南歷史上規模最大的文人社團「騷壇會」。越南國內文學史書籍和中國學者于在照在《越南文學史》根據黎聖宗的自號均認定這一文人社團為黎聖宗所創。有中國學者認為，騷壇會活動了兩年多時間（1495-1497），該會有成員28人，包括黎灝本人及其27位近臣，時人稱為「騷壇28宿」，黎灝自號「天南洞主騷壇大元帥」[4]。第二種觀點認為，騷壇會的成立時間為1495年，該觀點出自《大越史記全書》以及《欽定越史通鑑綱目》的記載，[5] 1495年，安南黎聖宗組織成立騷壇會，設館曰「瓊苑九歌」。活動時間從1495-1497年，一直持續到黎聖宗逝世，成員包括黎聖宗本人和28位近臣

---

3 吳士連等編修，陳荊和編校，校合本《大越史記全書》（東京：日本東京大學東洋文化研究所刊行，1984年版），頁746。

4 王曉平和于在照均持此觀點。見王曉平，《亞洲漢文學》（天津：天津人民出版社，2009年版），頁56。于在照，《越南文學史》（廣州：世界圖書出版公司，2014年版），頁106。

5 黎朝官方正史《大越史記全書》雖首次記載《瓊苑九歌》成書過程，但並未提及騷壇會。阮朝官方正史《欽定越史通鑑綱目》關於騷壇會的首次明確記載，是後世認定騷壇會成立的依據，該記載認為《瓊苑九歌》完成於洪德二十六年（1495），但現存《瓊苑九歌》諸抄本自序和跋文都載該作品應完成於1494年。後文再詳加考證。

（共29人），這28位近臣稱為「騷壇28宿」[6]。第三種觀點來自美國學者約翰・K・惠特摩（John K. Whitmore）的研究，惠特摩認為，騷壇會活動時間從黎聖宗洪德元年算起，一直到他逝世，即1470-1497年的洪德盛世。他認為，1495年黎聖宗編撰《御製瓊苑九歌》，騷壇會成員不僅限於史料和後世文獻所記載的27人，例如覃文禮和陶舉雖未直接參加到詩歌創作中，但是對於騷壇會的創作活動做出至關重要的貢獻。騷壇會在正史中並未正式提及，騷壇會這個社團名稱很可能是後世文人加上去的。[7]

　　經筆者翻閱越史典籍，有關騷壇會的創立，官方正史並未直接提及，如果從集社產生的條件來看，最早可追溯到洪德元年（1470），黎朝洪德年間吳士連等纂修《大越史記全書》記載黎聖宗改元之初群臣論道的一段史實可考證其關聯性，當年11月，黎聖宗和大臣杜潤以「道」和「理」為題作詩，並討論二者的辯證關係和「28宿」等天文之學。「二十五日，是夜，杜潤侍御前，上語及道、理二字，謂『道者當然之事，明白易知，理者所以然之故，微妙難見，予嘗作此二詩，積日乃成』。潤對曰『帝之理學，輯熙先明，於混然之中，有粲然之別。精微蘊奧，形諸聲詩，豈尋常學士經生，窺仰所及』。上又語天文之學，詳指二十八宿，五星運行，皆有所犯，犯於某星則某事應。帝之學博，既見其端。」[8]

　　《大越史記全書》最終完成於1697年，該書只是記載了洪德

6　越南語版維基百科「騷壇二十八宿」詞條持此觀點。

7　John K. Whitmore, "The Tao Đàn Group: Poetry, Cosmology, and the State in the Hồng-Đức Period (1470-1497)", *Crossroads, An Interdisciplinary Journal of Southeast Asian Studies*, Volume 7, No. 2, 1992, pp. 55-70.

8　吳士連等編修，陳荊和編校，校合本《大越史記全書》，頁682。

二十六年（1495）《瓊苑九歌》的成書過程：「作《御製瓊苑九歌》，上以丑寅二載，百穀豐登，協於歌詠，以紀其瑞。並君道臣節，君明臣良，遙想英賢奇器，並書草戲成文，因號《瓊苑九歌》詩集。命東閣大學士申仁忠、杜潤、東閣校書吳綸、吳煥、翰林院侍讀掌院事阮沖慤、翰林院侍讀參掌院事劉興孝、翰林院侍書阮光弼、阮德訓、武暘、吳忱、翰林院侍制吳文景、范智謙、劉舒彥、翰林院校理阮仁被、阮孫蔑、吳權、阮寶珪、裴溥、楊直源、周皖、翰林院檢討范謹直、阮益遜、杜純恕、范柔惠、劉曗、譚慎徽、范道富等奉和庚其韻。按：九歌詩集始作於此年。」[9] 同年，黎聖宗又作《古今百詠詩》，阮沖慤、劉興孝步韻，申仁忠和陶舉奉評。《春雲詩集》作於丙辰二十七年（1496），該年「春二月……御舟發自東京，祗謁陵寢……帝作春雲詩集。」《春雲詩集》如今並不傳世，也未論及騷壇之語。由上可知，《大越史記全書》的記載基本上就事論事，沒有提及騷壇會的成立以及騷壇28宿。

　　阮朝潘清簡等編修的《欽定越史通鑑綱目》在《大越史記全書》上述記載的基礎上又有所演繹：「洪德二十六年（1495）[10] 冬十一月，製瓊苑九歌，帝以辰和年豐，萬機之暇，製成詩篇：一豐年、二君道、三臣節、四明良、五英賢、六奇氣、七書草、八文人、九梅花，協於歌詠，號瓊苑九歌。帝親製序文，自為騷壇元帥，命東閣大學士申仁忠、杜潤為副元帥，東閣校書吳綸、吳煥、翰林院侍讀掌院事阮沖慤、翰林院侍讀參掌院事劉興孝、侍

9　吳士連等編修，陳荊和編校，校合本《大越史記全書》，頁741。

10　該時間誤記為洪德二十六年，通過《瓊苑九歌自序》可知，此處應為洪德二十五年（1494）。

書阮光弼、阮德訓、武暘、吳忱、侍制吳文景、范智謙、劉舒彥、校理阮仁被、阮孫蔑、吳權、阮寶珪、裴溥、楊直源、周皖、檢討範謹直、阮益遜、杜純恕、范柔惠、劉暉、譚慎徽、范道富、朱塤等二十八人賡和其韻，號騷壇二十八宿。」[11]這是官方正史首次以騷壇28宿和騷壇稱呼黎聖宗君臣創作團體，後代修史者往往根據《欽定越史通鑑綱目》的上述記載將其列為騷壇會成立的標誌。因此《越史》有《詠聖宗詩》云：「天祚黎家啟治朝，騷壇唱和漸心驕。官詞自序長門怨，史筆誰刪天布謠。」《詠申仁忠、杜潤詩》云：「遭際熙朝志氣孚，君臣唱和效都喻。騷壇魁帥分元副，未識虞廷有是無。」《騷壇元帥》詩云：「予聞三軍眾，無帥焉能用，又聞李杜壇，誰敢為之冠。詩翁與詩伯，亦非自炫赫。虞廷雖賡揚，戒敕猶未遑。苟幸逢豐樂，歡孚合體作。安用此九歌，猥雜殊泊羅。況乎互標榜，泰山齊土壤。諛風日愈昌，大雅日愈喪。從教有所得，安知道無極。彼擊球狀元，興朱壽將軍。非常創名好，千古留談笑。不然沉卓詞，競怨已多虧。春花好採摘，秋實反棄擲。周公才美多，驕吝亦不加。辰君既自侈，諸臣亦訶旨。四七誇壁奎，孰與雲台齊。古今亦難比，責備不容已。」[12]

　　如上所述，不管是官方還是民間，騷壇會的成立均以《瓊苑九歌》的編撰為標誌和創作起點。《欽定越史通鑑綱目》之所以

11　[越]潘清簡等，《欽定越史通鑑綱目》（台北：國立中央圖書館〔現更名國家圖書館〕，1969年影印版），卷24，「黎聖宗洪德二十六年條」，頁2361-2362。

12　[越]集賢院，《越史》（成書年代不詳，越南國家圖書館編號NLVNPF-0119-03 R.279），卷3，頁18-19。

演繹出騷壇會這個文學團體，筆者認為其依據可能是黎聖宗的
《御製瓊苑九歌序》，序文說「余萬期之暇，半月之閑，親閱書
林，心遊藝苑，群囂靜聽，一穗芬芳，欲寡神清，居安興逸，乃
奮思聖帝明王之大法，忠臣良弼之小心，呼諸生毛氏，陳玄上
客，牽石重臣，申命之曰：吾，真情之所舒，渾渾英氣，疊疊格
言，汝能為吾記之乎？四人拜手稽首而揚言曰：上，年高、學
富、心廣、體胖，釋眼前聲枝之娛，闡古昔清明之學，依仁遊
芸，體物長人，宛然虞遷喜起之歌，唐衢嬉遊之詠，美且盛矣；
曷不敷揚盛意，通召群臣，使之履韻呈琅，下情上達，吐虹霓之
氣，光奎藻之文，小臣綴言，成美何問？朕默然良久，深詠，乃
寫近律九章，燦紅于黃箋之上，會學士申、杜、吳、劉諸臣，及
翰林阮、楊、朱、范之輩，凡二十八人，應二十八宿，更相屬
和，幾數百篇，極意推敲，鏗鏘雅韻，持遞上進，朕心閱焉，披
閱再三，文衡公器，不欲止私鏒帳一辰之玩味，特命鋟梓，以廣
其傳。旬餘構完，特用刊佈，表揚之大意，規傚之微言，靡不悉
備，于以昭唐虞賡歌告戒之辭，軼宋、魏月露風霜之狀，豈徒爭
葩鬥豔，鍛字煉句，如後苑魚柳之詠哉？」從自序落款處洪德二
十五年（1494）和《大越史記全書》、《欽定越史通鑑綱目》等官
方正史對於《瓊苑九歌》成書時間的記載可以看出，該詩集或撰
於1494年，成書於1495年。因此才有後世正史和學者對於騷壇
會成立時間的不同意見。該詩集由黎灝依九題寫詩九章，再由申
仁忠、阮沖懋等27人依韻奉和。阮朝潘輝注撰於1821年的《歷
朝憲章類志・文籍志》也並未直接提及騷壇會，而是在介紹《瓊
苑九歌》一篇提到28人及「二十八宿」，「黎朝聖事，御製擇
詞，臣二十八人奉和……上命學士申、杜、吳、劉諸臣及翰林院
阮、楊、未、範之輩凡二十八人，應二十八宿，更相屬和，作數

百篇。」[13]

　　另外一個依據可能就是洪德二十五年（1494）年11月由陶舉寫就了《瓊苑九歌》後序，但該跋文也未提及騷壇二字，陶舉首先交代了《瓊苑九歌》誕生的背景：「聖天子之履光也，夷夏向風，南北無事。兩暘時若，民物阜康。酒於宴閑之際，斥聲妓之娛，絕遊畋之好，清心寡欲，端本澄源。聖學高明，道心昭晰，故發于英華之外，形于吟詠之餘，一律筆間，九章即成。」隨後介紹了該詩集的內容，「始則詠時和歲豐，以喜天心之應協，中則言君道、臣節，以勉人事之當然，末則托物寓懷，以歷神人之清潔。」陶舉評價黎聖宗君臣的詩文「義理高遠，詞氣雄渾，勸勉之情溢於言表」，歌頌此詩集乃「真帝王立教垂世之文也」。他總結說「時則升入邇臣，奉庚白雪，蓋取列星四七之象，雲台四七之臣，賦就篇章二百餘首，畢經睿鑑，彙集成編，命曰《瓊苑九歌》。聖製序文並於篇首，又命臣舉職於終」。最後他進而提出九歌之來源，賦予其新意，字裡行間表現出自豪之情：「臣叨奉絲綸不勝榮幸，謹拜手稽首而揚言曰：虞廷俯事修和，則功敘唯歌，以表君臣勤勉之意。周室版章孔厚，則卷阿繼詠，以通上下規戒之慎，雍熙泰和，良有以也。今聖上皇帝治純覯德，政廣隆儒，九章之作，正欲君臣，上下意氣相孚，喜起庚歌，忠忱攸寓。所謂『佚能思初，安能惟後？沐浴膏澤，詠思勤苦』者也。視虞周九功之歌，卷阿之什同一軌轍。其所以泰磐國勢，箕翼皇圖，保盛治於無窮，播休光於有永，豈不在斯乎？彼漢唐白麟、朱雀、天馬、靈芝之詠，徒誇虛美，無補治功，奚翅天壤而懸絕

13　［越］潘輝注，《歷朝憲章類志・文籍志》，卷42。

哉！」[14]

　　綜上所述，筆者認為騷壇會很可能就是黎聖宗君臣的自發創作活動，而非自覺集社行為，再由後人根據黎聖宗的自號和「騷壇28宿」以及黎聖宗《瓊苑九歌》自序和陶舉跋文而建構出來的，是這些建構者試圖遙想和紀念黎朝洪德年間宮廷詩歌繁榮發展的結果。黎聖宗逝世後，其子憲宗繼位，騷壇會的活動中止，7年後憲宗崩逝，翰林院和東閣大學士原班成員解體，關於騷壇28宿的記載均散佚，遂不可考。另外需要注意的是，早於《瓊苑九歌》[15]的《文明鼓吹》詩集完成於洪德二十二年（1491），該詩集除了黎聖宗的原韻詩，也有大量朝臣的奉和詩。在《明良錦繡》詩集中也收錄有黎聖宗君臣唱和的不少詩篇。加之《瓊苑九歌》序跋都無直接提及騷壇會的誕生，因此不能視其為騷壇會成立的唯一標誌。洪德年間黎聖宗君臣的吟詩唱和都應視為騷壇會的活動內容，騷壇會的組織形式也具有程序化、官方化和主從性等特點。在騷壇會的建構中，以黎聖宗為核心，環繞28宿，整個朝廷就像一部天文星象圖，可謂群星閃耀，騷壇會的詩作寄託著黎聖宗和他的臣子們希望國家實現政通人和的個人理想。無獨有偶，觀測天象和職掌曆法往往是任何王朝取得政治合法性的基礎，自李朝越南設置奉天殿，天文機構就扮演了重要的敬天啟民角色，

---

14 陶舉，《瓊苑九歌詩集終序》，收入〔越〕裴文源（主編），《越南文學總集》第4冊（河內：越南社會科學出版社，2000），頁1126-1127。

15 據黎聖宗自序所言，《瓊苑九歌》有刻印本，但該刻本不傳世，現收錄在7個不同的詩集抄本，即越南漢喃研究院《天南餘暇》藏本A334/7A.3200、《全越詩錄》藏本A.3200、《明良錦繡》藏本VHv.94、《明良錦繡》藏本A.1413、《瓊苑九歌》藏本VHv.826、《菊堂百詠》藏本A.1168、《黎聖宗詩集》藏本A.698。

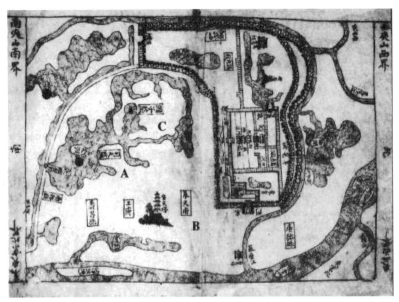

洪德版圖所繪司天監、奉天府和國子監

讖緯之學在越南李陳、後黎時期也極其發達。1490年成書的《洪德版圖》繪製了黎聖宗時期祭天的奉天府和從事占星和觀測天象的司天監。

2.騷壇會的成員

騷壇會是由黎聖宗創辦並親自主持的皇家文人社團。根據《大越史記全書》記載，該騷壇會有28名成員，包括黎聖宗本人和27位朝臣。該說不同於《瓊苑九歌》序言所說「騷壇28宿」。黎聖宗任騷壇大元帥，申仁忠和杜潤任副元帥，東閣校書吳綸和吳煥，翰林院侍讀掌院事阮沖懇、翰林院侍讀參掌院事劉興孝、翰林院侍書阮光弼、阮德訓、武暘、吳忱、翰林院侍制吳文景、

范智謙、劉舒彥、翰林院校理阮仁被、阮孫蔑、吳權、阮寶珪、裴溥、楊直源、周皖、翰林院檢討范謹直、阮益遜、杜純恕、范柔惠、劉暉、譚慎徽、范道富。根據《欽定越史通鑑綱目》的記載，除了上述27宿，又補正第28宿朱埴。阮朝兵部左參知張國用《退食記聞》又說由梁世榮和蔡順兩位官員專門負責詩文潤色工作。黎貴惇《見聞小錄》說蔡順補任副元帥。可見，所謂後世傳誦的「騷壇28宿」之說並非實指。

3.騷壇會的作品與洪德詩體

　　騷壇會以漢文或字喃創作了大量詩篇，並編輯為詩集，如《瓊苑九歌》、《洪德國音詩集》、《古今百詠詩》、《春雲詩集》、《古今宮詞詩》、《英華孝治詩集》和《文明鼓吹》等，多為頌讚君主及朝廷的政績等內容。黎聖宗還與騷壇會成員編輯了《洪德國音詩集》，收有詩作328首，多為吟詠天地、吟詠自然、言志、詠物、清閒逍遙的自述等內容，其中有歌詠中國歷史人物，如漢高祖、項羽和張良等，演繹中國歷史典籍故事，如蘇武牧羊、昭君出塞等。其中有些詩歌風格清新、活潑而詼諧。在越南歷史上，《洪德國音詩集》的創作，標誌著喃字詩第一次確立其宮廷詩歌地位。潘輝注《黎朝憲章類志・文籍志》載：「古今百詠十卷，聖尊御製，和明儒錢子義（即錢溥）詠史詩詞，臣申仁忠、杜潤奉評，詩皆五言絕句。」

　　《瓊苑九歌》是騷壇會的代表作，瓊苑指黎聖宗修建的「瓊林苑」。九歌之名並非來自屈原《九歌》典故，而是來源於上古夏代「九功」之說。開篇有黎聖宗所作的9首漢詩：百穀豐登協於歌詠、君道詩、君明臣良詩、英賢詩、奇氣詩、書草戲成詩、文人詩和梅花詩。黎聖宗集合28位元文臣唱和，共有200多首。

　　黎聖宗是騷壇會的靈魂人物，亦是政治領袖。他的詩歌風格，亦被後世文人稱道。黎貴惇《見聞小錄》（第四集）評價黎聖宗的詩文如下：「聖尊御製《藍山梁水賦》，益以模擬《文選》、《兩都賦》、《二都賦》，用字雖少，奇僻而氣骨豪峻，光彩功勳不減古人。」[16]潘輝注在《歷朝憲章類志‧文籍志》中更是評價其詩「大抵英氣雄邁，詞意飄灑……逸詞麗句雄奇，千古帝王之作，未可能及者也」。黎貴惇在《芸台類語》中評價「國君聖而文人聚，聖賢定意于筆，筆集成文，文具情顯」。[17]黎聖宗是越南文學史上的高產作家，又是一位善謀、勤政的政治家，民間有「山青水碧之處，無不有聖宗的詩文」的說法。黎朝史官吳士連評價黎聖宗：「創制立度，文物可觀，拓土開疆，販章孔厚，真英雄才略之主，雖漢之武帝、唐之太宗，莫能過矣。」[18]黎聖宗提倡用喃字創作詩歌，批閱朝臣的詩作，勿須遵守格律，「敕諭禮部左侍郎梁如鵠：昨阮永禎不學國語詩體，作詩不入法。吾意爾知，故試問爾，爾皆不知。且吾見而《洪州國語詩集》，失律尚多，意爾不知，吾便言之。」[19]黎聖宗引領了洪德文風，《越史通鑑綱目》說：「洪德初，文尚雅瞻。」說的就是黎聖宗騷壇會的文學風氣。在吳時仕的文學批評中：「洪德文，經義隨意用字，務發章旨，四六參用。」

16　[越]黎貴惇著，阮克純譯注，《見聞小錄》（河內：教育出版社，2008），頁687。

17　[越]黎貴惇，《芸台類語》第2集（西貢：國務卿特責文化府出版，1972，譯術委員會古文書庫），頁106。

18　吳士連等編修，陳荊和編校，校合本《大越史記全書》，頁639。

19　[越]吳士連等，《大越史記全書》（內閣官板）（河內：社會科學出版社，1988），頁385。

4.騷壇會的宮廷色彩和粉飾太平的政治意涵

　　黎灝的「騷壇會」，帶有鮮明的政治色彩，對於其思想內容和文學地位，各國學者的評價褒貶不一。中國學者王曉平批評它是「皇帝御製，近臣無不稱好；近臣唱和，下屬莫不叫絕」，但亦認同它「對漢詩藝術水準的提高，對詩歌的鑽研和提倡，確實造成了漢詩文興盛一時的局面，從長遠來說，文學風氣的形成對於民族詩歌、民族文學的崛起，也具有良好的促進作用」[20]。于在照評價「騷壇會的成立標誌著後黎朝宮廷文學的昌盛」[21]。美國學者John K. Whitmore在〈洪德年間越南騷壇會的詩歌、宇宙觀和國家意識〉一文從思想層面探討了騷壇會在越南文學史和思想史上的地位和成就，他指出，15世紀後半葉，越南朝廷文人學者譜寫了濃墨重彩的一筆。新儒學作為國家主流意識形態和選拔國家政治人才的正統學說，構成了騷壇會產生的歷史背景。[22]

　　騷壇會的詩篇無不透露著黎聖宗及群臣們的政治理想、國家意識、宇宙觀等哲學思想。聖宗的詩反映了黎朝越南時期的昇平景象和他本人的治國理念。黎聖宗的〈安邦風土〉一詩有「邊氓久樂承平化，四十餘年不識失」兩句。又有詩句頌曰「南革北戶齊歡顏，歡蹦雀躍歌太平」。〈安邦治所〉有「安邦郡治海天涯，四顧山多水亦多……地有肥饒民眾寡，威王未必遽烹阿。」這些

20　王曉平，《亞洲漢文學》（天津人民出版社，2009），頁98。

21　于在照，《越南文學與中國文學之比較研究》（廣州：世界圖書出版公司，2014），頁21。

22　John K. Whitmore. The Tao Đàn Group: Poetry, Cosmology, and the State in the Hồng-Đức Period (1470-1497), *Crossroads, An Interdisciplinary Journal of Southeast Asian Studies*, Volume 7, No. 2, 1992, pp. 55-70.

詩歌都表明黎聖宗對治下的政績充滿了無比自信。從現存詩作來看，黎聖宗君臣的唱和傳統早在光順三年（1462）就有所體現，該年明修《大明一統志》副總裁錢溥出使黎朝安南期間，黎聖宗就率領群臣親製律詩10首並命朝臣十多人唱和送行，體現了黎朝越南的務實邦交思想。黎景征奉和詩：「自愧碔砆粗朴甚，光華幸得映懸黎。溫良縝蜜人皆暗，紛紛魚目真難奇。彩筆新裁春錦曉，價同拱壁看來好。開緘一看一精神，誰謂北南天香杳。」黎弘毓奉和詩：「斯文直與天地在，今日復見韓昌黎。初入安南才駐節，一方景仰山鬥齊。彩毫掃就雲箋曉，鬼泣神驚吟更好。白雪陽春欲和難，激昂義氣秋天香。」因此，黎聖宗身體力行，將宮廷吟詩誦詞之風巧妙導入國家治理和對外交往的方方面面。

《瓊苑九歌》詩集是黎聖宗和騷壇28宿歌頌國泰民安、抒發治國安邦理念和生活情懷的經典作品，其思想內容不免帶有粉飾太平的政治意涵。阮朝嗣德帝曾經在閱覽《欽定越史通鑑綱目》這段記載時對騷壇會詩作的思想意義大不以為然。他御批道：「大旱、大雨、大饑者屢而已云云，又相稱目矜誇，殊為可鄙，不持德，未厚量，未廣己也。[23]」

騷壇會以酬唱文學為主，詩詞唱酬一時成為黎朝宮廷君臣之間的社交禮節。黎聖宗是騷壇會的靈魂人物，他作詩起韻，28宿跟韻，他們通過詩歌標榜黎聖宗的治國政績與物豐人和的太平景象，《瓊苑九歌》詩集以〈百穀豐登〉開篇：「布德施仁信未能，皇天錫福屢豐登。堂堂端士箴縷貴，瑣瑣頑夫法令繩。夏訓湯型日鑑戒，文謨武烈日恢弘。黎元飽暖休征應，夙夜勤勤嬰戰兢。」

---

23 ［越］潘清簡等，《欽定越史通鑑綱目》，卷24，「黎聖宗洪德二十五年至二十六年條」，頁2361-2362。

申仁忠奉和詩：「格天帝德妙全能，協應休征百穀登。洞照妍媸金作鑑，樂聞藥石木從繩。九疇克敘彝倫篤，庶績咸熙事業弘。治效愈隆心愈慎，憂民勤政日競競。」杜潤奉和詩：「天田協兆聖全能，場圃嘉禾歲屢登。至治日隆風襲雅，休征時應兩如繩。九年有積邦儲淡，四海無虞帝業弘。麟筆大書洪德瑞，區區唐史陋吳競。」吳綸奉和詩：「聖皇機要任賢能，和氣勤蒸歲屢登。田野收藏多餘黍，人民飽暖蹈鉤繩。詠歌紀瑞宸章煥，道德光天帝業弘。豫大豐亨長保治，唐虞儆戒且競競。」

黎聖宗的君道觀和治國理念主要體現在〈君道〉和〈予靜養深宮〉兩首詩中。〈君道〉：「帝王大道極精研，下育元元上敬天。制治保邦思繼述，清心寡欲絕遊畋。旁求俊義敷文德，克詰兵戎重將權。玉燭洞知寒暖敘，華夷亦樂天平年。」兩位副元帥的奉和詩使用大量溢美之詞，歌功頌德之意給人言之鑿鑿的感想。申仁忠奉和詩云：「聖謨神算致覃研，制治宏綱在憲天。無逸保民三代法，有常立武四時畋。九經克懋修和政，八柄尤公予奪權。皇極巍巍光邃古，泰磐國祚萬斯年。」杜潤奉和詩：「黃塤帝典日磨研，道大仁深澤配天。家寶永懷無逸諫，禽荒不作太康畋。猶懂辨別忠邪路，衡鑑公明賞罰權。景仰聖神全盛美，堂堂國勢泰磐年。」黎聖宗〈予靜養深宮〉自比漢高祖劉邦、漢文帝：「高帝英雄蓋世名，文皇智勇撫盈成。抑齋心上光奎藻，武穆胸中列甲兵。十鄭弟兄聯貴顯，二申父子佩恩榮。孝孫洪德承丕緒，八百姬周樂太平。」

黎聖宗崇敬周公、伯夷、朱熹、程穎等先賢大儒，〈英賢〉一詩云：「內江外阻小心危，得聖之清古伯夷。郭李奮揚多事日，朱程正長太平時。氣凌雲漢英才逸，威震華夷壯志馳。智竭力行思景仰，瑞成世上鳳麟奇。」杜潤奉和詩：「帝禦邦家保未

危，天開黃道正清夷。花慟二聖都俞日，禮樂三王損益時。濟濟龍夔勤弼亮，恒恒伊呂力驅馳。煌煌千載真元會，莫狀明良際會奇。」申仁忠奉和詩：「古來俊傑佩安危，曆節忠無間伯夷。禹稷嘉謨多致主，伊周丕續在匡時。城長萬里威聲振，筆掃千軍令譽馳。景仰宸猷才駕馭，森森入轂總英奇。」

黎聖宗在〈奇氣〉中表達了其金戈鐵馬、安邦治國的政治抱負：「西討東征汗馬勞，金鞍遙逐五陵豪。逸才欲折冰輪桂，健志思擒北海蛟。遼水仙人乘鶴去，猴山帝子跨鸞高。大鵬奮迅雲霄上，楚楚雄姿枺匯茅。」申仁忠奉和詩：「壯志長懷魯孟勞，淩淩膽氣逞雄豪。毒拳擬搏南山虎，義慨期剚北海蛟。射鬥晴淩銀漢上，吐虹夜薄碧霄高。披荊願佐皇王業，圖伯何須剪楚茅。」阮益遜奉和詩：「周旋王事服劬勞，磊落襟懷一世豪。酣戰金戈回落日，浪吟赤壁舞潛咬。冥鴻擊水扶搖遠，天馬行空步驟高。麟鳳只今羅網盡，更遠遺逸在衡茅。」

黎聖宗酷愛書法，尤其草書，在〈書草戲成〉一詩中他寫道：「鐵畫銀鉤學古人，閑來試草日將曛。揚揚渴驥宗徐浩，嬝嬝秋蛇病子雲。紅綿箋中舒柳骨，彩華筆下束顏筋。壯懷猛泄如椽夢，押寫經天緯地文。」申仁忠奉和詩：「宸翰縱橫掃萬人，輝煌紫墨映晴曛。雄姿矯矯蛇奪壑，健翎翩翩鳥沒雲。僕視徐清無祐腳，奴奇衛瓘伯英筋。皇皇天縱多能聖，餘事形為有煥文。」吳煥奉和詩：「聖草天然遠過人，昭回奎璧映餘曛。飄飄花落箋中錦，矯矯蛟騰筆下雲。雄逸曷迷倉頡眼，縱橫盡束伯英筋。小臣何幸叨持橐，快睹皇王有煥文。」

黎聖宗還賦詩謳歌文人刻苦讀書、高潔的品格，在〈文人〉一詩中他寫道：「書窗燈火夙霄勤，格調清高意思新。道骨仙豐乘月客，錦心繡口典衣人。雄詞炯炯淩霄漢，妙句洋洋泣鬼神。

冰玉情懷方寸頃，咺和鬱鬱四時春。」阮光弼奉和詩：「旁搜遠紹日精勤，旗鼓騷壇號令新。賦就凌雲金馬客，詩成奪錦玉堂人。握珠奪組文詞麗，摘豔薰香意思神。醲郁含英吟料富，池塘何必夢中春。」阮孫茂奉和詩：「三餘矻矻業精勤，繪句摛章格調新。席上高談揮塵客，雪中清思跨驢人。傾河倒峽詞源峻，起鳳騰蛟筆力神。瑣瑣雕蟲慚末技，敢將巴里和陽春。」

在〈梅花〉一詩中，黎聖宗賦予河內西湖臘梅瘦骨芳容的冰雪精神[24]：「西湖景致小山孤，冰雪精神不夜珠。麗色凝脂甘寂寞，纖腰束菜訝清癯。曉遍怨語撩心切，月下浮香入夢無。多少瓊林春信早，風前錯亂玉千株。」申仁忠奉和詩：「姑射天仙節操孤，服披素練佩明珠。風前迢遙香魂媚，水面橫斜月影癯。東閣騷人清逸興，西湖處士俗情無。夜來忽覺調羹夢，依舊高山玉萬株。」杜潤奉和詩：「雪幹風標挺挺孤，清高萬斛重明珠。明魁天下三春早，貌肖山中四皓臞。作賦可憐唐相媚，遺賢肯恨楚騷無。皇家正急調羹用，上苑栽培數百株。」朱填奉和詩：「挺挺豐標占小孤，枝頭錯落綴明珠。清高節操伯夷老，寒素風流顏子臞。瘦嶺香魂詩興動，羅浮仙客俗情無。天心正待調羹用，芳信初傳玉一株。」

在黎聖宗眼中，臣子應該守臣節，忠君愛國，在〈臣節〉一詩體現得淋漓盡致：「丹忠耿耿日星臨，政在安民義暨深。伊傅忠勤敷一德，張韓聲價重千金。內寧外撫回天力，後樂先憂濟世心。志遂名成孫子茂，岩廊松柏鬱森森。」申仁忠奉和詩：「義膽

---

24 黎聖宗在《梅花》詩序引中說：「吾聞梅花：雪霜中，堅確之才。天地內，種植之物。既為蠢物之質，尚負含靈之姿。瘦骨芳容，雪虛風饕而不變。清香豔色，掛日照水而愈奇。柔廣平剛勁之腹，樂和靖，清幽之興。休貌岩廊之老，芳馨詞翰之華。最是可憐，豈無佳作。」

忠肝日照臨，涓埃准擬報高深。伊周寤寐思調鼎，衛霍馳驅歷衽
金。佐辟宅師千古意，攘夷安夏一生心。不才難繼虞庭詠，景仰
宸風萬象森。」杜潤奉和詩：「滿腔忠義鬼神臨，尤愛拳拳一念
深。惟幄謀謨三寸舌，家傳清白四知金。孔顏道學研求志，堯舜
君民致澤心。凜凜高風端可挹，經霜松柏正蕭森。」實際上，黎
聖宗對自己的用人觀並不滿意，曾多次對朝臣說：「朕有二失，
一曰政令施為違道干譽，二曰素屍在位，擾亂天工。雖內外庶
職，難以枚舉。」他舉例說明：「且以其尤者而言，都督黎練木偶
土人，安可加以圓冠方履哉？太師丁列、太傅黎念職居三公，不
聞燮理陰陽，經邦論道，亦未嘗進一君子，退一小人，不幾于羊
裘逍遙之誚乎？」

　　在詩作和文章創作中，黎聖宗還流露出追求遠古大同社會的
復古思想，他曾說：「早知舜亦由人事，勿為今將不古如。」還把
自己所處的朝代比作堯舜時代，「華戎睦純風，堯舜休言生不
逢。」怪誕的是，黎聖宗常以華人自居，而稱中國人為吳人。早
在其先祖黎朝開國皇帝黎利發動藍山起義，驅逐明軍。開國功臣
阮廌代作《平吳大誥》就將明代中國稱為吳，是因為在黎朝越南
看來，建立大明王朝的朱元璋係春秋時期吳地人。

　　除此之外，黎聖宗和他的騷壇會成員經常賦詩唱和，討論上
至天地萬物、下至民生疾苦的論題，並試圖與李白、杜甫和唐宋
八大家的文學才華比肩。史載黎聖宗曾「諭行在東閣大學士申仁
忠、學士陶舉云：雲去天中，月懸空際，雲來則月暗，雲去則月
明，人孰不見之，其能道得者詳鮮。吾仰觀天上，情動于中，言
行於外。有句云：素蟾皎皎玉盤清，雲弄寒光暗復明。凡人豈能
道之乎？歐陽修云：廬山高名節之篇，杜子美亦不能為。唯吾能
之，豈雲妄想。申仁忠、陶舉詠詩句云：瓊島夢殘春萬頃，寒江

詩落夜三更。雖李、杜、歐、蘇復生，未必能之，唯吾能之。昔
錦瑟詩云：莊生曉夢迷蝴蝶，望帝春心托杜鵑，滄海月明珠有
淚，藍田日暖玉生煙。真奇麗精美，可與吾侔，而清瑩澄澈，未
及吾詩句也。豈吾鬥一字之奇以為工，誇一字之巧以為美，真直
說如歐陽修耳，爾說如何？」[25]

　　黎朝時期，大興儒教，佛教和道教受到壓制，黎聖宗提倡儒
家思想的同時，排斥那些無助於維護國家統治的佛教和道教思
想，毫不留情地進行口誅筆伐，比如他在《十誡孤魂國語文》中
批判佛家：「把持天法去度世，度人何不度己身。」他批判風水師
憑空捏造事實：「盡言吉凶皆因地，何地奈何得人間。」他的詩中
有「通神何必笑蓮花」體現了尊儒抑佛的思想傾向，譏諷佛教徒
參禪悟道的方法，認為通過感官認知事物，所謂「聰明耳目終無
外」。

　　黎聖宗的詩歌滲透著天賦君權的神啟思想，其天命觀也同樣
有「天人感應」的內容，只是他更加強調天命不可違而已。洪德
八年（1477），他還下詔要求各處承宣府縣官，遇旱而不禱，以
流罪處之。[26] 1486年，安南久旱不雨，黎聖宗在弘佑廟禱告求
雨，手寫所撰詩集4張，命人貼於神祠壁上，果然當日天降甘
霖。黎聖宗喜不自禁，欣然賦詩：「極靈英氣震遙天，威力嚴提
造化權，扣問山靈能潤物，通為甘雨作豐年。」[27]讖緯之說在越南
流行久遠，為了表達皇權與天地合一的合法性，越南各朝官方常
常吸收中國符瑞之說，塑造天人感應的象徵。根據《大越史記全

25　吳士連等編修，陳荊和編校，校合本《大越史記全書》，頁744。
26　［越］潘輝注，《歷朝憲章類志》卷33。
27　同注25，頁742。

書》的官方記載，自丁朝越南獨立後，丁先皇、黎大行、李太宗、李仁宗諸帝都有黃龍祥瑞出現。在史官的筆下，世傳黎聖宗母親「初誕時，因悶假寐，夢至上帝所，上帝令一仙童降為太后子，仙童遲久不肯行，上帝怒，以玉笏擊其額出血。後夢覺，遂生帝」[28]。黎聖宗兒子憲宗誕生時，史官記載長樂皇后亦有黃龍入左肋之祥。

　　作為越南歷史上第一個文人社團，黎聖宗創立的騷壇會和他的新儒學開啟了「文以載道」的官宣傳統，具有鮮明的政治色彩。強盛的國力支撐了他的治國雄心和政治理想，黎聖宗改元洪德後，即親率大軍攻打占城，俘虜占城國王茶全，開疆拓土，戰爭期間著有《征西紀行》詩集共30首，該日記體詩歌作品創作於洪德元年（1470）11月至洪德二年（1471）4月。洪德年間產生騷壇會這樣的文學團體是以官方修史和各項政令的修訂、頒布為背景的，洪德十年（1479）正月，黎聖宗令史官吳士連、武瓊等纂修《大越史記全書》，建構民族意識強烈的自國史。洪德十四年（1483）黎聖宗下令朝臣搜集《唐律疏議》、《李朝刑書》等中越法典，編訂成《黎朝刑律》（又稱《洪德法典》）。這些政令的推行顯示黎聖宗治下，大越的國力愈加強盛。在民間治理方面，聖宗希望全面確保儒家天下秩序和道德規範，制定《二十四訓條》，作為對民眾道德和行為規範的指引。黎聖宗還提倡移風易俗，對當時的越南各地風俗民情加以改革及規範化。例如，當時越南人民崇奉佛教，常修建寺廟，聖宗乃下令禁止修建新寺廟，應用錢財和功夫去做有益之事；當時喪、婚禮俗，多有違反常情之舉，如辦喪事之家大擺筵席、演戲唱歌以作觀娛，聖宗便禁止

28　同上注，頁639。

辦喪事時演戲唱歌；婚俗裡則有收取娉禮之後，過三四年後才迎娶新婦至夫家，聖宗下令納聘後便要擇日行迎親禮，次日見父母，第三日見於祠堂。洪德十六年（1485）黎聖宗定《諸藩使臣朝貢京國令》，明確稱：「占城、老撾、暹羅、爪哇、滿剌加等使臣……入朝觀見之際……。」當時聖宗朝已明確視這些國家為「朝貢國」，視己為「宗主國」，試圖構建屬於黎朝越南的大越亞宗藩體系。黎聖宗雖然創造了前所未有的文治武功，可是，晚年卻遭遇蕭薔之禍。1496年11月，黎聖宗患上風腫疾。據當時史官武瓊所言，由於聖宗女寵甚多，患重病時，長期失寵的長樂皇后此時才獲准為聖宗侍病，但皇后竟用毒塗手，摸聖宗發瘡處，於是聖宗病情加劇。病入膏肓之際，黎聖宗作自述詩云：「五十年華七尺軀，鋼腸如鐵卻成柔。風吹窗外黃花謝，露浥庭前綠柳腰。碧漢望窮雲杳杳，黃粱夢星夜悠悠。蓬萊山上音容斷，冰玉幽魂入夢無。」1497年黎聖宗帶著遺憾與不捨病逝於寶光殿。1516年掀起民變的叛軍首領陳暠占領京都後，自稱是印度佛教中帝釋的化身，拋棄了黎聖宗和騷壇會所提倡的宇宙觀，以復古為解放，主張回到原初的宇宙世界圖景。後來，陳暠叛軍雖被鎮壓，但黎朝王室已被鄭氏架空，越南先後進入黎莫對峙、鄭阮分爭的南北朝時期。騷壇會的架構隨之完全崩塌，健在的28宿朝臣轉而輔佐新主，創作活動隨著新帝即位改元和政策變革而漸漸銷聲匿跡。

三、河仙政權（港口國）與「騷壇招英閣」

　　騷壇招英閣創立於越南南北分爭時代依附於南河越南的自治政權—港口國（各國史籍又稱河仙政權），此文人社團組織形式

仿黎聖宗的騷壇28宿，由寓居海外的明鄉人鄭天賜任騷壇元帥，其宗旨除了祭祀孔子，招賢聚才外，還創辦義學，招收華人和貧困百姓的子弟。越南文學界都認為騷壇招英閣是由鄭天賜與清朝廣東人陳智楷（字淮水）牽頭創立，地點設在河仙。該政權由「義不事清」的明末移民莫玖創立，鄭氏父子兩代經營河仙，使其物豐人傑，恍若一國。清代文獻將莫玖和鄭天賜父子建立的芳城政權稱為港口國，如乾隆年間修撰的《清朝文獻通考》中載「港口國在西南海中，安南、暹羅屬國也。王鄭姓，今王名天賜，其沿革世次不可考」。黎貴惇《見聞小錄》載「廣南處之西南嘉定府外有河仙鎮，與暹國接境，有琮德候鄭天賜」。據越南《河仙鎮葉鎮鄭氏家譜》所載，「昔公名天錫，自十八歲辰（「辰」即是「時」，因阮朝避嗣德帝諱而改），凡喪祭之事，竭孝敬之誠，人民咸感戴焉。」由於他大方得體，因而曾「奉表詣闕奏陳」，受莫玖委派為出使越南舊阮朝廷的使節。據《大南實錄》，阮朝嘉隆國王阮福映曾評價鄭氏父子：「河仙本朝廷疆守，自我列聖建立鎮節，鄭天賜父子皆能善於其職，是以因而授之。」

　　鄭天賜原姓莫，父親莫玖（1655-1735），廣東省海康縣黎郭社（今雷州市白沙鎮）東嶺村人。「莫玖」為何改為「鄭玖」？據張秀民先生考證，安南國歷史上有個弒君篡國的莫登庸，此人名聲不好，莫玖歸順安南時，怕被誤會，因此而牽連，便於其姓「莫」字右邊加個邑字偏旁，特把「莫」改為「鄚」，以此為姓，自稱鄭玖。其子孫亦改隨父姓。鄭天賜係明鄉人，即第二代華人，其母是越南人。清《皇朝通典》、潘輝注《歷朝憲章類志》、黎貴惇《撫邊雜錄》、岩村成允《安南通史》以及《皇越地輿志》、《南圻六省地輿志》均載鄭天賜或鄭天錫。張秀民認為由於字形相近、字義相通，導致文獻徵引傳抄過程中記載分歧雜出。

　　越史更是將鄭天賜神化，稱其為菩薩轉世。《大南列傳》載鄭天賜「字士麟，玖之長子也。生而有奇兆，先是隴奇地所居江中倏然湧見七尺金身，光射水面，蠻僧見之驚異，言於玖云：此國出賢人之兆，其福德無量，玖令往迎起之，百計不能動，遂依岸建小寺祀之。天賜亦生於是年。人傳稱菩薩出世云。天賜幼聰敏，博洽經典，通武略」[29]。

　　鄭玖死後，其子鄭天賜，繼承光大父業，1736年春任河仙鎮都督（參看李慶新《鄭玖與河仙政權（港口國）》）。鄭永常在《漢文文學在安南的興替》一書將鄭天賜評價為當時的文壇領袖。《清朝文獻通考》說港口國「其俗重文學，好詩書，國中建有孔子廟，王與國人皆敬禮之。有義學，選國人子弟之秀者及貧而不能具修脯者弦誦，其中漢人有僑居其地而能句讀曉文義者，則延以為師，子弟皆彬彬如也。[30]」武世營《河仙鎮葉鎮鄭氏家譜》中說：鄭天賜「賦性忠良，仁慈義勇，才德俱全，並博通經史，百家諸子之書，無不洽蘊胸懷，而武精韜略。建招英閣，以奉先聖。又厚幣以招賢才，自清朝及諸海表俊秀之士，聞風來會焉，東南文教肇興自公始」。[31]

1. 騷壇招英閣的成立背景：河仙政權（港口國）與周邊各國的經貿往來

　　港口國物產豐饒。《清朝文獻通考》說其產海參、魚乾、蝦

29　阮朝國史館，《大南列傳前編》，卷6，頁98。
30　清高宗敕撰，王雲五總主編，《清朝文獻通考》（收入《萬有文庫》，第二　　冊，十通；第9種，上海：商務印書館，1936），卷297四裔五，頁7463。
31　戴可來、楊保筠點校，《嶺南摭怪等史料三種》（鄭州：中州古籍出版社，　　1991），〈河仙鎮葉鎮鄭氏家譜〉，頁233。

米、牛脯。張秀民說「產米頗多，價亦平賤」。騷壇招英閣的產生與嶺南地區與港口國經貿往來關係密切。

李慶新〈東南亞的「小廣州「：河仙（「港口國」）對外貿易與海上交通〉一文考證了河仙至中國的海程。他認為，清康熙開海以後，安南、廣南與華南地區海上交通貿易越來越多，經濟貿易、人員交往隨之增加，鄭氏河仙政權（港口國）與近鄰廣東、福建無論官方、民間均有聯繫，而且這種關係呈不斷增進的態勢。

《清實錄》詳細記錄了兩廣總督李侍堯遵照乾隆帝旨意先後派許全、鄭瑞等往河仙、暹羅公幹及莫士麟（鄭天賜）等積極回應的事件，對從廣州到河仙的航程也有記載：「自廣東虎門開船，至安南港口，地名河仙港，計水程七千三百里。該處係安南管轄，有土官莫姓駐紮。又自河仙鎮至占澤問地方，計水程一千六百餘里。統計自廣東虎門至暹羅，共一萬三百餘里。九月中旬，北風順利，即可開行。如遇好風半月可到；風帆不順，約須四十餘日。……茲查本港商船，於九月中旬自粵前往安南港口貿易，計到彼日期正係十一月。」

《乾隆府廳州縣圖志》和《清實錄》將河仙政權與安南並立，並將其視作安南與暹羅的屬國，還介紹了從廣東和廈門出發到河仙的海上航程：「港口國瀕西南海中，安南、暹羅屬國也。雍正七年後通市不絕。經七洲大洋到魯萬山，由虎門入口達廣東界，計程七千二百里。距廈門水程一百六十更。」清乾隆年間，曾遊歷南洋諸國的廣東嘉應人謝清高口授，鄉人楊炳南筆錄，輯為《海錄》一卷，記錄了廣東與河仙（即《海錄》中的「本底國」）的海上航程，航程資訊更加詳細：「萬山，一名魯萬山，廣州外海島嶼也。山有二：東山在新安縣界；西山在香山縣界。沿

海漁船藉以避風雨，西南風急則居東澳，東北風急則居西澳；凡南洋海艘俱由此出口。故紀海國自萬山始。既出口，西南行過七洲洋，有七洲浮海面，故名。又行經陵水，見大花、二花大洲各山，順東北風約四五日便過越南會安、順化界，見占畢囉山、朝素山、外羅山。順化即越南王建都之所也。其風俗土產志者既多，不復錄。又南行約二三日到新州，又南行約三四日過龍奈（筆者注：同奈），又為之陸奈，即《海國見聞》所謂祿賴也，為安南舊都。由龍奈順北風，日餘到本底國。」

乾隆四十八年（1783），福建龍溪（今龍海）人王大海所著《海島逸志》，記錄了從福建廈門經安南港口（河仙）等地到吧城的航程：口葛喇吧，邊海澤國，極西南一大區處也。廈島揚帆，過七洲，從安南、港口，歷巴領旁、蔴六甲，經三笠，而入嶼城，至其澳，計水程二百八十更，每更五十里，約一萬四千里可到。

從晚近阮朝官方繪製成的《大南一統輿圖》和《大南一統志全圻圖》可以推知莫天賜時代的河仙政權與順廣地區和清朝廣東地區的海上航線以及繁榮的海上貿易，從河仙出發經嘉定（今西貢）、沱灢訊（今峴港）、海防可直達清朝廣東港口。活躍的海上貿易以及鄭天賜治理有方促進了河仙與海外諸國的知識交流。阮朝越南官方正史《大南實錄》載鄭天賜「分置衙屬，揀補軍伍，築城堡，廣街市，諸國商旅湊集，又招來文學之士，開招英閣，日與講論唱和，有《河仙十詠》：金嶼瀾濤；屏山疊翠；蕭寺晨鐘；江城夜鼓；石洞吞雲；東湖印月；珠岩落鷺；南浦澄波；鹿峙村居；鱸溪漁泊。自是河仙始知學焉」[32]。《大南列傳前編》說他

32 轉引自許文堂、謝奇懿（編），《大南實錄清越關係史料彙編》（台北：中央

「招來四方文學士，開招英閣。日與講論唱和，有河仙十詠。風流才韻，一方稱重。自是河仙始知學焉」[33]。黎貴惇《見聞小錄》載鄭天賜「其父北國人，來此墾闢，有部眾，臣於順化祚國公阮福淍，授以總兵，永祐辰天賜繼襲招致文士，雅詩詞章風流才韻，一方稱重，僕嘗得《河仙十詠》刻本。北國、順廣文人，相與屬和，不可謂海外無文章也」[34]。當時河仙作為一片社會安定、人民富足的樂土，文化發達，吸引大量嶺南人士前來經商，文人往來十分活躍。

夾縫中生存的河仙政權誕生於諸國林立的中南半島西南一隅。17世紀70年代，莫玖最先投靠真臘，真臘同意莫玖治理湄公河三角洲的忙坎（柬埔寨語：Man Kham，意為港口），從此以後，莫玖在忙坎苦心經營，逐漸使忙坎發展起來，莫玖便以此為根據地，建立了割據政權。後來，忙坎因為

阮朝越南時期《大南一統輿圖》之《河仙省地圖》EFEO Microfilm, A.1600.

33 阮朝國史館，《大南列傳前編》，卷6諸臣列傳4。

34 ［越］黎貴惇著，阮克純校注，《見聞小錄》（河內：教育出版社，2008），頁700-701。

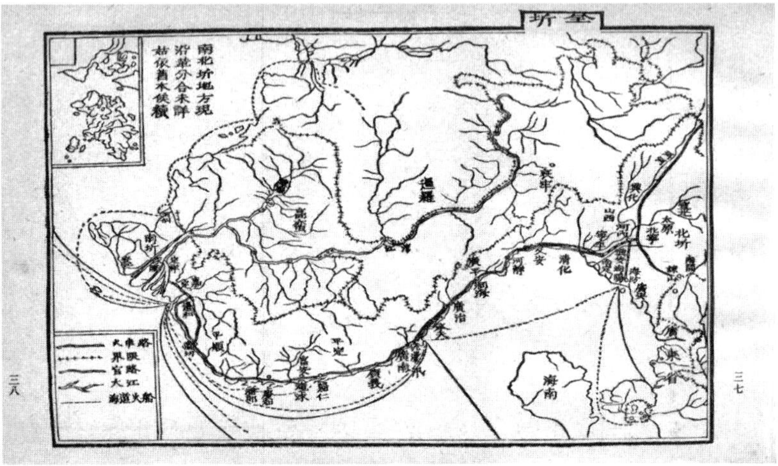

1882年完成的《大南一統志》所繪越南全圻以及海上航線

相傳「常有仙人出沒於河上」，便改稱河仙。莫玖看準了這一點，於是就招來四方的商旅，吸引「海外諸國，帆檣連絡而來，其近華（指越南人）、唐（指華僑）、獠、蠻，流民叢集，戶口稠密」，河仙艚船隊與南洋及清朝通商，從而使河仙繁盛起來，西方歐洲人和清朝將河仙稱為港口國。河仙政權最盛時的疆域共有三道五府二鎮，囊括今日從真臘嗊吥省到越南湄公河口的全部疆土。河仙雖為南河阮氏政權附屬國，保持著自主地位，但由於地處暹羅、真臘、阮氏三國交界，外部政治環境極度複雜，它不但要處理好與南河阮主政權的附庸關係，還維持著與前宗主國真臘的微妙關係，還不得不顧及保持與暹羅的和平局面。莫玖晚年就這樣與強敵拉鋸周旋，河仙不但沒有因戰亂而衰落，反而雲集了中國、越南、暹羅等國商船，有「小廣州」之美譽。

鄭天賜繼位後，建立了一些村莊、城鎮，讓僑民們在此安居樂業。他又修建城池，加強軍事、建公署、築城堡、辦教育。加

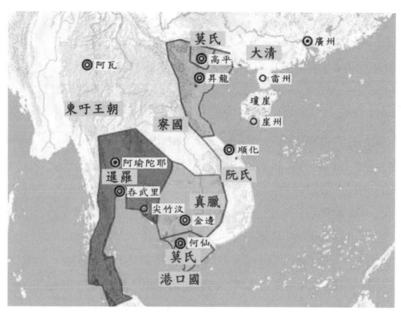

18世紀中葉中南半島各國及清朝形勢圖

之，港口國沿海優越的地理環境，很多商船到港口國停泊，很多國家與港口國通商，從而也促進了當地的繁榮。與此同時，他大力發展經濟，受到南河政權及阮氏王朝的鼎力支持，並賜他鑄錢爐，准許他自行鑄錢。1736年鄭天賜開設鑄錢局，自鑄「安法元寶」，以通貿易。「安法元寶」流通於安南南圻地方，但也有隨貿易流入馬來西亞、印尼、柬埔寨等東南亞各國以及中國廣西、海南、廣東等地方。今天，在海南島、雷州半島等地曾出土「安法元寶」等安南銅錢。經過鄭玖、鄭天賜數十年的治理，河仙鎮成了南河越南邊陲的經濟、文化中心，「諸國商船多往就之」。

　　港口國積極招攬來自中國和海外的士人，據記載，港口國「厚幣以招賢才，向清朝及諸海表俊傑之士，聞風來會焉，東南

文教肇興自公（鄭天賜）始」。越南文人曾稱呼河仙為「文獻國」，有詩吟詠道「詞賦曾華文獻國，文章高屹竹棚城。」[35]這些聞風來會的清朝俊秀之士中，便包括廣東南海人陳智楷。此人於乾隆元年（1736）春跨海至河仙，被鄭天賜待為上賓。他在河仙「盤桓半載」，其間同鄭天賜及部分河仙當地學者、文人、官員「每于花晨月夕，吟詠不輟，因將『河仙十景』相與屬和」。陳氏歸國後，其國內諸友人也紛紛依題分詠，詩稿匯成一冊後寄至河仙，由莫天賜於乾隆二年（1736）丁巳夏前後主持編刻為吟誦河仙十景的詩集——《河仙十詠》，共計收朱璞、陳白香等25位清代詩人與鄭連山、莫朝旦等6位越南詩人，以及天賜本人所作詩歌共320首。鄭天賜自己就在漢文學方面有很深的造詣，他擅長作詩，召集中國士人以及順廣文人談詩論道。鄭天賜在港口國推行漢法，在禮制上「制衣服冠帽」，「宮室婚姻吉凶之制，略與中國同」，又在當地「建文廟」、「興學校」，讓當地人民按照漢俗生活，這些政策也很奏效，漸漸地港口國也是「德洽化行，人多美行，女幽習貞」，漢文化濡染甚盛，所以有人將港口國稱為「海上明朝」。

　　阮襄憲《慕建忠義祠小引》記述鄭玖廟重修經過，「（令公）雷州府人，值大明屋社，攜家南投，開拓河仙，政存寬恤，四方商旅，航海而來。其粵省府人篤於桑梓之議，以故相率而歸者為最多。後歸命於朝，授總兵。」鄭天賜與嶺南仕紳、名流交遊甚廣，聯繫的紐帶往往是生意往來。當時前往河仙做生意的中國商人也受到鄭天賜的厚待，河仙與廣東建立密切的貿易關係。羅天

---

35 轉引自［越］東湖（筆名），《河仙文學：招英閣河仙十景曲詠》（西貢：瓊林出版社，1970），頁32。

尺《五山志林》記錄了鄭天賜以詩會友的佳話：安南國河仙鎮有莫姓者，父本中國人，為番官，少年能詩，酷嗜詞翰，自署曰「文章自本中原氣，事業留為異國香」。華人至安南貿易，乞粵人詩歌以獻。一日，於內苑宴請至河仙貿易者，談論詩詞，問余語山先生，貿者答曰：「人間福人，父子祖孫，登甲乙榜，齊眉四代，年躋九十，健步豪吟。」次問順德儒士梁仲鸞，答曰：「與余公有雲泥隔，年七十，貧而無子。」鄭天賜聞而太息，謂：「君反日，願以相聞。」稍後，特遣番官4人，送珍貴沙木一具贈仲鸞，市其值二百餘金，以贍餘年。乾隆七年（1742），羅天尺遇梁仲鸞於廣州海幢寺，談論及此，仲鸞為誦《謝贈檖詩》。羅天尺歎曰：「外國番官，有此憐才好義之士，人可以地限哉。」[36]由此可見，鄭天賜為人行俠仗義，以詩會友的名句「文章自本中原氣，事業留為異國香」，聲名遠揚，受到羅天尺等粵中文壇名宿的讚許。騷壇招英閣就是在河仙政權鼎盛時期創立的，反映了當時河仙海外貿易的繁榮景象。

2.騷壇招英閣的傳世作品

騷壇招英閣留下來大量漢文詩賦（以七言律詩為主）及喃文詩作（多種詩體）。漢文詩賦占絕大部分，除了有鄭天賜1737年刊刻的《河仙十景全集》（現流傳版本作《安南河仙十詠》）還有他親自主持刊刻的《明渤遺漁》、《河仙詠物詩選》、《周氏貞烈贈言》、《詩傳贈劉節婦》、《詩稿格言遺集》等，此外還有《樹德軒四景》。由於河仙曾遭遇兵亂，有關招英閣的詩集或被焚毀，或散落民間。《明渤遺漁》後來毀於戰火，1821年鄭懷德組

---

36 羅天尺，《五山志林（一）》（上海：商務印書館，1937），頁24。

織翻刻《明渤遺漁》並作序。《樹德軒四景》散佚後，只保存9首
抄錄於黎貴惇《見聞小錄》。傳世喃文詩《河仙國音十詠》亦以
河仙十景為題材的長詩，或以六八體，或以雙七六八體演繹，外
加一首七言喃文詩，最後以一篇七言喃文律詩〈河仙十景總詠〉
收尾，總計共11首。

　　《河仙十景全集》是鄚天賜與阮朝順廣、嘉定、中國閩粵兩
地諸多士人吟詠唱和的詩集。很可惜《河仙十景全集》原刻本現
已亡佚，清朝閩粵和南河阮主政權兩地士人根據鄚天賜《河仙十
詠》唱和的部分詩歌有幸收錄在黎貴惇《撫邊雜錄》和《見聞小
錄》。現存抄本《安南河仙十詠》，藏於越南漢喃研究院，編號
A.441，共97頁，包括26人共320首詩歌作品。據陳文玾先生
《對漢喃書庫的考察》（第3冊）推測，該抄本可能由法國遠東博
古學院雇人抄錄。《河仙十詠》的吟詠詩篇不乏有閩粵兩地文人
的隔空唱和佳作，現有搜集的資料文獻還不能證明這些清朝文人
和客商是否均親身來過河仙，但從詩作可以看出，景物描寫唯妙
唯肖，大有觸景生情、現場口占之感。騷壇招英閣的文人們撰寫
詠景詩，互相酬唱，聲情並茂，除了描寫河仙勝景，還寄託了明
鄉人對新國的認同感以及對故國的思念之情。潘輝注《歷朝憲章
類志》評價「河仙十詠詩，皆婉麗可誦。」鄚天賜的河仙十景
詩，一詩一景，字裡行間，河仙的十大勝景躍然紙上，除了詠景
之外，還寄託著作者身在異國、思念故國、心繫二主的複雜情
感，也抒發了其寄情山水的閒適心境。據此，東湖先生評價騷壇
招英閣的詩歌帶有反清復明的政治傾向。

　　鄚天賜河仙十景詩，其一〈金嶼攔濤〉：「一島崔嵬奠碧漣，
橫流奇勝壯河仙。波濤勢截東南海，日月光回上下天。得水魚龍
隨變化，傍崖樹石自聯翩。風聲浪跡應長據，濃淡山川異國懸。」

其二〈屏山疊翠〉：「蘢蔥草木自岹嶢，疊嶺屏開紫翠嬌。雲靄匝光山勢近，雨餘夾麗物華饒。老同天地鐘靈久，榮共煙霞屬望遙。敢道河仙風景異，嵐堆鬱鬱樹蕭蕭。」其三〈蕭寺曉鐘〉：「殘星寥落向天拋，戌夜鯨音遠寺敲。淨境人緣醒世界，孤聲清越出江郊。忽驚鶴唳繞風樹，又促烏啼傍月梢。頓覺千家欹枕後，雞傳曉訊亦寥寥。」其四〈江城夜鼓〉：「天風廻繞凍雲高，鎖鑰長江將氣豪。一片樓船寒水月，三更鼓角定波濤。客仍竟夜銷金甲，人正千城擁錦袍。武略深承英主眷，日南境宇賴安牢。」其五〈石洞吞雲〉：「山峰聳翠砥星河，洞室瓏玲蘊碧珂。不意煙雲由去住，無垠草木共婆娑。風霜久曆文章異，烏兔頻移氣色多。最是精華高絕處，隨風呼吸自嵯峨。」其六〈珠岩落鷺〉：「綠蔭幽雲綴暮霞，靈岩飛出白禽斜。晚排天陣羅芳樹，晴落平崖瀉玉花。瀑影共翻明月岫，雲光齊匝夕陽沙。狂情世路將施計，碌碌棲遲水石涯。」其七〈東湖印月〉：「雨齊煙鎖共渺茫，一彎風景接鴻荒。晴空浪淨懸雙影，碧落雲澄洗萬方。湛闊應涵天蕩漾，飄零不恨海蒼涼。魚龍夢覺衛難破，依舊冰心上下光。」其八〈南浦澄波〉：「一片蒼茫一片清，澄連夾浦老秋情。天河帶雨煙花結，澤國無風浪沫平。向曉孤帆分水急，趨潮客舫載雲輕。也知入海魚龍匿，月朗波光自在明。」其九〈鹿峙村居〉：「竹屋風過夢始醒，鴉啼簷外卻難聽。殘霞倒掛沿窗紫，密樹低垂接圃青。野性偏向猿鹿靜，清心每羨稻粱馨。行人若問往何處？牛背一聲吹笛停。」其十〈鱸溪漁泊〉：「遠遠滄浪銜夕照，鱸溪煙裡出漁燈。橫波掩影泊孤艇，落月參差浮罩曾。一領蓑衣霜氣迫，幾聲竹棹水光凝。飄零自笑汪洋外，欲附魚龍卻未能。」

　　中國詩人的和詩也非常應景，彷彿給人以「詩在畫中游」之感，有的詩歌表達了惺惺相惜之情，有的詩歌則表達了感同身受

的人生慨歎。王昶和〈金嶼攔濤〉詩：「鼇背芙蓉攢翠煙，夕陽人立思悠然。誰移東海三山石，自砥南溟一掌天。截斷水痕潮有信，撼殘風力浪無權。書生獨抱梯航志，空對文瀾枕硯田。」單秉馭和〈屏山疊翠〉詩：「芙蓉高削出雲霄，環列如屏入望遙。一畫山光橫翠黛，幾重風雨漲紅潮。風來石鐇青當染，霞映苔痕綠未消。愧我十年雙履折，浪遊自笑老塵囂。」阮儀和〈石洞吞雲〉詩：「凌霄一氣憂嵯峨，呼吸虛能養太和。燦爛金枝藏石潤，氤氳玉葉布岩阿。閑來入夢陽台幻，懶去從龍碧漢過。漫道無心頻出岫，九天霖雨待如何。」李仁長和〈鹿崎村居〉詩：「鱗鱗衡宇石重扃，淳古人依古翠屏。隴背露繁桑葉嫩，川頭風細稻花馨。耆年習漢稱三老，童塾尊周重五經。得失醉來蕉夢破，豕圈雞樔夕初冥。」

　1755年廣南國阮居貞在嘉定為官之時，與鄭天賜交遊甚篤。他聽聞招英閣之盛況，慕名而來，欣然寫就10首唱和詩，但由於係後出詩作，因此並未收錄在《河仙十景全集》，幸運的是被黎貴惇《撫邊雜錄》收載而得以傳世。阮居貞和〈金嶼攔濤〉：「帝怒陽侯數犯邊，移將仙島鎮前川。波恬不識長城面，水猛方知砥柱權。精衛半消銜石恨，驪龍全穩抱珠眠。知君亦是擎天物，今古滔滔獨儼然。」阮居貞和〈屏山疊翠〉：「中分村落立岧嶢，淡墨濃青作意描。地脈衰靈看樹石，民情愁樂問芻蕘。春開錦幕邀戎府，秋起春城拱聖朝。此味廣州民樂得，草花不為陸沉凋。」阮居貞和〈蕭寺晨鐘〉：「晨風零落露花拋，迢遞秋聲過樹梢。金獸哮殘星海渚，木鯨打落月林坳。萬家醒夢晨初駕，天佛開顏僧下巢。待扣堪憐禪亦有，不鳴鳴得太陽交。」阮居貞和〈江城夜鼓〉：「金城崎立碧江皋，僵臥譙樓對月號。細雨有權聲亦遜，狂波無韻響偏豪。遙呵鵲樹依難定，近蕩蛟潭夢亦勞。誰念天涯鳴

武略，京華從此枕彌高。」阮居貞和〈石洞吞雲〉：「一山開破兩岩阿，吞下浮雲不放過。蠖屈龍伸歸噏納，鷺翔鳳翥入包羅。葫蘆火濕凝煙重，石室人寒積絮多。出岫待教能五彩，光扶神武定山河。」阮居貞和〈珠岩落鷺〉：「山涵海色碧無瑕，誰送霜兒到作花。行傍浪頭魚買計，立當松發鶴忘家。汐潮興廢自巍崇，梟鶴短長空囑啞。為想烏衣堂上客，還將磩磩笑天涯。」阮居貞和〈東湖印月〉：「夜來誰琢兩圓光，一貢天家一水鄉。水謂銀盤天學鑄，天疑玉鏡水真粧。蛟螭若漏遁形勢，鷗雁如添搏翼方。慨想陶朱成事後，乾坤歌酌最中央。阮居貞和〈南浦澄波〉：「盈窪波浪幾辰傾，還把玻璃列地明。箕畢分閑天事少，鯨鯢權失海心平。干城客有乘桴思，行部人無問劍聲。野老與鷗分籍罷，長安笑指聖人生。」阮居貞和〈鹿峙村居〉：「僻壞窮丘可寂聽，子孫無患奪茅亭。鹿修留客野茶黑，豚足迎妻園果青。飽暖不知天子力，豐登惟信海神靈。更無租稅又閒事，太半人稱近百齡。」阮居貞和〈鱸溪漁泊〉：「漁家營隊月層層，漏出蘆花幾點燈。父老空聞朝號漢，妻兒偏慣客名陵。撐扶江海雙枝棹，收拾乾坤一把罾。聞道白蛟今又長，睡餘行擬試餘能。」

　　鄭懷德《嘉定城通志》載琮德侯曾著有《河仙十詠》、《明渤遺漁》刻本行世，「開招英閣，購書籍，日與諸儒講論，有《詠河仙十景》，酬和者至眾，其文風始著於海阹矣。」[37]除了《河仙十景全集》（筆者注：該書原貌已失，與《大南列傳》所載《河仙十詠》所指相同，但與現存本《安南河仙十詠》出入不小）外，鄭天賜作為騷壇招英閣代表作之一的《明渤遺漁》可謂命運

---

37 戴可來、楊保筠點校，《嶺南摭怪等史料三種》（鄭州：中州古籍出版社，1991），〈嘉定城通志〉，頁152。

多舛。根據《大南列傳》記載「《河仙十詠》凡320篇，天賜為之序，其後遭亂，詩多散亡。待嘉隆年間協總鎮嘉定鄭懷德購得《溟渤遺魚》一集，印本行世」。《明渤遺漁》詩集名稱把自己比作流落於「海上明朝」的漁者，包括30首均以〈鱸溪閑釣〉為題的七言律詩和1篇賦。鄭天賜刻本亡佚後，鄭懷德1821年重刻本也毀於越南南方戰火。現只保留6首詩均名為〈鱸溪閑釣〉和一篇殘缺的〈鱸溪閑釣賦〉。在這些詩賦中，鄭天賜自比鱸溪邊上的漁翁，寄情山水，抒發了對故國的思念和人生不易的慨歎。〈鱸溪閑釣〉（其一）：「明朗月華照湖心。天際水天混一色，玉盤頻露似美人。佳景宜人迷蘇子，際此洛妃亦傷情。風光同此感各異，笑聲淚痕雨沉吟。」鄭天賜在〈鱸溪閑釣賦〉營造了一種「海闊天空，雲高水融」的南浦景象，他打扮成漁翁，穿著蓑衣，戴著斗笠，手執釣具，懷念故國，感歎似水流年。

　　鄭天賜還有《樹德軒四景》、喃文詩《河仙國音十詠》等傳世，這兩部作品均是他與嶺南士人唱和詩作。據河仙人張明達考證，《樹德軒四景》原有32位詩人的88首詩歌，但大部分詩文已散佚，只保存9首抄錄於黎貴惇《見聞小錄》。《樹德軒四景》本是鄭天賜歌詠河仙樹德軒春、夏、秋、冬四時之作，共4首，另外還有32位詩人賦詩酬唱，包括余錫純、汪溪來、蔡道法、黎簡斯、李士蓮、陳成碧、方秋白、施籌、張佳、陳廷藻、倪元欽、陳智楷、顏鐘鑛、鍾永槐、黎預、梁鸞、劉章、方露、陳耀蓮、莊輝耀、梁承宣、杜文虎、黎彰旭、譚湘、黃杜、馬文振、吳鍇、黃元會、伍廷賢、方譽、馮衍，共88首唱和詩，可惜大部分詩作現已散佚，無法一一考證。黎貴惇在《見聞小錄》中沒有抄錄鄭天賜的4首詠景詩，而只抄錄了9首唱和詩。現摘選其中3首唱和詩。汪溪來和〈冬景〉詩：「攤書慰得歸來客，永夜同誰問

遠鐘。攔浸碧波無樹鎖，閣飄香雪有煙封。寒辭倦鴨薰裘薄，暖借深懷酌酒濃。看醉拼眠斜抱月，殘更報處是初冬。」陳曜蓮和〈夏景〉：「厭厭日至暑天長，欄倚間辰納晚涼。簾捲半窗紅荔火，水翻盈沼綠荷香。舊虛掠燕輕風淡，樹密鳴蟬驟雨狂。炎氣解來烹茗熟，添泉看轉九回腸。」方秋白和〈春景〉：「晴雨過春看綠筠，滿階苔印履痕新。鳴雷奮夜蛙喧鼓，隔歲歸巢燕認人。營柳細穿鶯織線，院花紅接錦鋪茵。盈盈水國開溟渤，清濁分流重飲醇。」

　　1990年版《越南文學總集》還收錄了1篇佚名的〈鱸溪文〉，經歌文請教授考證，該文亦出自招英閣。可惜該文只有國語版譯文傳世，原文不幸遭散佚。詩文中將處於太平盛世的河仙勝景比作武陵桃花源，回顧和點評四方文人到訪河仙的酬唱之作，將其譽為「陽春白雪」。

　　近代越南文學界均對招英閣作品給予較高評價，阮惠之教授認為「招英閣的文人都有一種自豪而樂觀的創作源泉，幾乎都是應景之作，寫作風格誇張，通過以景抒懷，映照現實生活的富足感。這些詩文風格真實、質樸、淡雅」。[38]就騷壇招英閣作品的思想意義而言，阮文森在《南河文學》的評價亦值得關注，他認為「招英閣詩作一方面表現了鄭天賜繼承父業，正值三十而立，年輕氣盛，鎮守一方，手握大權，抒發其自豪之氣，另一方面表現了鄭天賜將河仙視作南河關隘的藩屏，表露其忠君愛國之心。其次表現了鄭天賜的抱負和鴻鵠之氣」。[39]

38　[越]阮惠之，《文學字典》（新版）（河內：世界出版社，2004），頁936。

39　[越]阮文森，《南河文學》（西貢：聖火出版社），頁266-279。

3.關於騷壇招英閣成員數量和地址的爭論

　　招英閣成立後，參與唱和的人員數量，通過對比數種史籍和學者的研究結論，有四種說法，一說共有32人，另說有31人，或36人，最多有60人以上，之所以統計數量有較大出入，在於統計口徑是單以《河仙十詠》唱和人數還是以所有招英閣的作品唱和人數為依據。越南研究河仙文學的著名學者林進璞（筆名：東湖）認為招英閣有36人，將成員稱為「三十六傑」，其中有18位文采出眾。時人有詩讚曰：「才華林立住芳城（係河仙的雅名別稱），南北鹹（另作含）雲十八英」。騷壇招英閣成員廣泛，有河仙人、順化人、廣南人、嘉定人，還有廣東和福建人。東湖在《河仙文學》一書寫道：「洪德年間曾設立完備的文學組織——騷壇會，招英閣的組織方式概莫如是。洪德騷壇的人物有二十八宿，招英閣的人數更多。有書抄錄為32人，有書抄錄有36人。」東湖的統計數字大概來自晚近成書的《見聞小錄》和《嘉定城通志》，但數字並不確切。鄭懷德《嘉定城通志》，該書記載騷壇招英閣總共有36人，名單最為詳細。「招致文學才藝之士，於是福建文人朱瑾、陳鳴夏、周景陽、吳之翰、李仁長、陳維德、陳躍淵、陳自南、徐鉉、林維則、謝璋、單秉馭、王得路、徐葉斐、徐登基，廣東人林其然、孫天瑞、梁華峰、孫文珍、路逢吉、湯玉崇、余錫純、陳瑞風、盧兆瑩、陳涉泗、王昶、黃奇珍、陳伯發，肇豐府潘大廣、阮儀、陳貞、鄧明本，嘉定府鄭蓮山、黎伯評，歸仁府釋氏黃龍和尚，福建道士孫寅先生接跡而至。」[40]黎貴惇《見聞小錄》記載總共有31人，「北國（中國）朱璞、吳之

40　戴可來、楊保筠點校，《嶺南摭怪等史料三種》，〈嘉定城通志〉，頁152。

翰、李仁長、單秉馭、王昶、方鉻、路逢吉、徐葉斐、林維則、徐鉉、林其然、陳維德、徐登基、湯玉崇、陳緒發、黃其珍、周景楊、陳瑞鳳、陳自蘭、陳躍淵、陳鳴夏、陳演泗、孫天珍、孫天瑞、孫季茂共二十五人；南國（順廣以南）鄭連山、潘天廣、阮儀、陳貞、鄧明本、莫朝旦六人。」《大南實錄前編》也記載總共31人，但沒有一一列舉，只是說「清人朱瑾、陳白香等二十五人，國人鄭連山、莫朝旦等六人。」越南學者何文陛將騷壇招英閣與黎聖宗騷壇會對比，騷壇招英閣規模更大，根據招英閣作品中參與唱和的人數推算，至少有60人以上。成員不僅限於鄭天賜的官吏近臣，還包括平民知識份子，不僅有越南人，還有很多外國人。[41]

　　騷壇招英閣有無具體位址以及它和廣州地區一個名為「白社」的詩社是否有過交流，目前學界還有爭論。招英閣舊址可能位於現今越南堅江省河仙市芙蓉寺內。[42]東湖先生認為招英閣即河仙鎮的孔子廟，即詩社之所。黎貴惇在書中抄錄鄭天賜《河仙十詠》序文：「安南河仙鎮，古屬荒陬，自先君開創以來，三十年而民始獲安居，稍加種植。乙卯年（1735）夏予纘承先緒政治之暇，嘗日與文人談史詠詩，丙辰年（1736）春，粵東陳子淮水航海至此。予待為上賓，每於花晨月夕，吟詠不輟，因將河仙十景詩相屬和陳子淮。樹幟騷壇，首唱風雅。及返棹珠江，分題白社，承諸公不棄，如題詠，就匯成一冊，遙寄示予。因付剞劂，是可知山川得先君風華之行，增其壯麗，複得諸名士品題，益增

41　［越］何文陛，《河仙鎮與騷壇招英閣》（河內：文學出版社，2000），頁40。

42　［越］張明達，〈鄭天賜招英閣舊址考〉，《歷史研究》，1993：2（河內，2003），頁79。

其靈秀，此詩不獨為海國生色，亦可當河仙志乘雲耳。丁巳（1737）季夏上浣鄭天賜士麟氏自序於樹德軒。」[43]筆者認為，樹德軒可能就是招英閣的別稱，同時被鄭天賜選作自己的雅號。關於白社問題，張秀民先生《中越關係史書目》續編乙考證《河仙十詠》卷2的序文「分題白社」另做「分題自述」。越南學界則大多認為白社確實存在，《越南文學總集》、東湖先生《河仙文學》以及何文陣《河仙鎮與騷壇招英閣》等書校文均作「分題白社」，注釋中說白社是當時廣州地區的一個文學社團，然而該詩社的具體細節則語焉不詳。

4.關於騷壇招英閣活動時間爭論的內在邏輯以及原因分析

　　騷壇招英閣的誕生時間目前也存在爭議，出現分歧的焦點是應該以鄭天賜1736年完成《河仙十詠》為標誌，還是以次年他主持刊刻《河仙十景全集》這一事件為標誌。越南文學研究院主持編撰的大型叢書《越南文學總集》收錄了騷壇招英閣的部分作品，提要認為招英閣是一個由河仙政權設立的具有文化、教育諮詢功能的文人組織。按照該書的說法，騷壇招英閣的活動時間是從1736-1770年，正值河仙經濟社會發展的鼎盛時期。筆者認為之所以這樣劃分，其內在邏輯為1770年是河仙政權由盛轉衰的重要時間節點，騷壇招英閣這個溝通中南半島各國及清朝閩粵兩地的文學社團隨著河仙政權的陷落戛然而止。根據越南學者阮獻黎（Nguen Hien Le）的觀點，如果按照鄭天賜序文所載時間推斷，騷壇招英閣應該存在了35年（1736-1771）。開招英閣的意義在於

---

43 ［越］黎貴惇著，阮克純校注，《見聞小錄》（河內：教育出版社，2008），頁700-701。

形成一個文人團體和創作群體，筆者認為陳智楷將《河仙十詠》帶回廣州，分題白社，說明在那個聯絡尚不便利的航海時代，招英閣的聲名依靠海上航線通過儒商迅速傳播閩粵兩地，獲得大量唱和詩篇，從而形成一個規模可觀的跨國士人群體，其成員共用一個文化傳統。雖然大多成員尚未謀面，通過以文會友，以詩傳情，跨越地理的心靈溝通維繫了騷壇招英閣的存在。因此筆者認為應該以刊刻《河仙十詠》的年份作為其誕生時間，結束時間應該以靈魂人物鄭天賜的逝世為終點。騷壇招英閣的活動時間從1737年開始，一直到1780年鄭天賜自殺為止。越史有《金吞》之記載，有人賦詩稱讚鄭天賜的氣節：「地辟雄潘增越版，金吞英氣耀暹城。」

　　騷壇招英閣的命運轉向起始於河仙政權的對外政策失誤所致。1762-1769年爆發了清朝與緬甸（當時清朝文獻稱為花肚番）貢榜王朝的戰爭，清朝不體面地贏得了戰爭的勝利，作為清高宗十全武功之一的清緬戰爭爭議頗多。暹羅阿瑜陀耶王朝（亦作大城王朝）在緬甸的進攻下，土崩瓦解，國王被殺，廣東潮州華裔鄭昭趁機舉兵抗擊緬軍，最終光復大城，登上王位，統一暹羅。當時乾隆皇帝認為鄭昭乃是篡位之臣，不予承認。苦心經營的河仙政權雖然進入了全盛時期，但鄭天賜的對外政策並未取得多少實質效果，清緬戰爭結束後，鄭天賜收留了阿瑜陀耶王朝二王子詔萃（一作昭翠），作為日後幫助阿瑜陀耶王朝復國的籌碼。鄭鄚二人遂生嫌隙。在暹羅國內動盪時期鄭天賜一度充當了清廷的耳目，幫助兩廣總督李侍堯打探暹羅與緬甸的戰事以及暹羅國內發生的變故。《東華續錄》和《清實錄》載李侍堯代替清廷發給河仙鎮目莫士麟的書信，信中說：爾僻處海疆，心知向化，因聞天朝訊暹羅情勢，即將海外各夷地形勢繪圖，具文差夷官林義等

齊投，甚屬恭順，業經據情奏聞大皇帝，鑑爾之誠，深為優獎，
又聞暹羅國王之孫詔萃逃入境內，即為安養資生，頗知禮義，亦
屬可嘉。今特給爾回文，並賞緞匹，用示恩意。鄭昭心存忌恨，
率軍攻打河仙，暹羅與河仙互有勝負，雙方展開拉鋸戰。1769年
五萬河仙士兵出征暹羅，卻因戰事不利，損兵折將，僅餘1萬
人。1770年，鄭天賜不甘失敗，復表奏兩廣總督，疏請清朝檄諭
花肚番（即緬甸）出兵進攻鄭昭，「恢復暹國，以謝前懲。」鄭天
賜的求援並未得到清廷實質幫助，清廷負責處理該事件的李侍堯
則以化外置之，「聽其量力而行，更可不必過問」，一方面表揚其
用意良厚，另一方面奉勸鄭天賜要提防「兩敵並臨」，不要「引
寇入室」。1771年鄭昭攻入河仙，河仙局勢可謂「屋漏偏逢連夜
雨」，接連發生叛亂，元氣大傷。同年西山阮氏崛起和攻打阮
主，依附的南河阮主政權岌岌可危，無力支援河仙。鄭天賜一邊
奮力抵抗西山軍的進攻，一邊鼓勵阮主，寄希望於清朝發兵復
國，他說：「國家之難，自古有之，望皇上寬心，以圖大事，臣
請竭犬馬之勞，遠投清國廣東省訴苦，乞中國興師殄滅群凶，復
我南國土宇。」鄭天賜「倚華扶阮」的理想終究沒有得到清朝的
援助，註定了他的悲劇人生。《清朝文獻通考》把河仙政權與安
南、暹羅一併視作藩國。張秀民考證有清朝文獻稱呼「中華苗裔
鄭侯，國號河仙」，有時還稱呼其為「鄭番」，但河仙鄭氏父子沒
有接受過清朝的冊封，來自清朝官方的支持亦非常有限。阮福順
被西山軍斬首後，鄭天賜被迫輔佐幼主阮福春敗走暹羅。1778年
阮福映被擁立為攝國政大元帥，遣使暹羅吞武里王朝尋找鄭天
賜。1780年同為華裔後代的泰王鄭昭聽信有人誣告鄭天賜打算裡
應外合，聯合阮福映攻占曼谷，於是抓捕鄭氏父子和家眷，嚴加
審問。鄭天賜兒子鄭子淵激烈辯駁這一誣告之舉，被泰王鄭昭殺

害，鄭天賜萬念俱灰之際，憤然吞金自殺，結束了晚年顛沛流離的生活。聲名遠播海外的騷壇招英閣隨著南河地區「一代魁星」的隕落自此成為千古絕唱。

5.招英閣與閩粵、順廣士人的交流佳話

現流傳版本《安南河仙十詠》（即《河仙十景全集》）現存於越南漢喃研究院，編號A.144，該版本有廣東南海陳智楷和順德余錫純所題寫的兩篇跋：

> 士翁先生，抱舟楫之才，負湖海之氣。丙辰（1736）春，予乘槎抵日南，盤桓半載，吟詠終宵。因出河仙十題，相為唱和，細玩大作，有如：峻嶺彤雲，澄江新月，具此才情。何難拍襄陽之肩，而攬嘉州之袂哉？
>
> 　　　　　　　　　　　　　　　　　南海陳智楷淮水氏跋

> 西園飛蓋冰景浮瓜，南浦流雲珠簾捲雨
> 撫山河壯麗共傳大風之歌
> 觀宮闕嵯峨群誦柏梁之什
> 逖矣前征，尤矜此日題名山於座右，關塞周知詠蠶婦于宮中，桑麻在目
> 若乃：
> 古風渾穆，如考周宣之文麗藻煌，儼入陳思之室
> 寧止：
> 金城詠柳，歎壯戚之已非
> 宋王賞荷，恨之易謝者哉
>
> 　　　　　　　　　　　　　　　　嶺南老人余錫純兼五氏跋

　　論輩分余錫純比陳智楷高出不少，名氣也比後者大得多。陳智楷在《廣州府志》的記載只是一個賈人，毫無文學地位可言，從跋文排列順序，卻可以看出編者有尊陳抑余之感。該版本也沒有收錄余錫純的10首唱和詩作。1737年鄭天賜《河仙十詠全集》刻本是否收錄余錫純的10首唱和詩不得而知，當陳智楷將鄭天賜的《河仙十詠》詩歌及唱和詩帶回廣州，在白社的文人中間傳閱，應該收錄了余錫純的唱和詩，但是，當陳智楷寄給鄭天賜付梓刊刻時，鄭天賜很可能將余錫純的詩作挑揀出來，為什麼鄭天賜這麼做？筆者認為尚存諸多疑問。

　　余錫純，字兼五，廣東順德人。貢生，官訓導。敦尚氣誼，為士林所重。曾參與纂修《廣東通志》、《順德縣誌》。著有《語山堂集》。根據越南胡志明市漢喃學專家高自清的最新研究，在《故黎朝寶篆社進士陳名案詩抄》寫本（漢喃研究院編號為A.207）發現一組騷壇招英閣的作品，開頭是鄭天賜的6首詩歌：〈鹿崎村居〉、〈石洞即事〉、〈鱸溪閑釣〉（即莫天賜〈河仙十詠〉中的〈鱸溪夜泊〉）、〈鱸溪閑釣（其二）〉、〈鱸溪閑釣（其三）〉、〈鱸溪閑釣（其四）〉，後有鄭天賜《河仙十詠自序》，然後是署名「順德老人余錫純兼五體」的10首唱和詩。在〈和金嶼攔濤〉詩余錫純有「山光暗斷三更月，海色情分兩國船。同屬南籬堯宅地，猶余春雨變桑田」詩句。在〈和屏山疊翠〉一詩中余錫純寫道：「自古孤山難獨立，海邦長倚是天朝。」〈和南浦澄波〉一詩中余錫純寫道：「盛世黃河佳獻瑞，交州南浦亦同清」。余錫純《和河仙十詠》諸詩雖然句式工整，用詞考究，但在詩意層面流露出港口國與大清兩國的文化同源關係，言辭間不免又表現出天朝上國那種居高臨下的自信語氣。

　　這十首和詩下面有陳智楷和鄭天賜的跋文，二人對余錫純的

詩作評價頗高：

「兼翁年杜伯先生行年八十有六，精神矍鑠，吟詠不倦而往復豪邁。解組後寄跡林泉，銜胎重孫外，日與詞人嗜于山水，有陶元亮風。今遍觀《河仙十景》諸作，清新俊逸者有之，觸古混融者有之，而聲色香豔者亦有之。先生作習大成兮，嗚呼！得載一景以麗之乎？」南海社牒陳智楷淮水是拜跋。

「余避居海外，寓物興懷，偶有所作，未得糾正于君子。丙辰春淮水陳子至書，相為詩論，竟言及先生高雅，年臻耆碩於觸詠，今讀佳詩，而觸敬之氣逸於紙上。夫所謂『老當益壯，甯知白首之心』，可以移贈先生兮。」

如果比對《河仙十詠自序》，筆者認為陳名案詩抄本中的跋文很可能是陳智楷攜鄭天賜《河仙十詠》詩集往返廣州、請余錫純題詠後，再由陳智楷帶回河仙，陳智楷和鄭天賜分別給作的跋文。鄭天賜並未將余錫純10首詩作收入《河仙十景全集》，於是有陳名案傳抄才得以傳世。

光緒五年刊本《廣州府志》載：「余錫純年方八十，猶好客，相與賦詩，令子孫屬和為樂……與縉紳名士結社城南，觸詠無虛日……年九十三能書蠅頭小楷，扁舟契童，往來村落間，即景成吟，興致不減。」該列傳記述了陳智楷將余錫純詩冊獻給鄭天賜的佳話。「越南尚詩賦河仙鎮洋官莫某者，本中土人，通文翰。縣人有賈其地者（筆者注：該賈人係陳智楷），投以所鐫錫純詩冊獻莫，讀而善之。飲賈問作者何如人？賈以三世享科名，夫婦齊眉，及見四代，今耄尚健步。莫歎曰：福人也。[44]」《香石詩

44　[清] 瑞麟、戴肇辰等纂修，《廣州府志》（台北：成文出版社，1967），卷132，列傳21，頁348。

話》引羅履先（羅天尺）的記述：「安南河仙鎮有番官莫姓者，從賈客見余錫純詩，酷慕之，海舶歸輒以土物易其新詠，又有蔗園居士林姓，亦安南人，慕張河圖詩，欲見其人，自繪小影，付海船歸索張小影。二事皆海外佳話也。」

　　如前所述，關於白社作為一個廣州文人社團與騷壇招英閣的交流，目前尚存爭議，但越南學界大都認同白社與招英閣的交流史實。生活在同時代的廣東僧人大汕《海外紀事》有一段描寫了當時越南中部廣南國文臣邀約與廣州白社唱和的請求，在大汕看來，異邦文人大都以獲得與白社詩人隔海唱酬資格為榮。「一日，有大學士記錄豪德厚命其子持七律詩一首，並所璧銀幣來見。雖未可以言風雅，然知聲韻理解，為此邦威鳳靈著者。子亦彬彬秀逸。夜來與國師閑論此中方人名士，有文采風流可邀為白社唱酬者否？[45]」大汕出發前曾躊躇滿志地敘述道：「告行于當路縉紳、白社知己。隨即開春，賑者、踐者、饋盤供餐物者、序而送者、歌詩贈行者，從朝至暮。」可見白社在當時的廣東地區還是頗有影響力的。地處嶺南文化中心的白社文人與身居異邦的「招英閣」詩人隔海唱和，不能不說是一種空前的跨國文壇交流的奇觀。白社成立於乾隆盛世中的廣州並不稀奇，生活在同時代的安徽望江人檀萃曾南遊粵東，親見當時廣州詩社之盛，頗有感觸地寫道：「僕客粵三年，居羊城者久，見士大夫好為詩社，寫之于花宮、佛院牆壁間皆滿。其命題多新巧，為體多七律。每會計費數百金，以謝教於作詩者，第輕重之。流離之英俱得與，不具姓名，以別號為稱，有月泉吟社之遺風。[46]」乾隆年間廣州詩社

45 大汕，《海外紀事》（北京：中華書局，1987），頁24。

46 檀萃，《楚庭稗珠錄‧粵琲上（卷四）》（廣州：廣東人民出版社，1982），頁140。

如林，只不過，在當時文人的眼中，此時詩社已失去順治、康熙年間的政治作用，轉而成為文人雅士吟風弄月的場所。

《河仙十詠》所收錄的唱和詩人多為廣東和福建人，其中就有雍正年間的武進士福建惠安陳鳴夏，雍正年間登武進士，被選為御前侍衛。雍正九年（1731），陳鳴夏始任江南壽春鎮標泰興營守備，從《河仙十詠》成書時間和序言看，可推測在江南壽春鎮期間與陳智楷有交遊，並應邀以河仙十景為題進行詩歌唱和。

除了福建和廣東華商和士人，鄭天賜還結識眾多順化、廣南的士人以及僧侶。阮居貞就是其中重要的人物，二人曾書信往來，討論話題甚廣。阮居貞（1716-1767）是南河阮主時期的儒將，曾奉命出兵真臘，智謀過人，為廣南阮主政權實現南進政策、開疆拓土貢獻頗多。阮居貞鎮守嘉定時，常與鄭天賜交遊，探討辭章之學。黎貴惇《撫邊雜錄》收錄了順廣人阮居貞10首《河仙十景》和詩。阮居貞曾寫信給鄭天賜討論文章之學和為人之道，語氣甚為謙恭。阮居貞眼中的儒士應該具有如下形象和品格，「道」在他心中地位非常高：「人不能離道，以成人道，亦不能遠人以為道。事本乎道，道藏諸事，無定名，無定形，分之而三才，合之而六籍。有人如此，或卷而約之，或舒而博之，夫誰曰不宜？自人觀之，故有正得，有奇得，有無求而不得，道一也，名之不同，位之役也。」他認為做學問的理想狀態是「嘗古之為學也，舉道丘以為肉，傾德淵以為酒，編百行而廬室之。集萬善而冠服之，言可言於可言之辰無不中，為可為於可為之辰無不從，修之於家而鳴之于王庭，修之于國而行之於絕域，其如是之謂有得。」

張國用《退食記聞》載「阮居貞參謀嘉定邊等，商略之暇，以詩文往來酬答，招致南北文人優遊唱和，有《河仙十詠》、《樹

德軒詩集》[47]，遐方僻壤，蔚起夏風」[48]。黎貴惇《撫邊雜錄》收錄二人往來書信，其中《阮居貞答河仙協鎮琮德侯詩》，筆者認為很可能是阮居貞唱和《河仙十詠詩》時所作，體現了他的詩學思想：「夫存心為志，寓志為詩。人有淺深，故詩有隱顯博約之不同。辰有升降，故詩有初盛、中、晚之有異。總之，不外乎忠厚為本，含蓄為義，平淡為工，而文之以綺麗，鍛之以綺巧，六義之外篇，五際之餘事者也。」他認為「心者，難測之物，泄之為詩，而成乎章句。詩之可讀者，至於一字有三年而後得，千祀而弗解，餘是難之。況少存涉獵，未能竊思于經綸，長頗慵疏，切戒希名於文字。以故平生佳作者鮮。矧乃金河玉塞萬里之情，三軍之務，其能暇及乎？縱有吟詠一二，亦黽勉由人。初非盡出己興，律之不苟，良亦多慚，惟善為我藏，不足與人道也。」阮居貞「詩言志」、「文以載道」的詩學思想與鄭天賜的文論思想不謀而合，只是各有側重。

　　騷壇招英閣誕生於18世紀在「亞洲的地中海」的西南偏隅，從其流傳作品的思想內容來看，字裡行間大都流露出僑居海外的明鄉人對於文化母國以及昔日祖宗之地的大明王朝的嚮往。但是囿於文獻資料發掘有待拓展，詩集作品散佚較多，保存下來的研究史料和文獻頗為有限，即便《河仙鎮葉鎮鄭氏家譜》的整理和研究取得諸多可喜成果，若較為完整地再現騷壇招英閣三地文人以詩會友的交流盛況，難度甚大。如能發掘更多的家譜、參與創作者的文集，將有利於將騷壇招英閣的研究推向深入。白社與騷

47　筆者注：即《樹德軒四景》。

48　［越］張國用，《退食記聞》卷二人品，越南國家圖書館編號NLVNPF-1229-02
　　R.66。http://lib.nomfoundation.org/collection/1/volume/1212/

壇招英閣的相互題詠、《安南河仙十詠》未收入余錫純詩等問題值得進一步探討。

參考文獻

1. Đông Hồ, *Chiêu Anh Các Hà-tiên thập cảnh khúc vịnh.* Sàigòn: Quỳnh-lâm, 1970.

2. Đông Hồ, *Hà-tiên thập cảnh và đường vào Hà-tiên.* Sàigòn: Bốn-Phuong, 1960.

3. Đông Hồ, *Văn học Hà Tiên.* Nhà xuất bản Văn nghệ thành phố Hồ Chí Minh, 2004.

4. Viện nghiên cứu Hán Nôm: *Hội Tao đàn: tác giả, tác phẩm.* Hà Nội: Nhà xuất bản Khoa học Xã hội, 1994.

5. Viện nghiên cứu Hán Nôm, *Thơ chữ Hán Lê Thánh Tông.* Hà Nội: Nhà xuất bản Khoa học Xã hội, 1994.

6. *Thơ Lê Thánh Tông và Hội Tao Đàn.* Nhà xuất bản Văn nghệ Tp. Hồ Chí Minh, 2000.

7. Hà Văn Thùy, *Trấn Hà Tiên và Tao Đàn Chiêu Anh Các（biên khảo）.* Hà Nội:Nhà xuất bản văn học, 2000.

8. Trung tâm khoa học xã hội và nhân văn quốc gia, *Tổng tập văn học Việt Nam（6）.* Hà Nội: Nhà xuất bản khoa học xã hội, 2000.

社集與方伎（書畫、醫學）

無心而娛

清初北京的「雅會」

楊正顯

臺灣人，國立清華大學歷史學博士，國立臺灣海洋大學海洋中心
助理研究員。研究領域：陽明學、明清思想史、文獻學。代表
作：《覺世之道：王陽明良知說的形成》（2015）、〈白沙學的定
位與成立〉（2014）、〈「明亡之因」的追論與議定〉（2016）。

一、前言

　　明代中後期，前後七子出，高倡復古之論，伴隨詩社大行，流風所及，偏及朝野。隨之又有「文社」接踵其後，幾社、復社顧無須多論，然亦成晚明黨爭之源。明清鼎革之後，勝國士夫皆有「安身立命」之憂。抗清與否？守節與否？出仕與否？成為當時士人心中的塊壘。而抉擇後的結果，無疑將成為後人評價的依據。明遺民悲國家之亡，傷故時之不再，而入清為臣之人，則絕口不提過往歷史，彷彿鼎革前的時間記憶不復留存。雖說清朝已大致代明而位正統，但順、康之際的政治局勢仍未完全統一，南明諸王也還未完全剿滅，人心浮動不定，尚未歸順，朝野上下仍瀰漫相互猜忌與不信任的氣氛。以順治二年（1645）大學士馮銓（字伯衡，號鹿菴，1595-1672，直隸涿州人）被劾事為例，《東華錄》記云：

　　　　先是給事中許作梅、莊憲祖、杜立德、御史王守履、桑芸、李森先、羅國士、鄧應槐、吳達等，交章劾奏弘文院大學士馮銓，原係故明閣宦魏忠賢黨羽。其子源淮進賄于禮部侍郎孫之獬，遂為伊標中軍。又禮部侍郎李若琳亦係銓黨羽，俱宜罷黜究治。請將馮銓父子肆諸市朝。命刑部鞫問，無實。擬各官反坐。攝政王傳集大學士等及各官，逐一鞫問。所劾馮銓、孫之獬、李若琳各款，俱不實。因馮銓自投誠後，薙髮勤職。孫之獬于眾人未薙髮之前，即行薙髮。舉家男婦，皆效滿裝。李若琳亦先薙髮，故結黨陷害。王曰：「爾科道仍何蹈故習，陷害無辜？」給事中龔鼎孳曰：「馮銓乃黨附魏忠賢作惡之人。」銓曰：「鼎孳何反順陷害君父之李

賊，竟為北城御史？」王曰：「此言實否？」鼎孳曰：「實。
豈止鼎孳一人。何人不曾歸順。魏徵亦曾歸順唐太宗。」王
曰：「人果自立忠貞，然後可以責人。鼎孳自比魏徵，以李
賊比唐太宗，殊為可恥。此等人何得侈口論人，但縮頸靜坐
以免人言可也。此番姑從寬免爾等之罪。如不改悔，定不爾
貸。」[1]

從這因彈劾馮銓而導致當時降清官員互揭瘡疤的事件來看，一方
面可知順治時，清朝政府還必須依靠前朝官員來協理政務，另一
方面也埋下這些官員間的矛盾，將晚明時期的政治恩怨帶到此
時。多爾袞的說法顯示出他其實知道此彈劾事是前明黨爭故習所
致，而批評龔鼎孳（字孝升，號芝麓，1615-1673）的一番話也表
達出對這些官員「鳥盡弓藏」的心態。此外，此事件也顯示出透
過薙髮滿服表達效忠清朝的作法，無疑地在鼎革之際的士大夫心
裡面，畫出一條紅線，區分故明與新清，開啟競爭滿清認同的勢
頭。侯岐曾（字雍瞻，號廣線，1594-1646）在順治三年（1646）
3月的《日記》中記云：

　　作姪字，大意謂是髮禁再設，兩地皇皇。……清髮五等定
　　罪：一寸免罪，兩寸打罪，三寸戍罪。留鬢不留耳，留髮不
　　留頭。又頂大者與留髮者同罪。[2]

1　蔣良騏，《東華錄》（北京：中華書局，1980），卷5，頁81。
2　侯岐曾，《侯岐曾日記》（收入《明清上海稀見文獻五種》，北京：人民文學
　　出版社，2006），頁504。

從侯氏日記中，十分注意各地起兵抗清的情況來看，透露著他仍然抱有一絲復明希望。然隨著南明諸王逐漸被抓與各地戰事被平定後，政治秩序已歸一統，士大夫們必須面對如何在異朝安身立命的難題。

　　從順治初年至末年，清朝的統治愈趨穩固，意味著過去依靠降清官員的作法，也順勢調整過來，因此滿漢官員的地位升降也就不同於前。政治上的變化必然影響對思想文化的控制，尤其是以故明歷史教訓為鑑。例如順治十六年（1659）五月，順治皇帝諭吏部云：

> 　　凡為臣子，但當砥礪品行奉法盡職，不可遇事生疑揣度，致開黨與之漸如明末群臣背公行私，黨同伐異。恣意揣摩、議論紛雜。一事施行、輒謂出某人意見；一人見用，輒謂係某人汲引；一人被斥，輒謂係某人排擠。因而互相報復，撓亂國政。此等陋習，為害不小，朕甚恨之。近來內外大小諸臣中，不體朝廷大公至正之意，尚有仍踵前代陋習，妄生意度者，深為可惡。今後各當洗滌肺腸，痛改前非，恪修職業，共歸蕩平。若有挾私疑揣，以至角立門戶，漸開報復之端者，必重罪不宥。爾部即通行申飭。[3]

隔年順治十七年（1660）正月，給事中楊雍建（字自西）上疏言曰：

3　《清實錄·世祖章皇帝實錄》（北京：中華書局，1986），卷126，「順治十六年5月5日」，頁975。

今之妄立社名糾集盟誓者，所在多有，而江南之蘇州、松江，浙江之杭、嘉、湖為尤甚。其始由于好名，因之植黨。請敕學臣嚴禁，不得妄立社名，投刺往來，亦不許用「同社」、「同盟」字樣。[4]

朝廷依其所請「嚴行禁止」。朱彝尊（字錫鬯，號竹垞，1629-1709）在楊雍建的碑銘中說得更明白：

明季東南文士倡為復社，海內應之，著錄者二千餘人。其後十室之邑，三家之邨，莫不立有文社，泲牲以盟，張樂而讌，與者結路人為弟昆，道不同則親懿視同讎敵，凶終隙末，靡所不有。公上言：朋黨之禍釀于草野，欲塞其源，必先杜絕盟社。得旨，飭學臣嚴禁焉。由是士知閉戶讀書，各敬其業。[5]

此禁令一方面化約楊氏的說法，將明末亡國之因歸咎於因晚明復社而起的朋黨，另一方面也透過限制當時士人集會結社的自由，箝制言論。自此之後，士夫官員聚論諱言結「社」，即使有也多以「文酒會」稱之。例如王士禛（字貽上，號阮亭、漁洋山人，1634-1711）曾言：

康熙丙午、丁未（1666-7）間，予在京師，與先生（容齋）

---

4 蔣良騏，《東華錄》，卷8，頁131。

5 朱彝尊，〈光祿大夫兵部左侍郎楊公神道碑銘〉，收錄在王利民等校點，《曝書亭全集》（長春：吉林文史出版社，2009），《曝書亭集》，卷71，〈碑三〉，頁687。

及說嚴、公勇（劉體仁）、莒文（汪琬）、曰緝（梁熙）諸君
子作文酒之會。公餘閒暇，輒相與過從談笑，上下其議論，
詩篇酬唱無虛日。[6]

康熙丙午、丁未間是五、六年（1666-1667），亦是孫承澤（字耳
伯，號北海、退谷，1592-1676）、劉體仁（字公勇，號蒲庵，
1618-1677）與梁清標（字玉立，號棠村，1620-1691）所舉「雅
會」成立之時。劉體仁兒子劉凡在其父《七頌堂識小錄》書末記
云：

　　先君子性恬澹，惟喜搜羅典籍，他無所嗜。丁未（1667）
官京師五年，是時名卿大夫，公餘揚扢風雅，則有龔芝麓
（鼎孳）、汪鈍翁、王阮亭諸先生。好古鑑賞家則有梁真定、
孫退谷兩先生，文酒相娛樂，名曰「雅會」。[7]

同是在康熙六年（1667）所舉，劉體仁一方面參與當時的詩文酬
唱，另一方面則是以「好古鑑賞」的「雅會」。此「文酒之會」
類型的「雅會」即是本文要探討的主體，理由有三：第一是由於
此會是在北京所舉，與晚明東南地區詩文社的成員與內容相較，
大不相同。第二此會參與人員除了孫承澤、梁清標已致仕外，多
具有在朝官員的身分。第三此會內容以「好古賞鑑」為主，相較
過往的社會性質，實屬罕見。因此，究竟在什麼樣的政治社會背

6　王士禛，《蠶尾文集》，收入《王士禛全集》（濟南：齊魯書社，2007），卷
　　1，〈野香亭集序〉，頁1784。
7　劉體仁，《七頌堂識小錄》，收入王秋生校點，《七頌堂集》（合肥：黃山書
　　社，2008），頁234。

景之下，產生出這樣的會社？參與者的目的除了「娛樂」之外，還有其他原因嗎？而此會的出現，在當時北京士人圈中呈現何種文化的意義？所留下的賞鑑言論表達出什麼樣的胸懷與心境？

二、孫承澤《庚子消夏記》：玩物以明志

「雅會」的舉行與內容，須從此會最重要的主角，也是後世所謂的「貳臣」孫承澤談起。孫氏在當時北京的政界與學術圈，享有盛名。明遺民王弘撰（字文修，號太華山史，1622-1702）提及孫承澤時說：

> 京師收藏之富，無有過於孫少宰退谷者。蓋大內之物，經亂後皆散逸民間，退谷家京師，又善鑑，故奇蹟秘翫咸歸焉。予每詣之，退谷必出示數物，留坐竟日。……時方搆「秋水軒」，以著述自娛，其扁聯皆屬予書。年已七十有八，手不釋卷，窮經博古，老而彌篤，近今以來所未有也。8

王弘撰以「窮經博古，老而彌篤，近今以來所未有也」評價孫承澤，可以想見此人在當時的聲望。清初理學名臣陸隴其（字稼書，諡清獻，1630-1692）的《三魚堂日記》中也曾記云：

> （康熙十五年［1676］十一月）初四。……翼王（陸原輔）言：「北海學博而才敏，其所著諸諸書雖不皆精，然多有益

---

8 王弘撰撰、何本方點校，《山志》（北京：中華書局，1999），〈初集卷1．孫少宰〉，頁21-22。

於學者，博學之士皆收門下，相助校對，朱錫鬯（彝尊）、
顧寧人（炎武）其尤也。」[9]

朱彝尊與顧炎武在後世皆以博學考據馳名，卻都曾在孫承澤門下
「相助校對」，可見三人之間聲氣相通，臭味相投，對於史學有共
同的目標與愛好。[10]孫承澤歿於康熙十五年（1676），不久之後修
成的《大興縣志》裡列傳評價他說：

生平於性命經濟之學，靡不究心，晚年益多論述。經學有
《孔易傳義合閩》、《尚書集解》、《禹貢考》、《詩經朱翼》、
《春秋程傳補》、《儀禮經傳合解》諸書。理學有《宋五先生
學約》、《明四先生學約》、《道統明辨錄》、《諸儒集抄》、
《籐陰剳紀》諸書。史學有《山書》、《四朝人物志》、《春明
夢餘錄》、《天府廣記》、《畿輔人物志》、《歷代史翼》、《元
朝人物略》、《元明典故編年考》諸書。經濟有《水利書》、
《河紀》、《歷代學典》、《寰宇志略》、《典制紀略》、《山居
小箋》、《硯山齋集》、《高新鄭張江陵經濟文選》、《益智錄》
諸書。其尤有功於聖學者，考正王陽明所集《朱子晚年定
論》一書。[11]

9　陸隴其，《三魚堂日記》（收入《續修四庫全書》，史部第559冊，上海：上海
古籍出版社，1997），卷3，頁494d。

10　謝正光，〈清初的遺民與貳臣──顧炎武、孫承澤、朱彝尊交遊考論〉，《清
初詩文與士人交遊考》（南京：南京大學出版社，2001），頁338。

11　張茂節修，李開泰等纂，《大興縣志》（清康熙二十四年〔1685〕修烏絲欄清
鈔本，傅斯年圖書館藏），卷5，頁49。

縣志所記，雖不無溢美之嫌，但從其所著之書有「經學」、「理學」、「史學」與「經濟」四方面來論孫氏「生平於性命經濟之學，靡不究心，晚年益多論述」，亦不為過。然而這個評價卻與後來的傳記所載有相當大的差距，原因在於乾隆三十年（1765）時，孫氏與陳名夏（字百史）結黨一事被乾隆皇帝欽點，認為當時大臣的傳記所述有很大的問題。《東華錄》記載乾隆的「上諭」說：

> 朕恭閱《世祖章皇帝實錄》，內載大學士甯完我劾奏陳名夏之疏，有與魏象樞結為姻黨一款。朕向聞魏象樞在漢大臣中尚有名望，乃與黨惡之陳名夏聯姻，藉其行私護庇，則亦不得謂之粹然無疵之名臣矣。因取國史館所撰《列傳》止稱以事降調而不詳其參劾本末，則後之人亦何由知其事為何事而加之論定乎？……第國史所以傳信，公是公非，所關原不容毫釐假借，而瑕瑜並列，益足昭衡品之公。所謂據事直書而其人之賢否自見。若徒事鋪張誇美，甚或略其所短，暴其所長，則是有褒而無貶，又豈春秋褒衰斧鉞之義乎？且以眾所共譽之魏象樞尚有瑕隙可抵，非今日因事稽覈，誰復摘其隱微。若罪惡顯著之陳名夏，及楊義所參交結黨援之孫承澤，俱曾身為大臣，特以身名隕越，國史擯而弗書，將世遠年湮，更無有知其罪狀之昭宣，與夫糾彈之顛末。[12]

---

12 王先謙纂修，《十二朝東華錄・乾隆朝》（新北：文海出版社，1963），卷21，頁796-797。對於「貳臣傳」編撰始末請見陳永明，〈《貳臣傳》、《逆臣傳》與乾隆對降清明臣的貶斥〉，《清代前期的政治認同與歷史書寫》（上海：上海古籍出版社，2011），頁220-259。

乾隆認為孫承澤因結黨而身敗名裂，國史卻不載明其事，後人如何知曉？到了四十一年（1776），編撰《貳臣傳》時，孫承澤更因出仕三朝（明、李自成、清），評價更加不堪。《貳臣傳》記云：

> 福王時，以承澤曾降附流賊李自成，定入「從賊案」。本朝順治元年（1644）五月起，授吏科都給事中。……承澤既歸，楊義劾承澤素附陳名夏，表裡為奸，積年罪狀可據，承澤上書自訟。十一年（1654），部議應休致，遂不復用。[13]

孫承澤先是因為與陳名夏結黨之事而「身名隕越」，後又因列入《貳臣傳》中，故此後所有提及孫氏之文字莫不以官方說法為準，致使其學術思想與著作的重要性因之淹沒不彰。就以《春明夢餘錄》來說，乾隆末年修訂的《四庫全書總目提要》論此書云：

> 於明代舊聞，採摭頗悉，一朝掌故，實多賴是書以存，且多取自《實錄》、邸報，與稗官野史據傳聞而著書者究為不同。故考勝國之軼事者，多取資於是編焉。[14]

四庫館臣以「體例」標準吹毛求疵，卻又不得不肯定此書有相當多的「舊聞」為他書所無，此書「勝國軼事」多或許是孫氏有意

13　國史館編，《貳臣傳》（收入《清代傳記叢刊》第57冊，台北：明文書局，1985），卷12，頁813-816。此傳亦收入在中華書局編，《清史列傳》（台北：中華書局，1964），卷79，〈貳臣傳乙〉，頁47。

14　永瑢，《四庫全書總目》（新北：藝文印書館據清同治七年〔1868〕廣東書局本影印，1974），卷122，〈子部三十二〉，頁2448a-2448b。

為勝國修史的初衷。而依此書擴充而成的《天府廣記》，《四庫全書總目提要》卻說此書有收錄「失之泛濫」、自載其奏疏「未免明人炫之習」、「傳聞失實」、史事「牴牾」等病，最後說「核其全書，大抵瑕多而瑜少也」。[15] 從這兩個不一的評價來看，可見當時四庫館臣們一方面要遵守官方的評價，另一方面又不得不重視孫承澤的著作。《大興縣志》說孫承澤究心於「性命經濟之學」的說法，一方面可證之於著作，另一方面也為友朋所肯定。舉例來說，《春明夢餘錄》中「從祀」條末說：

> 國家祀典、二丁之祭宜與郊社宗廟並重，其典制乃《太學志》中缺焉不備，故詳稽而備錄之。且考歷代之所加禮，隆殺當否，可以知其君焉！知其臣焉！並可以知其世焉！[16]

孫氏意即透過對典章制度的詳細記載，以見當時君臣、以論當時之世。又在《天府廣記》「倉場」下談開「海運」之事時說：

> 梁公（梁夢龍）、王公（王宗沐）俱有刊成〈海運考〉，極其詳備，有志經國者所宜留心也。[17]

四庫館臣只說孫氏摘錄明人章奏，卻沒提孫承澤選錄這些奏疏的用意。同樣的呼籲也再見「工部」條下「海道膠萊河」，記云：

---

15 永瑢，《四庫全書總目》，卷77，〈史部三十三〉，頁1587b-1588a。

16 孫承澤，《春明夢餘錄》（台北：大立出版社據1883年南海孔氏刻印古香齋袖珍本影印，1980），卷21，〈從祀〉，頁233d。

17 孫承澤，《天府廣記》（收入《北京古籍叢書》，北京：北京古籍出版社，1984），卷14，〈倉場〉，頁178-179。

夫海運關燕都重輕，新河係海運通塞，留心國事者所亟宜
咨訪也。[18]

一再提及「海運」的重要，自然是孫承澤多年來政務歷練的心得
（有《九州山水考》《河紀》之作），卻因陳名夏之事被迫致仕。
所以其友王鐸（字覺斯，號嵩樵，1592-1652）在〈謁希夷祠孫北
海敬事墅中〉詩云：

　　獨寢深巖內，神明有準繩。此時為虔禮，大道竟何能！古
　　貌空人邅，高烟滿石稜。先生經濟者，豈是溺飛昇。[19]

王鐸認為孫承澤不是像陳摶（872-989）一般好道家之術，而是有
志於「經世濟民」之人，但因為現實政治環境所限，無能「行其
道」，只能「獨寢深巖內（退谷）」。空有「博學」，卻無能在政
務上一展拳腳，故其晚年居西山「退谷」，亦有其深意。從孫氏
一生歷仕三朝，最後又因結黨一事被迫致仕的過程來看，應是取
《詩經・大雅・桑柔》所言「瞻彼中林，甡甡其鹿。朋友已譖，
不胥以谷。人亦有言，進退維谷」之意。〈詩序〉說：「桑柔，芮
伯刺厲王也。」故此章內容在說「刺王用小人」，孫承澤《詩經朱
傳翼》書於此條下說：

　　言既無惠君以擇相，由是在位者皆好讒譖，亦何往而不窮
　　哉！瞻彼中林，甡甡然同行之鹿，猶有同類和輯之意。況同

---

18 孫承澤，《天府廣記》，卷21，〈工部〉，頁282-283。
19 孫承澤，《天府廣記》，卷44，〈詩〉，頁762。

在王朝為朋友者，乃譖己于上以謗毀，不相與以善，曾鹿之不如也。是以當此之時，進則阻于君，退則憂于讒，「人亦有言，進退維谷」，何其窮一至此哉！20

這跟孫承澤因同僚楊義彈劾而被迫致仕情節若合符節，「進則阻于君，退則憂于讒」不正是其晚年心情的寫照。

孫承澤另一為人所重的是書畫古玩等的鑑賞，《庚子消夏記》一書影響廣泛，歷來學界研究不斷，蔚為大觀。21但孫氏是如何從種種「經世濟民」的著作中，轉進至連《縣志》都不列出的「小道」裡呢？緣由必須從順治朝說起。孫承澤晚年曾說到其收羅書畫古玩等的因緣，他說：

甲申（順治元年，1644）後，銅駝既在荊棘，玉盌亦出人間。二三同好，日收敗楮斷墨以寄牢騷。予有「墨緣居」在室之東，或有自攜所藏，間相過從，千秋名跡，幸多寓吾目焉，追憶紀之。22

清廷控制北方後，孫氏與二三同好，開始搜羅古物「以寄牢

20 孫承澤，《詩經朱傳翼》（收入《四庫全書存目叢書》，經部第72冊，台南：莊嚴文化事業有限公司，1997），卷25，〈桑柔〉，頁730a-730b。

21 林婉瑜，〈儒士・貳臣・收藏賞鑑家——孫承澤（1582-1676）之生活、繪畫品味與影響〉（桃園：國立中央大學藝術研究所碩士論文，2004）；秦金根，〈《庚子消夏記》及其畫論思想〉，《大連大學學報》，28：4（大連，2007），頁48-52；李永，〈山居・清侶：清初貳臣孫承澤的晚年著述與書畫玩賞〉，《美術學報》，第6期（台北，2015），頁41-47。

22 孫承澤，《庚子消夏記》（收入《藝術賞鑑選珍續輯》，台北：漢華文化事業公司，1971），卷8，〈寓目記〉，頁319。

騷」，並且相約聚觀賞鑑。看到孫氏此段話，會以為他仕途不得意，實則不然。從順治元年任吏科給事中起，一直升官，通政使司左通政、太常寺卿、大理寺卿、兵部右侍郎、都察院右都御史、吏部右侍郎、吏部左侍郎，直至十一年（1654）才因陳名夏黨案而致仕。對於一個前朝遺臣又曾歸順李自成的士人而言，仕途發展不可謂不好，但要寄什麼牢騷呢？很重要的原因有二：一是仕途的升降取決在滿人之手，而不是依靠個人的才能，即便是孫承澤編纂了那麼多的經史子部之書。例如說順治九年（1652）4月，都察院疏糾吏部右侍郎孫承澤兩耳俱聾，竟以此解任。[23] 後又說是誤傳旨意，再復原職[24]，但這升黜之間，對當時在朝官員內心形成多大的壓力。第二是其所任之官職，多是「副手」性質，並無實質的權力，以行其經世之志。最後當孫氏以結黨的理由被迫致仕，心情想當然耳是不好的，他說：

> 憶丁亥之冬（順治四年，1647），曾著《帖考》，今舟冉冉十三年矣。舊所見者失去大半，存者重一寓目，聊借以瀟灑送日月而已。煙雲過眼，寧敢謬執為常有乎！[25]

所謂《帖考》指的是《閒者軒帖考》，如與十三年後的《庚子消夏記》相比，內容已然不同了。而「借以瀟灑送日月」一語出自一七、八十歲老人之口，無仍是虛耗光陰，等死之意罷了。但老人總是口是心非，觀此書之作，絕非「瀟灑送日月」而已。

23《清實錄‧世祖章皇帝實錄》，卷64，「順治九年4月26日」，頁504。

24 同上注，卷65，「順治九年5月28日」，頁509。

25 孫承澤，《庚子消夏記》，卷4，頁173。

　　觀察孫承澤《庚子消夏記》中，某些書畫後的說明，顯露出他當時的心情，而這在其著作之中是彌其珍貴的，因為其並沒有留下詩文集之類的著作。例如推崇易代高隱的人物，如趙孟堅（字子固，號彝齋居士，1199-1264）。孫承澤記「趙子固水仙卷」云：

> 彝齋倜儻不羈，風神道上，精於繪事。晚年尤好畫水仙，欲以敵楊補之梅花。……余觀此卷，風枝雨葉，縱橫奇宕，如讀蒙莊遷史文，莫可端倪，殆如子固出現。此宇宙奇觀，不可作畫圖看。[26]

這樣的說法是表達其觀畫心得，但接著又補上歷史上對趙孟堅的評價，引用元朝姚桐壽（字樂年，自號桐江釣叟）《樂郊私語》的說法云：

> 趙子固，宋宗室也。入本朝，不樂仕進，隱居州之廣陳鎮。……公從弟子昂（趙孟頫）自苕中來訪公，公閉門不納，夫人勸之，始令從後門入。……子昂退，使人濯其坐具，蓋惡其作賓王家也。[27]

《樂郊私語》今之刻本收在曹溶（字秋岳，號倦圃，1613-1685）所編《學海類編》中，而孫、曹兩人又是好友，故孫氏才能引用

---

26 同上注，卷2，〈趙子固水仙卷〉，頁90-91。

27 同上注，頁91-92。此文見姚桐壽，《樂郊私語》（收入《學海類編》，台北：台聯國風出版社，1971），頁5699d-5700a。文字有些許差異。

此條。歷史上對趙氏水仙卷的評語不少，多是談其技法，[28]沒有人突出其「隱節」，孫氏取姚桐壽之說，無乃以此自況。趙孟堅連其從弟趙孟頫（字子昂，號松雪道人，1254-1322）都不願見，亦如孫承澤此書序言所言：「家居已久，人鮮過者，然亦不欲晤人。」[29]觀子固圖必須觀其「高隱」之節。而孫承澤將王冕（字元章，號煮石山農，1287-1359）的「梅」、楊無咎（字補之，號逃禪老人，1097-1169）的「竹」與趙孟堅的「水仙」，稱為「三雅」，並以此名齋。宋犖（字牧仲，號漫堂、西陂，1634-1713）曾回憶說：

> 退谷先生（孫侍郎承澤）許數過，高齋三雅共摩挲。偶披《五石瓠》中目，始恨當年未見多。（侍郎以楊補之竹、趙子固水仙、王元章梅為「三雅」，因以名齋。《五石瓠》為劉織著。）[30]

談王冕畫梅，孫承澤說：

> 元章墨梅一株，信筆揮洒，直以古逸取勢。自題一詩：「我家洗硯池頭樹，個個花開淡墨痕。不要人誇好顏色，只留清氣滿乾坤。」宋元人作梅，有以工勝者，若論韻致則惟

---

28 參見陳高華，《宋遼金畫家史料》（北京：文物出版社，1984），〈趙孟堅〉，頁742-755。

29 孫承澤，《庚子消夏記》，卷1，頁39。

30 宋犖原唱，朱彝尊和，《論畫絕句》，收錄在黃賓虹、鄧實編，《美術叢書》（新北：廣文書局，1963），「初集第5輯」，頁57a。

元章耳。31

王冕之梅以「韻致」勝，然孫氏按語又云：

> （元章）嘗北遊大都，館秘書卿台哈布哈家，欲薦以館
> 職。元章笑曰：「公誠愚人，不十年，此地狐兔走矣。何以
> 仕為？」掉臂歸越，復大言天下將亂，時四方無事，或斥其
> 妄。元章曰：「妄人非我，誰當妄者。」乃攜妻子隱九里山，
> 嘗仿《周禮》著書一卷，坐臥自隨，秘不示人。曰：「吾未
> 即死，持此以遇明主，伊呂事業不難致也。」及明祖下金
> 陵，杖策見之，署為軍咨。未幾，以老病卒。32

看畫梅應就「梅」如何如何論之，卻按語說王冕的政治抱負與著
書緣由，間接透露孫承澤的想法，然這不是孤立的事情。另一個
處於明清易代之際的遺民黃宗羲（字太沖，號梨洲，世稱南雷先
生，1610-95）在其名著《明夷待訪錄》題辭內也提到王冕，他
說：

> 冬十月，雨窗削筆，喟然而嘆曰：昔王冕仿《周禮》，著
> 書一卷，自謂「吾未即死，持此以遇明主，伊、呂事業不難
> 致也」，終不得少試以死。冕之書未得見，其可致治與否，
> 固末可知。然亂運未終，亦何能為「大壯」之交！吾雖老

31　孫承澤，《庚子消夏記》，卷2，〈王元章畫梅〉，頁104。
32　同上注，頁104-105。

矣，如箕子之見訪，或庶幾焉。[33]

孫承澤談王冕是順治十七年（1660），而黃宗羲則在康熙二年（1663），只差3年，時間上非常接近。可以說，這兩個老人在相近的時間點，仍然渴望得到「明主」的垂愛，致「伊、呂事業」。而孫氏看重楊無咎之竹，他說：

> 無咎以梅花擅名世傳，畫竹惟此兩枝，數葉孤清欲絕。……按：無咎在高宗朝，以不直秦檜，累徵不起，自號清夷長者，蓋南宋一代高人也。故畫法清曠如此，百世可想其人。[34]

從人品看畫品，「不直秦檜」，看不起當政者，寧願在家不出仕。

此外在〈倪雲林六君子圖〉按語云：

> 元末倪雲林、顧阿瑛皆以風流文藻相尚，二人賞雄江南，亭館聲妓，妙絕一時。兵起，皆毀家自全。顧剃髮為僧，自題小像云：「儒衣僧帽道人鞋，到處青山骨可埋。若問向來豪俠處，五陵裘馬洛陽街。」倪有雲林堂、清閟閣，名聞四夷，至亂斥賣田宅得錢數百緡，會稽張伯雨至，念其貧且

---

33 黃宗羲，〈題辭〉，《明夷待訪錄》，收入在沈善洪主編，《黃宗羲全集》，第1冊（杭州：浙江古籍出版社，2005），頁1。對此題辭的研究，請參見王汎森，〈《明夷待訪錄》〈題辭〉中的十二運〉，《中央研究院歷史語言研究所集刊》，84本3分（台北，2013），頁527-555。

34 孫承澤，《庚子消夏記》，卷2，〈楊補之孤竹圖〉，頁89-90。

老，悉推與之，不留一縕。扁舟遨遊，終於故人之家。[35]

孫氏在此圖後還引明代李日華（字君實，號竹懶，1565-1635）語
云：

> 六君子乃「松、栢、樟、楠、槐、榆」六樹，行列脩挺，
> 疎密掩映，位置得宜而皆在平地。且氣象蕭索，有賢人在下
> 位之象，豈或當日運數否塞，高流隱遁而為是歟？[36]

「賢人在下」、「高流隱遁」，從六棵樹的圖像就能有此想像，孫
氏還抄進書中，莫非亦有此懷呢？在錢選（字舜舉，號玉潭，
1239-1301）的山居圖評論說：

> 舜舉與趙子昂同里，並在吳興八俊中。至元間，子昂徵
> 入，功名赫赫，諸人皆依附取官，獨舜舉齟齬不合，流連詩
> 畫以老，蓋宋之遺老也。予見其畫頗多，獨山居圖為最，蒼
> 松老屋，雲白樹紅，二人靜對扁舟，想見高人胸次，覺子昂
> 諸作終多翩翩富貴氣象耳。[37]

孫氏評價畫的層次高低意境不同，很大程度取決於作畫人的人品
作為。即使同為「八俊」之一，一出仕一高隱，評價截然兩端。
孫承澤在此評論後又有一評論道：

---

35 同上注，〈倪雲林六君子圖〉，頁93-94。

36 同上注，頁93。

37 同上注，〈錢舜舉山居圖〉，頁105-106。

　　里人鍾文子有「旅葵圖」，索余題之。余曰：「舜舉宋進士
　　不肯出仕，歸老霅川，以詩畫自娛。旅葵一圖，仿閻立本筆
　　意。蓋身際板蕩之餘，追憶來庭之盛，悽然有今昔之感焉。
　　此即前人紀夢華、譜塗山之意也。觀者以意逆志，斯得之
　　矣。」[38]

錢選在宋朝已為進士，易代之後，不肯出仕，其心情也反應在繪
畫中。孫氏要觀畫人「以意逆志」，亦是其觀看之道。而著重
「高隱」之節，高舉趙孟堅與錢選之畫，反之即貶低出仕之人的
畫作，如趙孟頫。然孫承澤在抄引元人姚桐壽論趙孟堅的說法
時，卻刻意遺忘最後的評語：

　　子昂風神美麗而和易可親，文章、書、繪，人號「三
　　絕」。若夫懲惡徹里，竟誅桑哥之奸，亦當代第一流人也。[39]

元人論元人，應是相當客觀可信，但對孫氏而言，不以為然，其
癥結仍在「出仕」一節。這個觀點也反映在《黃大癡天台石壁
圖》中，孫氏先引戴表元讚黃公望（字子久，號大癡，1269-
1354）之語，然後說：

　　觀此贊，則其（黃公望）學問人品超絕一世，故畫境奇妙
　　如此。……元季高人不願出仕，如尹蓬頭、莫月鼎、冷啟
　　敬、張三峰，子久與之為師友，恣意玄修以求出世。大約皆

---

38 同上注，頁106。
39 姚桐壽，《樂郊私語》，頁5700a。

負才之士，不屑隱忍以就功名者也。[40]

負才之士不願出仕，「不屑隱忍以就功名」，意謂畫的境界高低關涉到人品學問，「出仕與否」成為標準之一。因此，在〈吳仲圭鴛湖圖〉中，說吳鎮（字仲圭，1280-1354）「品地絕高，不專志於畫」，畫不易得，還是用趙孟頫「芭蕉美人圖」換到手的。又特別提及其在元代的事蹟云：

> 世傳仲圭少好劍術，偶讀《易》，乃一意韜晦。隱武塘賣卜，又厭而潛跡委巷中。繞屋植梅，日哦其間，因號梅道人。後預治壙，自題云梅花和尚墓。及兵亂，諸墓被伐而獨以和尚墓獲免，蓋元之高隱，後世乃以畫掩之也。[41]

熟悉收藏家心態都會把自己認為次要的換自己很想要的東西。以趙孟頫之畫換來吳鎮的，以此可知，畫家地位在其心中的重要程度。故孫氏在李成（字咸熙，世稱李營丘，919-967）《寒林圖》按語云：

> 成（李成）人品甚高，當時有顯人慕成名，貽書招之。成得書，且憤且嘆曰：「自古四民不相雜處，吾本儒生，雖游心藝事，然適意而已。奈何使人羈致入戚里賓館，研吮丹粉

---

40 孫承澤，《庚子消夏記》，卷2，《黃大癡天台石壁圖》，頁98-99。戴表元讚其像曰：「身有百世之憂，家無擔石之樂。蓋其俠似燕趙劍客，其達似晉宋酒徒。至於風雨塞門，呻吟盤礴，欲援筆而著書，又將為齊魯之學。此豈尋常畫史也哉。」

41 同上注，〈吳仲圭鴛湖圖〉，頁102-103。

而與畫史冗人同列乎？」⋯⋯天下未有不立品而能擅絕調者
也。[42]

「立品」才有「絕調」，不再是先藝後道，而是「道藝合一」。

　　而孫氏又是如何看待自己的呢？他內心是否憂懼後人將以其
出仕三朝的經歷來評價他呢？他在評朱熹的墨寶時，詳細說明朱
子在當時被攻擊為「偽學」的過程，最後說道：

　　嗟乎！小人無忌憚一至於此。未幾，晦翁舉世仰之如山
　　斗，得其片楮隻字，寶如琬琰。則當日小人，殊足憐，不足
　　惡也。故士君子立身行己，有終身之憂，無一朝之患。閱先
　　生遺墨，謾記於此，時庚子（順治十七年，1660）四月初九
　　日。[43]

孫氏生平一以朱子為宗，衛道之心甚重。今日觀朱子墨寶，彷彿
得到積極面對困境的力量，認為一時的言論不足懼，君子爭的是
千秋後世的聲名。在「萬年宮碑陰題名」，又引趙明誠（字德
甫，又作德父，1081-1129）《金石錄》之說：

　　趙德父云：「每覽此碑，（見長孫無忌、褚遂良、許敬宗、
　　李義甫同時列名）未嘗不掩卷太息。以為善惡如水火，決不
　　可同器，惟人主能辨小人而遠之，然後君子道長，而天下
　　治。若俱收並用，則小人必得志，小人得志則君子必被其

42　同上注，卷3，〈李成寒林圖〉，頁139。

43　同上注，卷1，〈朱元晦城南二十詠墨跡〉，頁53-54。

禍，如無忌、遂良是已。然知人，帝堯所難，非所以責高宗
也。」可稱篤論，附錄之。[44]

將此段文字放在孫氏因被彈劾而致仕的情況下來觀察，不難理解
其心中之氣仍未平伏，仍認為被小人所害。在蘇軾（字子瞻，號
東坡居士，1037-1101）的墨寶後評論說：

> 傳世者米書多，蘇書少，蓋以當時黨禁，人不敢收蘇氏文
> 字，存者多付之水火，今之行世者，皆爐餘也。……黃涪翁
> 曰：「子瞻書為當代第一，為其挾以文章忠義之氣耳。」此真
> 知公者也。[45]

王鐸曾經跋此書跡曰：

> 北海以蘇手書，令人審定。凡書以法重，所以重在人乎，
> 不在人乎？人重則天器之說也！歐蘇以直諫為宋室爭大事，
> 不顧扒亂，不論夷險，其方勁邁俗之骨力，豈待于筆墨文字
> 哉！即筆墨可見公于毫楮間，矧當時之親炙也，以羹以牆。
> 謂書畫為細娛者未可言書畫者也。北海首肯，不厭斯語。[46]

「謂書畫為細娛者未可言書畫者」一語，一反過往士人文化的觀

---

44 孫承澤，《庚子消夏記》，卷6，〈萬年宮碑陰題名〉，頁250。括號內文字，
　孫氏失抄。

45 孫承澤，《庚子消夏記》，卷1，〈蘇子瞻苦雨詩墨跡〉，頁61-62。

46 王鐸，《擬山園選集》（收入《四庫禁燬書叢刊》，集部第87冊，北京：北京
　出版社，2000），卷38，〈北海孫奉常藏歐陽修蘇東坡墨跡〉，頁561a。

點，認為這些書畫器物古玩皆為「長物」，反而賦予收藏賞鑑一個以史為鑑的意義。這一觀點也表現在孫氏對其隱居不出唯書畫古玩自娛的解釋，在〈歐陽文忠集古錄跋尾墨跡〉後，長引朱熹（字元晦，號晦庵，1130-1200）〈家藏石刻序〉文字，最後說：「觀朱文公之所好，則政不必以玩物為喪志也。」[47] 孫氏尊朱，引用朱子語不足為奇，但朱子此文作於紹興二十六年（1156），[48] 時僅27歲，連啟蒙師李侗（字願中，號延平，1093-1163）的面都未見呢。對如此了解朱子文章道術的孫氏而言，卻刻意引用其早年之文為己伸說，不得不說，實乃在乎時人乃至後人是如何評價他的。

三、劉體仁《識小錄》：「雅會」的紀錄

對於舉辦「雅會」的時間長短不能有一明確的說法，但從劉體仁之子劉凡的說法可知應是康熙六年（1667），一直到十年劉體仁離開北京。或許在劉體仁離開後，還有舉行，但沒有確定的紀錄，也不好討論。主要的參與者有孫承澤、梁清標[49] 與劉體仁，其餘還有宋犖、顧炎武、朱彝尊、王士禎、周亮工（字元

---

47 孫承澤，《庚子消夏記》，卷1，〈歐陽文忠集古錄跋尾墨蹟〉，頁57-59。

48 朱熹，《朱子文集》（台北：德富文教基金會出版，2000），卷75，〈家藏石刻序〉，頁3755。

49 Ho, Wai-kam. and Lee, Sherman E. "The Nature and Significance of The Collection of Liang Ch'ing-Piao," in《中央研究院國際漢學會議論文集（藝術史組）》（台北：中央研究院，1981），頁101-157；陳耀林，〈梁清標叢談〉，《故宮博物院院刊》，第3期（台北，1988），頁56-68；劉金庫，《南畫北渡：梁清標的書畫鑑藏綜合研究》（北京：中央美術學院，2002，博士論文）。

亮，號減齋，1612-1672）、潘耒、李良年、王長垣（名鵬沖，字
文蓀，1609-？）等人[50]。例如康熙八年（1669），王崇簡（字敬
哉，1602-1678）在〈孫北海研山齋龔芝麓劉魯一吳玉騕雅集〉詩
云：

> 研山齋靜掩青蘿，乘興相邀故舊過。憶昔卻憐吾輩在，劇
> 談猶覺壯心多。鼎彝錯落當前好，書畫淹留奈夕何？不醉無
> 歸君莫勸，且將秉燭更高歌。[51]

聚觀之人還有龔鼎孳、劉鴻儒（字魯一，1612-1692）與吳國龍
（字玉騕，號亦巖，1616-1671）；聚觀地則在孫承澤的「研山
齋」。朱彝尊〈李龍眠九歌圖卷跋〉中說：

> 康熙庚戌（九年，1670）秋九月九日，偕崑山顧炎武寧
> 人、嘉定陸元輔翼王、永年申涵光鳧孟、嘉興譚吉璁舟石，
> 觀于宛平孫氏研山齋。[52]

此次聚觀之人還有陸原輔（字翼王，號菊隱，1617-1691）、申涵
光（字孚孟，號鳧盟，1619-1677）、譚吉璁（字舟石，號潔園，
1623-1679）。除了孫承澤占地利之便外，參與之人或多或少都會

---

50 參見李永，〈清初北方士人書畫鑑藏家群體及交往——以孫承澤為中心的考
　察〉，《中國國家博物館館刊》，第3期（北京，2016），頁103-113。

51 王崇簡，《青箱堂詩集》（收入《清代詩文集彙編》，第16冊，上海：上海古
　籍出版社，2010），卷24，〈己酉〉，頁566d。

52 朱彝尊，《曝書亭全集》，《曝書亭集》，卷54，〈李龍眠九歌圖卷跋〉，頁561。
　孫承澤對此圖的看法見《庚子消夏記》，卷3，〈李伯時九歌圖〉，頁121-122。

帶自己的收藏，彼此賞鑑切磋，不但收藏方面有競爭的意味，賞鑑方面亦有高下之爭。這種「社集」的方式，帶給參與者相當多的感受，因而也留下不少的賞鑑心得，透過分析這些心得與過程有助於理解「雅會」的性質與影響。

　　前曾述及孫承澤「三雅齋」之典故，因此在「雅會」裡看這三人之畫也是理所當然，朱彝尊就說：

> 朱三十五梅詞：「橫枝清瘦只如無，但空裡、疏花數點。」「梅花有魂」二語攝之。此唯逃禪楊叟能寫出，若煮石山農，興酣落筆，便與少陵「亂插繁花照晴昊」句相似。愁眼雖衝，要非逃禪叟意中景矣。歲在丁未冬（康熙六年，1667），坐孫侍郎退翁蟄室，斲輬試謝道韞研書。[53]

說楊無咎的梅，只有朱敦儒（字希真，號巖壑，1081-1159）的詞相匹配，而王冕的梅則似杜甫之詩，兩者不同。此外，朱氏也看了趙孟堅的「水仙」，他說：

> 趙子固水仙橫幅，觀于北平孫侍郎硯山齋。記先子恒言世多贗本，其真跡有九十三莖者最佳，今數之，果然。侍郎所蓄有楊補之「墨梅」、顧定之「墨竹」與是卷，稱「歲寒三友」。梅竹無多花葉，而水仙獨繁，然對之不異神仙冰雪之容，正樂府詩所云「寂寥抱冬心」者也。[54]

---

53 朱彝尊，《曝書亭全集》，《曝書亭集》，卷54，〈題楊補之墨梅〉，頁562。
54 同上注，〈書彝齋趙氏水仙花卷〉，頁562。

「冬心」，表達出易代之際，內心的淒苦。康熙九年（1670）10
月，又看《王維伏生圖》，朱彝尊曰：

> 世之法書善畫多祕之內府，人既未得觀，間復流傳于世，
> 藏之者非其人，則觀者亦取非其人，此書畫之厄也。是圖之
> 得歸孫氏，非至幸與？先生今年七十有八，猶治《尚書》不
> 輟，所注〈禹貢〉〈洪範〉，其發明經義甚詳，對先生之容，
> 益悟維之貌生能入神也。同觀者譚七舍人兄吉璁舟石、李十
> 九秀才良年武曾。[55]

看完《李龍眠九歌圖卷》後，隔月再與譚吉璁與李良年一同去孫
承澤家看此圖，並將孫氏比喻為今之伏生。[56]這幅圖後來輾轉經過
梁清標之手，最後為宋犖所藏。朱彝尊還將此圖轉手過程賦予一
珍貴之物應由適當的人所藏才是的意義，他說：

> 是圖庚戌（1670）冬觀于北平孫侍郎蟄室，因跋其尾。既
> 而歸于棠村梁相國，今為漫堂宋公所藏。主雖三易，不墮秦
> 會之（檜）、賈師憲（似道）、嚴惟中（嵩）之手，濟南生亦
> 幸矣。[57]

---

55 朱彝尊，〈王維伏生圖跋〉：「右王維所畫伏生，上有宋思陵題字。庚戌十
　月，觀于退谷孫侍郎齋。」《曝書亭全集》，《曝書亭集》，卷54，頁560。

56 劉體仁也看過此畫，《七頌堂識小錄》：「《伏生圖》，席地憑几，短鬚雞皮，
　真九十老人。而眉目靜遠，則大儒也。宣和帝題『王維寫伏生』數字，字極
　楷。上用乾卦印，背亦精絹裝。」《七頌堂集》，頁232。

57 朱彝尊，《曝書亭全集》，《曝書亭集》，卷54，〈再題王維伏生圖跋〉，頁
　560-561。此文作於「康熙辛巳（四十年，1701）二月八日」，見頁561，編者

除了看畫，也看古物，例如看「季子劍」，朱彝尊記云：

> 康熙九年（1670）冬十有二月，偕嘉興李良年、吳江潘
> 耒、上海蔡湘，過退谷孫先生蟄室。出延陵季子佩劍相
> 示。……其曰季子劍者，先生審定之辭云爾。先生命四人聯
> 句詠之，詩成，摹銘文于前，俾書聯句于後，裝界為冊，藏
> 之硯山書屋。[58]

朱氏有〈孫少宰蟄室觀吳季子劍聯句四十韻〉[59]，同行的有李
良年、潘耒與蔡湘。陳維崧（字其年，號迦陵，1625-1682）也曾
前往，其〈孫退谷先生招同王敬哉思齡兩先生暨弟緯雲夜集看劍
齋即席命作看劍歌〉云：

> 秋星簾前大如斗，看劍齋中夜命酒。先生八十杯在手，酒
> 酣跌宕無不有。須臾叱吒平頭奴，跪捧三劍當堦趨。眾賓目
> 攝不敢動，列缺閃爍翔天吳。其一首銳不盈咫，欻雲吳季子
> 之子。其一屈曲如繞指，古之魚腸毋乃是。其一煆煉非五
> 兵，玉鎗墮地啼錚錚。截犀剸兕不足怪，拂鐘立斷蒲牢鳴。
> 吾聞洛陽街銅駝裡。中有三河輕俠子，醉餘亂舞劍花紫。模
> 糊照見春坊字，往往胸多不平事。先生老矣夫何求，一生自
> 問無恩仇。胡為龍性馴不得，夜夜神物懸牀頭。先生大笑一
> 拍手，劍色淋漓著胸走。頭白摩娑萬卷書，此書與劍吾老

註1。

58　同上注，卷46，〈周延陵季子劍銘跋〉，頁499-500。

59　同上注，卷7，〈古今詩〉，頁131。

友。出如脫兔處靜女。夜闌撫劍相爾汝，哀角一聲斷行旅。[60]

從此歌可知，觀劍時間在秋天晚上，類似「文酒會」，參與的還有王崇簡（字敬哉，1602-1678）等人，所看之物有三：一為「吳季子之劍」[61]、一為「魚腸劍」，另一為「玉圭」。王士禛記云：

> 孫北海家藏三劍：其一銅劍，長尺餘，有鳥篆十字，云「吳季子之子保之永用劍」，篆甚奇古。其一玉劍，長尺有二寸，博三寸，中鑿一孔，剡其上若芒刃，云有人得之成湯墓中。其一魚腸，秀水朱處士彝尊云：「疑鄭康成所謂大琰者也。考之桃氏作劍，未聞攻玉。玉劍之載于《六經》者無之，遂定以為圭，因作釋圭。」[62]

還有「文王鼎」。《識小錄》記云：

> 《文王鼎》所見凡二，馮涿鹿、孫退谷二家所藏，形制皆同。孫氏翡翠尤勝，固仿作，然均非漢以後物。[63]

當然，「雅會」當時所賞鑑之物相當多，《識小錄》所記僅是一部

---

60 陳維崧，《湖海樓詩集》，收錄在陳振鵬標點，《陳維崧集》（上海：上海古籍出版社，2010），卷3，頁697-698。

61 關於此劍銘文的考證與收藏，參見阮元，《積古齋鐘鼎彝器款識》，收入《後知不足齋叢書》（京都：中文出版社，1969），卷8，頁2749-2751。

62 王士禛，《池北偶談》（北京：中華書局，1997），卷14，〈談藝四‧三劍〉，頁348。

63 劉體仁，《七頌堂識小錄》，《七頌堂集》，頁228。

分，但仍可一窺當時會中的情況。另一值得注意的是這些藏品的流通，也都在這個雅會圈子內，而隨著圈中某人物故，藏品散出，自然也就由圈內人士接手。[64]因此，也才能追蹤藏品的去處，這一點皆能證之《庚子消夏記》與《識小錄》的記載。

劉體仁參與「雅會」之前，是先進入王士禎、汪琬等人的「詩社」，因此他的詩作也頗負時名。過去學界研究也著重在其詩作境界的闡發，較少談他的《識小錄》，或許是受《四庫總目提要》的說法所影響：

> 所記書畫古器凡七十四條，多稱孫承澤、梁清標諸舊家物。蓋體仁當時與汪琬、王士禎為同榜進士，以詩文相唱和而與孫承澤等又以博古相高，每條必詳其所藏之人，與其授受所自，皆可資考證。[65]

可是，為何劉體仁會參與「雅會」呢？這得從劉體仁的心志來理解，在順治十二年（1655）中進士後，任刑部主事，後於十六年（1659）八月請病假回鄉，有歸隱之志。但康熙六年（1667）又回任吏部稽勳司郎中、考功。重回北京任官，過的並不舒坦，他

---

64 宋犖，〈跋王摩詰畫濟南伏生像〉：「此王摩詰所寫濟南伏生像，載《宣和畫譜》。……鼎革時，散落人間，為孫侍郎退谷先生所得。……先生歿，轉歸梁相國棠村先生。今康熙庚辰十月（三十九年，1700），余從相國孫右江僉事雍處見之，疏其流傳之緒以示將來。」《西陂類稿》（收入《歷代畫家詩文集》，台北：台灣學生書局，1973，據清康熙五十年商丘宋氏刊本影印），第32冊，卷28，頁1286-1287。此跋不知為何沒有收錄在《漫堂書畫跋》，見黃賓虹、鄧實編，《美術叢書》，「初集第五輯」。

65 永瑢等纂，《四庫全書總目提要》，卷123，〈子部·雜家類七四〉，頁2456d-2457a。

在給張實水的書信裡道盡心情：

> 來長安，見炫煌道路者多矣。始信清閑是享天下第一等
> 福。仁既不能讀書，又不能自樹立，此生將無可紀。[66]

又說：

> 春明無事，欲結一社。或作畫、或作詩文或弈棋，總非忙
> 人之所能至，則名為閑社而已。[67]

作畫、或作詩文或弈棋，是閒人之所為，但仕途多艱，卻不得不
閒，他說：

> 今日安居州里，左圖右書，便是陸地神仙。仕宦者絕無佳
> 況，不獨仁之迂疏為然。……所可喜者，海內名流，時而俱
> 集，文雅縱橫，尚足釋煩解頤。即如前輩如孫北海、王敬哉
> 諸公，典型在望，言論皆有根據，可承事也。[68]

對他來說，當時任官皆為副手，只能聽命行事，實是苦差事，唯
一慶幸是能跟海內外名流交往，而他特別點名孫承澤與王崇簡兩
人。而他與兩位的交往，著重在「典型在望，言論皆有根據」兩
點，這也反映當時很多人不堪為典型、政治言論也無根據。當

---

66 劉體仁，《七頌堂尺牘》，《七頌堂集》，〈與張實水先生〉，頁200。
67 同上注，頁198。
68 同上注，頁202。

然，孫王二人自明末以來，歷仕三朝，典章制度的沿革，了然於
心，更何況孫氏還久任吏部，也就是劉體仁的前任長官。不過，
劉體仁仍然徘徊出仕與入仕之間，時有歸隱之志，顯現在其齋
「七頌堂」之名上。「七頌」是尊崇歷史上七個人：成連、陸賈
（240？-170？B.C.）、司馬徽（字德操，號水鏡，？-208）、桓伊
（字叔夏，？-391）、沈麟士（字雲禎，419-503）、王績（字無
功，號東皋子，約589-644）、韋應物（737-792）。除了成連以
「琴藝」高超馳名外，其餘之人皆帶有懷才不遇，放逐於野的境
況。因此，劉氏詩文中常顯露對「高隱逸民」的看重，如給張實
水信中說：「讀牧老《列朝詩集》，恨其黨聲氣而輕逸民。」[69]說錢
謙益（字受之，號牧齋，1582-1664）《列朝詩集》不收易代之際
詩人的詩。而劉體仁於王績的詩文中選了〈仲長先生傳〉[70]，並錄
序曰：

> 仲長子光者，亦隱者也，無妻子，結廬北渚，凡三十年，
> 非其力不食。績愛其真，徙與相近。子光瘖，未嘗交語，與
> 對酌酒懽甚。[71]

然後詩云：

> 講席逃河汾，乃與長瘖游。銜杯永佳日，高風為獻酬。有

69　同上注，頁204。

70　王績，《王無功文集：五卷本會校》（上海：上海古籍出版社，1987），卷5，
　　〈仲長先生傳〉，頁178。

71　劉體仁，《七頌堂詩集》，《七頌堂集》，卷1，〈七頌・王績〉，頁204。此段
　　文字出自《新唐書》，卷196，〈列傳第一百二十一・隱逸〉。

耳無留語，觳音徒唭喎。[72]

王績有一著名的族兄王通（字仲淹，號文中子，584-617），在隋代享有大儒之稱，然王績在入唐後鬱鬱不得志，情況很像劉體仁，都是在易代之際，找不到人生的方向。王績有一馳名之作〈無心子并序〉：

> 無心子寓居於越，越王不知其大人也。拘之仕，無喜色，泛若而從。越國之載曰：「有穢行者不齒」。俄而無心子者以穢行聞於王。王黜之，無慍色，退而將遊於茫蕩之野。適繢之邑，而遇機士，機士撫髀而歎者三，曰：「嘻！子賢者而以罪廢！」無心子不應。機士曰：「願受教。」無心子曰：「爾聞蜚廉氏馬說乎？昔者蜚廉氏有二馬，一者朱鬣白毳，龍體鳳臆，驟馳如舞，終日不釋鞍，竟以藝死。一者重脛昂尾，駝頸貉膝，踶齧善蹶，棄而散諸野，終年肥遁。是以鳳凰不憎山棲，蛟龍不羞泥蟠。君子不苟潔以羅患，聖人不避穢而養生。」東皋子聞之曰：「善矣盡矣，不可以加矣！」[73]

王績以二馬之喻，來說明世俗人看重出仕，結果累死；而被放逐於野的卻逍遙自在過一生。「棄俗遺名，與日已久。淵明對酒，非復禮義能拘；叔夜攜琴，唯以煙霞自適。……歌去來之作，不覺情親；詠招隱之詩，唯憂句盡。」[74]劉體仁懷抱這樣的心情，怎

---

72 同上注。

73 同上注，卷5，〈無心子并序〉，頁171-172。

74 同上注，卷4，〈答刺史杜之松書〉，頁134。

能在北京名利場中，隨遇而安？康熙七年（1668）時，曾說：

> 余在京師，一時大君子若高宗丞、馮少宰、黏給事、邵員
> 外、鄧行人皆談神仙之學，乃仿其衣之製以相持玩。余自維
> 少長兵間，中更多故，今雖廁身盛時，自西曹遷司勳（吏
> 部），按例畫諾，占位而署，休沐自笑，徒飽而嬉耳。丈夫
> 既不得志於時，不得已而為神仙，尚可自立。遂取是衣，嘆
> 而記之。[75]

尸位素餐，志不得伸，心火上升，劉又在給張實水信中說：

> 心氣梗塞，加以秋暑，真火宅也。無以安置此心，不免以
> 書遮眼。數日來，遂了卻宋人《北盟會編》一百冊。[76]

「無以安置此心」，只能鑽入故紙堆中。因此在給張實水另一封信
中說：「讀史，不載陶南村事，竊謂此君靖節一流人。」[77] 讀史書
也留意類似陶淵明一般的陶宗儀（字九成，號南村，1329-
1410）。施閏章（字尚白，號愚山，1618-1683）曾這麼形容劉體
仁：

> 公勇壯年名進士，多才善游，早據要津，可安坐致卿貳，
> 顧休沐家居十餘年不出。吾聞公勇嘗過蘇門與孫徵君鍾元

---

75 劉體仁，《七頌堂文集》，《七頌堂集》，卷2，〈渾元衣記〉，頁148。
76 劉體仁，《七頌堂尺牘》，《七頌堂集》，〈與張實水先生〉，頁205。
77 同上注，頁202。

> 游，攷論道德，遂置別墅為「留琴堂」，其有樂於此，將抱
> 琴而往邪？士貴功業自我建，公勇故軒然自負，即諸子繼貴
> 顯，其肯未老而磨耗壯心邪？吾又以知公勇之不測也。[78]

當同輩人都努力在仕途上奮進，而劉體仁卻反其道而行；別人要
仕，他卻要隱，而這也是《識小錄》的著作背景。

參與「雅會」的人很多，但除了劉體仁《識小錄》一書外，
都沒有留下較為明確的紀錄。即使如此，劉書當時也沒刊刻，誠
如其子所言：

> 群推先子博識，相與商榷古今，考辨真贗，次第間錄成
> 帙。諸公慫傳布，遭爭索，囑勿以錄示人，因儲篋衍六十年
> 矣。[79]

由於聚會目的首要是「商榷古今」，因此《識小錄》書中記載不
少當時所見到的書畫刻石等，如「馮涿州宋元畫冊二，戊申冬歸
之孫北海先生，己酉人日余獲觀焉。」[80]馮涿州是馮銓（字伯衡，
號鹿菴，1595-1672），與孫承澤同為異朝出仕之人，交情也很
好，也同在順治末年致仕。戊申是康熙七年（1668），隔年，劉
氏才在孫氏家中見到。這裡也可以看出，孫氏所藏之物，絕不止
《庚子消夏記》內所載的。例如「絳帖」，《庚子消夏記》已載，
但孫氏又從馮銓那得一全本。《識小錄》記云：

---

78 施閏章，〈七頌堂詩序〉，《七頌堂詩集》，《七頌堂集》，頁3-4。
79 劉體仁，《七頌堂識小錄》，《七頌堂集》，頁234。
80 同上注，頁230。

　　絳帖二十卷，原為馮涿鹿物，今歸孫少宰。每幅有「一軒」二字印，印幾方廣二寸，元初方一軒也。押裝池有三城王印，間有無此二印者。紙皆橫簾，撟手亦精，傳聞內府凡數部，皆不全，涿鹿擇其精者合成之也。後仍淳化舊題識。十卷後帝王書以宋太宗為首，二王書皆割裂，雜以頭眩方、十七帖。大令數帖尤偽。王宗伯（崇簡）有言：「古人碑皆自書，雖久而筆尚可尋。閣帖經數摹，神氣盡矣。乃世人以閣帖為書學六經，何也？」[81]

這裡不但可知劉氏在孫氏那見到什麼，什麼是真，什麼又是假，最後引王崇簡之語來反省學書應不應自《淳化閣帖》開始，這就是與會眾人「商榷古今」之意。而馮本絳帖最後到了梁清標手上，並刻進其《秋碧堂帖》。[82]「三雅齋」那三幅勢必定要賞鑑的，劉體仁說：

　　王元章梅花一卷，前曰「印水梅影」，後自題云：「我家洗硯池頭樹，個個花開淡墨痕。不要人誇好顏色，只留清氣在柴門。」楊補之竹，一莖數葉，筆筆皆書法也。後有野涉翁題字，不知何人也？趙子固山水（水仙）卷，疏密橫斜，遇糾紛處，目不給賞，真化工也。八分自題「戊午子固」。右三卷皆少宰物。[83]

81　同上注，頁224。

82　林志鈞：「馮本古絳二十卷全，合裝十冊。歸孫氏後，又歸真定梁蕉林。」〈絳帖考〉，《帖考》（台北：華正書局，1985），頁95。林志鈞亦有《秋碧堂帖考》，見《帖考》，頁183-196。

83　劉體仁，《七頌堂識小錄》，《七頌堂集》，頁224-225。

劉氏看的心態完全出自他個人直觀的感受，不是要從歷史思想文化等方面來展現自己的「鑑賞功力」。所以，覺得王冕的詩好，就照抄下來；楊無咎用書法來畫竹，也提出疑問。趙孟堅的水仙則強調其處理枝幹交會處的技法。孫承澤有《巨然林汀遠渚圖》，劉氏記云：

> 巨然《山水》卷，今在梁宗伯家，疑非全幀。上有淡墨灘，隱隱作烟樹田塍迷離狀，莫尋其筆痕墨跡。向為孫氏得之內府者，今歸真定梁玉立先生。[84]

光看劉氏的說法，不知所謂，較於孫承澤之言，才能顯現出差異。孫氏說：

> 起段茂林一叢，茅茨隱見，餘則浦溆平鋪，彌漫無際。其中樹如薺人如豆，或行或舟，遠帆亂荻，景色儼然。畫至此，靈心獨絕矣。昔人稱其筆墨秀潤，又稱其幽谿細路，屈曲縈帶，竹籬茅舍，斷橋危棧，真若山間景趣，殆不虛也。[85]

孫氏先是仔細說明巨然的畫法，再引前人之語證之，完全是賞畫之語。而劉氏單單一句「莫尋其筆痕墨蹟」，就完結了，意謂光是在細節上找線索，不是重點。最後說此畫已歸梁清標。同樣的描述，也在〈巨然秋塘群鷺圖〉上。孫氏說：

---

84 同上注，頁225。
85 孫承澤，《庚子消夏記》，卷3，〈巨然林汀遠渚圖〉，頁134-135。

　　圖中秋水既落，蒹葭蒼然，白鷺群立，坡陀蕭然，有霜露
之警焉。傳神寓意，在筆墨之外。昔杜少陵詩有云「鷗行炯
自如」，蓋狀士君子委蛇在公之景也。又云「只今湖海上，
形影日蕭蕭」，蓋傷賢人擯落在野之景也。巨然此畫，直可
作詩觀矣。若徐熙輩止求形狀之似，了無別韻，相去奚啻人
天之別乎。[86]

孫氏這個評論雖然也仔細談畫面如何布局，但最後強調「傳神寓
意，在筆墨之外」，而寓意就是君子賢人擯落在野之景。這一點
也為劉氏肯認，所以他說：

　　巨然又有鷺鷥大幅，其立處渲墨作堅圓狀，非石非灘，若
水落而泥凝者。山水之外，此為僅見。老杜「至今江海上，
雙影日蕭蕭」，似為此句傳神。亦北海先生物。[87]

杜甫此詩名「鷗」，原詩句應為「幾群滄海上，清影日蕭蕭」。羅
大經（字景綸，號儒林，1196-1252）解此詩云：

　　浦鷗閑戲，使無他事，儘自寬饒，卻以謀食之故，翻玉羽
而弄青苗，雖風雪淩厲，亦不暇顧矣。何似群飛海上者，清
影翛然，不為泥滓所染耶。此興士當高舉遠引，歸潔其身，
不當逐逐於聲利之場，以自取賤辱也。[88]

86　同上注，〈巨然秋塘群鷺圖〉，頁136-137。
87　劉體仁，《七頌堂識小錄》，《七頌堂集》，頁225-226。
88　轉引自仇兆鰲注，《杜詩詳註》（北京：中華書局，1999），卷17，頁1531。

可見，劉氏當時的心情亦如孫氏在庚子年一般。此外，在雅會裡，不免提及過往鑑賞之事，如劉氏記云：

> 江貫道《長江萬里圖》，張爾唯學曾所藏。順治甲午（十一年，1654），赴蘇州太守任，孫北海、龔孝升、曹秋岳三先生偕王元照、王文孫於都門宴別，各出所藏名跡相較。諸公欲裂而分之，爾唯大有窘色。北海集古句戲之曰：「剪取吳淞半江水，惱亂蘇州刺史腸。」一座絕倒。[89]

此事發生在順治十一年（1654），那時劉體仁還未進京赴試，所以這件事情只能是孫氏等人告知的。《庚子消夏記》裡也記有此事：

> 張爾唯，名學曾，善畫。家藏江貫道《長江圖》一卷。赴蘇州太守任，攜一樽並卷來山中相別。時太倉王元照、東粵陳路若俱在，開尊展卷，亟稱江卷之勝。余獨無言，徐出巨然卷共閱，覺江卷退舍。蓋《長江圖》雖貫道得意之作，然無渾然天成之致，故知巨然不易到也。[90]

這個故事已有「鬥畫」較勁的意味，以此顯見孫氏收藏之富、賞鑑之精。孫承澤原有《倪雲林獅子林圖》[91]，而劉體仁卻記云：「倪元鎮獅子林圖，今在楚中程端伯家。」[92]這也意謂他沒見到此畫，

89　劉體仁，《七頌堂識小錄》，《七頌堂集》，頁231。

90　孫承澤，《庚子消夏記》，卷3，〈巨然林汀遠渚圖〉，頁135-136。

91　同上注，卷2，〈倪雲林獅子林圖〉，頁95-96。

92　劉體仁，《七頌堂識小錄》，《七頌堂集》，頁232。

應經由孫氏告知圖已易主，故留下追蹤此圖的線索。當然，劉體仁參與此會，也不是沒有提出質疑過，他說：

> 東坡竹橫幅在北海先生家。酣滿俊逸，足移人情。墨分七層，予轉疑東坡先生未能工妙至此。先生言：「明季亂，有掠書畫賣者，取直甚廉，獨此幅索厚直。蓋貿豎無不知有東坡者矣。」[93]

由於劉體仁本身也會畫畫，故能從另一個相反的角度來質疑蘇軾畫太過精妙，這也是指此畫為假的意思吧！

由於雅會眾人對收藏品「考辨真贗」，勢必會判真為假，收藏之人聽到這個評價，想當然耳會不以為然。就以「定武本蘭亭」為例，王弘撰在《山志》中說：

> 予有《定武本蘭亭》五字未損本，嘗攜至都門，為孫北海、龔芝麓、劉魯一、王燕友、汪苕文（琬）諸公所賞，因而知之者眾。[94]

也就是說，王弘撰參與了「雅會」，且他帶來賞鑑的東西不只「定武本蘭亭」，汪琬給王弘撰詩中說到：

> 嵯峨樹石營丘筆，繭紙蘭亭定武刻（山史攜所收書畫甚

---

93 同上注，頁230。此幅畫或許是孫承澤，《庚子消夏記》，卷2，〈東坡墨竹〉，頁111。

94 王弘撰撰，何本方點校，《山志》，〈二集卷五・蘭亭〉，頁276。

多，營丘畫《人物樹石》一軸，五字不損本《蘭亭》一卷，
尤可寶也）。秦川公子收藏家，牙玉為籤錦為帙。寒驢駄來
入京國，好事何人相賞識。[95]

而王士禛完整記錄下王氏所帶來的書畫云：

> 頃來京師，觀所攜書畫，聊記之。《定武蘭亭》五字未損
> 本，有米元暉、宋仲溫二跋。又仲溫《臨趙文敏十七跋》。
> 又興唐寺石刻《金剛經》貞觀中集王右軍書、又漢《華山廟
> 碑》、沈石田《秋實圖》三物，皆華州郭宗昌胤伯家物，皆
> 有胤伯跋。……又李營丘古木，賈秋壑題詩，語潦倒可笑，
> 華亭董宗伯得之南充陳文憲公者，有跋。又唐子華《水仙
> 圖》，甚妙。[96]

可見，王氏先前已知悉這個「雅會」的性質，否則誰出門遠行會
帶這麼多書畫呢？王弘撰除了帶來這些東西，也談到收藏過程，
《識小錄》記云：

> 右軍集書《金剛經》，世不多見，所見者華陰王山史所
> 藏，云舊為渭南南氏物。聖教序不損本，向為范質公先生
> 物，表裡裝作小冊，今在華陰王家。[97]

---

95 汪琬著，李聖華點校，《汪琬全集箋校》（北京：人民文學出版社，2010），
　　卷5，「鈍翁前後類稿·詩稿五」，〈贈王山史兼寄題獨鶴亭二首〉，頁181-182。

96 王士禛，《池北偶談》，卷13，〈談藝三·記觀王氏書畫〉，頁296。

97 劉體仁，《七頌堂識小錄》，《七頌堂集》，頁225。

但帶來賞鑑完後，卻留下爭端，主要是針對「定武本蘭亭」後跋真假問題。

事實上，孫承澤齋中早有一本《蘭亭序》，他說：

> 余生平酷愛《蘭亭敘》，不啻昔人所謂有「蘭亭癖」者。然求一真定武本，三十年無所遇，所收者，宋人翻刻本，至於唐石宋搨，戛戛乎難言之矣。南和白侍御抱一家傳一本，是趙子固藏本，所謂「落水蘭亭」也，其本舊稱闕行五字未損，神韻渾淪，世間第一鴻寶。……越十五年，侍御隱居山中，學出世法，忽遣一介之使持帖遺余退谷中，謂入山來一切俱棄，豈可獨留此物以累清虛乎？予意不欲收，使者不肯持回，適有唐僧貫休所畫羅漢卷，神奇絕世，乃以遺之。[98]

孫氏花了30年終於得到一「五字未損本定武蘭亭」，因此極其寶貝此物。劉體仁書中第一條載的就是觀看此帖的心得，他說：

> 《定武五字不損本蘭亭》，今在孫少宰家，有姜白石二跋、趙子固一跋，所謂落水蘭亭也。所可疑者，後有趙文敏題字耳！王宗伯書數字於押縫，籤後有白抱一印。所謂五字者「湍流帶右天」也。餘偏傍皆如白石所考，微異者，崇字山下作三點，領無山，之盛盛字上蝕處作昂首龜形，由字中直如申字。[99]

---

98 孫承澤，《庚子消夏記》，卷4，〈定武禊帖肥本〉，頁185-6。
99 劉體仁，《七頌堂識小錄》，《七頌堂集》，頁224。

劉體仁看完後，對於趙孟頫的題字有疑。後來劉體仁看到王弘撰的「五字未損本定武蘭亭」，認為此本後「有米元暉跋與宋仲溫跋，若出一手。為蛇足耳！[100]」這個評價經由汪琬（字苕文，號鈍翁，1624-1691）傳至王弘撰耳中，王氏大為光火，其《山志》記云：

> 予得《定武蘭亭》五字未損本，蓋秦府物，亂後落在民間者。舊為宋仲溫所藏，有米元暉諸君跋。……汪苕文亟賞之，每過予，觀之竟日不倦。近劉公勇著《識小錄》中有云：「……」汪苕文大不然之。予嘗馳簡公勇云：「米元暉跋，弟固疑其贗。然與宋仲溫跋用筆迥異，足下謂如出一手，何也？因讀佳著，著意尋求，欲摘其一筆稍似亦不得。今遂望足下刪改此稟，不然失言矣。」[101]

從現今《識小錄》所載未改，可見劉體仁仍持己見。

而從《識小錄》其他部分的記載，多是賞鑑心得與珍稀書畫的流傳與所在線索，這證明此會「商榷古今，考辨真贗」性質，絕不僅僅是幾個好友單純看畫鑑賞的活動。有很大的可能，此書是當時的「會議紀錄」，所以與會之人曾經告誡劉氏後人不要流傳出去，造成無謂的爭端。而從王弘撰極力為其書畫辨誣的動作來看，一方面顯示此會「考辨真贗」名聲已逐漸建立，另一方面此會對古代人物「商榷」的標準，也勢必成為當時賞鑑的標準，至少透過會中的爭論與交流，重新定義「什麼是好是高」的標準。

100　同上注，頁225。

101　王弘撰撰，何本方點校，《山志》，〈初集卷一·定武蘭亭〉，頁22。

四、結論

　　本文探討康熙六年（1667）間起，在北京由孫承澤、梁清標、劉體仁等人所舉「雅會」的成因與內涵。主辦人孫承澤當時致仕「隱居」，來往北京城中的家與西山的退谷。而「雅會」大多辦在其北京的房子裡。鼎革之際，孫氏歷仕三朝，士人出處問題始終困擾著他，順治末年又因黨爭被迫致仕，更使他懷有隱居不出的心態。隱居時期，孫氏著書述作、讀經論史，將自己封閉與沉浸在自己的世界裡，彷彿古之隱者的所做所為重現於今。「高隱」之節，成為他賞鑑書畫境界的標準。到了康熙時期，劉體仁雖有官員身分，卻想高隱不出。他的人生困境不同於孫承澤，但高隱的目標則相仿，而書畫文物的世界，成為他們共同遁逃的山林，「雅會」成為「相濡以沫」的天地。《識小錄》一書的內容，類似他們聚會的「會議紀錄」，評述、爭論、心得與種種感嘆。在一件件文物呈現眼前之時，與會之人彷彿回到文物當時的世界，暫時逃脫不堪的現實環境。不論是《庚子消夏記》與《識小錄》每條紀錄，都在在反映出他們現實人生的難。旁人與後人看此二書時，誤認他們借賞鑑以娛樂，殊不知他們當時如能施展抱負，遂行其志，誰又願意花費大量的時間精力金錢致力於傳統儒家認為技藝之末之事呢！誠如劉體仁曾說的：

　　　然煙雲亦天地之自娛，水石林木被之生色。不止天地無
　　心，水石林木亦無心。無心而娛，斯極矣。[102]

---

102 劉體仁，《七頌堂尺牘》，《七頌堂集》，〈與張實水先生〉，頁198。

有心經世，但環境不允，只能無心而娛。王績〈無心子〉中二馬之喻，孫劉等人或許是那「棄而散諸野，終年肥遁」的馬。對於他們自己而言，儒家標準下的那匹馬會累死悶死，唯有去掉傳統價值的桎梏，以天地自然為心，順性而為，順勢而為，才能解除心火。否則，在貳臣、在易代、在異族統治，要把握與實踐儒家倫理，如何能做到呢？「是以鳳凰不憎山棲，蛟龍不羞泥蟠。君子不苟潔以羅患，聖人不避穢而養生。」儒家的聖人要活下來，也必須順應環境的變化，而「雅會」就成為他們所遯逃的世界。

最後要思考的是，北京雅會的性質雖以「賞鑑古物」為主，看似不同於晚明以來南方的社集與講會的內容，但有一點則是相同的，就是參與者在面對儒家經世的傳統觀念，另闢一個蹊徑來延續這個觀念，只不過無能形成一個高頭講章般的論述文字。然從種種隱晦文字與心情背後，一窺雅會參與者在易代之際的無奈人生。此外，雅會的舉辦、賞鑑與心得紀錄成為後世「南畫北渡」的中介，[103] 造成另一意想不到的文化影響，是當時參與者所意料不及的事。

---

103 劉金庫，《南畫北渡：清代書畫鑑藏中心研究》（台北：石頭出版社，2007），〈導論〉，頁5-12；第五章〈「貳臣」孫承澤、曹溶的收藏〉，頁155-184。

醫者同社與研經講學

以明末清初錢塘侶山堂為中心的討論

馮玉榮 ─────────────────────

復旦大學歷史系博士，華中師範大學歷史文化學院教授。研究領域：明清社會史、醫療史。代表作：《明末清初松江士人與地方社會》（2011）、《醫學的正典化與大眾化：明清之際的儒醫與「醫宗」》（2015）、《上醫醫國：一位晚明醫家的日常生活中的醫療與政治》（2018）。

一、前言

　　明清之際的社集歷來學者多有關注，社為當時士人集合的一種方式，揣摩時文，以文會友，此種方式引領社會各階層的普遍參與。文有文社，詩有詩社，大江南北，結社的風氣，猶如春潮怒上，應運勃興。不但讀書人立社，士女們也結詩酒文社，提倡風雅，從事吟詠。[1]乃至有絲社、畫社[2]等，也帶動了琴譜的刊刻、書畫作品的結集。醫者以問疾診療為業，宋以後儒醫觀念漸入人心，醫者愈加重視文本。作為傳播醫者名聲，醫學知識傳承的重要途徑，加之商業出版的推動，醫籍的刊刻與流傳愈加廣泛。[3]在此時代氛圍之下，亦有醫者參與社等群體性組織，以相互砥礪。

　　明末清初錢塘醫者在「同社」「侶山堂」的名義下聚焦，在尊經崇古思想下求學問知，其醫著不斷為後繼者所編纂翻刻，形成類似知識共同體的運作方式。以往對於錢塘醫者的歸納，主要認為集講學、言經與診療活動為一體，以維護舊論為其學術主張，以此來論及「錢塘醫派」。[4]不過，錢塘醫者很難說在學理上

1　謝國楨，《明清之際黨社運動考》（北京：中華書局，1982），〈引論〉，頁8。

2　張岱，《陶菴夢憶》（上海：上海古籍出版社，1982），卷3，〈絲社〉，「越中琴客不滿五六人，經年不事操縵，琴安得佳？余結絲社，月必三會之」，頁18；周暉，《二續金陵瑣事》（收入《南京稀見文獻叢刊》，南京：南京出版社，2007），上，〈畫社〉「少岡王文耀善畫，乃利家之出色者，且好事，多收宋元名筆，因結一畫社于秦淮，邀而入社者皆名流」，頁318。

3　祝平一，〈宋、明之際的醫史與「儒醫」〉，《中央研究院歷史語言研究所集刊》，77：3（台北，2006），頁401-449；馮玉榮，〈醫籍、醫名與醫理：明末李中梓的儒醫形象及知識傳承〉，《華中師範大學學報（人文社會科學版）》，53：4（武漢，2014），頁121-129。

4　竹劍平、胡濱，〈試論錢塘學派〉，《浙江中醫學院學報》，1985：4（杭州，

有較大的突破，「錢塘醫派」並未在中醫學說上構建起鮮明的學術體系，展現出迥別於過去呈現典範性的特徵。如同「吳中醫學」、「新安醫學」，為後世緬懷前世、追尋自我根源時所塑造的地域集團概念，其醫學知識的群體性、地域性是一個不斷層累構建的過程。[5]蔣熙德（Volker Scheid）關於孟河醫派的研究，以長時段的視野，展示了醫學是一個知識與實踐體系，也是「把人們聯繫起來的線，創立身分的工具，聚集資本和擴大影響的策略」，醫學流派不單是理論與方法的體系，也是動機各異的人們組成的關係網。[6]對於錢塘醫派的建構似乎要回到明末清初的時代脈絡下去梳理。本文試圖揭示醫者雅集與明季風靡一時的文人結

1985），頁36-38；朱德明，《浙江醫藥史》（北京：人民軍醫出版社，1999），頁131-132；鮑曉東、張承烈、胡濱，〈試論「錢塘醫派」的治學態度與方法〉，《浙江中醫學院學報》，2003：5（杭州，2003），頁13-15；竹劍平、張承烈、胡濱、鮑曉東、朱德明，〈錢塘醫派述要〉，《中華醫史雜志》，34：2（北京，2004），頁11-15；張承烈，《錢塘醫派》（上海：上海科學技術出版社，2006），頁7-358；朱德明，〈元朝至民國時期杭州的中醫教育〉，《健康研究》，29：2（杭州，2009），頁152-155；劉時覺，〈早期錢塘醫派述要〉，《中華中醫藥學會第四次中醫學術流派交流會論文集》（哈爾濱，2012），頁85-91。

5　張哲嘉，〈明清江南的醫學集團——「吳中醫派」與「新安醫學」〉（收入熊月之、熊秉真編，《明清以來江南與文化論集》，上海：上海市社會科學院，2004），頁256-267；熊秉真，〈新安幼醫芻議：乾隆歙邑許氏之例〉，《中國文化研究所學報》，2010：50（香港，2010），頁129-163；張學謙，〈從朱震亨到丹溪學派——元明儒學和醫學學派的社會史考察〉，《中央研究院歷史語言研究所集刊》，86：4（台北，2015），頁777-809；馮玉榮，〈清代地域醫學知識的書寫——以錢塘王琦《醫林指月》為中心的討論〉，《中醫藥文化》，14：5（上海，2019），頁5-14。

6　蔣熙德著，丁一諤等譯，《孟河醫學源流論》（北京：中國中醫出版社，2016），席文，〈序〉，頁2。

社有何關聯？醫學講經之風與儒學講經會有何關聯？而醫者雅集、研經講學又如何推動醫學知識的建構？以期探討醫學雅集、講經風氣如何形成，以及醫者與士林之關係，醫學儒學化及醫學知識建構等相關問題。

二、從《本草彙言》「同社」到「侶山堂」

江南文社興盛，有很強的在地特色，醫者也呈地域集結之態，以「同社」、「同盟」、「同志」相標榜。學界論及錢塘醫派，皆以侶山堂為講經研學的要樞，但侶山堂研學實有其源。天啟四年（1624）成書的倪朱謨《本草彙言》，[7]採用的是彙言的方式，篇首明確提出有「師資姓氏」與「同社姓氏」。清初順治十七年（1660）正月，禮科右給事中楊雍建疏言：「不得妄立社名，其投刺往來，亦不許仍用社盟字樣，違者治罪。」[8]該疏明確要求禁止社盟活動，不許用社盟字樣，亦側面說明晚明以來「同社」、「同盟」相稱已遍及士林，乃至醫家者言。《本草彙言》所載「同社」，不知其社名，但其師資及社友均留名於冊，其中多名師資成員又與侶山堂關係密切。

《本草彙言》不論在當時還是後世都被視為重要醫籍之一。

7　此書原版刻於清順治二年（1645）至康熙初，初印之後，又續有增補。本文所採用的點校本，以增補本為底本，初印本為主校本。倪朱謨著，鄭金生、甄雪燕、楊梅香校注，《本草彙言》（北京：中醫古籍出版社，2005），頁776-783。

8　平漢英輯，《國朝名世宏文》（收入《四庫未收書輯刊》，第1輯第22冊，北京：北京出版社，1997，據清康熙刻本影印），卷7，楊雍建，〈嚴禁社盟〉，頁679a。

倪朱謨叔祖倪元璐（1593-1644），天啟四年（1624）為《本草彙言》作序，稱倪朱謨早年貧寒，習儒以應科考，兼研醫藥，編成《彙言》。該書與李時珍（約1518-1593）《本草綱目》、陳嘉謨《本草蒙筌》、繆希雍（1546-1627）《神農本草經疏》可相提並論。倪元璐，天啟二年（1622）進士，任翰林院編修，精於書法，為尚書袁可立門生，始終與閹黨格格不入，明亡殉國。倪朱謨本為儒生，醫籍成為其業儒之外的寄託。《仁和縣志》稱「少業儒，沉默好古，治桐君、歧伯家言，得其閫奧。治療多奇效，集歷代本草諸書，窮搜廣詢，辨疑正訛，名曰《本草彙言》。其子洙龍刻之行世，醫家無不奉為菁蔡」。[9]

　　《本草彙言》與一般本草著作不同之處在於，作者親自採訪當時醫藥人士148人，彙錄各家藥學言論，使之成為本書最有特色的部分。[10]其中師資姓氏12人中，「皆為萬曆時人，南北名俊耆儒，深明於醫者」：仁和馬更生、潘汝楫；錢塘盧復、盧之頤；杭州陳石芹；寓居杭州者三人：徽州王繼鼎、徽州方毅、餘姚張遂辰；東吳繆希雍、金華葉春明、紹興邵毓璧、薊州黑見龍（見表1）。

9 　《（康熙）仁和縣志》，卷21，〈方技〉，頁15。

10 　陳仁壽，〈淺議《本草彙言》的學術成就與不足〉，《南京中醫藥大學學報（社會科學版）》，4：3（南京，2003），頁169-171。吳昌國，〈明代本草名著《本草彙言》研究〉，《中醫文獻雜志》，2011：5（上海，2011），頁5-7。

表1 《本草彙言》師資姓氏[11]

籍貫（縣）	師資姓氏
仁和	馬更生、潘汝楫
錢塘	盧復、盧之頤
杭州	陳石芹
徽州	王繼鼎、方穀
餘姚	張遂辰
東吳	繆希雍
金華	葉春明
紹興	邵毓璧
薊州	黑見龍

　　據朱倓考證，明季盟社，以南直隸、浙江為最盛，浙江則以杭州為首，浙東之寧波、紹興，浙西之嘉興、湖州次之。[12]「同社姓氏」136人中，據筆者統計，主要來自浙江省，有101人，其中杭州、錢塘、仁和共68人，近一半醫者出自杭州府本地，其次紹興、寧波、嘉興、湖州。此外也彙集了浙江周邊的徽州、蘇州、松江一帶醫者，以及南直隸、北直隸、陝西、江西、四川、河南部分醫者（見表2），其成員分布與明季盟社興盛區域很相近。

11　此表統計人物、籍貫以《本草彙言》所載為準，倪朱謨，《本草彙言》，頁1。
12　朱倓，〈明季讀書社考〉（收入《明季社黨研究》，北京：商務印書館，1945，此文初刊於民國18年12月北京大學《國學季刊》卷2第2號），頁208。

表2 《本草彙言》同社姓氏[13]

籍貫（省、府、縣）			同社姓氏
浙江 101人	杭州府	杭州26人	陳嘉相、楊長春、白聯捷、陸瑚璉、須明德、周文緒、劉應乾、桂如金、桂如玉、趙德裕、桂連城、王國楨、王昭世、湯奏平、林如杏、沈斐、成三策、薛大觀、李恒一、薛存仁、張聯登、林普成、皇如臣、張濟成、朱之仁、顧尚
		錢塘23人	金兆麟、陸先春、沈良知、張斐、沈楨、沈咸長、保延齡、趙治、邵必、詹文生、釋朽心、倪志和、沈公岐、陳大鼎、姜汝桂、王志學、聞道臣、陳宗文、周維新、邢五瑞、陳丹、沈公棐、張世臣
		仁和19人	許恒、瞿文成、鄭元復、朱寅、吳之相、蔡國傑、李恒學、湯治平、王天錦、江元機、祝文斯、何可則、沈效賢、陳瑤國、王國華、祝觀濤、邵一明、趙伯升、車志遠
		海寧1人	楊慎可
		富陽2人	張志仁、葛霖
		於潛1人	馬千里
		新城1人	薛巨源
	寧波府	寧波3人	魯國正、楊先春、范涵一
		奉化1人	葛去藤
	紹興府	紹興7人	馬登風、魏國士、茹拱宸、茹之憲、閔玉輅、陶萬化、酈恒世
		會稽1人	黃旭
	嘉興府	嘉興2人	莫之鼎、姚雯
		桐鄉1人	張必顯
	湖州府	湖州1人	梁璐
		孝豐1人	金與時
	嚴州府	嚴州1人	宋起麟
		分水1人	夏澄

13 此表統計人物、籍貫以《本草彙言》所載為準，倪朱謨，《本草彙言》，頁1-2。

	台州府	天台1人	王顯祖
	金華府	金華2人	李應玉、樓大澮
	處州府	處州1人	王道子
		麗水2人	楊燈、楊大生
	溫州府	永嘉1人	陳齊
		樂清1人	梅隱
		泰順1人	計大成
江蘇7人	蘇州1人		王永年
	無錫1人		顧國寶
	揚州2人		釋道濟、韋三成
	丹徒1人		高一夔
	丹陽1人		東開峰
	昆山1人		費之達
徽州7人			程方冊、方有恆、江如錦、方天士、姚雲章、姚之斐、吳沛生
順天5人			門洞啟、米恒文、門有道、門一忠、皮啟寅
陝西3人			苗立德、伍福、茍完教
鳳翔1人			楊永安
松江1人			林調元
上海1人			龔之鼎
南直1人			繆麓
北直1人			耿光宸
天津1人			金國鼎
晉江1人			蘇起蛟
贛州1人			陳奇
德興1人			梅一林
成都1人			王元金
敘州1人			周世翰
河南1人			童天成
開封1人			詹沛生

　　謝國楨對「社」的定義是「一般士子們集合起來習舉業，來作團體的運動是社」[14]。明末規模較大的復社、幾社、應社、讀書社等社團，大體上都屬此性質。但是，除了這種切磋八股文的社外，還有許多種不同類型的社團。社既可以指結社之活動，也有唱和、交遊的作品彙編也稱之為社。如隨社，即由麻城王玘生，「自黃州入南昌，上廣信，至臨川，梓其征途所錄。」不過時人對此種新形式的「社」也表示驚訝，晚明江西士人艾南英稱「若夫社之為名，起於鄉閭黨族春秋祈報之說，而士因之以締文。至於相距數千里，而名之為社，則古未前聞也」。[15]湖北麻城遠離江南文社聚集的核心地帶，故採用「梓其征途所錄」的方式，形式較為隨意，具有臨時性特徵。

　　《本草彙言》也採用訪學採集的方式，將「名俊耆儒，深明於醫者」的精義，彙集成書，並以「同社」相稱。王鴻泰認為關於「社」的思考，應安置於整體士人社交活動的脈絡下來理解。所謂的「社」簡單地講就是一種同好性組織，其組成的基本出發點是結合同好。[16]《本草彙言》標以「同社姓氏」，醫者並未如文社有具體的聚集地點，但「自周遊省直，於都邑市廛，幽岩隱谷之間，遍訪耆宿，登堂請益」。[17]醫者以同好相交，互為師友，學問

---

14 謝國楨，《明清之際黨社運動考》，〈引論〉，頁7。

15 艾南英，《天傭子集》（新北：藝文印書館，1980），卷2，〈隨社序〉，頁213。有關社的定義，可參考何宗美，《明末清初文人結社研究》（天津：南開大學出版社，2003），頁41；李玉栓，《明代文人結社考》（北京：中華書局，2013），頁325。

16 王鴻泰，〈浮游群落——明清間士人的城市交遊活動與文藝社交圈〉，《中華文史論叢》，96：4（上海，2009），頁113-158。

17 倪朱謨，《本草彙言》，頁2。

相長，研討醫理，論藥集方。所謂「同社」，當是志趣相投，視
為社友。尤其是在此群體中有大量醫者本來就與當時文社關係密
切，因而也以「社」相稱，互通聲氣，相互映照。藉此我們可以
依據此名單大致勾勒出明季杭州醫者彙集的狀況。

　　列身師資者，不僅醫名顯著，而且與士林多有深厚交往。
《本草彙言》所列師資社友中盧復（1573-1627）、盧之頤（1599-
1664）父子兩代與杭州讀書社、登樓社關係密切。崇禎三年
（1630），盧之頤還大集「武林諸君子」，「舉仲景兩論及《靈》
《素》秘奧，期余一人為之闡發」，[18]研討醫學經典。盧復「生平與
聞子將（啟祥）、嚴忍公（武順）諸文人詩酒往來，為肺腑
友」。[19]並且也常為其及家人療疾，盧復曾為聞啟祥母親治病，
「母病不寐」，「冬月心忽然如散而沉下，便不得睡，幾三月矣。
召診，獨左關弱不能應指，予以為肝虛，須補其母，當立春始
安。用熟地為君，茯苓、棗仁、當歸、人參、防風、遠志佐之，
服二十劑，至期而愈。」盧復也曾為嚴武順療疾，嚴武順發熱無
汗，嘔吐不止，經盧復診斷，為風邪挾胃中水飲停積所致，用乾
葛、半夏、吳萸、黃連，急煎緩服，嘔吐遂止，濃米飲半杯，再
進薄粥，汗多而熱退。嚴武順感嘆：「風寒之邪，世俗大禁飲
食，喫粥退熱，真為聞所未聞。」盧復認為風與寒有別，世人易
混而論之。仲景桂枝湯之治風，服已嗓粥，為古人之精義。其法
妙在不治風木要，但令濕土氣行，而風木之邪自散。此兩則醫案

18　盧之頤，《本草乘雅半偈》（北京：中國中醫藥出版社，2016），〈自序〉，
　　頁1。

19　盧復，《芷園臆草存案》（收入王琦，《醫林指月》，清乾隆三十四年寶笏樓刻
　　本），王琦，〈芷園臆草存案跋〉，頁20。

均收入《芷園臆草存案》。[20]對於其高明的醫術，聞啟祥也頗為認可，萬曆四十一年（1613）專門為其書《芷園臆草覆餘》撰寫題跋：「吾友不遠，賦性特靈，而加以篤學，出之虛懷。每遇病或一症不通，讀書或一語不解，則心冥然思之。思之不得，又重思之。凝神之久，時或豁然。則之所到，偶一笑。……若其人之孤清有品，的是吾黨畏友，直當以有道事之也」，[21]將其視為「吾黨畏友」。崇禎十四年（1641），與嚴武順侄嚴渡友善的宋之繩也以「平陵社盟弟」的身分為《本草乘雅半偈》作序。[22]

　　列於《本草彙言》師資姓氏的張遂辰（1589-1667），號卿子，也曾是杭州文社中的活躍分子，「吾杭自明季張右民與龍門諸子創登樓社，而西湖八社、西泠十子繼之。其後有孤山五老會，則汪然明、李太虛、馮雲將、張卿子、顧林調也。」[23]張遂辰在其詩集中多次提到《寄舊同社》、《諸社友宴集》。「師資姓氏」中東吳繆希雍與張遂辰、盧復關係都很密切，繆希雍為盧復《芷園臆草覆余》作題跋，並專門提及二人暢談之事，萬曆四十四年（1616），「過箬溪，旅泊，劇談信宿」[24]。繆希雍的《先醒齋醫學廣筆記》中也特意強調其為東林士人治療疾患，高攀龍在繆希雍60壽辰時也特意撰寫〈繆仲淳六十序〉。[25]可見江浙一帶社盟，互

---

20 盧復，《芷園臆草存案》，頁9，2-3。

21 聞子將，〈芷園臆草覆余題〉（收入嚴世芸主編，《中國醫籍通考》卷4，上海：上海中醫學院出版社，1993），卷4，頁5232-5233。

22 盧之頤，《本草乘雅半偈》，宋之繩，〈乘雅序〉，頁2。

23 吳慶坻，《蕉廊脞錄》（收入《續修四庫全書》，第1264冊，上海：上海古籍出版社，1999，據民國17年劉氏求恕齋刻求恕齋叢書本影印），卷3，頁48b。

24 繆希雍，〈芷園臆草覆余‧題〉（收入嚴世芸主編，《中國醫籍通考》），卷4，頁5233。

25 馮玉榮，〈上醫醫國：一位晚明醫家日常生活中的醫療與政治〉，《華中師範

通聲氣，不僅與社盟之間往來密切，醫與士交往也頗頻繁。

《本草彙言》所載「同社」讀醫論道，對「侶山堂」的構建有著重要影響。《侶山堂類辯・跋》，「盧君晉公以禪理參證醫理，治奇疾輒效，名動一時。張君隱菴繼之而起，名與相埒，構侶山堂，招同學友生及諸門弟子講論其中。參考經論之同異，而辨其是非。于是談軒岐之學者，咸向往于兩君之門，稱極盛焉」[26]。侶山堂為張志聰（1610-1674）所構建，但其講學實承自二盧，盧復、盧之頤正名列《本草彙言》所記「師資」。張志聰在〈侶山堂類辯・序〉稱，「余家胥山之陰，峨嵋之麓，有石累焉紛出。余因其屹然立者，植之為峰；塊然枵者，依之為岡；峭然削、洞然谷者，綴之為曲屈、為深窈。就其上築數椽，而南則構軒臨其山。客有訪余者，望其蓊蔚陰秀，咸低徊留之，擬冷泉風況焉。余日坐臥軒中，幾三十年，凡所著述，悉于此中得之。去冬《素問》成，漸次問世。」[27]侶山堂位於杭州西湖吳山，歷來為文人墨客登臨雅集之地。侶山堂所在糧道街，即在杭州府縣城糧道署附近，此處是通往吳山的主要通道，每年來吳山進香的遊客絡繹不絕。同時也是藥市集聚地，時至今日，吳山腳下還有胡慶餘堂藥舖。張志聰棄儒習醫，在此講學著述論辯幾近30餘年。

侶山堂定期講學，既習經典，亦探討醫理。《侶山堂類辯・醫以力學為先》中說「月三、六、九晨，集及門，說《內經》及《傷寒論》，講畢。謂諸生曰：時俗相沿云，行醫全憑時運，予以為不然。諸生來學，當苦志讀書，細心參究，庶可免庸醫之

大學學報（人文社會科學版）》，57：3（武漢，2018），頁115-126。

26 張志聰，《侶山堂類辯》（收入王琦，《醫林指月》），王琦，〈侶山堂類辯跋〉，頁33。

27 同上注，〈自序〉，頁1。

責」。[28] 與晚明盧之頤大會武林諸君子於其舍不同，參與侶山堂講學者大多是世家子弟。因而張志聰對於「醫不三代，不服其藥」的認識是，既需要傳世業，又要能讀書好學。

> 又曰：古稱醫士，為山中宰相，謂能變理陰陽，調和氣味，操生殺之柄耳。《記》云：醫不三代，不服其藥。許學士曰：謂能讀三代之書。予以為世代相傳，又能讀書好學，猶簪纓世胄，士之子而恒為士也。若僅守遺方，以為世傳，何異按圖索驥。夫天有四時之氣，地有五方之異，人之百病，變幻多端。即如傷寒一證，有三百八十九法，可膠執遺方，能通變時疾乎？趙括徒讀父書，尚至喪師敗績，況無遺書可讀耶。守祖父之業而不好學者，可方草廬諸葛乎？伊川先生曰：醫不讀書，縱成倉扁，終為技術之流，非士君子也。盧不遠先生曰：當三復斯語（及門者多系世醫子弟，故復言此以戒之）。[29]

並用伊川先生的話來勉勵諸生，不能僅為技術之流，而應當成為士君子。

張志聰之後，此講學風氣由弟子高世栻等人繼承。高世栻「性靈獨異，學識超群，注釋經論，既已述大道而正其傳，暇日集群弟子往復論難」。[30] 祝平一曾經把高世栻的故事，視作為清初

28　同上注，〈醫以力學為先〉，頁65。

29　同上注，頁66-67。

30　高世栻，《醫學真傳》（收入王琦，《醫林指月》），王嘉嗣，〈醫學真傳序〉，頁1。

士人由儒入醫的訓練過程的典型例子。[31]高世栻（1637-？）在《醫學真傳‧先生自述》中談到，他童年喪父，家境貧寒，科舉不第，遂習岐黃之術。先師從倪先生，所學都為當時流行的時書，《藥性全生集》、《明醫指掌》、《傷寒五法》以及諸方歌訣。23歲開始懸壺治病，雖然多有治癒，但是循方投藥，未能刻期應驗。康熙三年（1664）28歲時，自己身患痢疾，時醫診治無效。因而感悟，「醫之不可為也，醫治我若是，我治人想亦若是。以醫覓利，草菅人命，謂天理何。其時隱菴張先生開講經論，遂往學焉，得究觀《傷寒》、《金匱》、《神農本經》及《素問》、《靈樞》諸書，朝夕參究。始悔前之所習，皆非醫學之根源。」「即如《薛氏醫案》、《趙氏醫貫》、《醫宗必讀》、《裴子言醫》等書，亦皆方技之穎悟變通，非神農、軒岐、仲景一脈相傳之大道也」。[32]與一般士人由儒入醫不同的是，高世栻並不僅僅是通過個人的研讀，而是受到講學的啟發，才探究醫學經典《傷寒》、《金匱》、《神農本經》及《素問》、《靈樞》，並認為此才是醫學大道。

高世栻又將此風薪火傳遞，其弟子稱：「丙子（1696）春，先生聚門弟子于侶山講堂，講學論道，四載有餘。群弟子先後進問，道漸以明，醫漸以備。」[33]侶山堂講論經典，明道為旨，使得醫學教育呈現了開放性。胡珏也稱：「余志學時，慕士宗先生之名，欲受業其門，迫于貧不果。每得其著述，不厭研究，以為私淑之益。」[34]可見，醫堂講學，醫著流傳為習醫者開闢了更為廣闊

31 祝平一，〈宋、明之際的醫史與「儒醫」〉，《中央研究院歷史語言研究所集刊》，77：3（台北，2006），頁401-449。

32 高世栻，《醫學真傳》，〈先生自述〉，頁74-75。

33 高世栻，《醫學真傳》（收入王琦，《醫林指月》），〈受業門人述〉，頁1。

34 高鼓峰，《醫家心法》（收入王琦，《醫林指月》），胡珏，〈四明鼓峰先生心

的途徑。錢塘醫學之盛，與此講學之風實密不可分。

三、醫者與文社

　　杭州醫者聚集，研經講學，應與一時風氣有密切關係。杭州自宋元以來，詩文社都異常興盛。[35]至晚明杭州社事更是大興，先有嚴氏兄弟三人領袖的「小築社」，[36]稍後聞子將、張歧然倡導的「讀書社」，之後又有陸圻創辦的「登樓社」。醫者之「師資」或「同社」，川游其間，與士林儒者唱和。不少儒者也好醫，雖未必行醫，卻好研醫理藥學。

　　嚴氏兄弟三人為「小築社」發起者，嚴調御（1578-1637），字印持，「好讀書，博綜今古，湛深經術。其交遊遍天下，而最所結契者，則聞子將、楊兆開二人。賦性通慧，多技能，絲竹管弦之事，以及岐黃計算之學，靡不通曉。」[37]晚好佛學，生平所好皆屏去，獨醫與書法不廢，曰：「藥以濟人，學書可以攝心

法序〉，頁1。

35　陳豪楚，〈兩浙結社考〉，《越風半月刊》第16-24期合訂本，收入沈雲龍主編，《近代中國史料叢刊續輯》，頁12-17、25-27。

36　對於浙江結社考證比較早的著作：朱倓，〈明季讀書社考〉，頁208。朱倓先生據嚴武順有〈己酉仲春訪楊兆開、聞子將二兄于雲居晚眺〉一詩認為小築社大概起於萬曆三十七年（1609）左右，郭紹虞、謝國楨及何宗美繼承了這一說法。不過李新〈杭州小築社考〉（《暨南學報（哲學社会科学版）》，30：5［廣州，2008］，頁96-99），考證小築社的成立時間當在萬曆二十六年（1598），據方應祥〈楊兆開傳〉社中人物有鄭瑞卿、鄒孟陽、楊兆開、聞子將和方應祥。並考證小築應是鄒夢陽、鄒方回兄弟住所。

37　《（嘉慶）餘杭縣志》（《中國方志叢書》，華中地方56號，台北：成文出版社，1970，據民國八年重刊本影印），卷26，〈孝友傳〉，頁380。

也。」[38] 嚴武順（1582-1648），字忍公，與伯兄調御、季弟勱，鼎扛家學，海內有三嚴之目，與都人士訂交小築山房。尤能為古文詩歌，擅工書法，鑑別尊彝幀素，雅好博物。留心當世之務，凡古今成敗得失，及歷代制度沿革之詳，靡不竟其原委。生平坦直，勇於赴人之急。[39] 嚴敕（1583-1652），字無敕，「獨為淳古淡泊之音，以故屢試不售。晚歲才力愈健，詩卷盈篋。」[40]

聞子將，名啟祥，舉萬曆四十年（1612）鄉試。聞子將曾拜馮夢禎、方應祥為師，學習經義。聞子將本人，善於品題文章，當時後門寒士以得到子將的品評為榮，「武林東南一都會，江、廣、閩、越之士，躧履負笈，胥挾其行卷，是正於子將。」據方應祥〈與子將論文〉稱，「房稿之盛於戊戌（1598），天下之沐浴其言，而漸還於雅也，實崇蘊于辛丑（1601）、甲辰（1604）之交。」[41] 子將的權威來自房稿的選拔，「萬曆中，子將以一書生握文章之柄，一言之褒誅，近秦市而遠雞林，奉之如金科玉條，可謂盛矣。然而車以無咎者，何也？職思其居，言不出位，有古人讀書尚友之志。」[42] 社盟目的在於促膝研磨，選集刊刻房稿，以達

---

38 陳子龍，《安雅堂稿》（收入《續修四庫全書》，第1388冊，上海：上海古籍出版社，1999，據明末刻本影印），卷13，〈嚴印持先生傳〉，頁120b。

39 金之俊，《金文通公集》（收入《續修四庫全書》，第1393冊，上海：上海古籍出版社，1999，據清康熙二十五年懷天堂刻本影印），卷17，〈贈文林郎吏科右給事中嚴訒公先生傳〉，頁220-221。

40 《（嘉慶）餘杭縣志》，卷26，〈孝友傳〉，頁381-382。

41 方應祥，《青來閣初集》（收入《四庫禁燬書叢刊》，集部第40冊，北京：北京出版社，1997，據明萬曆四十五年自刻本影印），卷9，〈與子將論文〉，頁693a。

42 錢謙益，《牧齋初學集》（收入《四庫禁燬書叢刊》，集部第114冊，北京：北京出版社，1997，據明崇禎瞿式耜刻本影印），卷54，〈聞子將墓誌銘〉，

到文章一統。由此觀之，為何晚明醫者熱衷於「彙言」，實際上也希望通過彙集名家言論，以達到樹立權威的目的。

　　名列《本草彙言》師資的張遂辰與嚴氏兄弟、聞啟祥時常宴集，其《湖上編》載〈春夜同李長蘅、汪無際、龔華茂、嚴印持、聞子將、鐘瑞先讌集〉，[43]〈十三夜與嚴無勒飲聞子有齋中〉。[44]張遂辰，少時體弱黃瘦，自檢方書，治之而愈，醫學經典《內》、《難》、《傷寒》，金元四大家劉張李朱之書，均廣泛涉獵。萬曆年間以國子生遊金陵，才名鵲起，華亭董其昌都為之傾倒。尤工詩，澄澹孤峭，多自得之語，有《湖上》、《白下》、《蓬宅》、《衰晚》詩文集。崇禎季年，潛名里巷，以醫自給。因醫術高明，遠近爭相迎致，懸壺處稱為張卿子巷。「醫與詩分道而馳，各有所難，能兼之者，古無其人也。……劉守真、張潔古、王海藏、李東垣、朱丹溪著書滿家，而詩無一字，以余所知吾鄉之兼擅者有二焉，張遂辰、陸圻。」[45]與嚴調御、徐行恕合稱為「城東三高士」。[46]

頁640。

43 張遂辰，《湖上編》（收入《四庫未收書輯刊》，7輯第20冊，北京：北京出版社，1997，據清康熙刻鈔配本影印），卷1，〈春夜同李長蘅、汪無際、龔華茂、嚴印持、聞子將、鐘瑞先讌集〉，頁271b。

44 張遂辰，《衰晚編》（收入《四庫未收書輯刊》，7輯第20冊，北京：北京出版社，1997，據清康熙刻鈔配本影印），卷2，〈十三夜與嚴無勒飲聞子有齋中〉，頁374b。

45 杭世駿，《道古堂文集》（收入《續修四庫全書》，第1426冊，上海：上海古籍出版社，1999，據清乾隆四十一年刻光緒十四年汪曾唯修本影印），卷47，〈林阮林墓碣〉，頁659b。

46 《（民國）杭州府志》（《中國方志叢書》，華中地方199號，台北：成文出版社，1974，據民國十一年鉛印本），卷148，〈隱逸〉，頁2811b。

　　崇禎年間，在小築社基礎上又有讀書社，多通經學古之士，
「文必六朝，詩必三唐，彬彬盛矣。」[47]小築社的聞啟祥、嚴調御
也合併進來。虞宗玫、宗瑤兄弟，父親虞淳熙（1553-1621），字
長孺，號德園，萬曆癸未（1583）進士。[48]三嚴、聞啟祥、丁奇
遇、馮悰都出自虞淳熙之門，[49]張歧然為虞淳熙之婿。小築社、讀
書社關係密切，或為師友，或為昆弟姻婭。此外還有馮夢禎之
子，馮千秋（延年）加入其中。馮夢禎（1546-1605），字開之，
萬曆五年（1577）會試第一，授編修，累遷國子監祭酒。藏書甚
厚。萬曆三十二年（1604），董其昌發瘧疾，在杭州昭慶寺養
病，還曾寫信給馮夢禎借醫書。馮夢禎曾與「僧蓮池、邵重生、
虞淳熙兄弟、朱大復諸公結放生社」。[50]明亡後，張岐然出家為
僧，號仁庵禪師。江浩祝發為僧，更名智宏、濟月。黃宗羲稱
「武林之讀書社，徒為釋氏之所網路」，[51]大抵說的是當時士子結
社，大多與佛教關係密切。崇禎五年（1632），聽聞聞子將等人

47　朱彝尊，《靜志居詩話》（收入《續修四庫全書》，第1698冊，上海：上海古
　　籍出版社，1999，據清嘉慶二十四年扶荔山房刻本影印），卷21，〈聞啟祥〉，
　　頁483a。

48　錢謙益，《列朝詩集小傳》（收入錢陸燦編，《明代傳記叢刊》，學林類9：
　　11，台北：明文書局，1991），頁619。

49　黃宗羲，《南雷文定后集》（收入《四庫全書存目叢書》，集部第205冊，濟
　　南：齊魯書社，1997，據清康熙二十七年靳治荊刻本影印），卷4，〈張仁庵
　　先生墓誌銘〉，頁296-297。

50　《（萬曆）錢塘縣志》（《中國方志叢書》，華中地方192號，台北：成文出版
　　社，1975，據明萬曆三十七年修，清光緒十九年刊本），《寓賢‧馮夢禎》，
　　頁521。有關放生社的考證可參考，李玉栓，《明代文人結社考》（北京：中
　　華書局，2013），頁403-405。

51　黃宗羲，《南雷文定后集》，卷3，〈陳夔獻墓誌銘〉，頁295a。

結廬吳山之上，松江幾社領袖陳子龍（1608-1647）、周立勳、顧
開雍、徐孚遠也前來赴會，「共登茲宇，見修竹交密，下帶城堞
萬雉，遠江虛無，嬋媛其間，風帆落照，沖瀜天際，真幽曠之兼
趣也。」[52]黃宗羲（1610-1695）也赴杭與會，「每日薄暮，共集湖
舫，隨所自得，步入深林，久而不返，則相與大叫尋求，以為嘔
噦。月下汎小舟，偶豎一義，論一事，各持意見，不相下，闐聲
沸水，蕩舟霑服，則又闐然而笑」[53]。訪景論文，相聚甚歡。

　　晚明文社以作文為主，尤以科舉文為主，揣摩時文，精研八
股，一些著名文社成為文人士子博取科舉功名的舟楫。讀書社則
特別強調以讀書作文為務，丁奇遇《讀書社約》：「一定讀書之
志，二嚴讀書之功，三征讀書之沿，四治讀書之心。而其大端曰
養節氣，審心地。結為讀書之社，以期一篇落紙必供披吟，一書
發篋必通譚論，蓋力以眾而愈盛，竟以競而日新」。[54]因而讀書社
諸君子文「脫口落墨，不墮毫楮，獨留一種天然秀逸之韻」[55]。讀
書社倡導古學，讀書辯論，「其法因經而及傳，先考訂而後辯
論」[56]，「數人共讀一書，數日務了一義，盈科後進，最有條貫。學
古有志之士，問難不輟」[57]。杭州讀書社採取的形式，數人共讀一
本，研讀經義，先考訂而後辯論，問難不輟。據王汎森先生考

---

52 陳子龍，《陳子龍詩集》（施蟄存，馬祖熙標校，上海：上海古籍出版社，
　　2006），卷5，頁137。

53 黃宗羲，《南雷文定四集》，卷2，〈鄭玄子先生述〉，清康熙刊本。

54《郭西小志》（收入《叢書集成續編》，第62冊，台北：新文豐出版股份有限
　　公司，1989），丁奇遇，〈讀書社約〉，頁460-461。

55《郭西小志》，蕭士瑋，〈讀書社文序〉，頁460。

56《（康熙）錢塘縣志》，卷25，〈隱逸〉。

57 同上註，卷22，〈文苑〉。

證，明季的讀經或讀史團體，反對當時空疏佚蕩的學風及文風，試圖以儒家經典重建社會秩序，表現出回到經、史與現實經世濟民的密切關係。[58]據《復社紀略》記載，張溥「期與庶方多士，共興復古學，將使異日者務為有用，因名曰復社」。[59]復社成立的宗旨是復興古經，並大量抄撮經語。讀書社也同樣注重研究經學，「集其子弟門人以源本經傳，討論性理為務，天下學者，皆以嚴氏之學為真傳。」[60]

崇禎十年（1637），聞啟祥、嚴調御相繼謝世，登樓社繼之而起，據杜登春《社事始末》載，有三嚴之子嚴渡、嚴津、嚴沇、吳百朋、陸圻、陸培、陳朱明、丁澎等。[61]張卿子常與諸子會，《衰晚編》載〈秋抄風雨晚急，嚴無勒招飲，子問、子餐諸子侄偕在坐〉、[62]〈酒問，與陸麗京、胡彥遠、孫宇台諸子談詩感事放歌〉。[63]陸圻（1614-？），字麗京，居錢塘，與弟階、培，都以文章經世自任，海內稱「三陸」。陸圻極為孝順，刲股療母，病久而知醫。後來與查繼佐（1610-1676）都受莊廷鑨《明史》案的

---

58 王汎森，〈清初的講經會〉，《中央研究院歷史語言研究所集刊》，68：3（台北，1997），頁503-588。

59 陸世儀，《復社紀略》（收入《續修四庫全書》，第438冊，上海：上海古籍出版社，1997），卷1，頁485a。

60 金之俊，《金文通公集》，卷17，〈贈文林郎吏科右給事中訒公嚴公暨配江孺人合葬墓表〉，頁217。

61 杜登春，《社事始末》（收入《叢書集成初編》，第764冊，北京：中華書局，1991）。

62 張遂辰，《衰晚編》，卷2，〈秋抄風雨晚急，嚴無勒招飲，子問、子餐諸子侄偕在坐〉，頁370b

63 張遂辰，《衰晚編》，卷2，〈酒間與陸麗京、胡彥遠、孫宇台諸子談詩感事放歌〉，頁371a。

牽連，事後隱於醫。[64]黃宗羲與陸圻、陸培兄弟往來密切，黃宗羲
〈查逸遠墓誌銘〉稱：「繼讀書而起者，為登樓。余時就學與兩
京，不能遍交，於中則親陸鯤庭、麗京，於外則交朱近修。」[65]

　　盧之頤（1599-1644）與黃宗羲、查繼佐等人均往來密切，並
且本身也是側列於諸社名士中。杭世駿稱「雖以醫術起家，輕忽
同黨，好自矜貴。出入乘軒車，盛傔從，廣座中，伸眉抵掌，論
議無所忌」。[66]盧之頤還參加了南明的復國運動，據李聿求《魯之
春秋》稱，南明弘光元年（1645）閏6月，張國維等人迎朱以海
建魯王政權，盧之頤被授職方郎中，查繼佐被授為職方主事。魯
監國元年（1646），查繼佐出師定海甯，御史黃宗羲出師浙西，
兵部主事吳乃武會師箭譚山。六月不戰而潰，魯王朱以海逃至舟
山。黃宗羲則居家，開講學於杭州鐵冶嶺的敬修堂。盧之頤則與
嘉興徐肇森、巢鳴盛，海鹽吳麟武，平湖馬萬方，「皆固守殘山
剩水之節，以終其身。」[67]錢謙益曾專撰詩〈贈盧子繇〉：「雲物關
河報歲更，寒梅逼坐見平生。眉間白髮垂垂下，巾上青天故故
明。老去閉門聊種菜，朋來參語似班荊。楞嚴第十應絲遍，已悟
東方難後鳴。」[68]盧之頤與眾社友守「殘山剩水」之地，讀書社成

64 全祖望，《鮚埼亭集》（收入《續修四庫全書》，第1429冊，上海：上海古籍
　出版社，1999，據清嘉慶九年史夢蛟刻本影印），卷26，〈陸麗京先生事
　略〉，頁198。

65 黃宗羲，《南雷文定四集》，卷3，〈查逸遠墓誌銘〉。

66 杭世駿，《道古堂文集》（收入《續修四庫全書》，第1426冊，上海：上海古
　籍出版社，1999，據清乾隆四十一年刻光緒十四年汪曾唯修本影印），卷
　29，〈名醫盧之頤傳〉，頁496。

67 李聿求，《魯之春秋》（收入《續修四庫全書》，第444冊，上海：上海古籍出
　版社，1999，據清咸豐刻本影印），卷20，頁609-610。

68 錢謙益，《牧齋有學集》（收入《四庫禁燬書叢刊》，集部第115冊，北京：北

員嚴印持及妻戈氏相繼逝世，盧之頤還照顧其子聖翼，讓他攻習醫業。

　　明季，這批醫者與文士一樣，參與地方的防亂以及秩序的維護，保持了高潔的品性。潘楫（1591-1664）「以如意指麾方略，出奇搗渠」，時人尊稱為鄧林先生，後來歸鄉，自稱清涼居士，以醫隱，賣藥都市中。所著書多可傳，詩文落落有高致。[69]幾社名士徐孚遠弟子李延昰（1628-1697）在復明運動失敗後，隱居浙江平湖，以醫自給，與張卿子、盧之頤、陸圻為莫逆之交。[70]張卿子目睹友人調零，[71]「謝名人顯者之交，說酒爐詩社之遊」。[72]順治七年（1650），柴虎臣與毛先舒訂有《西泠十子詩選》行世，收錄陸圻、柴紹炳、沈謙、陳廷會、毛先舒、孫治、張丹、丁澎、虞景明、吳百朋等十位詩選，號稱「西泠十子」。[73]不過主持《西陵

京出版社，1997，據清康熙二十四年金匱山房刻本影印），卷4，〈贈盧子繇〉，頁549b。

69　蔣芑，〈潘隱君鄧林先生傳〉，王紹隆著，潘楫註，曹炳章校，《醫燈續焰》（收入《中國醫學大成》，第11冊，上海：上海科學技術出版社，1990），頁2-3。

70　馮玉榮，〈醫與士之間：明末清初上海李延昰的邊緣人生〉，《復旦學報（社會科學版）》，56：5（上海，2014），頁19-27。

71　張遂辰，《衰晚編》，卷1，〈日聞吳越諸君子死義感賦？死闒難〉，頁361b。

72　張遂辰，《衰晚編》，〈衰晚編自序〉，頁350。此外，《蓬宅編》（收入《四庫未收書輯刊》，第7輯第20冊，北京：北京出版社，1997，據清康熙刻鈔配本影印），卷1，〈新秋夜聞子將過談小飲〉、〈忍公無勒招入六逸社簡謝〉，頁329。《蓬宅編》，卷1，〈述志答嚴忍公無勒〉，頁334b。《蓬宅編》，卷2，〈元旦雪中袁參戎招社宴不赴〉，頁336a。《衰晚編》，卷1，〈亂後慈村作〉，頁362a。《衰晚編》，卷1，〈寄舊同社〉，頁363a。

73　《皇明遺民傳》（收入謝正光、范金民編，《明遺民錄彙輯》，南京：南京大學出版社，1995），卷4，〈柴紹炳傳〉，頁470-471。

十子詩選》的柴虎臣，「申酉以後，僕既托跡方外，絕遠雉壇」，對擁社自立、明分壇坫極其嚴惡，「社集一時，遂標選部，祇為時萩而設」，以明季東林、復社黨禍為戒，奉勸士子「絕口會盟，一雪此垢」，並自言「二十年來，自甘病廢，一切盟社，不復相關」[74]，「布衣幅巾，鍵戶南屏，一以著述為事」[75]。西泠十子，除了少數應舉外，「多傲世忘榮，杜門著作」[76]。陸圻隱居，「采藥名山」[77]；沈謙鼎革後，隱於醫[78]；孫治不應試，自稱「武林西山樵者」[79]；張丹以布衣終老[80]。張卿子同馮雲將、汪然明、顧霖調所結孤山五老會。[81]張卿子於康熙七年（1668）逝世，終齡80歲。孫治非常推崇張卿子，稱他沉潛經學，於五經多所發明，不愧儒林；於書無所不讀，不愧文苑者；始終不仕，棲遲以老，真高士也、耆舊者、為人所表率也；其活人無算，方伎所未有也；長篤人倫，孤女孤甥相依於廡下，分金于亡友之裔，給粟于故人之家，不可勝道，獨行所未有也，為「非常之人」也。[82]

---

74 柴虎臣，《柴省軒先生文鈔》（收入《四庫全書存目叢書》，第210冊，濟南：齊魯書社，據清康熙刻本影印），卷10，〈與友人論止詩社書〉，頁398-399。

75 吳慶坻，《蕉廊脞錄》，卷4，〈柴紹炳傳〉，頁57b。

76 王嗣槐，《桂山堂文選》（收入《四庫未收書輯刊》，第7輯第27冊，北京：北京出版社，1997，據清康熙青筠閣刻本影印），卷2，〈巢青閣詩序〉，頁177b。

77 吳慶坻，《蕉廊脞錄》，卷4，〈陸圻傳〉，頁56b。

78 同上注，頁59a。

79 同上注，頁58b。

80 同上注。

81 張遂辰，《衰晚編》，卷2，〈李太虛先生招集湖上同馮雲將、汪然明、顧林調結五老社，劇談豪飲，聽侍兒絃歌分賦得客字〉，頁375a。

82 孫治，《孫宇台集》（收入《四庫禁燬書叢刊》，集部第148冊，北京：北京出版社，1997，據清康熙二十三年孫孝楨刻本影印），卷8，〈贈張卿子序〉，頁

　　晚明醫者參與文社，並仿照文社大會同盟，研經講學。盧復、盧之頤父子兩代與杭州讀書社、登樓社關係密切，在文社之外，也大會「武林諸君子」。盧之頤與餘姚黃宗羲、查繼佐等人來往密切，盧之頤還參加了南明的復國運動。張遂辰也曾是杭州詩文社中的活躍分子，曾入孤山五老會。醫者以同好相交，互為師友，學問相長，研討醫理，論藥集方。與盟社互通聲氣，相互映照。詩社、文社、醫者雅集是一個交叉的線。不過明末社事興盛時，醫者在其中的角色基本仍是以參與其中為耀。而入清，社事受打擊，大量士人隱於醫，反而帶來了醫者雅集另一種興盛。蘇州名醫張璐（1617-1699）稱，「壬寅（康熙元年，1662）以來，儒林上達，每多降志於醫。醫林好尚之士，日漸聲氣交通，便得名噪一時。於是醫風大振，比戶皆醫，此道之再變也。」[83]侶山堂研經講學的興盛也當在此風氣之下。

四、研經講學

　　謝觀談及宋以來儒醫之興，「多本治儒學，即非儒家，亦不能無囿於風氣，遂移儒者治經談道之說，以施之於醫，而其紛紜不可究詰矣。」[84]後世稱「大作者，推錢塘」，之所以有此成就，正在於杭州醫界形成了醫學雅集、講經研學的風氣。從晚明的醫者同社，到清初的侶山堂，其脈絡實相連。

　　《本草彙言》所記「師資」多研經講學，盧之頤被視為錢塘

731-732。

83　張璐，《張氏醫通》（收入《續修四庫全書》，第1022冊，上海，上海古籍出版社，1999，據清康熙寶翰樓刻本影印），〈自序〉，頁179b。

84　謝觀，《中國醫學源流論》（福州：福建科學出版社，2003），頁47。

醫者講學的開創者。盧之頤自謙，「不能負笈遠遊，師承殊少」，
但據他自己所撰的《本草乘雅半偈》序言，稱其來源有五：其一
是他的父親盧復的荷薪之訓；其二，則是師從醫者王紹隆（繼
鼎）的金匱之心傳、陳象先（嘉相）的薛案之私淑，此外還得到
繆仲淳（希雍）的指示；其三，李不夜（元暉）、嚴忍公（武
順），為文章道誼之宗模也；其四，幼耽禪學，于聞穀、憨山二
大師，得其南車；于離言和尚，得其點醒。其五，同輩友人，雲
間施笠澤、古婁潘方孺、同邑茹居素，亦皆宇內名流。「前所稱
武林諸君子，咸以是書出，殊可為人師承，余不敢冒其稱也，餘
特不敢不稱述其師承者也。」[85] 盧之頤受家傳習醫，同時師從錢塘
醫者王繼鼎、陳相先，並且得到東吳醫者繆希雍的指示，王繼
鼎、繆希雍名列《本草彙言》師資姓氏，而陳相先則列於「同社
姓氏」；嚴忍公（武順）、李不夜（元暉）為社團之活躍領袖。故
其師承交遊不止於醫，還有文士、高僧，其學術淵源也是多元
化。盧之頤應是明瞭師承各方、講學論道的學習方法的好處，故
而個人在成名之後，仍長期在杭州講學。

「二盧」與士林及佛師交遊，對其醫理也有啟發。盧復曾聘
王繼鼎（1566-1624）於家，講論《內經》。王繼鼎，字紹隆，徽
州人，久居錢塘，曾受紹覺師的影響，「師心知其賢，已而得
道，遂發靈蘭、金匱之藏，盡其術，皆解驗之。其治病也，劃然
無疑難矣。」[86] 王繼鼎講學方式，以經典為主。講學方式自由，

---

85 盧之頤，《本草乘雅半偈》，〈自序〉，頁1-2。

86 潘楫，《醫燈續焰》，陳朝輔，〈醫燈續焰序〉，頁1。廣承，錢塘人，俗姓
潘，字紹覺，為雲棲袾宏十大弟子之一。張志哲主編，《中華佛教人物大辭
典》（合肥：黃山書社，2006），頁646。

「隨讀隨講，不升座，不據席，不作學究態。」[87]與王繼鼎同列為「師資」人員，曾任錢塘醫官的徽州方穀（1508-？），在王繼鼎之前，也採用講學方式，與弟子諄切講解，「穀自肄業以來，早夜精心，微危是慎，日及諸門弟子諄切講解，故以生平所讀之書，意味深長之理，時刻玩誦。」萬曆十二年（1584）撰《醫林繩墨》，「使後之有志救世者，引繩畫墨，不致以生人之道，而為死人之具也」，並號召「凡我同志，乞為筆削論訂之。」[88]近人陳邦賢《中國醫學史》稱此書，「證各有論，論列有方，方有加減，引繩畫墨，使學者有所依據。」[89]

　　晚明士紳受佛教影響較大，醫者同樣如此。繆希雍曾與佛教大師紫柏、憨山來往密切，並且頗有禪意。[90]盧復曾遊憨山、蓮池、聞谷[91]三大師之門，又曾上雙徑白雲山訪聞谷大師，聆聽其談參禪悟道。[92]嚴調御也與聞谷相熟，曾撰〈和印兒《乞藥詩》兼作募〉，「吾兄擅講席，攜塵到禪藪」。[93]盧之頤受聞谷、憨山大師點撥，因而思考醫道也常從參悟入門，用釋理闡釋醫理，在對本

87 潘楫，《醫燈續焰》，〈自敘〉，頁1。

88 方穀著，周京輯，劉時覺，林士毅，周堅校注，《醫林繩墨大全》（收入《中國古醫籍整理叢書》，北京：中國中醫藥出版社，2015），〈自序〉，頁1。

89 陳邦賢，《中國醫學史》（北京：商務印書館，1957），頁244。

90 陳玉女，《明代的佛教與社會》（北京：北京大學出版社，2011），頁60-192。

91 聞谷禪師，印公。萬曆中，方內有三大和尚，紫柏、雲棲、憨山，各樹法幢。三人之後，密傳三老之一燈者，（聞谷）禪師一人而已。錢謙益，《牧齋初學集》（集部第115冊），卷68，〈聞谷禪師塔銘〉，頁83b。

92 盧復，《芷園臆草存案》（收入王琦，《醫林指月》），王琦，〈芷園臆草存案跋〉，頁20。

93 丁丙輯，吳晶、周膺點校，《北郭叢鈔》（收入《杭州史料別集叢書》，北京：當代中國出版社，2014），嚴調御，〈和印兒《乞藥詩》兼作募〉，頁34。

草注解中參雜了大量禪宗思想。

　　同列「師資」的潘楫，萬曆四十年（1612）夏，因有同盟朱仲修相引，師從王繼鼎。王繼鼎讓潘楫從經典開始閱讀，「初命楫讀《靈》、《素》，次《本經》，次《難經》，次《傷寒論》，次《金匱》，次《脈經》」[94]。順治七年（1650），潘楫將王繼鼎平日所講注解，編輯成書為《醫燈續焰》，意謂「挑燈而續其焰」，而書中眉批特別標明，「同邑社盟王佑賢聖翼評」[95]。習醫由「同盟」引薦，醫著由「同邑社盟」點評，其拜師方式、著述形式，都與晚明文社非常類似。

　　張卿子與潘楫隔水而居，當時遊於潘、張兩門的弟子，「問難和衷，相長相益。一時相傳，為藝林盛事。」[96]張卿子「博綜古學，七錄四部，無不披閱，而尤湛深於經義。」[97]其門人張錫駒、劉龑、張開之、蕭明俊、沈亮辰、張志聰，繼承其業，聚集吳山輪流講學。潘楫秉承其師王繼鼎的講學方式，「取黃帝、扁鵲脈書及近世來諸名家，條分縷析，講習不倦。翁之所以教弟子，如王先生之于翁，而弟子之事翁，一如翁之所以事王先生，可不謂難耶？」[98]取經典及名家，條分縷析，講習不倦。「受業者數百輩，治疾皆有奇效，所著醫燈續焰大有功於世。」[99]如曾拜師於張

94　潘楫，《醫燈續焰》，〈自敘〉，頁1。

95　王佑賢，字聖翼，錢塘人，幼孤力學，尤精方書。濟人利物所得，輒周貧乏。巡按牟雲龍薦辟不就，懸壺自逸。《（雍正）浙江通志》（收入《景印文淵閣四庫全書》，第524冊，新北：臺灣商務印書館，1983），卷196，〈方伎〉，頁349b。

96　潘楫，《醫燈續焰》，潘之淇，〈醫燈續焰序〉，頁2。

97　孫治，《孫宇台集》，卷9，〈張卿子七十壽序〉，頁739a。

98　潘楫，《醫燈續焰》，陳朝輔，〈醫燈續焰序〉，頁1。

99　《（康熙）仁和縣志》，卷21，〈方技〉，頁16。

卿子、潘鄧林兩師門下的李彣，初學醫時，「茫無畔岸」。後來按照兩師的指點，從經典入手，「醫學上乘，《靈》、《素》尚已，後此則仲景《傷寒論》、《金匱要略》諸書，得其意一以貫之，餘無難也。」[100]其後學業大進，張卿子對他也讚賞有加，能文能詩，為古處士，品格高森，醫學益精，「與兒輩，幼同師，長同學，讀書敦品，相與有成」，深喜兒輩之得友，吾黨之有人。[101]李彣撰寫《金匱要略廣注》的同時，與「同學及家季新章猶子瑄瑄輩，日為講論」。張卿子逝後，李彣為了不辜負兩師的教益，於康熙二十一年（1682），將《金匱要略廣注》刊刻成書，「期同志者共為發明，不詭經術于以抉靈蘭之秘典，而起凋敝之沉痾也。」[102]雖然「注釋徒艱，未免好竽鼓瑟，然千秋經學，自宜傳之有人，一燈尚存，不忍坐視泯滅耳」，[103]希望將醫學經典傳承下去。

　　同輩醫者之間的交流也給了盧之頤很多啟示。施沛（1585-1661），字沛然，號笠澤，華亭人，好學精醫，著有《醫醫》、《說療》、《脈要精微》、《藏府指掌》、《經絡指掌》。[104]同鄉名醫李中梓（1588-1655）與施沛更為莫逆之交，曾為施沛治療足疾。[105]施沛所著《醫醫》、《說療》卷首均題，「同社念莪李中梓

---

100 李彣，《金匱要略廣注》（收入《續修四庫全書》，第989冊，上海：上海古籍出版社，1999，據清康熙二十一年刻本），〈金匱廣注自序〉，頁4b。

101 同上注，張遂辰，〈金匱要略廣注序〉，頁1-2。

102 同上注，〈金匱廣注自序〉，頁4b。

103 同上注，〈凡例〉，頁6b。

104 王宏翰，《古今醫史》（收入《續修四庫全書》，第1030冊，上海：上海古籍出版社，1999，據清鈔本影印），續增本朝，頁375b。

105 李中梓，《里中醫案》（收入包來發主編：《李中梓醫學全書》，北京：中國中醫藥出版社，1999），頁764。

士材父參校」，[106]彼此以「同社」相稱。此稱謂在醫者之間也較為廣泛，如李中梓治療韓茂遠以社友相稱。[107]杭州醫者與松江、吳中江南醫者互動頻繁，恰似張溥復社網羅了大量江南名士。李中梓（1588-1655）之侄李延昰（1628-1697）為幾社領袖徐孚遠弟子，易代後在浙江平湖隱於醫。亦可見文社、醫者雅集，互動頻繁。

《本草彙言》所記師資，相互之間多交流深厚，有些還是師承相傳。在日常研習及傳醫授徒之中，多用講經討論之法。由醫學經典入門，被視為學醫正道。弟子之間，相互討論，問難釋疑。在講學研習之中，著文立說，以傳承醫學知識。

張志聰立侶山堂，是有意識傳承醫者講學之風，促進「醫者讀書」。張志聰宣稱自己為張仲景的後人，第43代子嗣。幼年喪父，棄儒習醫，受張卿子師的指導，才意識到「《靈》、《素》以降，《傷寒》一論，誠立法垂教之要典也！」又受盧之頤的影響，「醫不讀書，縱成倉扁，縱為技術之流，非士君子也，盧不遠（盧復）先生曰，當三復斯語。」他不贊同行醫全憑時運的說法，主張學醫需「力學」，「諸生來學，當苦志讀書。」[108]經典不注不明，醫理不辨不清，讀書集注，是醫學正途。

> 醫理闡自軒岐，傷寒撰本靈素，千百方書，皆屬旁門糟粕。獨《神農本經》、《黃帝靈素》、《仲祖論略》精義入

---

106 施沛，《醫醫》／《說療》（收入《海外回歸中醫善本古籍叢書》第12冊，北京：人民衛生出版社，2003），頁771、797。

107 李中梓，《醫宗必讀》（收入《續修四庫全書》，第1022冊，上海：上海古籍出版社，1999，據崇禎十年刻本影印），卷5，〈傷寒〉，頁80a。

108 張志聰，《侶山堂類辯》，卷上，〈醫以力學為先〉，頁65。

神，難於窺測。學者能入仲祖之門墻，始克登軒歧之道岸，
但理非淺近，中道而立，能者從之，目不識丁者，無論已。
即儒理淵深，才識自負者，亦必潛心體認，尋繹再三，瞑目
之際，章節旨義宛列於前。如儒門書史，舉一言而前後豁
然，斯為有得。能如是也，又必開示後學，正文集注，熟讀
講明，是刻之所以名集注者。竊效朱子集注經書，可合正文
而誦讀之，並非彙集諸家也。[109]

認為《本經》、《內經》、《傷寒》才是根本，方書皆屬旁門。不
過經典傳於後世，詞古義深，難於窺測。經典相對來說難於理
解，即使如盧之頤有家學、師承尚且如此，而況一般醫者。張志
聰本人也是，對於《內經》仲祖諸書，「童而習之，白首始獲其
要。」[110]為了開示後學，仿效朱熹集注四書五經，從《傷寒》到
《內經》，一部部經典進行集注，熟讀講明。據張志聰自序，從順
治十一年至康熙二年（1654-1663），數十年，「重釋全經，不集
諸家訓詁，止以本文參悟，分析章旨，研究精微。」[111]也就是康熙
二年（1663）以前，其著作基本上是由他自己獨力完成。大概也
就是從康熙三年（1664）開始，張志聰受門人諸子請，「近借同
學之參訂，潛心訪究，綜核靡遺，俾或偕升大梁之階，共臻不朽
之業，庶醫學由茲全盛乎，」[112]「先傷寒後內經」，以期振興醫學。
康熙三年（1664），成書於「恆吉堂」的《金匱要略》，合參同學

---

109 張志聰，《張志聰醫學全書》（收入鄭林主編，《明清名醫全書大成》，北
　　京：中國中醫藥出版社，1999），〈傷寒論集注・凡例〉，頁622。

110 同上注，〈傷寒論綱目自序〉，頁619。

111 同上注，〈傷寒論宗印自序〉，頁755。

112 同上注，〈金匱要略自序〉，頁909。

12人、門人19人、男（兒子）3人。康熙九年（1670）《黃帝內經素問集注》成，至康熙十一年（1672）《黃帝內經靈樞集注》成，兩集注均標明書於西泠怡堂。「復聚諸同學而參正之，更集諸及門而講求之，冀有疑義，與共晰之，或有微悟，與共訂之。」[113]此類集思廣益之作，當是講學辯論的結果。故晚清仲學輅在整理這兩部書時特意加「侶山堂」，稱為《侶山堂素靈集注》，並稱「大旨悉本侶山堂」。[114]

同社及門人共同研習，對張志聰本人注解醫典及門人習醫都大有裨益。集體研習，注解經典，不只是醫學知識的理解與傳承，其實還是知識更新的過程。在講學研習中，互相問難辨析，方能知異同，明是非。《侶山堂類辯》卷上題為「西陵隱菴道人撰，同學弟開之合參」，張志聰特別重視醫理之「辯異同」：

去冬《素問》成，漸次問世。偶慨嘆曰：既闡聖緒，仍任習訛，譬比倒瀾，等同鷗泛。爰是錯綜畫蘊，參伍考詳，隨類而辯起焉。雖然，惡乎辯哉！夫天下有理所同者；同無容辯；天下有理所異者，異亦無容辯。即天下有理之同，而勿為理之所異，理之異，而或為理之所同者，同中異，異中同，又無容辯。惟是理之同矣，而同者竟若異；理之異矣，而異者竟勿同。同之不可為異，異之不可為同，又何容無辯？辯之而使後世知其同，即知其所以異矣；知其異，即知其所以同矣；知其同不為異，異不為同，即知其所以同、所

---

113 同上注，〈傷寒論綱目自序〉，頁619。

114 張志聰集注，《黃帝內經集注》（北京：中醫古籍出版社，2015），仲學輅，〈侶山堂素靈集注後跋〉，頁492。

以異矣；無事辯矣！若曰予好，豈敢云然！[115]

在閱讀經典時，提倡往復論難，「究其本而探其源」，辨證論治才能得心應手，學習要提綱挈領、舉一反三、觸類旁通。「所謂要者，得其綱領也。知其要者，一以貫十，十以貫百，可千可萬，一言而終。不知其要，流散無窮。……學者潛心此書，得其要而引伸之，天下之理，其庶幾乎！」[116]

高世栻師從張志聰，亦承繼講學之風，也主張以注經之法習醫理，在《醫學真傳》中專設「醫門經論」篇，提出《本經（神農本草）》、《內經（黃帝靈樞素問）》皆醫門聖經，《傷寒（卒病）》、《金匱（雜病）》皆醫門賢論，猶儒者之五經、四書也。[117]盧復作《本草博議》，其子盧之頤作《乘雅》，張志聰、高世栻纂作《本草崇原》，皆以《本經》為宗而推衍之。「四書五經不之研究，而祗記腐爛時文，以為應試之用，思僥倖以取科第，安能冀其必得哉？」[118]康熙三十八年（1699），為《醫學真傳》作序的王嘉嗣，高世栻的門人，特別強調，「自農皇肇起，辨草木以著藥性。軒岐繼作，明陰陽以著內經。至漢末，篤生張仲景先師，上承農軒之理，著卒病、雜病兩論，率皆倡明正學，以垂醫統。」但是張仲景逝後，「經論之道遂失其傳，舛謬紛紜。家自為書，人自為學。」幸好高世栻「性靈獨異，學識超群，注釋經

115　張志聰，《侶山堂類辯》，〈自序〉，頁1。

116　張志聰，《侶山堂類辯》，卷上，〈金匱要略論〉，頁18。

117　高世栻，《醫學真傳》，〈醫門經論〉，頁2。

118　張志聰注釋，高世栻集注，《本草崇原》（收入鄭林主編，《明清名醫全書大成》，《張志聰醫學全書》，北京：中國中醫藥出版社，1999），王琦，〈本草崇原跋〉，頁1173。

論，既已述大道而正其傳，暇日集弟子往復論難」，「彙集成帙，摘其要者，梓以問世，使皆知醫之傳有其真，而學以不偽，是誠我夫子扶挽斯道之志也。」[119]孔孟以後，道學失傳，故韓愈提出要復興道統。如同儒學的講述路徑，醫道漸失，也呼籲「倡明正學，以垂醫統」。《高士宗先生手授醫學真傳》由受業門人曹增美、王嘉嗣、朱升、楊吳山、徐麟祥、管益齡、楊昶、奚天樞 8 位題名講述。可見，高世栻繼承了張志聰侶山堂講學之風，與群弟子辯論講學，以此明道，囑託弟子將其書付梓以「公諸天下」，[120]以此彰顯醫學也是天下之公器。盧之頤、張志聰到高世栻及其弟子，均有意識的強調，雅集、研經、講學，在研習辯難之中，對內經、兩論和本草做了大量的整理集注，這也成了錢塘醫派主要的治學方向。錢塘醫者著述豐碩，不僅注解經典，重視醫學入門，而且辨析疑症，整理藥方，對醫學知識的傳承與更新做出重要貢獻。茲列部分著述目錄如表3：

表3　錢塘醫者部分著述目錄[121]

類別	著作	書目	成書年代
本草類	盧復	《神農本草經》	萬曆四十五年（1616）
	盧之頤	《本草乘雅半偈》（11卷）	順治四年（1647）
	張志聰	《本草崇原》（3卷）	康熙二年（1663）
	仲學輅	《本草崇原集說》（3卷）	宣統元年（1909）

119　高世栻，《醫學真傳》，王嘉嗣，〈醫學真傳序〉，頁1。

120　高世栻，《醫學真傳》，曹增美、王嘉嗣等述，〈高士宗先生手授醫學真傳〉，頁1。

121　此表參考張承烈，《錢塘醫派》，附〈醫學著作簡錄〉，頁36-41。

內經類	張志聰	《黃帝內經素問集注》（9卷）	康熙九年（1670）
		《黃帝內經靈樞集注》（9卷）	康熙九年（1670）
	高世栻	《黃帝素問直解》	康熙三十四年（1695）
傷寒、金匱類	盧之頤	《仲景傷寒論疏鈔金錍》	順治元年（1644）
	張遂辰	《張卿子傷寒論》	順治元年（1644）
	張志聰	《傷寒論宗印》（8卷）	康熙二年（1663）
		《傷寒論綱目》（9卷附1卷）	康熙十二年（1673）
		《傷寒論集注》（6卷）	康熙二十二年（1683）
		《金匱要略注》（4卷）	康熙二十二年（1683）
	張錫駒	《傷寒論直解》	康熙五十一年（1712）
臨症類	盧復	《芷園臆草存案》	萬曆四十五年（1616）
		《芷園臆草題藥》	萬曆四十八年（1619）
		《醫種子》	泰昌元年（1620）
		《芷園臆草堪方》	天啟二年（1622）
	盧之頤	《學古診則》	順治元年（1644）
		《痎瘧論疏》	順治十三年（1657）
	張遂辰	《張卿子經驗方》	順治十三年（1657）
		《雜證纂要》	成書年代不詳
		《簡驗良方集要》	成書年代不詳
	張志聰	《侶山堂類辯》	康熙二年（1663）
		《醫學要訣》	康熙二年（1663）
	高世栻	《醫學真傳》	康熙三十八年（1699）
		《高士宗部位說》（附十二經脈歌訣）	康熙三十八年（1699）
	張錫駒	《胃氣論》	康熙五十二年（1712）

　　從形式上看，《本草彙言》所言之同社，侶山堂的傳承，與文士結社雅集極為相似。醫者多出身於儒，再加以醫士之間交流

頻繁，不少名醫與名士間更是詩文唱和，志趣相投。在研經講學過程之中，醫學知識的生產傳承，醫學著述的出版播揚，醫學人才的培養訓練，都寓於其內。此類醫者集會雖為醫者自發形成，與現代制度化的醫學組織不同，卻同樣蘊含著知識共同體的合理要素。

五、結論

　　明清之時，杭州興起醫者講學讀書之風，從《本草彙言》所記「醫者同社」，到張志聰建「侶山堂」，一脈相傳，聚同道及門人，會同講經研習，出版刊刻醫籍，形成一醫學知識生產及傳承的共同體。

　　如論其形式，與文人結社極為相似。杭州士林風氣，文人雅集是為常態，習經進學、吟詩唱和。杭州醫者雲集，又多名醫，與士林交誼深厚。不少名士醫儒兼修，互為促進。如二盧、張卿子等人，本身既有醫名，又與士林交好。不少醫者、儒士，相互之間又有師承淵源。醫者參與文社，文士作客醫者講堂，可能是極為常見的現象。晚明的醫者大會，清初的侶山堂，醫者講學正是移用了文社的組織形式。這一講學風氣實由晚明盧氏父子開啟，而盧氏之學則是傳自寓杭名醫徽州王紹隆，此外尚有寓杭醫者徽州方穀、餘姚張卿子，東吳繆希雍，松江施沛等加入。杭州醫界崇尚開放講學之風，與二盧、張卿子、張志聰、高世栻等人的堅持是分不開的。在其學習醫術及研究醫典的過程之中，明瞭同道集議對於辯明醫理的重要作用。醫著由「同邑社盟」點評，「同社參校」，其注釋經典，闡發醫理，亦受益於同道及門人的共同討論。良好的業際網絡、私人交誼及醫道傳承，使講經研學之

風得以長期持續。醫者講經，同道研習，在類似文社的讀書形式
背後，其實構建起醫學知識的學習、更新與傳播的開放式路徑。

　　究其實質，侶山堂講學不僅推動「醫者讀書」，探究醫理，
更為重要是形成了研習經典、辨析經典的問辯式學習方式。名醫
開講，各有風格，但均重視由經典入門，辯明醫理。學習之中，
又不是單純追隨教條，而是相互問難，探求異同。同道門人各以
其理解及行醫經驗，同堂論道，使這一學習過程不僅是知識傳
承，還具有知識共同體集體生產的創新特性。王汎森先生專門論
及，黃宗羲等人在清初甬上講經會，一部經沿一部經講，每月聚
講兩次，當講論某經時，全體會友都攻習這一部經典，以期能盡
通所以經書。[122]錢塘醫者此舉未嘗不可以說是醫者講經會。從盧
之頤、張志聰到高世栻及其弟子，均有意識的強調集體研習辯難
的重要性。每月三、六、九晨，講述醫學經典，主要是講黃帝內
經素靈，仲景兩論傷寒金匱。並對內經、兩論和本草做了大量的
整理注釋，這也成了後來錢塘醫派主要的治學方向。新入醫道
者，亦在此過程之中得入正途，其知識素養及行醫經驗得到充
實，講學研習也成為醫學人才養成的重要途徑之一。醫者既可以
發表見解，亦可以提出問題；既可以分享書籍，亦可以分享心
得。較之單一師承，其知識來源更為多元，更易於突破門戶之見
的束縛。

　　如將醫學知識的傳承生產，醫學人才的訓練養成，醫學職業
的規範提升關聯而論，可以發現侶山堂是錢塘醫者共同體的重要
連接點。通過名醫主講及集體論學的方式，大量的醫學典籍得以
生產，並通過杭州的出版市場進入流通領域。醫者在講學研習中

122　王汎森，〈清初的講經會〉，頁503-588。

獲得知識，積累經驗，也在同行中獲取醫名。侶山堂已經在一定程度上發揮著類似於現代醫學社團的作用，只是其組織主要是移用文社形式，是在杭州特殊的士林風氣、醫界生態之下產生的。主持者是否能夠突破門戶之見，保持其公共性與開放性，是其運作的關鍵。與現代醫學社團不同的是，其受醫者主體因素影響極大，缺少國家制定的社團法規與職業制度的支持。因此，與侶山堂類似的講學場所並不常見，而侶山堂的傳承也在相當程度上取決於師承意識與主持者的知識觀念。

社集、經學與科舉考試

明代的文社與經學

陳時龍 ————————————————————————

江西永新人,復旦大學歷史學博士,中國社會科學院中國歷史研
究院古代史研究所研究員,研究領域:明代思想史、明代政治
史。代表作:《明代中晚期講學運動:1522-1626》(2005)、《明
代的司務》(2014)、《明代的科舉與經學》(2018)。

　　明代文人結社風氣很盛。然而在一般印象中，似乎文社只與詩文相關，追求風雅，而與極功利的科舉、刻板的經學無關。但是，實際的情形是怎樣的呢？郭紹虞先生在討論明代文人集團時說：「有的在結合之始，只為制舉業的關係」，並且舉袁宏道結社城南為例，說當時像這類「攻研時藝」的文社「實在也不在少數，只因為時起時滅，所以不為人所注意，除了一些社稿的序，見於文集中以外，其餘大都是不可考的，不過這些專研時藝的文社雖不盡可考，但其量則不會很少」[1]。雖然有這樣的判斷，但落實到研究上卻不容易，因此郭紹虞先生〈明代文人結社年表〉一文中幾乎也沒有任何攻研時藝的文社的相關記載。後來學者在研究文社時也注意到與科舉和經學相關的結社。例如，何宗美對晚明文社進行分類時說：「以結社宗旨和活動內容不同，可分為談詩論文型、詩酒唱和型、講藝舉業型、選文刻稿型、讀書論學型、談禪奉佛型、匡時救世型。」[2]其中不少講藝舉業型與談書論學型文社討論的內容與經學有關，而結社目的也是為了科舉。李玉栓《明代文人結社考》將明代文社分為賦詩類文社、怡老類結社、研文類結社三種類型，[3]而其中不少研文類結社研討的正是經學。還有學者嘗試對明代前後期文社的重點作一區分。例如，陽達、歐陽光《明代文社與科舉文化》一文認為：詩社是明代前期文人結社的主流，明代中晚期圍繞科舉考試的文社逐漸興起，從而在晚明形成復社、幾社、豫章社等規模較大、以挽救科舉文風為目

1　郭紹虞，《照隅室古典文學論集》（上海：上海古籍出版社，1983），〈明代的文人集團〉，頁529。

2　何宗美，《明末清初文人結社研究》（上海：上海三聯書店，2016），頁38。

3　李玉栓，《明代文人結社考》（北京：中華書局，2013），頁61。

的的文社。[4]這個認識大致也是不錯的。但是，仍有一些需要進一步澄清的問題：其一，明代結社中，研究經義與研究文章固然未必有嚴格區隔，但是有沒有全然以研討經義為宗旨的結社存在？其二，從類型上說，內容集中於研究經義的結社，與目的在追求科舉成功的結社，各自屬於不同分類，而既聚焦經義且瞄準科舉的結社，最早又會在什麼時候出現？最初特徵如何？其三，從最早以科舉為目的的經義研討型文社，到晚明的應社、復社，其間的發展有沒有一定的軌跡與脈絡可尋？又反映了什麼樣的社會需求與學術傾向？

一、圍繞科舉的文人結社

　　士人以科舉為目的的結社，比之詩文結社、怡老會要現實和功利得多，當然也枯燥而專門得多，絕非風雅浪漫之舉。這可以說是明代文人結社的另一面。士人參加科舉考試，必須有一定之「式」，考試合格者也稱為「中式」。既有一定標準，文章自然不能率意，不但要反覆推敲文字，而且發揮的空間也不像文學那樣可以融入想像，因而模寫科舉文字成了極為枯燥的事情。清人李百川在其以明代嘉靖年間為時代背景的小說《綠野仙蹤》中，記載府學生員苗繼先探訪當時正在為科舉考試努力的生員溫如玉，就曾這樣寫道：「苗禿看了看，見桌上放著《朱子大全》、《易經體注》，還有十來本文章。苗禿子笑道：『這些刑罰，擺列出來做

4　陽達、歐陽光，〈明代文社與科舉文化〉，《湖北大學學報》（哲學社會科學版），2010年第5期（湖北，2010），頁94-98。

什麼？』」[5]在一個讀書秀才看來，科舉備考竟成了像「刑罰」一樣的苦差事。晚明山陰縣的藏書家祁承爜（1604年進士）有詩〈課藝苦不就沿溪散布漫詠〉，云：「一題方入目，百念逐心非。非為尋源往，聊同避難行。僧歸雲外徑，漁傍水邊汀。生計原多路，何聽寸管評。」[6]因為絞盡腦汁仍無法寫出令自己滿意的制義，祁承爜只能到溪邊放鬆心情，況之為「避難」，乃至有為僧人、為漁民的遁世之念。這種深感科舉考試文章枯燥乏味的心情在詩中充分地得以表露。祁承爜對科舉考試還另有「舉業相伴半生，寸管加肘，百毒鏤心」的說法。[7]晚明袁宏道（1568-1610）曾在〈社中〉詩感歎說：「交遊悲喜盡，文章揣摩成……終年惟捌管，辛苦是書生。」[8]因此，若有三五友人共同探討，或可減輕這種痛苦。這是圍繞科舉而結社的第一層背景。祁承爜本人曾經參加過這種研討經義的集社「合轍社」，陳繼儒（1558-1639）即說祁承爜「初有合轍社而通經學」。[9]正因為此，士人研習舉業之餘，同時也會有詩文唱和，以緩解終日揣摩的痛苦，使得詩文社與舉業社常常會混雜到一起。明末著名的書畫家與官僚董其昌（1555-1636），年輕的時候曾與章觀等人結社，探討科舉文字，同時也相和賦詩。董其昌〈陶白齋稿序〉載：「余往同馮咸甫輩結社齋

5　李百川，《綠野仙蹤》（北京：北京大學出版社，1986），第50回，〈傳情書幫閒學說客，入欲網癡子聽神龜〉，頁399。

6　祁承爜，《澹生堂集》，第1冊（北京：國家圖書館出版社，2012），卷2，〈五言律詩〉，頁226。

7　祁承爜，《澹生堂集》，第2冊，卷7，〈三子甯聞草序〉，頁228。

8　袁宏道著，錢伯城箋校，《袁宏道集箋校》（上海：上海古籍出版社，1981），頁34。

9　祁承爜，《澹生堂集》，第1冊，陳繼儒，〈澹生堂全集序〉，頁12。

中，晨集構經生藝，各披賞訖，即籌燈限韻，人賦詩幾章。」[10]在這種時候，詩歌對枯燥終日的士子心情是一種慰藉。

　　科舉結社的第二種功能，是可以增加相互交流和學習的機會，共同揣摩科舉作文的技巧。因此，重視教育的地方官常會組織相應的文會，將轄區內優秀的生員組織起來，為他們創造交流會文的機會。例如，在嘉靖末年直至隆慶元年，南直隸江浦縣的知縣王之綱在縣內組織了10個文會，分別名為文昌、泰茅、晉接、折會、玉虛、西清、東華、石渠、青瑣、三元、南宮，而且「創學田千二百餘畝為會費」，[11]其中參與文會之中的士人如嚴丕承便在隆慶四年（1570）中應天府鄉試。晚明學者呂維祺（1587-1641）任山東兗州府推官時，置學田，訂山左大會，「漸及通省，冀北、淮南之士咸來就業」，[12]會的規模十分龐大，而其功能於傳播理學或宣傳節孝之外，方便諸生科舉的目的也很明顯。在16世紀地方官建造的書院中，出於為諸生提供藏修和會文之所考慮的不少。嘉靖十五年（1536）創建的江西安福縣復古書院，除了是陽明學在江右的重鎮以外，在為地方培養科舉人才上所做的貢獻也不小。傅作舟（1571年進士）說：「安福向有復古書院官課、師課，生童以時會文，近年更立章程，頗著成效。」[13]不過，

---

10 董其昌，《容台文集》，收入《董其昌全集》，第1冊（上海：上海書畫出版社，2014），卷1，〈陶白齋稿序〉，頁37。

11 王之綱，〈江浦書院文會記〉，《明代書院講學考》（國家圖書館藏民國年間抄本），第3冊，頁29。

12 呂維祺，《明德先生文集》（收入《四庫全書存目叢書》，集部第185冊，山東：齊魯書社，1997）附錄，施化遠等編，《呂明德年譜》，萬曆四十四年丙辰30歲，頁392。

13 同治《安福縣志》（收入《中國地方志集成》，上海：江蘇古籍出版社，1996），江西府縣志輯，卷17，「藝文‧序」，傅作舟，〈道南文會記〉，頁440。

由地方官員組織的文會雖然因為有一定經濟保證，一時的影響很大，但也往往因地方官的遷轉而很難長久。更多圍繞科舉的結社，是從事於科舉的學子們彼此自願地結合起來，聚集成會，交流技藝。

16世紀，文社日益活躍，圍繞科舉的結社時時可見。傅作舟談到隆慶年間安福縣於復古書院之外還創行道南文會：「國朝以《四書》、五經試士，背朱注者不錄，雖所取在文，而因文見道……邑南地距郭較遠，多不能應期赴課，以荷栽培。歲丁卯（1567），太史王君爾玉假旋，與諸同志謀於近地開文社而行月課，邀集十四都人士而酌商之。每都勸輸，匯流成浸，凡三閱歲而會舉，顏之曰道南。蓋取吾道南矣之義，與復古並行不悖。自明年為始，敦請名師，萃各都之習舉業者，按月會文而甲乙之，優其資獎，以示鼓勵。」[14]同樣是在隆慶年間，浙江嵊縣的周汝登（1547-1629）與同志為「鹿山八士文行合一之會」，至萬曆十五年（1587）建成鹿山書院，「以待邑中之凡有志於舉者皆得以來集於斯」。[15]從後來鹿山書院接待「有志於舉者」的情況看，昔日的鹿山八士之會大概是以討論科舉制藝為多。[16]河南新野縣人馬之駿（1578-1617，1610年進士）則提到他在萬曆年間與友人劉逢源（1557-1621）等結社研討制義之事。馬之駿〈茂才漢垣劉公墓誌銘〉說：「公諱逢源，字取之，別號漢垣，里人稱之漢垣先生最著。少治舉子，言穎異秀出，顧屢試坎壈。戊子（1588），長

14 傅作舟，〈道南文會記〉，頁440。

15 《（康熙）嵊縣志》（收入《中國地方志集成》，上海：上海書店出版社，1993），浙江府縣志輯，卷5，「學校志」，頁122。

16 莊起元，《鶴坡公年譜》（收入《北京圖書館藏珍本年譜叢刊》，第54冊，北京：北京圖書館出版社，1999，民國二十五年鉛印本），頁308-309。

垣于田李公來視兩河學，錄公文，補郡庠弟子員。時公且逾弁，
浸尋壯齒矣，益下帷發策，矻矻弗少休，偕楊君來鳳、石君攻
玉、王君逢古、齊君來旬、李君春華及予兄弟輩結社課文……所
治毛氏《詩》最淹熟精詣，即酒間談次，偶及輒成誦，累累如貫
珠。」[17]文中除了談到馬之駿等人為舉子業結社課文之外，還提到
劉逢源擅長《詩經》，讓我們對於他們結社課文時重點在於經義
可以有些想像。進入到17世紀，此類圍繞科舉的結社可能更多。
無錫的東林領袖顧憲成（1550-1612）提到東林講會之下還有姚玄
升等人為舉業而結的小會。顧憲成〈題姚玄升諸友會約〉說：
「程伯子云：『舉業不患妨功，只患奪志。』今觀諸友會約，為舉
業設耳，乃能斤斤交砥，一言一動，一切稟諸繩墨。」[18]崇禎二年
（1629），和州生員戴重與友人杜若蘭、章繼捷、王大生、含山陸
合泰等五人結社於和州城西三十里處之棲雲觀，「其友五，其書
義三，經義四，其地惟棗林之宮，其期惟月之望。」[19]戴重等人結
社課文，完全是摹仿科舉考試頭場考《四書》義三篇、經義四篇
的形式。他們在每月15日於和州棗林宮聚會一次，每人模仿考試
撰寫《四書》義和經義共7篇。

---

17 馬之駿，《玅遠堂全集》（收入《四庫全書存目叢書》，集部第184冊，山東：
　　齊魯書社，1997），〈茂才漢垣劉公墓誌銘〉，頁285。

18 顧憲成，《涇皋藏稿》（收入《無錫文庫》，第4輯，江蘇：鳳凰出版社，
　　2011，明萬曆刻本），卷13，頁168。

19 戴重，《河村集》（收入《四庫禁燬書叢刊》，集部第11冊，北京：北京出版
　　社，1999），卷1，〈棲雲觀記〉，頁10；卷3，〈棲雲觀文社盟書〉，頁32-33。

二、圍繞科舉經義的結社

　　圍繞經義的結社可以有科舉的目的，也可以沒有。廣義的經義既指為科舉而作的經義文章，也指士人對經典的詮釋。雖然明代經學的主流似乎是後來人們不太欣賞的科舉經義，但當時也還有一些學者對經學饒有興趣，有結社討論經學的願望。例如，15世紀後期，慈溪人楊子器（1487年進士）任官吏部時，「倡為五經會，非甚病雖冗不輟披覽。」[20]官員們的經義結社，自然不再與科舉有關了。江西饒州府鄱陽縣的史桂芳（1518-1598）嘉靖三十六年（1557）陞任南京刑部主事，「南中事簡，每日惟專以講學會友為事，大會外，又與東筦林艾陵先生、奉新蔡見麓先生、萬安黎念雲先生數位每夜輪會衙舍，輪講五經。」[21]不過大部分圍繞經義的明代結社，乃是以科舉為目的。既然以科舉為目的，自然是要採取最簡捷經濟的手段。明代科舉考試雖然號稱以五經取士，但具體到每一個考生，其實只是選擇五經之中的一經來進行考試，因此對每一個參加考試的個體而言，不過是一經取士而已。這就間接地決定了考生們不會以其有限的精力去研習所有的五部經典，而會挑選自己將來要以之取科第的「本經」來研習。弘治年間王恕（1416-1508）說：「編簡浩瀚，中人之資未易遍讀，故令為士各治一經，兼讀《四書》，學校以此而設教，場屋以此而取士。」[22]其實，即便學子們以科舉為目的的結社共學，也

20　李玉栓，《明代文人結社考》，頁163。

21　《皇明史惺堂先生遺稿》（收入《四庫存目叢書》，集部第127冊，山東：齊魯書社，1997），附錄，夏子羽，《史惺堂先生年譜》，頁10。

22　王恕，《王端毅公文集》（收入《明代文集叢刊》，台北：文海出版社，1970），卷1，〈考經堂記〉，頁34。

往往圍繞一經展開。

圍繞一經展開的經義結社大概較早出現在15世紀下半葉。在此之前，可以看到某些小範圍內的一經共學，但卻還很少以會或者社的名稱出現。例如，在明代江西安福著名的劉球的家族之中，就曾出現過家族內共學一經的小型集會。姚夔（1414-1473）在為劉球之侄劉鈞（？-1454）所作墓誌銘中說：「君姓劉，諱鈞，字仗智，重齋其別號也。……前刑部員外郎雙溪先生（劉玭）得《春秋》旨要於其兄忠愍公，為學者所宗，遂遣就學。逾年，學大進，為文章新奇可愛。間以業質於堂兄今建寧守仗德（劉鉞）及內兄今雲南參政路君斐資（路壁），磨礱浸溉，而學益進。竹莊喜其有成，乃遣入邑庠，與明師良友游。……嘗即泰和寺廢址構庵，邀堂弟今浙江提學副使仗和（劉釬）講學其中，折節相與討論。其內弟今南京刑部員外郎路斐章（路璋）來從遊，君館谷而啟迪焉。」[23] 劉鈞非但師從於叔父劉玭，而且問學於堂兄劉鉞、內兄路壁，最後又在泰和結庵，與堂弟劉釬、內弟路璋共學其中，研討《春秋》。不過，劉氏兄弟共學《春秋》顯然還只是家族內部的結會課文，與後來的結社不完全一樣。這種家會也一直存在。徽州府婺源人余懋孳（1604年進士）在萬曆年間曾與其兄弟數人結成了討論《尚書》經的家會。余懋孳在〈尚書經家會序〉中說：「明一經而六經之義備，則莫如《尚書》。……顧居常不講究練習，而徒倚辦臨文之間，即善體認，何由速肖？此諸兄弟之家會所由訂也。夫會而於家，不已隘乎？諸兄弟第論會之真不真，無論廣不廣。果其心會神會，一堂固會，千里亦會，同

---

23 姚夔，《姚文敏公遺稿》（收入《四庫全書存目叢書》，集部第34冊，山東：齊魯書社，1997），卷9，〈重齋劉君墓誌銘〉，頁552。

方固會，尚友亦會。彼虞五周十，安在必多？而元凱旦奭，安在不出一姓也？諸兄弟倡之家而風之遠，使家與家習。」[24]從余懋孳的話來看，他感覺經義討論局限於一家總有過「隘」之嫌，因為圍繞科舉制義的討論範圍畢竟在晚明已相當地開放了。

　　至少到15世紀下半葉，一個圍繞經義而展開的超越家族範圍的麗澤會在北京出現了。蘇州府長洲人吳寬（1435-1504）〈鄉貢進士徐君墓志銘〉說：「蘇之嘉定有以兄弟同登鄉貢者，徐德充、德宏也。已而德宏擢進士第，拜監察御史。德充獨不耦，乃益發憤讀書，以必取甲科為期。他日四方名士相與講《易》京師，號麗澤會。君在會中，陳經傳，指摘經奧，幾無遺義，為文章，輒能得所謂主意者。」[25]徐德充名忱，號雲崖，天順六年（1462）舉人，成化十一年（1475）進士；徐德宏名博，[26]或亦當時與會者之一。麗澤會的「麗澤」二字，出於《易·兌》，意為兩澤相連，延伸為朋友交益，但也可能有會中主要研討《易》的因素。在吳寬的陳述中，麗澤會是一個圍繞《易》的研討而形成的結社。不過，同時浙江寧波的《易》學名家楊守陳（1425-1489）卻在〈麗澤會詩序〉說：「成化辛卯（1471）春，監之士有雅相善者廿五人胥約以文會，而主於盧解元楷之第。會則取五經群籍相講解問難，各出所著共修潤之，德善相勸，過失互

24　余懋孳，《萰言》（收入《四庫全書存目叢書補編》，第99冊，濟南市：齊魯出版社，2001，台灣漢學研究中心藏明萬曆三十七年〔1609〕刻本），卷1，〈尚書經家會序〉，頁483。

25　吳寬，《家藏集》（收入《景印文淵閣四庫全書》，第1255冊，新北：臺灣商務印書館，1986），卷62，〈鄉貢進士徐君墓誌銘〉，頁585。

26　楊守陳，《楊文懿公文集》（收入《四庫未收書輯刊》，第5輯第17冊，北京：北京出版社，2000），卷10，〈雙桂堂記〉，頁481。

規……燕之日，吳郡湯君徵嘗備主禮，故取諸詩悉書於卷，因余弟守阯、解元以求予序。守阯雖與會，然吾於廿五人者知未悉矣。」[27]從中可以看到，麗澤會舉行時間在成化七年（1471），成員多達25人，包括楊守陳的弟弟楊守阯（1436-1512）在內。當然，因為家族的緣故，楊守阯也是《易》學名家。楊守陳提到麗澤會中所討論的內容不限於《易》經，而是間涉五經，還有文人吟詩為宴的風習。[28]從可知的麗澤會成員的本經構成來看，麗澤會可能不只研習《易》。麗澤會中的主要成員盧楷（1438-1471）以《春秋》中浙江鄉試解元，而陸愈（1539-1488）後來就是以《尚書》中進士。[29]麗澤會的成員還有楊景奇等人。楊守阯〈祭武選主

---

27 楊守陳，《楊文懿公文集》，卷21，頁562。

28 麗澤會分韻賦詩，曾將詩歌結集刊印，楊守陳詩序即為此而作。明人高儒，《百川書志》（上海：上海古籍出版社，2015），卷20即著錄《麗澤會詩集》一卷，下註「成化辛卯四方文士二十五人分韻詩也」（頁313）。正因為於麗澤會不僅研習儒家經典，還吟詩作文，李玉栓《明代文人結社考》才會認為當時京中同時有兩個麗澤會（頁61）。

29 吳寬，《家藏集》，卷63，〈山西道監察御史陸君墓誌銘〉載：「（陸愈）少遊縣學，刻意誦習，歲壬午（1462）中浙江鄉試，會試不偶，入太學，與四方文士講業，號麗澤會，乙未（1475）竟登進士。」（頁594）張元禎，〈監察御史陸君愈墓表〉：「君諱愈，字抑之，別號貞菴……長益刻意進士業，以邑庠生領浙江壬午鄉薦，慮分於家事，去精修於百里外僧寺，中游太學，復萃四方知名士，倡議為麗澤會，以相淬礪，乙未（1475）第進士。」參見焦竑，《獻徵錄》（上海：上海書店出版社，1987），卷65，頁2833。作為麗澤會的主要成員，陸愈會試本經是《尚書》，盧楷的本經是《春秋》。《成化十一年會試錄》（《北京圖書館古籍珍本叢刊》，北京：書目文獻出版社，1987，集部第116冊）載：「第二百十九名，陸愈，浙江平湖縣人，監生，《書》。」（頁434）。盧楷，字中夫，浙江東陽人，鄉試本經為《春秋》。《兩浙名賢錄》（《北京圖書館古籍珍本叢刊》，集部第17冊，北京：書目文獻出版社，1988，據明天啟徐氏光碧堂刻本縮印）卷10載：「（盧楷）天順壬午以《春

事楊景奇文〉中說：「嗚呼，往者麗澤之會，有友二十五人，曾未數年，陞沉之跡若天飛而淵淪，中間既喪中夫，又喪齊道，人皆惜之，而今於景奇之喪則又為之痛惜而深蹙。蓋景奇以尚寶之子、太師之孫，脫去紈綺之習，而折旋禮義之門。」[30]中夫即解元盧楷。然而，楊守陳〈國子盧君楷墓表〉記載說：「君諱楷，字中夫，號可齋。……以儒士赴鄉試不利而還，父悉以家事委之治，尋補縣學生，文學滋茂……天順壬午（1462）遂擢鄉試第一。自是兩試禮部連不利，率一時國子之傑為麗澤會以講習，業成而疾作。成化辛卯（1471）六月十六日卒于京邸，年纔三十有四。」[31]從麗澤會成化七年春結成而到6月其重要組織者盧楷便逝世的情形看，麗澤會並未持續太長時間。然而，這是能見到的最早明確以科舉為目的、以經義為內容的結社。

　　麗澤會尚不是完全局限於一經的集會結社，但進入16世紀後，圍繞一經的經義結社漸多。龐嵩（1534年舉人）談到其曾與友人結粵山詩社之會，「又間則為天山講《易》之會，四仲月則為天關同志大會」，[32]既研討詩文，又講習經學與研討理學。林希元（1482-1567）談到徐世望在南京國子監肄業期間曾主持過一個圍繞《春秋》經展開的文會。林希元〈春秋文會錄序〉說：「徐子世望卒業南雍，率其友笪廷和輩十餘人為《春秋》之會，得義

秋》中浙江鄉試第一」（頁314）。

30 楊守阯，《碧川文選》（收入《四庫全書存目叢書》，集部第42冊，山東：齊魯書社，1997），卷4，頁116。

31 焦竑，《獻徵錄》，卷113，頁4984。

32 龐嵩，《龐弼唐先生遺言》（桂林：廣西師範大學出版社，2016），卷2，〈壽唐山陳先生七十一序〉，頁195。

若干篇。金陵趙氏見之，請刻以惠同志，請序於余。」[33]徐世望的文會不但專門研討《春秋》，並且還彙刊了經義。這種做法到晚明越來越多。聚焦於一經的結社越來越多，各地都有出現。在一些專門以某一經典參加科舉考試的地域，這種結社更多。例如，蘇州府常熟縣以治《詩》名，晚明有研討《詩》的英社。錢謙益（1582-1664）〈題二陳子英社詩集〉：「吾邑以葩經冠三吳，瞿文懿而後，首推吾顧、邵暨陸、魏諸君子，互踵其盛，迄今流風餘韻，芬郁齒頰。而諸家子弟，起而繼之者，不無紹述少衰之感。司空陳旦融昆季以《詩》先後起家，每津津其中，未嘗不以匡說解頤自負。」[34]旦融即常熟人陳必謙（1613年進士），官至工部尚書。在常州府武進縣，萬曆年間有莊起元（1559-1633）《詩》經社。莊起元，字中孺，常州府武進縣人，萬曆三十八年（1610）進士，自幼習《詩》，未第前與諸子及友人在關聖廟等地結社研究《詩》義。莊起元自敘說：「萬曆二十七年（1599）己亥，四十一歲。偕長子應德、次子應熙、三子應期，友鄒公諱志隆、黃生象乾於府學尊經閣，晨昏誦習。時邵上葵公祖諱輔忠攝府篆，月課特嘉愚父子及鄒公，結《詩》大社於關聖祠，計三十六人，分為六隊，朔望面相印正，前後出身者居其大半。……二十九年辛丑（1601），四十三歲，關聖廟、忠義祠兩結《毛詩》大會，一時競勝。」[35]浙江嘉善縣以治《尚書》聞名。嘉善人王佐，字佐之，號樗崖，未第時在嘉善縣立《尚書》社。光緒《重修嘉善縣

33 林希元，《林次崖先生文集》（廈門：廈門大學出版社，2015），卷7，頁568。

34 錢謙益，《牧齋雜著‧牧齋集補》（上海：上海古籍出版社，2007），〈題二陳子英社詩集〉，頁901。

35 莊起元，《鶴坡公年譜》（收入《北京圖書館藏珍本年譜叢刊》，第54冊，北京：北京圖書館出版社，1999），「萬曆二十九年辛丑43歲」，頁308-309。

志》載：「（王佐）自為諸生時，結《尚書》社於竹西，有聲壇
坫。」同社之人有孫文鋒，字韞生，「與同邑王佐、朱廷旦會文竹
西，刻有《竹西同志錄》」；又有朱廷旦，字爾兼，號梅隱，袁黃
門人，有《警枕集》。[36]晉江縣是明代治《易》最有名的地區，這
一地區圍繞《易》的結社就不少。李廷機、蘇浚、郭惟賢、郭宗
磐等人曾結為紫雲會，研習《易》學，稱28宿。[37]浙江餘姚一地
以研治《禮記》和《易》聞名，在16世紀就有不少圍繞《禮記》
和《易》的結社。成化十年（1474），浙江餘姚人陳雍（1451-
1542）與其姊夫徐德輝以及友人韓守清等「假館於建初寺會課，
時諸暨駱壟、馮玨來師汪公銳，亦館寺中，相與討論」[38]。徐德
輝、陳雍討論《禮記》之會，是在家會的基礎上又向友人開放
的。出身餘姚大族燭湖孫氏的孫鑛（1543-1613）談到餘姚圍繞科
舉的經義結社頗多。他說：「姚之俗雅尚經學。嘉靖初，姚藝臒
炙天下，近乃少遜焉，解難者曰奇寡也。余歸自遼薊，邑中構藝
者紛為社。」[39]其侄孫如泫便曾與葉憲祖等人結社。葉憲祖（1566-
1641）為孫如泫所寫行狀中說：「公諱如泫，一之字，仁宅其
號。……壬辰（1592）不第，公下鍵僻室，探幽索奧，約同社魯

36　江峰青，《（光緒）重修嘉善縣志》（收入《中國地方志集成》，上海：上海書
　　店出版社，1993），浙江府縣志輯，卷24，「文苑」，頁459、460。

37　林孝傑，《明成化以降福建的〈易〉經傳統與商業出版》（廣州：中山大學歷
　　史系碩士論文，2017）。

38　陳塏編，陳文匡等輯，《明南京工部尚書進階榮祿大夫簡庵陳公年譜》（收入
　　《北京圖書館藏珍本年譜叢刊》，第41冊，北京：北京圖書館出版社，
　　1999），頁668。

39　孫鑛，《月峰先生居業次編》，收入《四庫禁燬書叢刊》（北京：北京出版
　　社，1999），集部第126冊，卷2，〈長松閣草序〉，頁254-256。

雅存、戴鎮朴、張復齋及余講學課藝，誓必拔幟。」[40]雖然沒有明言此社研討經義，但孫如汸曾隨其叔父孫鑛學《易》，而葉憲祖家族亦世代學《易》，其社集討論《易》之經義應該是自然的。崇禎年間山東新城王圖鴻所創的從社也主要研討《春秋》經。康熙《新城縣志》載：「王圖鴻，字木青，潁川公麟五世孫也，少以通儒自命，閎博淹雅，內聖外王之學罔弗綜貫，尤邃於《春秋》之學……崇禎己卯（1639）……中副車……歸，益折節下士，約邑中名士二十餘人為從社……邑之業《春秋》者如張祿征、嘉征、元征皆出其門。」[41]

　　不少圍繞一經而形成的結社，除彼此商討之外，更將結社研討的成果刊刻出版，播之於眾，稱為社稿。明末晉江人林允昌（1595-1657，1622年進士）曾率宗人子弟結金石社於莆田，「集子弟月三會，自崇禎庚辰（1640）四月至十一月，凡二十二會」，而這些結社所形成的經義被門人彙輯成書，遂成《周易耨義》6卷。[42]晚明蘇州吳縣人陳仁錫（1581-1636，1622年進士）也談到其同年葛魯生的兩個兒子「以事《易》事其嚴君，出入有度，文皆合轍，爰集勝朋，裒成社刻」。[43]

---

40 《餘姚孫境宗譜》（清光緒二十五年燕翼堂活字本），卷2，葉憲祖，〈鞏昌郡丞仁宅孫公行狀〉，頁132。

41 崔懋修、嚴濂曾纂，康熙《新城縣志》（收入《中國方志叢書》，華北地方第390號，台北：成文出版社，1976），卷8，「人物」，頁375-376。

42 永瑢，《四庫全書總目》（北京：中華書局，1965），卷8，〈《易史象解》二卷條〉，頁65。

43 陳仁錫，《陳太史無夢園初集》（收入《四庫禁燬書叢刊》，集部第59冊，北京：北京出版社，1999），馬集三〈崑易社序〉，頁765。

三、經學復興與晚明文社

　　圍繞一種經義的結社，較之純粹的詩文之社，更功利也更聚焦。然而，也正因為同社之人所研討的經義範圍相對聚焦，帶來了另外的效果。研習同一種本經的士子集結到一起，不僅要琢磨經義作文的規律與竅門，而且會深入探討經「義」的本身，從而使其研討中「經」的成分可能較「文」的成分更重，慢慢地對於科舉之中經義紛雜的現象表現出不滿，產生了準確理解經典的要求。這種要求，又恰與晚明開始興起的釐正經學的潮流相呼應。

　　尋找經義標準答案的呼聲，在16世紀末漸漸流行，在朝野都有體現。據說，官至南京兵部侍郎的耿定力（1571年進士）曾經向朝廷上呈過「釐定經學」之疏，但相關的後續結果不詳。耿定力子耿克勵梓《麟經古亭世業》時，即「弁其尊公叔台先生之疏於首」。[44] 在士人間，湧動著相似的潮流。例如，晚明安福《春秋》名家劉孔當（1557-1605）曾多次談到其師鄒德溥（1583年進士）有釐正經學的願望，甚至還付諸了實施。劉孔當〈刻春秋躍淵會草序〉說：「習（《春秋》）者益多，老生宿學之指授轉相流布，裒綴滋多，手抄盈箱，初學之士力不能深究精研，幸其易徑，壹以溥浹誦習為務，陳言滿腹，曳紙立就，至問以傳斷，則仰屋視未若之何矣……余師鄒四山先生憫之，嘉與學士共釐其弊，而時固於舊習，莫能省悟。」[45] 到晚明，即便最下層的士子間，也有尋求經學正解的訴求。丹陽縣葛麟（1602-1645）24歲那年與友人結

44　光緒《麻城縣志》（清光緒二年刻本），卷43，梅之煥，〈麟經古亭世業序〉，頁38。

45　劉孔當，《劉喜聞先生集》（明萬曆三十九年刊本），卷1，頁33。

社談《易》，就提出要清理紛繁複雜的《易》義。葛暾編《葛中翰年譜》載：「乙丑（1625），二十四歲，與諸同社談《易》至《繫傳》，曰：『今人談《易》，如理亂絲，愈理愈繁。《易》道之不明於天下也，久矣。』乃作《易傳刊支》，一時傳誦。」[46]所謂刊支，就是要刪落繁枝複葉，尋求正解。這種釐正經學的思潮，或者體現為要求回到明初《大全》，或像馮夢龍那樣主張在《大全》的基礎之上彙編諸儒之說。浙江嵊縣的周汝登（1547-1629）就曾經對門人說：「其經書《大全》一切仍舊，不敢議更。惟于《大全》之外，會集名儒，搜括漢唐宋之遺文，及採取本朝諸儒之所發揮，編輯訂正，另外一書，以羽翼《大全》。」[47]這種思潮是晚明經學復興的一種表現。另外一種思潮，則是要超越《大全》而成就一新經典。李長庚〈馮夢龍春秋衡庫序〉云：「《大全》中諸儒所說，有與胡（傳）相發明者，有愈於胡氏者，其他蕪雜可少刪芟，而諸書有與《春秋》相關合增刻為一書。」[48]但是無論哪種觀點，在科舉經義的基礎上由不滿進而要求整合的願望則是相同的。

　　要釐正經學，就需要在不同地域經義傳統間斟酌取捨。在明代數百年的科舉之後，不同的地域、家族相對形成了一些固有的解經方法與釋義，而這些解經方法又通過家學、師承在一定地域內具有相當的影響力。劉孔當在〈鄒先生麟經傳心錄敘〉中以《春秋》經的解經方法的歧異為例說：「後之業是經（指《春秋》）

---

46 葛麟，《葛中翰遺集》（收入《四庫未收書輯刊》，第7輯，第16冊，北京：北京出版社，1997），卷首，〈年譜〉，頁146。

47 周汝登，《東越證學錄》（台北：文海出版社，1970），卷4，〈越中會語〉，頁253。

48 光緒《麻城縣誌》，卷43，「藝文・序」，頁30。

者，棄去胡氏《傳》不繹，利其途徑未塞，煩約無所在，相與摘新引蔓，轉相假借，致令東西易面，不可復知。又其錮於師授，家自為宗，治會稽者不知有安福，治安福者不知有麻城，其義不足以相通，而皆不能相下。初學之士力不能盡合諸家，總覽大較，往往中道徙而他業，甚者皓首一經，稱宿學矣，一再試不憶所云，竟憒憒以老⋯⋯窮年卒歲，顧無裨於經義⋯⋯吾師鄒先生往在諸生，深慭此弊，慨然欲與學子一釐正之。即閉戶距躍，取胡氏《春秋》反覆熟玩，或曰一傳，或二、三傳，意所獨會，欣然手而筆之，要以發明奧義，義未盡，雖累言不實。勢故不能盡概，比擬等題一切芟之，以從簡易，第刺取其顯明有的據者附載什三，以俟來學⋯⋯自為諸生以迄于今凡二十餘年，更定凡數四，因名曰《傳心錄》，梓而公之同志。」[49] 劉孔當提到晚明經義文章互相歧出，士人窮年至老，所習所著於經義卻沒有真正的貢獻。正是出於這樣的考慮，劉孔當的老師鄒德溥才決意尋求做一部《傳心錄》來作為《春秋》經義的標準答案。這是鄒德溥釐正經學的努力的具體體現。其中，劉孔當談到「治會稽者不知安福」，「治安福者不知麻城」，背景是明代浙江紹興府的會稽縣、江西吉安府的安福縣以及湖廣黃州府的麻城縣，是明代治《春秋》經最有名的幾個區域。不同的區域形成不同的解經傳統，在晚明釐正經學的潮流下便有互通和統一的要求了。但是，這樣的為經學尋求標準答案的嘗試能否成功，雖然取決於一個人的才學與聲望，更似乎應該取決於參與者的彼此商榷。因此，積一人之力，到底是不如像結社一樣，可以彙集各人之長，也可以綜合不同專家的意見。例如，馮夢龍的《春秋》學著作，似乎多少像是

---

49 劉孔當，《劉喜聞先生集》，卷2，〈鄒先生麟經傳心錄敘〉，頁53。

結社的產物。因為蘇州肄習《春秋》人少，馮夢龍才會在萬曆四十年（1612）前後應田生芝之邀到麻城，與梅之煥等80餘人結社研習《春秋》。《麟經指月》一書，在出版前已為同社諸人所稱許，甚至可以說部分是社集討論下的產物。馮夢龍在〈麟經指月發凡〉中說：「纂而成書，頗為同人許可。頃歲讀書楚黃，與同社諸兄弟掩關卒業，益加詳定，拔新汰舊，摘要芟煩，傳無微而不彰，題雖擇而不漏」，且「同社批點，並刻之以便展閱」。[50]可見結社可以整合人們在經學上的歧見。因此，釐正經學的訴求，是晚明不少經義結社的目的，也是晚明以經義為內容的結社漸多的一個重要原因之一。

然而較之以前圍繞科舉的一經結社不同，晚明圍繞五經結社的現象更多了。例如，萬曆癸丑（1613），武進人白紹光以進士乙榜的身分謁選，後任常熟縣學教諭，「立五經社，分曹課試，四方名士，翕然來從。」[51]白紹光鼓勵生員結五經社以研討經學，以應科舉，還吸納了不少外地名士。崇禎四年（1631），江西瑞金人楊以任在南京結五經社。鄭鄤〈南京國子監博士楊惟節墓誌銘〉載：「辛未（1631），第南宮，遂來白下，以造就人材為任，立五經社、經濟社，以射禮久廢，又立緯社。」[52]五經社的名稱本身就值得探討，因為如果僅僅為了科舉，一經結社已經足夠。實際上，晚明的五經社雖然大多有科舉目的，但學術目的也很明

---

50 馮夢龍，《麟經指月》（江蘇：江蘇古籍出版社，1993），〈麟經指月發凡〉，頁1、3。

51 錢謙益，《牧齋初學集》（上海：上海古籍出版社，2009），卷43，〈常熟縣教諭武進白君遺愛記〉，頁1120。

52 鄭鄤，《峚陽草堂文集》（收入《四庫禁燬書叢刊》，集部第126冊，北京：北京出版社，1999），卷12，頁434。

顯。崇禎八年（1635），韓城知縣左懋第立尊經社以習五經。在
〈尊經社序〉中，左懋第明確表示之前的一經結社已不足以盡學
問之道。他說：「守一經為足，與讀諸經而不返於躬者，皆無以
觀乎文之大全者也。余何知夫文？令韓，而與諸子有尊經之約。
以吾儒所治書為歸，未已也；各窮所治經，未已；益一經，文約
益進；三年而三經者如林，擁皋比而五經授人者有之。」[53]可見，
左懋第的尊經社要求士子學習盡可能多的經典，而不滿足於研討
所謂的「本經」。晚明人對專習一經而不及其他經典的科舉風氣
已經很不滿，才會有遍習五經的動議。五經社正是這種潮流下的
產物。

　　17世紀的復社，雖然因捲入晚明政治生活而受史家關注，其
最初興起卻不過是帶著一個宏大的要為五經整合出一標準的應試
答案的目的而已，充分體現了晚明釐定經學的思潮和經義結社應
突破一經的傾向，不僅是晚明圍繞五經結社的高峰，而且其釐定
經學的目的也更透徹。復社，包括其前身應社，都提出要研究科
舉考試之中的經義，而且在實踐中則是實行分工負責，每一門經
典都由一至兩位名士負責。清人朱彝尊（1629-1709）記明末名士
楊廷樞說：「先生倡應社於吳中，評騭五經文字。張溥天如、朱
隗雲子主《易》；楊彝子常、顧夢麟麟士主《詩》；周銓簡臣、周
鍾介生主《春秋》；張采受先、王啟榮惠常主《禮記》，而先生與
嘉善錢栴彥林主《書》。」[54]對於復社內的分經評騭，復社領袖張
溥（1602-1641）本人記載亦略似：「應社之始立也，所以志於尊

53　左懋第，《蘿石山房文鈔》（收入《四庫未收書輯刊》，第6輯，第26冊，北
　　京：北京出版社，1997），卷2，頁575。

54　朱彝尊，《靜志居詩話》（北京：人民文學出版社，1990），卷21，頁641。

經復古者，蓋其志也。是以五經之選，義各有託。子常、麟士主
《詩》，維斗、來之（吳昌時）、彥林主《書》，簡臣、介生主《春
秋》，受先、惠常主《禮》，溥與雲子則主《易》。」[55] 不過，復社
諸人研究經義的最終目的，固不能說個人科舉成功與否已完全不
重要，但更重要的卻是要將經義折衷歸一，為整個社會提供一個
標準。復社諸人也常談到，研討科舉經義的根本目的就是復興經
學。張溥說，復社「慨時文之盛興，慮聖教之將絕，則各取所習
之經，列其大義，聚前者之說，求其是以訓乎俗……於是專家之
書，各有其本，而匡救近失，先著於制義之辨，以示易見」。[56] 然
而，要理解和獲得真正的經義，研習就不能局限於一經。張溥認
為，專習一經是不夠的。他說：「不明乎六經而欲治一經，未見
其能理也；不明於五倫而欲善一倫，未見其能安也。」[57] 六經是一
個整體，專習一經則束縛了我們對經的理解，不是真正的經學。
張溥還說：「經學之不言久矣……習一經而舍其四經，忘遠圖而
守近意，亦云已矣。」[58] 張溥還認為，從組織形式上言，通過結社
來共同探討，可以更接近經義之真實。張溥說：「夫一經之學，
人各為家，而其事彌困，則莫若折衷於一，以定其所向，故必同
盟之人無不與聞乎，故而後其說可行。」[59] 相對於之前的一經結社
重在探討經義以尋求科舉考試秘訣並獲得個人成功而言，為經義

---

55 張溥，《七錄齋合集》（山東：齊魯書社，2015），卷6，〈五經徵文序〉，頁
　130。

56 張溥，《七錄齋合集》，卷7，〈詩經應社序〉，頁138。

57 同上注，卷6，〈房稿遵業序〉，頁119。

58 同上注，卷7，〈易文通觀序〉，頁141。

59 張溥，《七錄齋詩文合集・古文存稿》（收入《續修四庫全書》，集部第1387
　冊，上海：上海古籍出版社，2002），卷5，〈詩經應社再序〉，頁516。

尋找折衷答案更具社會性，也更有學術性。如此一來，復社研討經義的特點是：「盡一社而請之，而藝不取于單經。」[60]復社的目的，通過社集的影響力以及出版的途徑，似乎部分達到了。杜登春云：「社之始，始於一鄉，繼而一國，繼而暨於天下。各立一名以自標榜，或數十人，或數百人，或攜筆硯而課藝於一堂，或征詩文而命駕於千里。齊年者砥節礪行，後起者觀型取法。一卷之書，家弦戶誦；一師之學，燈盡薪傳。」[61]沿至晚明清初，便出現了範圍更廣、延續時間更長的講經會，而王汎森先生則指出，這種出於學術對空疏學風的反應，和現實上想要以儒家經典經世，和重建社會秩的理想和願望，最終會導致新的學術範式出現。[62]

四、結語

作為文人群體的明代文社，向來給人以風雅、脫俗的印象。但是，文社中有相當多的一部分既不能免俗（以科舉為目的），也不專注於詩文風雅，而致力於經義文字之探討。從若干個層面而言，文與經是很難分開的。從文以載道的角度看，經是文的根本。張溥說：「文可非經，則人可非人與」，[63]明確提出文當合於經。而且，從科舉考試要求士人發揮經義為文的制度性規定來

---

60 張溥，《七錄齋合集》，卷6，〈五經徵文序〉，頁130。

61 杜登春，《社事始末》，中華書局1991年版，頁1-2。

62 王汎森，〈清初的講經會〉，《中研院歷史語言研究所集刊》，68本1分（台北，1997），亦收入氏著，《權力的毛細管作用：清代的思想、學術與心態》（北京：北京大學出版社，2015）。

63 張溥，《七錄齋合集》，卷7，〈卯辰程墨表經序〉，頁148。

看，制義文字不僅離不開經，更是直接等於經義。明代文人多半要考科舉，參加科舉必然要研習時文，而時文與經義在若即若離之間。因此，在科舉籠罩下的明代，不少文社的旨趣完全不在文學寫作的技巧，而在科舉與經義。由文社與科舉結合，到文社與經義結合，文社的經學旨趣更濃了一些。目的瞄準科舉的文社，其研討內容除經義外，還會包括四書義、策、論等科舉考試內容的研討。但隨著科舉考試中作為首場的經義在錄取中的地位越來越重要，就會出現以探討經義為主的集會或結社，如成化五年（1469）的麗澤會。又由於科舉考試中考生實際上只要考一門經典，經義結社更多地圍繞一經形成，形成《詩》社、《尚書》家會之類的文社。至於晚明，在經學復興的大背景下，士人圍繞經義的結社出現了兩個新特點：其一，即便是圍繞一經結社，其對於經學「標準答案」的尋求漸成風尚；其二，一經結社之外，又出現了圍繞五經結社的新狀況。相對來說，圍繞一經的結社其科舉的功利性更濃一些，而圍繞五經的結社則往往兼具科舉與學術之目的，學術的動機要更濃一些。晚明學術界有由約入博的傾向，非但尊重經典、重視考據，且亦博涉子學。其風尚之流行卻可能都與科舉有關，因為博學可以提供科舉考試者廣泛的知識。學者風從之餘，又能實用，故而能久，轉而以實用促進學術。晚明圍繞五經的結社，雖然依舊是圍繞科舉的經義結社發展出來的，背後卻反映了明末重視經典風氣的流行，並且事實上與淵源於明代中後期的講學風氣的講經會一起，加速了明末清初向經典回歸的學術進程。

晚明復社與經典改纂
顧夢麟等編《四書說約》初探

朱　冶 ────────────────────

河南南陽人，香港中文大學歷史系博士，華中科技大學人文學院歷史研究所講師。研究領域為中國近世思想文化史，近年來關注東亞思想交流與互動研究。代表作：〈《資治通鑑節要續編》在朝鮮王朝的傳播與影響〉（2018）、〈朱升為學歷程與元末新安理學之趨向〉（2018）、〈《聖學心法》與明成祖治國理念的表達〉（2018）、《元明朱子學的遞嬗：〈四書五經性理大全〉研究》（2019）。

一、前言

晚明思想史上出現較為特殊現象，是以文社為單位的經典改纂熱潮。明代經典改纂，是以永樂朝頒布《四書五經大全》（下文簡稱《大全》）為對象的一系列經典修正行動。自官修《大全》頒行天下，它漸成為明代讀書人科舉應試、理學研修的必備經典。明中前期已出現節錄、補益《大全》的反應性著作，如彭勗（1387-1451）《書傳大全通釋》等。明中後期以降，以官定《大全》為藍本的經典改纂活動愈演愈烈，16世紀初葉已達十幾種之多，如周洪謨（1420-1491）《疑辨錄》、蔡清（1453-1508）《四書蒙引》等。中晚明學者樂於將新思想、新論說注入《大全》經典疏解之中，使它融會新的時代特色。明代以來的經典改纂活動，在晚明出現新趨勢，那就是以文社為單位的團體性經典研習與編纂行動的展開。應社、復社等著名文社，圍繞著官修《大全》展開集中探研，著述刊刻活動頻繁。明末復社顧夢麟（1585-1653）等編定《四書說約》、《詩經說約》等書，社內代表人物張溥（1602-1641）編纂《五經四書合纂大全》，楊彝（1583-1661）撰寫《四書大全節要》，陳子龍（1608-1647）訂正元儒熊禾《五經訓解》，以及顏茂猷（1578-1637）《新鐫六經纂要》等等，均是晚明結社背景之下經典改纂活動的系列表現。

以往有關晚明結社的研究，重點在於其社團組織、政治作為、經世行動諸方面。[1]文社內部的經典研習和學問交流，是社集

1　謝國楨，《明清之際黨社運動考》（北京：中華書局，1982）；小野和子，《明季黨社考》（上海：上海古籍出版社，2006）；何宗美，《明末清初文人結社研究》（天津：南開大學出版社，2003）；李京圭，《明代文人結社運動之研究：以復社為主》（台北：中國文化大學史學研究所博士論文，1989）等等。

日常活動的主要內容，以故構成晚明學術思想史的重要課題。學
界對此亦有不少討論，側重於文社的經典研究、時文選評與其成
員科舉仕進的互動關係。[2]實際上，探明復社經典改纂活動的內在
學理因素，亦是晚明社集研究的應有向度。本文即以《四書說
約》為例，初步探析復社人士編定此書的過程、旨趣與特色、影
響，以期闡明晚明社集與經典改纂的緊密關係。

二、晚明社集與《四書說約》的編定

　　天啟五年（1625），張溥、楊彝、顧夢麟，以及張采（1596-
1648）、楊廷樞（1595-1647）、朱隗等人結成應社，[3]應社後於崇
禎二年（1629）統合於復社。正是在晚明結社群體的經義研習
中，集中出現了針對官修《大全》進行修正的經典改纂之風。顧
夢麟等人所編《四書說約》在其中較為典型，該書以明代官修
《四書大全》為主要對象，參以《四書蒙引》、《四書存疑》等明
中後期經典羽翼之作，從中博采會通，由博返約，融會成書。與
明代學者分別獨立撰作的經典改纂著作不同，《四書說約》體現

2　王恩俊，〈復社成員學術活動中的合作與紛爭〉，《遼寧大學學報（哲學社會
　　科學版）》，2014：4（瀋陽，2014），頁166-173；王恩俊，〈試論晚明復社成
　　員的學術活動及學術修養——以時文寫作與評選為考察中心〉，《社會科學輯
　　刊》，2006：5（瀋陽，2006），頁146-150；劉莞莞，《復社與晚明學風》（台
　　北：國立政治大學中國文學研究所碩士論文，1985）；蔣秋華，〈顧夢麟與
　　《詩經說約》〉，《中國文哲研究通訊》，6：3（台北，1996），頁127-135；沈
　　俊平，《舉業津梁：明中葉以後坊刻科舉用書的生產與流通》（台北：台灣學
　　生書局，2009）。

3　楊彝，《穀園詩集》（中國國家圖書館藏清道光二年刻本），卷首，張采，〈題
　　十景詩序〉。

出社集在晚明經學研習中的重要作用。其編者、校閱者及眾多序跋作者，均反映社集在明末經典研修中的意義與價值所在。

《四書說約》主要由復社代表人物顧夢麟、楊彝兩人協作完成。顧、楊兩位編者交誼深厚，在應社及後來的復社期間始終相互扶持。顧夢麟，字麟士，號中庵，太倉人，是顧炎武（1613-1682）年長近30歲的族兄，後徙常熟之唐市，與同郡楊彝友善。楊彝，字子常，號穀園，南直隸常熟人。顧、楊二人闡明聖人經義，建應社，門人弟子人數甚眾。時人形容顧、楊交往之密切，稱：「天下雖知麟士之為婁東，而問其朝夕之所耦，未嘗與子常或離。若麟士者，終謂之虞山可也」，[4]足見兩人過從之密。

顧、楊二人傳記資料豐富。前者有黃宗羲（1620-1695）所寫墓誌銘，陳瑚（1613-1675）所寫碑文。後者有陳瑚高弟、顧夢麟之子顧湄於康熙十八年（1679）所作《行狀》。康熙二十五年（1686）汪琬（1624-1691）還為兩人撰有《楊顧兩先生合傳》。顧夢麟《織簾居文集》現已不存，其詩集由錢謙益（1582-1664）作序，視之為「儒者之詩」。[5]楊彝詩文集《穀園集》尚存。

顧、楊二人商議編輯《四書說約》諸書的情形，楊彝述之甚詳，其稱：

> 往予蓋嘗為《四書大全節要》云，時在戌、亥（崇禎七年至八年，1634-1635）之間，與麟士猶竝處一室，多所商確。

4　張溥撰，曾肖點校，《七錄齋合集》（濟南：齊魯書社，2015），卷6，〈楊顧二子近言序〉，頁121。

5　錢謙益著，錢曾箋注，錢仲聯標校，《牧齋有學集》（上海：上海古籍出版社，1996），卷19，〈顧麟士詩集序〉，頁823。

會丙子（崇禎九年，1636）各有事散去，塗乙纏數卷，所登
木即《學而》、《為政》二篇耳。其後戊寅（崇禎十一年，
1638）秋，麟士《說約》繼作，則余兩人已不能數面，相質訂
惟郵筒也。乃庚辰（崇禎十三年，1640）夏五而其刻遂成。[6]

由是可知，《四書說約》大致成書於崇禎十一年至十三年（1638-
1640）間，然其內容之形成顯然不限於此間，乃是崇禎七年
（1634）以後顧夢麟、楊彝兩人持續探研經學和交流學問所得。
楊彝較早亦撰有《四書大全節要》一書，同樣以改纂官修《四書
大全》為旨歸，然未及完成。楊氏有著對《四書說約》的深切認
同，其後顧夢麟《四書說約》既作，楊彝於是稱「子之書猶吾書
也，遂輟簡不復成」。[7]

　　諸社友中，楊彝對《四書說約》的編定貢獻最多，以故卷首
題以「吳郡顧夢麟麟士纂輯，楊彝子常參定」。[8] 楊、顧除在崇禎
七年至八年間（1634-1635）當面切磋《四書》經義以外，亦通過
往來書信相互辯難。社友張溥記述楊、顧二人認真辨析《四書》
等經典之情形，稱：

　　　　兩公患經義蕪萉，分部考究，窮人物，探名象，既而發道
　　理之指歸，循聖賢之語氣。始猶嗷張叫號，獲一新解，拍掌

6　顧夢麟，《四書說約》（收入《四庫未收書輯刊》，第5輯第3冊，北京：北京
　　出版社，2000，據明崇禎十一年織簾居刻本影印），卷首，楊彝，〈四書說約
　　序〉，頁13-14。

7　楊彝，《穀園詩集》，卷末，顧湄，〈子常先生行狀〉。

8　顧夢麟，《四書說約》，卷1，頁20。

飲酒，急以告人。徐漸沉默，平心虛觀，求一至是，驚喜內得，非復昔態。獨行三十年，解說裁就。誰謂《四書》可輕讀哉！[9]

除主要編者來自復社之外，晚明社集在《四書說約》編定過程中所起的作用，還見於該書數量龐大的參校人員名單。《四書說約》校閱者包括門人54人，甥婿姪3人，多數為復社成員，如表1所示。

《四書說約》57位校閱人員的參與，是晚明社集背景下經典編纂的鮮明特點。表一中參校人物，集中於江浙一帶，也有安徽等地學者。值得注意的是，《四書說約》校閱姓氏尚且只列門人及甥婿諸人。崇禎十五年（1642），顧夢麟時隔兩年編輯出版《詩經說約》時，則在校閱門人52人之外（較之《四書說約》校閱姓氏略有增刪），增入復社中堅楊廷樞、張采、祁彪佳（1602-1645）、徐汧（1597-1645）等鑑定師友53人。

應該說，社內友人對於《四書說約》、《詩經說約》諸書的編定確有助益，不止於掛名而已。楊廷樞記載復社諸人討論經義的場景，可以證之：

余每見子常、君和（徐鳴時）于白文傳註之間，字剖句析，疑義數十，往復不倦。余從旁聳聽，無不頤解深嘆。此理至今日昭若發矇，其有功于制科，豈曰淺鮮。[10]

9　張溥，《七錄齋合集》，卷21，〈顧麟士四書說約序〉，頁381。

10　楊彝，《穀園文集》（中國國家圖書館藏清道光二年刻本），卷首，楊廷樞，〈序〉。

表1　《四書說約》校閱姓氏[11]

門人	成角徵、張世鳳、錢肅範、茅蔚、張琮	湖州
	程世瓚、程繼聖	休寧
	葉耆	涇縣
	王際寅、李文郁、許爾昌	鹽城
	許之漸	武進
	尤惷潤	無錫
	吳格、梅煜	江陰
	孫彬	松江
	吳世培、施僩、許振光	蘇州
	趙承鼎、錢良佐	長洲
	錢安修、周諤、吳國、錢夢麟、吳琮	吳縣
	楊靜、彭和、蘇震、顧郎先、包泰來、謝廷泰、曹大佐、許棐、史雲縉	常熟
	曹開遠、沈元愷、何弘	昆山
	郁棠、王遴、曹喆、周淵、周彥、吳暖、宋鳳、郊鎬京、龔章、周景福、顧青炤、顧鏐	太倉
	陸天祐	崇明
甥	王政	常熟
婿	周行	太倉
姪	顧啟新	太倉

楊彝、徐鳴時、楊廷樞諸人共同研習經典，辨析疑義之情形，由是歷歷可見。《四書說約》諸書不僅是社內成員科舉制藝的共讀

---

11 顧夢麟，《四書說約》（台灣國家圖書館影印日本內閣文庫所藏明崇禎十三年吳門張氏刊本），卷首。《四書說約》校閱姓氏，未見於崇禎十三年織簾居刻本。

之書，也成為復社人士探研經學的重要載體。

《四書說約》編刊過程中，復社友人亦大力支持表彰，這突出反映在書前序跋中。《四書說約》編成即予付梓，僅崇禎十三年（1640）就有吳門張氏刊本、織簾居刻本。吳門張氏刊本，書前有復社友人張溥、錢肅樂（1607-1648）、楊彝序。織簾居刻本，乃顧夢麟自刊本，書前序言為社友錢肅樂、張溥、丘民瞻、楊彝序，及顧夢麟自序。

《四書說約》諸篇序跋，具有鮮明的社集特色。張溥、丘民瞻等所撰序跋，均署名「社盟弟」或「友弟」等；序言內容中，亦見社中友人對《四書說約》所寄厚望，對復興正學的共同志願。楊彝作序稱：

> 是故今取其書覆觀，則覺《注疏》、《大全》而下卷帙舊矣，而反煥然以新；鄭孔程朱而下人代分矣，而條貫繩約。則如出一口，不皆麟士之書，而乃為麟士之書，豈非所謂其事雖述，功倍于作者與？夫天下之大，古今之遙，人同此心，心同此理，華葉之教，必無以勝，本根將見。斯編出，而正學之日興，余《節要》即無論成與不成，皆遜單行也。[12]

《四書說約》編纂完成後，復社人士將其視作重振學術的利器，統一經典以救弊士風的重要取徑。他們希望集合社內友人的力量，編定更多經典改纂著作，從而擴大其理念的影響力。其後張溥《五經四書合纂大全》等述作，確也與《四書說約》、《詩經

---

12 顧夢麟，《四書說約》（崇禎十三年織簾居刻本），卷首，楊彝，〈四書說約序〉，頁15。

說約》形成合力，影響至清初之學術的轉折與生成。

總言之，《四書說約》由復社魁首顧夢麟主要編纂，社友楊彝協助完成。該書已具備晚明背景下以文社為單位進行經典研究的初步特點。不但該書主體內容經由顧、楊兩人反覆辯證，社中人員也多有校閱、討論之功。社集成員間的相互唱和、相與激勵，更見於復社經典改纂著作的書前序跋中。諸位「社盟弟」、「友弟」，對相關著述的價值及意義予以充分揭示，並期望以社集合力推動此類著述的傳播，最終達到更新經典、恢弘正學的目的。稍後復社諸子的《詩經說約》、《五經四書合纂大全》、《皇明經世文編》、《明詩平論》等撰作中，上述互相聲援的社團性特徵則表現得更為明顯。

三、復社科舉新義與《四書說約》編纂目的

顧夢麟、楊彝等編定《四書說約》諸書，其編纂旨趣是為科舉制義？抑或經學研修？兩者之間實則並不矛盾，需結合晚明學術思想發展的背景，予以申述。

康熙十九年（1680）楊彝曾孫楊熙敬曾對顧、楊二先生的編輯事業有所概述，其稱：

我先曾祖恐學者惑于歧途，有《四書大全節要》，又恐語言浩瀚而不得所宗，與顧麟士先生訂《四書說約》、《詩經說約》，次第問世。其於選義，則有崇禎庚午（三年，1630）、辛未（四年，1631）、癸酉（六年，1633）、甲戌（七年，1634）、丙子（九年，1636）、丁丑（十年，1637）《合鈔定本文徵》、《鄉會程墨》、《行卷》、《房書》諸選行世，紙貴

坊間。[13]

文徵所選為明代八股文名篇，程墨為三場主司及士子之文，房稿乃十八房進士之作，行卷為舉人之作。《四書說約》等經學論著與文徵、程墨、房書等制義之書，兩類書籍性質雖有不同，卻有共同指向，乃針對中晚明以來日益敗壞的文風而作。顧夢麟自述《四書說約》編纂目的為：

> 孔、曾、思、孟以逮程、朱諸大儒之為書，主行者也；後則主言而已矣。即虛齋（蔡清）、次崖（林希元）、紫峰（陳琛）諸先生之為書，主題者也；今則主文而已矣。人無行，何以有言？文無題，何以有文，不亦愈趨而愈失乎？是故約之中，則更有約也，不可以一說盡也。[14]

顧夢麟精鍊指出「行──言──題──文」的學術發展四階段。聖賢經典，旨在體悟行道，此孔孟程朱之為書；宋元學者的用功重點在於為經典做註腳，明代《大全》取其大成而定為一尊，舉國士人通過誦習《大全》以達聖人經旨；然《大全》之內容性質，在傳播過程中日益淪為科舉考試應試之講章，逐漸離經益遠，最終成為僵化的功令辭章；更何況明末之文，弊端湧現，敗壞之致，成為「無題之文」。這便是顧夢麟回歸《四書大全》及蔡清《四書蒙引》、林希元（1482-1567）《四書存疑》、陳琛

---

13 楊彞，《穀園詩集》，卷末，楊熙敬，〈跋〉。

14 顧夢麟，《四書說約》（崇禎十三年織簾居刻本），卷首，顧夢麟，〈四書說約序〉，頁19。

（1477-1545）《四書淺說》，博而約之，以成《四書說約》的內在
邏輯理路。

　　明末之文，究竟出現何種問題？明末清初學者對此多有總結。
明末文宗錢謙益稱「萬曆之季，時文日趨于邪僻」，他因此表彰
楊、顧二人「申明程朱之緒言，典型先民，以易天下」，貢獻頗
著。[15]明末清初太倉人陳瑚則對晚明文風之變有具體陳述，稱：

> 　　國家以經義取士，洪永、成弘之間皆以明理為主，而一篇
> 之中，首尾正反虛實，莫不有法。正嘉以降，小變其格，然
> 不出繩墨之外。隆萬之末，文風頹敝，士習荒謬，叛違傳
> 注，潰決規矩。[16]

　　由是可知，隆慶、萬曆年間，為明代文風凋敝之時間拐點。
清人范方（1621-？）對16世紀末文風之變有更明確述說，其稱：

> 　　自壬辰（萬曆二十年，1592）、乙未（萬曆二十三年，
> 1595）而後，群尚機調，務為排擊先儒，毀棄正法，相矜以
> 為能事。聞之前輩云，房書之刻始于壬辰，其世變之開端
> 乎？於是有厭朱註為太煩而刪從簡署者，有慕他說為新奇而
> 務從博覽者。不知《四書集註》朱子嘗自謂：字字句句，皆
> 從稱量過來。後人未能見到，反議論前賢，真無忌憚耳。[17]

---

15 錢謙益，《牧齋有學集》，卷19，〈顧麟士詩集序〉，頁822。

16 陳瑚，《確庵文薰》（收入《四庫禁燬書叢刊》，集部第184冊，北京：北京出
　　版社，2000，據北京圖書館藏清康熙毛氏汲古閣刻本影印），卷19，〈顧太學
　　碑文〉，頁421。

17 范方，《默鏡居文集》（中國國家圖書館藏清乾隆二十六年范氏世怡堂刻

　　房書本為科舉制藝的範文，「新進士平居之文章，書賈購得之，悉以致於選家為抉擇之，而付之雕刻，以行於世，謂之房書。」[18]房書辭藻華麗浮誇、雜說混淆，更遑論明末的經典研習，顯然已遠離宋儒真義。上文述及萬曆二十年（1592）前後文風之變，起於萬曆朝房書刊刻之際，又指出諸如袁黃（1533-1606）《四書刪正》等崇王抑朱之書湧現的後果。[19]以上所提揭晚明文風變化之背景，乃是復社諸子所需應對的時局。

　　甚為推重楊、顧之學的范方，還對17世紀40年代（也即崇禎間復社人士編輯經典改纂著述之時）的具體制舉情形有過論說，他在康熙六年（1667）追憶稱：

　　　　余弱冠從遊於舅氏羅師之門，課為制舉義。時當明末，風會日下，坊間所刊布房書行卷諸種，悉誇多鬪靡，且竄入子家、禪家等語，幾不識題理所在。至於四子書，白文而外一字涉註，教者學者世皆目為迂儒。雖海內鉅公如陳、章、羅、艾、張、吳、楊、顧諸君子力挽頹波，僅僅有志數輩起而嚮風究之，顯背隱違者比比而是也。[20]

　　少年范方所見的明末文風，已然凋敝，他由是總結出「尚淺

　　本），卷1，〈四書題商後序〉，頁25-26。

18　戴名世，《南山集》（收入《續修四庫全書》，集部第1419冊，上海：上海古籍出版社，1995，據復旦大學圖書館藏清光緒二十六年刻本影印），卷4，〈庚辰小題文選序〉，頁100。

19　參林志鵬，〈袁黃《四書刪正》考述〉，《中國典籍與文化》，2016：3（北京，2016），頁14-17。

20　范方，《默鏡居文集》，卷1，〈四書題商前序〉，頁22。

薄、鶩雷同、專事鈔、竊爛惡」的文風「四宗罪」。雖有明末陳際泰、章世純、羅萬藻、艾南英等八股文名家，以及張溥、吳偉業、楊彝、顧夢麟等復社人物，設法救弊文風，有益世教，然則現實仍是積重難返。

正是將科舉制藝、經學深造兩者視為一途，復社楊、顧等人執著於時文評選與經典改纂，兩相配合。顧夢麟崇禎九年（1636）吳門舟中題記中，表彰楊彝堅守正道，不與王學末流同流合污的志向。他慨然宣稱：

> 曰：逆即取勢耳，而順何為？合即見巧耳，而開何為？良知即辟悟門，刪註即趨捷徑耳，而晦翁何為？顧子常不變也。豈惟不自變，亦卒以變天下。今王（鏊）、唐（順之）、瞿（景淳）、薛（應旂）之為文，《大全》、《蒙引》之為書，復編坊肆者，固皆其倡耳。21

「王唐瞿薛」與前述「章羅陳艾」，均是中晚明以文章名世的大家。在明末王學盛行，王學末流之弊凸顯的背景下，顧夢麟、楊彝等人倡議回歸程朱經典，期望由此改革時弊，救正學術發展之頹勢。他們提出切實可行的兩套辦法，頗有效果：一則以文治文，復興文脈；二則改纂經典，回歸官方經典《大全》，輔以《蒙引》、《存疑》、《淺說》諸書，以恢復正學。在復社諸子看來，由程朱正學指引的科舉制義，方能逆流而上，扭正日漸衰頹的士風。

晚明應社、復社諸子，都注意調和經典研究與科舉制藝的關

---

21 楊彝，《穀園文集》，卷首，顧夢麟，〈序〉。

係。張采強調文章為載道之器，[22]楊彝之學在應社時期即被社友視為通經復古之學，而非「糠粃制科」或「馳聘藝林」之說。[23]楊彝在經典改纂之外，亦刊刻推廣王唐瞿薛之著作。「王唐瞿薛」之中，楊氏視王鏊（1450-1524）為「文之先輩」，他與顧夢麟、錢鳴時、楊廷樞等復社成員合力纂輯王鏊文稿。文稿刊刻之際，楊彝序曰：

> 先生之文之妙，無窮無盡，無方無體。以法言大端有二，一妙說書，一妙演題。說書原本《集註》，推廣《大全》。他人看《大全》爾，先生讀《大全》，大小註無不熟；他人或一引用，先生則無不用。得心應手，得意忘言，不辨其為註為文矣。他人於題講有不講，先生句句講，字字講，一章逐節，一節逐句，一句逐字，義無或漏，辭不一添。譬之路，他人亦至，此為正；譬之室，他人亦入，此為安，所以為不可及。[24]

楊彝以文章大家、一代名臣王鏊為典範，揭示了研經、撰文的合一關係。真正的好文章，基於對經典的細緻研讀和領會。楊彝揭示的上述治學、作文之法，是復社人士共同尊奉的治學理路，被顧夢麟抽象地概括為「吾輩訓詁法脈之學」。所謂「訓詁」，乃是指《集註》、《大全》等程朱經典疏釋研習；所謂「法

---

22 張采，《知畏堂詩文存》（收入《四庫禁燬書叢刊》，集部第81冊，北京：北京出版社，2000，據北京圖書館藏清康熙刻本影印），卷2，〈劉侯制義序〉，頁560。

23 楊彝，《穀園文集》，卷首，楊廷樞，〈序〉。

24 同上註，〈刻王文恪先生稿序〉。

脈」，乃是對經學研習基礎上的時文演繹而言。社內成員以「能言訓詁」、「能為法脈」相互期許，譬如顧夢麟認為楊彝就是訓詁、法脈兼備之士。顧氏闡明訓詁、法脈兩者兼備的重要性，稱：

> 然是訓詁、法脈之學而有所受之，則雖求之極其精，而守之極其一，亦何難者。惟天下無一人能言訓詁矣，而俄言訓詁；天下無一人能為法脈矣，而俄惟法脈，又皆得之。深思苦唫，篤信明辨之餘，而因以驗之，反躬責己，翼經扶傳之實。如吏有律例，則無可出入；如禪有条學，則不縁師授。殆其指一定，而堅實不移，遽同墙壁者，斯其故豈易致也。[25]

訓詁、法脈二者兼重，是明末復社諸子所「精一執中」的學問真諦。顧夢麟、楊彝所代表的復社之學，最終形成尊註重書、強調文章法脈的傳統。清代太倉人陸世儀（1611-1672）為顧夢麟題輓詩，即對此訓詁法脈之學有特殊強調，陸氏稱：

> 楊顧文章天下知，尊經重注是吾師。
> 子常已老先生死，法派相承更屬誰。[26]

總之，因應明末八股盛行、文風敗壞的情勢，晚明復社人士漸發展出回歸經典、改纂經典的治學路徑，他們將時文評選與經典改纂視為統一整體，以改造後的程朱經典為根本，指導科舉制

---

25 同上注，卷首，顧夢麟，〈序〉。
26 陸世儀，《桴亭先生詩集》（收入《續修四庫全書》，集部第1398冊，上海：上海古籍出版社，1995，據上海辭書出版社圖書館藏清光緒二十五年唐受祺先生遺書本影印），卷4，〈輓顧麟士太學〉，頁581。

義的寫作，最終形成有「正學根底」的科舉「新」義。復社諸子
強調訓詁、法脈並重的學問取向，寄託著他們在王學積弊日重的
背景下，試圖逆流而上，救正日益頹弊的士風和學風的經世願景。

四、復社經典改纂之特色與影響

　　明代官修《四書大全》的經典改纂活動中，以明中後期朱子
學者蔡清《四書蒙引》、林希元《四書存疑》的影響最著。兩書
成為輔翼《四書大全》共同流傳的經學讀本，直至清初仍受到重
視。清代朱子學者陸隴其（1630-1692）即指出，正是蔡清等人不
斷更新官定《四書大全》的行動，使之不致成為「呆物」。[27]明末
復社的經典改纂活動也異常活躍，在延續蔡清、林希元經典修正
傳統基礎上，《四書說約》內容體例呈現出由博返約的思想特色。

　　復社經典改纂活動，首先立足於近世程朱理學經典詮釋傳統
而來，這在《四書說約》編纂體例中有集中表現。南宋以降朱子
學者的用功重點，在於為程朱經典增益疏解的「加法」工夫。明
代《四書大全》為其代表，它以「纂疏體」編纂而成，以經文和
朱注為本，逐句附以朱子《語錄》及宋元諸家疏解。晚明復社
《四書說約》亦遵此法，它廣納明代程朱經典疏解著作，囊括
「《註疏》、《大全》、《或問》、《語類》、《蒙引》、《存疑》、《淺
說》合纂備考及臆說間附」，可謂廣博。[28]如果說《四書大全》融
宋元朱子學之大成，《四書說約》則集明代朱子學之大成。

---

27 張師載編，《陸子年譜》，收入《北京圖書館藏珍本年譜叢刊》（北京：北京
　　圖書館出版社，1999），第79冊，頁647。

28 顧夢麟，《四書說約》（日本內閣文庫藏明崇禎十三年吳門張氏刊本），書名
　　頁。

　　與《四書大全》、《四書蒙引》比較言之，則更見《四書說約》之改纂特色。《四書大全》經文黑體大書，頂格書寫；朱子《集註》黑體略小，降一格書寫；《語錄》及宋元疏解小字雙行，附於《集註》之後；經、註、疏三級結構，涇渭分明。到了《四書蒙引》，經文仍頂格書寫，朱子《集註》、《語錄》、宋元疏釋、蔡清本人按語均降一格書寫，然經、註、疏字體一致，朱註與諸家疏解混同。《四書說約》則與《四書蒙引》相仿，經文頂格書寫；所引《集註》、《大全》、《蒙引》、《存疑》及顧夢麟按語等，降一格書寫；字體並無差別。以故《四書說約》中宋元明代儒者的經典詮釋，實際被等同視之，都是輔翼經傳之作。

　　然復社經典改纂活動，在「博通」基礎上更注重「反約」，《四書說約》書名及編纂宗旨即顯示了此種偏重。孟子曰：「博學而詳說之，將以反說約也」，《四書說約》旨在刪繁就簡，回歸經旨，故以此命名。黃宗羲也指出，此書確能「融會諸書，削其繁蕪，扶其隱伏」，[29] 對救正程朱理學疏解泛濫之弊，殊有裨益。職是之故，《四書說約》雖合纂《四書大全》、《四書蒙引》、《四書存疑》諸書而來，卻對其疏解文字進行大量刪減，部分經文甚至僅保留個別疏解條目。同時，《四書說約》尤為重視對經典疑義處加以論斷和辨析。社友丘民瞻對此「反約」之學有深入闡明，稱：

　　　章句之行，本朝律以取士，諸先正因有《大全》、《蒙引》諸書，次第發明。顧為說既殊，醇駁不免，又未能通于注疏，以明說家所自始。麟士于是刪繁去疑，示之畫一；廣引

29　黃宗羲著，陳乃乾編，《黃梨洲文集》（北京：中華書局，1959），〈顧麟士先生墓誌銘〉，頁217。

博採，要于會通。且體驗身心，歷更事變者，久之而後定。
蓋若是其慎也。30

由博返約，為的是博采會通；進而去除蕪雜，體驗身心；最
終統一經典，回歸經傳本意。顧夢麟窮數十年工夫，與復社師友
弟子改纂經典，以成《四書說約》諸書，意在為明末朱子學發展
注入新活力。社友丘民瞻為《四書說約》之旨意闡發道：

> 劉靜修云：邵至大也，周至精也，程至正也，朱子極其
> 大，盡其精，而管之以正也。麟士之于虛齋、次崖、紫峰諸
> 先生，殆類是歟！若夫眼習其教，以返躬修己，不徒作文，
> 事之華葉，是在善讀《說約》者。31

丘氏引述元儒劉因（1249-1293）之言，類比朱子之於北宋五子的
地位，認為顧夢麟《四書說約》承繼明代程朱理學之大成，有功
於明儒。他指明顧氏之學，意在倡導程朱全體大用之學，通過精
簡程朱理學龐雜的經解體系，啟發學者反躬修己，重回程朱正學
本旨。

《四書說約》協調精簡的做法，在後世亦受認可。清儒陸世
儀將「由博返約」視為顧夢麟之學的核心，其詩曰：

> 大全注疏前王令，輕薄為文未肯窺。

---

30 顧夢麟，《四書說約》（崇禎十三年織簾居刻本），卷首，丘民瞻，〈四書說約
　　序〉，頁11-12。
31 同上注，頁12-13。

反約工夫由博學，半生辛苦一書垂。[32]

　　整體而言，應社、復社等明末社集的經典改纂活動，在當時已掀起一股回歸經典的潮流。《四書大全》、《四書蒙引》、《四書存疑》等明代程朱經典，隨著明末社集的推廣而再度流行。楊彝對應社傳播經典的成績，頗為自得，其稱：

　　余約遵註，君和時已讀《大全》，維斗（楊廷樞）疑信間。余以舊板《大全》贈維斗廣之。《蒙引》、《存疑》、《淺說》、《達說》，坊間射利，一時翻刻海內，即不盡讀，猶知有此，則應社稱說之故。……《大全五經注疏》之刻，不失應社初約，余為贊成。麟士刻《說約》，刻《四書十一經通考》。余亦刻《大全節要》、《廷試》，刻未竟。[33]

　　隨著復社《四書說約》、《詩經說約》、《五經四書合纂大全》等書的陸續出版，其經典改纂活動影響日廣。黃宗羲記述《四書說約》諸書在明清流傳「久而不衰」的盛況稱：「自《說約》出，而諸書俱廢，博士倚席而講，諸生帖坐而聽者，皆先生之說也。」[34]陳瑚則指出《四書說約》諸書的傳播，對明末學風的改善確有效果，「四方之士漸反其本而從其教，浸淫沾溉，奉為典型。執經問業者，牽挽相屬，幾半天下。」[35]

　　復社經典改纂活動的深遠影響，還能從其著述的複雜版本刊

---

32 陸世儀，《桴亭先生詩集》，卷4，〈輓顧麟士太學〉，頁581。

33 楊彝，《穀園文集》，〈鳳基會業序〉。

34 黃宗羲著，陳乃乾編，《黃梨洲文集》，〈顧麟士先生墓誌銘〉，頁217。

35 陳瑚，《確庵文藁》，卷19，〈顧太學碑文〉，頁421。

刻歷史中得見一二。《四書說約》最早有崇禎十三年（1640）刻本，其後歷經多次刊刻，導致其書「風行日久，各地異刻，不無困說襲舛，失卻本真」的現象。基於此，浦陽劉上玉根據《四書說約》原刻本參定新增，此為劉上玉增補纂序本。此後，《四書說約》增補纂序本又經歷重訂、再訂，版本愈加複雜。據現存清順治年間《再訂增補楊顧四書說約集註》，卷首題「古吳楊顧兩先生原輯，浦陽劉日玠上玉纂序，西湖汪桓殿武重訂」。將此版本與崇禎十三年刻本《四書說約》兩相比照，可見已遠非其舊。

　　儘管《四書說約》諸書廣泛流布，有益於復社經學思想的傳播，然該書坊刻本亦不斷產生新的變形，乃至改換面目，實非《四書說約》原貌。清人對復社經典改纂著作的版本變異情形，多有反省。黃宗羲對坊間大肆篡改《四書說約》的現狀，發出顧氏之學由是而亡的慨歎，稱：

　　　奈何世不說學，摘先生之書，存其二三，仍以先生之名書者，附註《四書》之上。此如推曆者，不通算學，而以歌括定分、至、閏、朔耳。家有其書，人習其傳，竟不知此外更有何物？不特經史之學亡，而先生之學亦亡矣。[36]

　　清人范方則不獨痛惜《詩經說約》之面目全非，更為世人失卻復社諸子改纂經典的本意而扼腕不已。他說：

　　　學者於範經，群守一不全之《說約纂序》，號為至簡至要之功，而又坊間互有刪刻，移面換目，美其名曰《大全》。

---

36 黃宗羲著，陳乃乾編，《黃梨洲文集》，〈顧麟士先生墓誌銘〉，頁217。

其實竄入雜說，不但非《說約》之舊，亦並非《纂序》之舊。世皆不察其矛盾，無論孺稚與尊宿，莫敢致詰，莫敢弗遵，及語以《說約》之所本，更及其本中之本，則懵然也。[37]

復社諸賢達「由博返約」的治學旨趣，卻被清代腐儒固守為「至簡至要之功」，這實非顧夢麟、楊彝等人所想見、願見。《詩經說約》內容的改纂固然可惜，清儒不解復社諸子回歸經典的旨意，卻更是失其大端。

　　從明清之際學術傳承的角度來看，晚明復社的經典改纂活動，對於清初學術的形成與展開有實在影響。《四書說約》、《詩經說約》諸書，直接啟發了由明入清的一批學者。清初朱子學者陸隴其、李光地（1642-1718）的經學著作對《四書說約》多有引述，清代樸學大家汪琬、閻若璩（1638-1704）等亦受楊顧之學的啟迪。

　　舉例言之，陸隴其《四書講義困勉錄》一書引顧夢麟之語頗多，如《學而》篇：

　　真學自然能時習，真時習自然能朋來、不慍。若大榤言之，則固有學而不習，習而不時，時習而未至於朋來，朋來而未至於不慍者。後說是題中正解，而前說則深一層解也。朱子常以知行分說，而陽明言知行合一亦然。故顧麟士云：「『學』字少不得作主，然體勢三停，凡說家作串遞語者，自可芟卻也」，其說極是。[38]

37　范方，《默鏡居文集》，卷1，〈詩經彙話自序〉，頁6。

38　陸隴其，《四書講義困勉錄》（收入《景印文淵閣四庫全書》，經部第209冊，

顧夢麟上述說法，見於其《四書說約》相應篇章中「愚按」一條，[39]顯示其改纂經典的要旨所在。顧氏強調「學」的重要性，反對科舉制藝中將「學」作為「串遞」文法來解釋，這對明末士子具現實意義，此觀點深得陸隴其認可。

再如，清代考據學閻若璩對顧夢麟《說約》亦頗欣賞，對書中考訂之處多有參考。顧夢麟恪守程朱之說，閻氏對此也有評論：

> 但株守朱說，遵若金條玉律，莫若顧麟士。昨見其《詩經說約》謂朱子于狐、狸、貉三物也而謂一物，斯螽、莎雞、蟋蟀亦三物也而謂一物，極是朱子草率處。……竊以不直則道不見，吾以明道也，豈議朱子乎？總之謂吾書欲無所不有，志在駕軼古人，此真洞見腑扃之言也，謂有意翻駁朱子，則決不敢。素愛馮定遠（班）之言，今人信孔子不如信孟子，信孟子不如信程朱。弟則信孔子過篤者耳。[40]

由此以見閻若璩等人的考證之學，在顧夢麟等前賢基礎上的新發展。值得一提的是，清人范方，其為學著述深受復社經典改纂思想的影響。范氏撰有《詩經彙詁》、《詩傳聞疑》、《四書體商》等書，自述其撰著多由楊、顧啟發而來，其康熙二十二年（1684）稱：

臺北：臺灣商務印書館，1983，據國立故宮博物院藏本影印），卷4，頁181。

39 顧夢麟，《四書說約》（崇禎十三年織簾居刻本），卷4，頁129。

40 閻若璩，《潛邱札記》（收入《景印文淵閣四庫全書》，子部第859冊，臺北：臺灣商務印書館，1983，據國立故宮博物院藏本影印），卷6，〈又與石企齋書〉，頁544。

世儒局於井蛙，自漢迄今解詩者無慮數十百家，皆不知為何物，意不過謀帖括取青紫耳。余既因《說約》而幸識宋諸大儒，復因《文徵》而幸識明諸先達。得其梗槩，茹其英華，而未遡其源流也。於是不吝價值，購求名編，今所獲僅過半矣。每流覽之餘，迴思所至，恨不能起古人於几席。其雋者嚌之，隙者研之，述者叅之，誤者刊之，合者印之，須令當日口語，宛然欲肖，以無負詩人之意，是豈歲月之功所能盡哉。[41]

范方受復社兼重訓詁法脈的治學方法影響，由《說約》、《文徵》兩類不同性質的文獻入手，最終形成兩者「實為一貫」、「文旨明而經旨亦明，二書誠不朽之大業也」的認識。[42]正如復社楊、顧等人所言，無論《說約》還是《文徵》，均為表彰聖賢經典旨意。受此啟發，范方耗時20年，稿易十餘次，撰作《詩傳聞疑》等著作，以辯證《詩集傳》疑誤。以上可見復社經典改纂活動，為清代學術的形成提供了可供參考的思想資源。

五、結論

明末顧夢麟等編定《四書說約》的過程與影響，顯示了社集在經典改纂活動中的異軍突起，豐富了明代經典改纂思想史的內容。明人以官修《四書五經大全》為對象的經典改纂，從個人化的理學實踐，到晚明以文社為單位的經典研習與編纂活動，呈現

---

41 范方，《默鏡居文集》，卷1，〈詩傳聞疑自序上〉，頁8。

42 同上注。

出各時期經學發展的不同特點及因應問題。在晚明經學衰微，文風凋敝的背景下，以復社為代表的文人社集，尋找到回歸經典、重振文風的「訓詁法脈之學」的新路徑。他們將經典改纂與科舉制義相結合，既通過由博返約的經典研習，為士人提供新的經典文本；又以程朱正學指導時文寫作，以文救文。兩相配合，以期救正日益頹弊的士風和學風。晚明社集的經典改纂活動，在明清之際掀起了一股回歸程朱經典的潮流，為清代學術的形成與展開提供了重要的思想資源。

顧夢麟等復社人士改纂經典的個案研究，有益於社集、經學、科舉三者關係探研的進一步深入。重新審視個人之學與群體治學的關係，在中晚明思想史上頗具意義，此又需結合復社其他成員的經典改纂活動予以闡明。復社盟主張溥《五經四書合纂大全》等書的內容及旨意，與《說約》諸書有何異同，如何形成合力等情形，尚需再做闡明。

此外，晚明復社的經典改纂研究，也為明代學術史的再評價提供新角度。明代官修《大全》諸書，自顧炎武、朱彝尊等明末清初學者之後，被冠以抄襲說、經亡說等成見，以此為基礎，逐漸形成《大全》相關的明代思想史之近代認識。林慶彰、楊晉龍、蔣秋華、陳恆嵩等學者已從《大全》經典內涵等層面，反思《大全》的實際價值。然從晚明復社的經典改纂活動出發，重新看待明末清初學術傳承與轉折，對《大全》乃至明代程朱理學的價值研判殊有意義。